CRAIG WALLS
RYAN BREIDENBACH

SPRING EM AÇÃO

TRADUÇÃO
Alexandre Albernaz França
CONSULTOR J2EE E COLABORADOR DO PORTAL JavaFree.com.br

REVISÃO TÉCNICA
Dalton Milkvicz de Camargo
CONSULTOR J2EE E FUNDADOR DO PORTAL JavaFree.com.br

CB034021

EDITORA
CIÊNCIA MODERNA

Do original

Spring in Action

Original English language edition published by Manning Publications Co., 209 Bruce Park Avenue, Greenwich, Connecticut 06830. Copyright© 2005 by Manning Publications Co. Portuguese language edition copyright© 2006 by Editora Ciência Moderna Ltda. All rights reserved.

Copyright© 2006 Editora Ciência Moderna Ltda.

Editor: Paulo André P. Marques
Supervisão Editorial: Carlos Augusto L. Almeida
Capa: Marcia Lips (baseada no original)
Tradução: Alexandre Albernaz França
Revisão Técnica: Dalton Milkvicz de Camargo
Diagramação: Érika Loroza
Copidesque: Carla Dawidman
Assistente Editorial: Daniele M. Oliveira

FICHA CATALOGRÁFICA

Walls, Craig e Breidenbach, Ryan
Spring em Ação
Rio de Janeiro: Editora Ciência Moderna Ltda., 2006.

Informática; programação de computadores; linguagem Java
I — Título

ISBN: 85-7393-501-4

CDD 001642

Editora Ciência Moderna Ltda.
Rua Alice Figueiredo, 46 – Riachuelo
CEP: 20950-150– Rio de Janeiro, RJ – Brasil
Tel: (21) 2201-6662
Fax: (21) 2201-6896
E-mail: lcm@lcm.com.br
www.lcm.com.br

Maisy Grace, até breve
– C.W.

Ao meu irmão, Lee
– R.B.

Sumário

Prefácio

Os desenvolvedores de software precisam ter diversas características para realizar bem o seu ofício. Primeiro, devem ser bons pensadores analíticos e solucionadores de problemas. O papel principal do desenvolvedor é criar software que solucione problemas comerciais. Isto exige analizar as necessidades do cliente e apresentar soluções criativas e bem-sucedidas.

Também precisam ser curiosos. Os desenvolvimentos na indústria de software são alvos móveis, sempre evoluindo. Novos frameworks, novas técnicas, novas linguagens e novas metodologias emergem constantemente. Cada qual é uma nova ferramenta que precisa ser dominada e incluída na caixa de ferramentas, permitindo ao desenvolvedor realizar melhor e mais rápido o seu trabalho.

Em seguida há a característica mais apreciada de todas: a "preguiça". O tipo de preguiça que motiva os desenvolvedores a trabalhar arduamente para encontrar soluções com a menor quantidade de esforço. Foi com curiosidade, uma boa dose de "preguiça" e todas as capacidades analíticas que pudemos reunir, que dois de nós pesquisaram juntos, quatro anos atrás, para encontrar novas maneira de desenvolver software

Era a época em que o software *open source* estava alcançando uma quantidade crítica na comunidade Java. Uma infinidade de frameworks *open source* estavam florescendo no cenário Java. Para decidir adotar um deles, era preciso que atingisse o ponto exato de nossas necessidades — tinha de fazer 80 % do que precisávamos logo ao sair da embalagem. E para qualquer funcionalidade que não estivesse disponível originalmente, o framework precisaria ser facilmente estensível de modo que essa funcionalidade também pudesse ser incluída. Estender não significava colocar um remendo que fosse tão feio a ponto de você depois se sentir sórdido — significava estender em um estilo elegante. Isto não era pedir muito, concorda?

O primeiro desses frameworks a obter adoção imediata em nossa equipe foi o Ant. Desde o princípio, podíamos dizer que o Ant fora criado por outro desenvolvedor que conhecia nosso sofrimento ao construir aplicações em Java. Daquele momento em diante, javac nunca mais. Nunca mais CLASSPATH. Tudo isto com uma configuração XML direta (embora algumas vezes prolixa). Viva! A vida (e a criação) tornou-se realmente mais fácil.

Conforme prosseguíamos, começamos a adotar cada vez mais ferramentas. O Eclipse tornou-se nossa opção de IDE. Log4J tornou-se nosso (e de outros mais) kit de ferramentas default de logging. E Lucene suplantou nossa solução de procura comercial. Cada uma dessas ferramentas correspondia aos nossos critérios de preenchimento de uma necessidade enquanto fosse fácil de usar, entender e estender.

Mas, faltava algo. Essas ótimas ferramentas eram projetadas para ajudar aos desenvolvedores de software, como o Ant e o Eclipse, ou para servir a uma necessidade muito específica da aplicação, como a procura no caso de Lucene e de logging para Log4J. Nenhuma delas destinava-se às necessidades no âmago das aplicações enterprise: persistência, transações e integração com outros recursos entreprise.

Tudo isso mudou lá pelo ano passado, quando descobrimos o notável potencial enterprise de Spring e Hibernate. Entre estes dois frameworks, quase que todas as nossas necessidades de middle tier e de dados foram correspondidas.

Adotamos primeiro o Hibernate. Era a ferramenta de mapeamento objeto/relacional mais intuitiva e rica em recursos por aí afora. Mas, foi ao adotar o Spring que realmente conseguimos que nosso código parecesse bom. Com a inversão de controle do Spring, pudemos nos livrar de todos os nossos fabricantes e configuradores personalizados. Na verdade, esta foi a razão por que primeiramente integramos o Spring em nossas aplicações. Sua conexão permitiu-nos modernizar a configuração de nossas aplicações e abandonar as soluções domésticas. (Ei, todo desenvolvedor gosta de escrever seu próprio framework. Mas, algumas vezes você simplesmente deve renunciar a isto!)

Nós descobrimos rapidamente um excelente bônus: o Spring também oferece integração bastante fácil com o Hibernate. Isto nos permitiu descartar nossas classes de integração personalizadas do Hibernate e usar o suporte do Spring ao invés disso. Por sua vez, isto nos conduziu diretamente ao suporte do Spring para persistência transparente.

Observe atentamente e verá um padrão nisto. Quanto mais usávamos o Spring, mais descobríamos novos recursos. E cada recurso que descobríamos era um prazer de se trabalhar com ele. Seu framework MVC web funcionava perfeitamente em algumas aplicações. Seu suporte a AOP foi útil em em diversos pontos, principalmente na segurança. O suporte a JDBC foi bastante apropriado para alguns programas menores. Ah, claro, também usamos para o planejamento. E acesso a JNDI. E integração de e-mail. Quando isto atinge os pontos principais do desenvolvimento, o Spring ganha de goleada.

Gostamos tanto do Spring que decidimos que alguém deveria escrever um livro sobre ele. Felizmente, um de nós já havia escrito um livro para a Manning e sabia como ir adiante neste tipo de coisa. Logo aquela "pessoa que deveria escrever um livro" tornou-se *nós*. Ao assumir este projeto, estamos tentando divulgar a palavra divina do Spring. O framework Spring trouxe-nos somente satisfação ao trabalhar com ele — predizemos que o mesmo ocorrerá com você. E esperamos que este livro seja um agradável veículo para você atingir esse ponto.

Agradecimentos

A criação deste livro foi uma tarefa não apenas de dois homens. Além dos dois autores, um grande número de pessoas esteve envolvido de diversas maneiras para tornar este livro possível.

Primeiro, gostaríamos de agradecer ao pessoal dos bastidores do livro na Manning Publications: a editora Marjan Bace, sua assistente Susan Capparelle, nosso redator Jackie Carter, bem como Denis Dalinnik, Leslie Haimes, Mary Piergies, Liz Welch, Susan Forsyth e Helen Trimes. Não poderíamos imaginar trabalhar com uma equipe melhor de profissionais. Vocês todos são muito bons no que fazem e merecem elogios por produzir os melhores livros técnicos do mundo.

Também gostaríamos de agradecer a cada um dos revisores que contribuíram com seu tempo para nos fornecer a orientação, crítica e inspiração de que precisávamos para dar forma ao livro: Doug Warren, Muhammad Ashikuzzaman, Ryan Cox, Mojahedul Maximovich, Daniel Miller, Christian Parker, Matthew Payne e Norman Richards. Agradecimentos especiais a Doug Warren por sua revisão técnica dos originais imediatamente antes de serem impressos.

E, finalmente, agradecimentos a Rod Johnson e ao restante da equipe do Spring por criar o Spring em primeiro lugar. Podemos dizer honestamente que é um prazer trabalhar com o Spring. Rapazes, vocês são demais!

CRAIG WALLS

Eu queria agradecer à minha bela e amada mulher, Raymie. Você é o amor da minha vida, minha melhor amiga e meu sonho mais doce. Obrigado por me apoiar e por sua paciência, e por aturar outro projeto de livro — prometo que isto agora acabou.

Ao meu co-autor, Ryan, por iniciar-me no Spring e por ajudar-me a elaborar este livro para contar a todos os demais sobre isto.

À minha equipe na Michaels — Ryan, Marianna, Van, Tonji, Jeff, Jim, Don, Carol e Leida — agradeço por continuar demonstrando a cada dia do que é capaz uma equipe de desenvolvimento de software de classe internacional. Agora que este livro está pronto, talvez eu não tenha que declinar de tantos convites para almoçar!

Aos meus amigos e colegas com quem me encontrei e conversei este ano ao viajar pelo país com os simpósios de software No-Fluff/Just-Stuff: Glenn Vanderburg, Ted Neward, Bruce Tate, Venkat Subramaniam, Ramnivas Laddad, Ben Galbraith, Stuart Halloway e Matt Raible. E obrigado a Jay Zimmerman por sempre fazer um ótimo trabalho e convidar-me a tomar parte disso in 2004.

Aos meus amigos e vizinhos de bairro: John, Jennifer e Tobey por oferecer a Raymie e a mim pausas freqüentes para pizza/cinema/conversar-sentados-na-entrada-da-garagem.

Obrigado a Dick Wolf por criar "Law & Order", o programa de TV que propiciou o ruído de fundo enquanto eu escrevia.

E a todos aqueles a quem agradeci em *XDoclet in Action*.

RYAN BREIDENBACH

Primeiramente, gostaria de agradecer à minha mulher Angi. Foram seus ilimitados estímulo e paciência que me mantiveram firme neste esforço. Prometo que você me verá sorrindo mais e respirando mais facilmente agora que ele está concluído.

À minha filha Julia, por ajudar-me a manter a pressão de escrever um livro em perspectiva. Foi sempre um prazer tirar algum tempo de escrever para visitar os web sites de Elmo's World e Jo Jo's Circus.

Aos meus pais, Mark e Lynda, e ao meu irmão Lee, por entender por que mantinha a cabeça enterrada em meu laptop quando ia visitá-los. Estarei bem menos estressado durante as futuras visitas.

Aos meus sogros, Stephanie e George, por suas palavras de estímulo e por ocasionalmente (OK, freqüentemente) se fazerem de babás para propiciar a Angi e a mim algum tempo para nós mesmos.

Aos meus companheiros desenvolvedores lá fora, Van, Marianna, Tonji e Jerry, por perdoarem minhas idéias exageradas. Às vezes meu cérebro viaja muito rápido e uma leve sacudida é ideal para me trazer de volta à ordem.

Aos meus amigos e vizinhos, Dave, Javier, Alex, Scott e James por me ajudarem a manter a cabeça erguida e, de vez em quando, propiciarem alguma tão necessária... frivolidade.

Às pessoas da CVSDude. Excelente nome de hospedeiro da CVS. Ótimo serviço de hospedagem da CVS.

Finalmente, a Craig por ser um mentor e mostrar-me os caminhos de como escrever um livro. Há muito o que saber e sua ajuda tornou o processo muito mais fácil.

Este livro

O framework Spring foi criado com um objetivo bem específico em mente: tornar mais fácil o desenvolvimento de aplicações J2EE. Seguindo a mesma linha, *Spring em Ação* foi escrito para tornar mais fácil aprender a usar o Spring. Nosso objetivo não é oferecer a você uma lista minuciosa de APIs do Spring. Em vez disso, esperamos apresentar o framework Spring de modo que seja mais relevante para um desenvolvedor J2EE ao fornecer exemplos práticos de códigos extraídos de experiências reais.

Como o Spring é um framework modular, este livro foi escrito da mesma forma. Reconhecemos que nem todos os desenvolvedores têm as mesmas necessidades. Alguns podem querer aprender sobre o framework Spring por completo, enquanto outros podem preferir escolher tópicos diferentes e prosseguir ao seu próprio modo. Desta forma, o livro pode atuar como uma ferramenta de aprendizado inicial do Spring, bem como um manual e um guia de referência para aqueles que querem se aprofundar em recursos específicos.

GUIA GERAL

Spring em Ação está dividido em três partes, além de dois apêndices. Cada uma das três partes enfoca uma área do framework Spring: o core, o middle tier e a camada web. Embora cada parte baseie-se na seção anterior, cada qual pode também atuar individualmente, permitindo a você mergulhar de cabeça em um determinado tópico sem ter de partir do princípio.

Na parte 1, você explorará os dois recursos centrais do framework Spring: inversão de controle (IoC) e programação orientada a aspecto (AOP). Isto dará a você uma boa compreensão dos fundamentos do Spring a serem utilizados ao longo do livro.

No capítulo 1, você será apresentado à IoC e à AOP, e como o Spring as usa para tornar mais fácil o desenvolvimento de aplicações em Java. Você também verá como o Spring se compara a outros frameworks, tais como EJB, Struts e PicoContainer.

O capítulo 2 dá uma visão mais detalhada sobre como configurar seus objetos de aplicação usando IoC. Você aprenderá a escrever componentes de baixo acoplamento e associar suas dependências e propriedades dentro do container do Spring usando XML.

O capítulo 3 explora o uso da AOP do Spring para desacoplar problemas cross-cutting, tais como a segurança, a partir dos objetos aos quais eles servem. Este capítulo também prepara a cena para o capítulo 5, onde você aprenderá a oferecer serviços de transações declarativas com a AOP do Spring.

A parte 2 baseia-se nos recursos da IoC e da AOP apresentados na parte 1, e mostra como aplicar esses conceitos ao middle tier da sua aplicação.

O capítulo 4 abrange o suporte do Spring à persistência de dados. Você será apresentado ao suporte a JDBD do Spring, que ajudará a remover bastante código repetitivo associado a JDBC. Você também verá como o Spring integra-se a diversos frameworks populares de mapeamento objeto-relacional, tais como Hibernate, JDO, OJB e iBATIS SQL Maps.

O capítulo 5 complementa o capítulo 4, mostrando-lhe como assegurar integridade em seu banco de dados usando o suporte de transações do Spring. Você verá como o Spring usa a AOP para oferecer a capacidade de transações declarativas sem ter de usar EJBs.

O capítulo 6 explora como expor seus objetos de aplicação como serviços remotos. Você também aprenderá a acessar serviços remotos de forma transparente como se fossem qualquer outro em sua aplicação. As tecnologias remotas exploradas incluem RMI, Hessian/Burlap, EJB, web services e o próprio HttpInvoker do Spring.

Uma vez que a maioria das aplicações enterprise não existe no vácuo, o capítulo 7 mostra como integrar a outros enterprise services. Neste capítulo, você aprenderá como o Spring torna mais fácil a integração com serviços de mensagem, JMS e até mesmo EJBs.

A parte 3 segue além do middle tier e adentra a camada de apresentação usada em diversas aplicações J2EE: a Web.

O capítulo 8 apresenta o próprio framework web MVC do Spring. Você descobrirá como o Spring pode ligar de forma transparente parâmetros web aos seus objetos de negócios, e proporcionar controle de erros e validação ao mesmo tempo. Você também verá o quanto é fácil acrescentar funcionalidade às suas aplicações web usando usando interceptors do Spring.

Baseando-se no fundamento do MVC do Spring, o capítulo 9 demonstra como prosseguir além de JavaServer Pages e usar outras linguagens template, tais como Velocity e FreeMarker. Além disso, você verá como usar o MVC do Spring para produzir dinamicamente conteúdo binário, como documentos em PDF e Excel.

O capítulo 10 mostra como integrar o Spring a outros frameworks web. Para aqueles que já fizeram um investimento em outro framework, o Spring oferece suporte a diversos frameworks web populares, incluindo Struts, Tapestry, JavaServer Faces e Web Work.

Finalmente, no capítulo 11 você aprenderá a acresecentar segurança às suas aplicações web usando o Acegi Security System para fornecer autenticação. Além disso, você verá como integrar o Acegi aos seus objetos de negócios para aplicar segurança em nível de método também.

O apêndice A fará você iniciar sua própria aplicação Spring, mostrando como fazer o download do framework Spring e configurar seu arquivo de construção Ant.

O apêndice B apresenta a você diversos outros frameworks open source relacionados ao Spring.

QUEM DEVE LER ESTE LIVRO

Spring em Ação dedica-se a todos os desenvolvedores Java, mas os desenvolvedores Java enterprise vão considerá-lo particularmente útil. Embora vamos conduzi-lo suavemente através dos exemplos de código que desenvolvemos de forma complexa ao longo de cada capítulo, a verdadeira força do Spring consiste em sua capacidade de tornar mais fácil o desenvolvimento de aplicações enterprise. Em conseqüência, os desenvolvedores enterprise apreciarão em plena maioria os exemplos apresentados neste livro.

Como uma vasta porção do Spring é devotada a fornecer serviços enterprise, muitos paralelos podem ser traçados entre o Spring e o EJB. Qualquer experiência que você possua com EJB será útil ao fazer comparações entre esses dois frameworks. Finalmente, embora este livro não esteja focalizado exclusivamente em aplicações web, uma boa parte dele é dedicada a este tópico. De fato, os quatro capítulos finais demonstram como o Spring pode dar suporte ao desenvolvimento de suas aplicações da camada web. Se você for um desenvolvedor de aplicações web, considerará especialmente valiosa a última parte deste livro.

DOWNLOADS E CONVENÇÕES DE CÓDIGO

Há diversos exemplos de códigos neste livro. Esses exemplos sempre aparecerão em uma fonte de `código`. Se houver uma parte particular do exemplo à qual desejamos que você preste uma atenção extra, ela aparecerá em fonte de **`código`** e **`negrito`**. Qualquer nome de classe, nome de método ou fragmento de XML dentro do texto normal do livro aparecerá em fonte de `código` também.

Muitas das classes do Spring têm nomes excepcionalmente longos. Por este motivo, podem ser incluídos marcadores de continuação de linha (➥) quando necessário.

Nem todos os exemplos de código neste livro estão completos. Geralmente mostramos apenas um ou dois métodos de uma classe para focalizar um tópico em particular.

O código-fonte completo para a aplicação encontrado no livro pode ser obtido por download do web site da editora Manning em http://www.manning.com/walls2 ou em http://www.springinaction.com.

AUTHOR ONLINE

A aquisição de *Spring em Ação* inclui livre acesso a um fórum web privado (em inglês) mantido pela Manning Publications, onde você pode fazer comentários sobre o livro, propor questões técnicas e receber ajuda dos autores e de outros usuários. Para acessar o fórum e subscrevê-lo, conduza seu browser para www.manning.com/walls2. Essa página fornece informação sobre como entrar no fórum, uma vez que esteja registrado, que tipo de ajuda está disponível e as regras de conduta no fórum.

O compromisso da Manning com seus leitores é oferecer um foro onde um diálogo significativo entre leitores individuais, e entre leitores e autores possa ter lugar. Não é um compromisso para qualquer quantidade específica de participações por parte dos autores, cuja contribuição no AO permanece voluntária (e não remunerada). Sugerimos que você tente propor aos autores algumas questões desafiadoras para que o interesse deles não se disperse!

O fórum Author Online e os arquivos de debates anteriores estarão acessíveis no web site da Manning enquanto a edição original do livro, em inglês, estiver em circulação.

OS AUTORES

Craig Walls é um desenvolvedor profissional de software com mais de dez anos de experiência no desenvolvimento de soluções de software nas áreas de telecomunicações, finanças, comércio eletrônico e no varejo. É um apresentador freqüente em conferências e grupos de usuários, e co-autor de *XDoclet in Action*. Craig reside em Denton, Texas.

Um ávido defensor das tecnologias open source Java, **Ryan Breidenbach** tem desenvolvido aplicações web em Java nos últimos cinco anos. Ryan reside em Coppell, Texas.

O TÍTULO

Combinando apresentações, aspectos gerais e exemplos práticos, os livros da série *Em Ação* são projetados para ajudar no aprendizado *e* na recapitulação. De acordo com pesquisas em ciência cognitiva, as coisas de que as pessoas se recordam são aquelas que descobriram durante exploração automotivada.

Embora ninguém na Manning seja um cientista cognitivo, estamos convencidos de que, para o aprendizado se tornar permanente, ele deve passar pelos estágios de exploração, execução e, de forma interessante, recapitulação do que está sendo aprendido. As pessoas compreendem e relembram coisas novas, o que quer dizer que as assimilaram, somente após explorá-las ativamente. O Homem aprende *em ação*. Parte essencial de um guia *Em Ação* é que ele orienta através de exemplos. Isto encoraja o leitor a tentar algo além, experimentar novos códigos e explorar novas idéias.

Existe uma outra razão, mais trivial, para o título deste livro: nossos leitores são atarefados. Eles usam livros para executar uma tarefa ou resolver um problema. Eles precisam de livros que lhes permitam avançar e retroceder facilmente por suas páginas, e aprender apenas o que quiserem e quando quiserem. Eles precisam de livros que os auxiliem *em ação*. Os livros desta série são projetados para tais leitores.

A ILUSTRAÇÃO DE CAPA

A figura na capa de *Spring em Ação* é um "Oficial do Grand Signior". A ilustração foi retirada de uma coleção de trajes do Império Otomano publicada em 1º de janeiro de 1802 por William Miller de Old Bond Street, Londres. A página de rosto foi extraviada da coleção e não conseguimos localizá-la até o presente. O sumário do livro identifica a figura tanto em inglês quanto em francês e cada ilustração traz o nome de dois artistas que nela trabalharam, os quais ficariam surpresos, sem dúvida, de encontrar sua arte adornando a capa frontal de um livro sobre programação de computadores... duzentos anos mais tarde.

A coleção foi adquirida por um editor da Manning em um mercado de pulgas no "Garage" da West 26th Street em Manhattan. O vendedor era um americano estabelecido em Ancara, Turquia, e a transação teve lugar justamente quando ele estava desmontando seu estande naquele dia. O editor da Manning não tinha consigo o valor substancial em dinheiro exigido para a compra, e cartão de crédito e cheque foram ambos polidamente recusados.

Como o vendedor retornaria a Ancara naquela noite, a situação estava se tornando irremediável. Qual foi a solução? Veio a ser nada mais do que um antiquado acordo verbal selado com um aperto de mão. O vendedor simplesmente propôs que o dinheiro fosse transferido para sua conta e o editor foi-se com as informações bancárias em um pedaço de papel e o portfólio de imagens debaixo do braço. Desnecessário dizer que fizemos a transferência de fundos no dia seguinte, e ficamos agradecidos e impressionados pela confiança desse desconhecido em um de nós. Isto evoca algo que poderia ter ocorrido muito tempo atrás.

As imagens da coleção Otomana, assim como as outras ilustrações que aparecem em nossas capas, trazem à vida a riqueza e variedade dos hábitos de vestuário de séculos atrás. Elas evocam o sentido de isolamento e distância daquele período — e de todos os outros períodos históricos, exceto do nosso próprio presente hipercinético.

Os códigos de vestuário mudaram desde então e a diversidade por região, tão rica naquele tempo, desvaneceu. Hoje em dia é geralmente difícil diferenciar entre os habitantes de continentes diferentes. Talvez, tentando ver de forma otimista, estejamos trocando uma diversidade cultural e visual por uma vida pessoal mais variada. Ou por uma vida intelectual e técnica mais variada e interessante.

Nós da Manning celebramos a inventividade, a iniciativa e, sim, a diversão do negócio de computadores com capas de livros baseadas na rica diversidade da vida regional de dois séculos atrás, trazidas de volta à vida pelas ilustrações desta coleção.

Parte 1

Elementos essenciais do Spring

Na parte 1, você explorará as duas características core do Spring: a inversão de controle (IoC) e a programação orientada a aspectos (AOP). No capítulo 1, "O início com Spring", você verá uma rápida avaliação do IoC e da AOP no Spring, e como eles podem facilitar o desenvolvimento de aplicativos em Java. Verá também como o Spring se compara a outros frameworks como o EJB, o Struts e o PicoContainer.

No capítulo 2, "A associação de Beans", você dará uma olhada mais detalhada em como configurar seus objetos de aplicativos, usando a IoC. Aprenderá como definir seus objetos de aplicativos e conectar suas dependências dentro do container do Spring, usando XML.

O Capítulo 3, "Os aspectos criados no Spring", explora como usar o AOP do Spring para desacoplar serviços systemwide (como segurança e auditoria) dos objetos aos quais eles servem. Este capítulo estabelece a fase para o capítulo 5, onde vai aprender a usar o AOP do Spring para prover serviços de transações declarativas.

Capítulo 1

O início com Spring

Este capítulo cobre:

- A criação de aplicativos J2EE mais simples usando o Spring
- Desacoplamento de componentes usando inversão de controle
- Gerenciamento de problemas cross-cutting com programação orientada a aspecto (AOP)
- Comparação das características do Spring com o EJB

Tudo começou com um bean.

Em 1996, a linguagem de programação Java ainda era uma plataforma jovem e empolgante. Muitos desenvolvedores migraram para a linguagem, pois estavam descobrindo como criar ricos e dinâmicos aplicativos de rede usando applets. Eles aprenderam rapidamente que havia mais nesta linguagem do que personagens de desenhos animados. Diferentemente de qualquer linguagem anterior, o Java tornou possível criar aplicativos complexos, compostos por partes discretas.

Foi em dezembro daquele ano que a Sun Microsystems publicou as especificações para JavaBeans 1.00-A. Esta especificação de JavaBeans, definiu um modelo de componente de software para Java. Ela definiu um conjunto de políticas de códigos que capacitaram simples objetos Java a serem reutilizados e facilmente compostos, dentro de aplicativos mais complexos. Embora o JavaBeans tenha sido planejado com a intenção de servir como um meio de propósito geral, a fim de definir componentes de aplicativos reutilizados, ele tem sido usado, principalmente, como um modelo na construção de interfaces widget para usuários. Ele parecia simples demais para ser capaz de qualquer trabalho "real". Desenvolvedores enterprise queriam mais.

Aplicativos sofisticados freqüentemente requerem serviços como suporte de transação, segurança e computação distribuída - serviços não oferecidos diretamente pela especificação JavaBeans. Portanto, em março de 1998, a Sun publicou a versão 1.0 da especificação Enterprise JavaBeans (EJB). Esta especificação estendeu a noção dos componentes Java para o server side, oferecendo importantes serviços enterprise, mas falhou ao não continuar com a simplicidade da especificação JavaBeans original. Na realidade, exceto pelo nome, a EJB apresenta muito pouca semelhança com a especificação original JavaBeans.

Apesar do fato de que muitos aplicativos de sucesso foram construídos baseados no EJB, o mesmo nunca alcançou seu propósito planejado: simplificar o desenvolvimento de aplicativos enterprise. Todas as versões da especificação EJB contêm a seguinte declaração: "A Enterprise JavaBeans tornará mais fácil fazer aplicativos". É verdade que o modelo de programação declarativo do EJB simplifica muitos aspectos infra-estruturais de desenvolvimento, como transações e segurança. Mas os EJBs são complicados de um modo geral, ao designar descritores de deployment e examinar códigos (interfaces home e remote/local). Com o passar do tempo, muitos desenvolvedores tornaram-se desencantados com a EJB. Como resultado, sua popularidade começou a minguar recentemente, fazendo com que muitos desenvolvedores procurassem por uma maneira mais fácil.

Agora, o desenvolvimento de componentes em Java está vindo com tudo. Novas técnicas de programação, como a programação orientada a aspecto (AOP) e a inversão de controle (IoC), estão dando ao JavaBeans muito do poder da EJB. Estas técnicas fornecem ao JavaBean, um modelo de programação declarativa, que lembra o EJB, mas sem a sua complexidade do EJB.

Já não precisamos recorrer a um componente EJB de difícil controle, quando um simples JavaBean bastará. E é onde o Spring entra em ação.

1.1 Por que o Spring?

Se você está lendo este livro, provavelmente quer saber por que o Spring seria útil para você. Afinal de contas, o meio Java possui muitos frameworks. O que faz do Spring diferente? Para simplificar, o Spring torna o desenvolvimento de aplicativos enterprise mais fácil. Nós não esperamos convencê-lo "de cara". Primeiro, daremos uma olhada na vida de um programador sem o Spring.

1.1.1 Um dia na vida de um desenvolvedor J2EE

Alex é um desenvolvedor Java que há pouco começou seu primeiro aplicativo enterprise. Como muitos aplicativos, o Java 2 Enterprise Edition (J2EE) é um aplicativo web que serve a muitos usuários e acessa um banco de dados. Neste caso, é um aplicativo de gerenciamento de clientes que será usado por outros funcionários de sua companhia.

Ansioso para começar a trabalhar, Alex inicia seu ambiente de desenvolvimento integrado favorito (IDE) e começa a produzir seu primeiro componente, o Componente de Gerenciamento de Clientes. No mundo EJB, para desenvolver este componente, Alex tem que criar várias classes — a interface home, a interface local e o próprio bean. Além disso, ele tem que criar um descritor deployment para este bean.

Criar cada um destes arquivos para cada bean, iria requerer muito esforço, assim, Alex incorpora o XDoclet a seu projeto. O XDoclet é uma ferramenta de geração de código que pode gerar todos os arquivos EJB necessários, a partir de um único arquivo fonte. Embora isto acrescente outro passo ao ciclo de desenvolvimento de Alex, a sua vida de codificação agora, é muito mais simples.

Com o XDoclet controlando a maioria do trabalho, Alex foca sua atenção para seu problema real — o que, exatamente, o componente de gerenciamento de clientes deve fazer? Ele inicia, então, seu primeiro método, denominado getPreferredCustomer(). Há várias regras de negócio que definem o que um cliente preferencial é, e Alex prontamente os codifica em seu bean de gerenciamento de clientes.

A fim de confirmar que a sua lógica está correta, Alex quer fazer alguns testes para validar seu código. Entretanto, o seguinte fato ocorre: o código que está em teste funcionará dentro do ambiente da EJB, portanto, seus testes precisam executar dentro deste ambiente também. Para realizar isto facilmente, ele prepara um servlet, que será responsável por executar estes testes. Já que todos os ambientes J2EE suportam servlets, isto lhe permitirá executar os testes no mesmo ambiente que seu EJB. Problema resolvido!

Assim, Alex dá inicio ao seu ambiente J2EE e inicia seus testes. Os testes falham. Alex vê o seu erro de código, conserta e faz os testes novamente. Os testes falham de novo. Ele vê outro erro e o conserta também. Ele inicia o ambiente e realiza os testes novamente. À medida que Alex passa por este ciclo, ele nota alguma coisa. O fato de ter que executar o container J2EE para cada lote de testes, realmente reduzia a velocidade de desenvolvimento do seu ciclo. O ciclo de desenvolvimento deveria ser: codificar, testar, codificar, testar. Este padrão estava sendo substituído por: codificar, esperar, testar, codificar, esperar, testar, codificar, esperar e ficar frustrado...

Enquanto esperava pela iniciação do container durante outra execução de teste, Alex pensa: "Por que estou usando EJB em primeiro lugar?". E a resposta é: por causa dos serviços que ele provê. Mas Alex não está usando beans, logo, ele não está usando serviços persistentes. Alex também não está usando remoting ou serviços de segurança. Na realidade, o único serviço EJB que Alex vai usar é o gerenciamento de transação. Isto conduz Alex para outra pergunta: "Há um modo mais fácil?"

1.1.2 Vantagens do Spring

A história acima foi uma dramatização baseada no estado atual do J2EE — especificamente o EJB. Em seu estado atual, o EJB é complicado. Não é complicado só por ser complicado. É complicado porque os EJBs foram criados para resolver coisas complicadas, como objetos distribuídos e transações remotas.

Infelizmente, um grande número de projetos enterprise não tem este nível de complexidade, mas ainda assume o fardo dos múltiplos arquivos EJB, descritores de deployment e ambientes pesados. Com EJB, a complexidade das aplicações é alta, independentemente da complexidade do problema a ser resolvido — até mesmo aplicativos simples são indevidamente complexos. Com o Spring, a complexidade de seus aplicativos é proporcional à complexidade do problema a ser resolvido.

Entretanto, o Spring reconhece que o EJB oferece ao desenvolvedor valiosos serviços. Então, o Spring se esforça para fornecer estes mesmos serviços, ao mesmo tempo em que simplifica o modelo de programação. Deste modo, adota uma filosofia simples: J2EE deveria ser fácil de usar. Mantendo esta filosofia, o Spring foi projetado com as seguintes convicções:

- Um bom design é mais importante que a tecnologia subjacente;
- JavaBeans com baixo acoplamento através de interfaces, são um bom modelo;
- Códigos devem ser fáceis de serem testados;

O.k. Então, como o Spring o ajuda a aplicar esta filosofia aos seus aplicativos?

Um bom design é mais importante que a tecnologia subjacente

Como um desenvolvedor, você deveria buscar sempre o melhor design para seus aplicativos, não importando a implementação que escolher. Às vezes, a complexidade de EJB é assegurada por causa das exigências do aplicativo. Porém, freqüentemente, este não é o caso. Muitos aplicativos requerem poucos ou nenhum dos serviços providos pelo EJB e, ainda assim, são implementados usando esta tecnologia, pelo bem da tecnologia. Muitos desenvolvedores sentem-se compelidos a usar o EJB, em todo aplicativo enterprise Java.

A idéia por atrás do Spring é que você pode manter seu código tão simples quanto ele precisa ser. Se o que você quer são objetos POJO, para executar alguns serviços apoiados por transações transparentes, você terá. E você não precisa de um container EJB e também não tem que implementar interfaces especiais. Precisa apenas criar o seu código.

Os JavaBeans acoplados através de interfaces são um bom modelo

Se você confia nos EJBs para oferecerem seus serviços de aplicativos, seus componentes não dependem apenas da interface de negócios EJB. Eles também são responsáveis por recuperarem estes objetos EJB de um diretório, que requer uma observação do Java Naming and Directory Interface (JNDI) e uma comunicação com a interface EJBHome do bean. Isto não se dá criando um aplicativo desacoplado, e sim, acoplando-o a uma implementação especifica, chamada EJB.

Com o Spring, seus beans dependem de colaboradores através de interfaces. Já que não há nenhuma dependência de implementação específica, os aplicativos do Spring são facilmente decompostos, testáveis, e mais fáceis de manter. E pelo fato do ambiente Spring ser responsável por solucionar as dependências, a observação do serviço ativo, que é envolvido em EJB, está agora fora agora de questão e o custo de programação de interfaces é minimizado. Tudo o que você precisa fazer é criar classes que se comuniquem entre si através de interfaces, e o Spring toma conta do resto.

Códigos deveriam ser fáceis de serem testados

Testar aplicativos de J2EE pode ser difícil. Se você está testando EJBs dentro de um ambiente, você tem que começar com um ambiente que execute, inclusive, o mais trivial dos testes. Já que é bastante caro começar e parar um ambiente, desenvolvedores podem ser tentados a não testar todos os seus componentes. Evitar os testes por causa da rigidez de um framework, não é uma boa desculpa.

Testar é barato se você desenvolver aplicativos em Spring com JavaBeans. Não há nenhum container do J2EE a ser inicializado, se você for testar um POJO.

Considerando que o Spring torna fácil a codificação para interfaces, seus objetos serão acoplados livremente, tornando os testes mais fáceis ainda. Uma bateria completa de testes deveria estar presente em todos os seus aplicativos; o Spring lhe ajudará a realizar isto.

1.2 O QUE É O SPRING?

O Spring é um framework open-source, criado por Rod Johnson e descrito em seu livro *Expert One-on-One: J2EE Design e Development*[1]. Ele foi criado para simplificar a complexidade de desenvolvimento de aplicativos enterprise. O Spring torna possível usar objetos POJO para alcançar coisas que previamente só eram possíveis com EJBs. Porém, a utilidade do Spring não é limitada ao desenvolvimento server-side. Qualquer aplicativo em Java pode se beneficiar do Spring, em termos de simplicidade, testabilidade e baixo acoplamento.

> **Nota:** Para evitar ambigüidade, nós usaremos o termo "EJB", referindo-se a JavaBeans Enterprise. Quando nos referirmos ao JavaBean original, nós o chamaremos de "JavaBean", ou simplesmente, "bean". Alguns outros termos que podemos citar são "POJO" (que significa, "plain old Java object") ou "POJI" (significando, "plain old Java interface").

Simplificando, Spring framework é um container leve, com inversão de controle e programação orientada a aspecto. Certo, isso não é simplesmente uma descrição, mas resume o que o Spring faz. Para fazer sentido o que dizemos sobre este framework, leia as seguintes descrições:

- **Container Leve** - O Spring é um framework leve, em termos de tamanho e overhead. O framework inteiro pode ser distribuído em um único arquivo JAR, com no máximo 1 MB. E o overhead de processamento requerido pelo Spring é desprezível. Além do mais, o Spring não é intrusivo: os objetos de um aplicativo habilitados pelo Spring, geralmente, não têm nenhuma dependência com classes específicas do Spring.

- **Inversão de Controle** - O Spring promove um desacoplamento através de uma técnica conhecida como inversão de controle (IoC). Quando a IoC for aplicada, os objetos são passivamente colocados em suas dependências, ao invés de criarem ou procurarem por objetos dependentes. Você pode pensar em IoC como um JNDI às avessas. Ao invés de um objeto procurar dependências em um container, é o container que dá as dependências ao objeto, imediatamente, sem esperar ser requisitado.

---

[1] Neste livro, o Spring foi originalmente chamado de "interface21".

- *Orientado a Aspecto* - O Spring vem com um rico e vasto suporte para programação orientada a aspecto, o que permite um desenvolvimento coesivo, ao separar a lógica de negócio das aplicações dos serviços de sistema (como auditoria e o gerenciamento de transação). Objetos de aplicativo fazem o que tem de fazer — executar a lógica de negócios — e nada mais. Eles não são responsáveis por (ou até mesmo cientes de) outras preocupações do sistema, como logging ou suporte transacional.

- *Container* - O Spring é um container, no sentido de que contém e gerencia o ciclo de vida, e a configuração dos objetos da aplicação. Você pode configurar como cada um dos seus beans deve ser criado — criar uma única instância de seu bean, ou produzindo uma instância nova toda vez que precisar de uma configuração baseada em um prototype — e como eles devem ser associados entre si. Entretanto, o Spring não deve ser confundido com o tradicionalmente "pesado" container EJB, no qual é geralmente grande e difícil de se trabalhar.

- *Framework* - O Spring torna possível configurar e compor aplicativos complexos, através de componentes mais simples. No Spring, os objetos dos aplicativos são declaradamente contidos, num típico arquivo XML. O Spring também fornece muita funcionalidade de infra-estrutura (gerenciamento de transações, persistência, integração de framework, etc), deixando o desenvolvimento da lógica de aplicação para você.

Todos esses atributos de Spring permitem que você crie códigos mais claros, mais manejáveis e fáceis de testar. Eles também configuram o cenário para uma variedade de sub-frameworks, dentro do framework Spring.

1.2.1 Módulos do Spring

O framework Spring é composto por sete módulos bem definidos (figura 1.1). Quando vistos como um todo, estes módulos lhe dão tudo o que você precisa para desenvolver aplicativos enterprise. Mas você não precisa basear sua aplicação somente no Spring. Você fica livre para escolher os módulos que melhor servirem para seu aplicativo e ignorar o resto.

Como você pode observar, todos os módulos do Spring são construídos em cima do container core. Este container define como os beans são criados, configurados e administrados — mais uma das loucuras do Spring. Você usará estas classes implicitamente, quando configurar seu aplicativo. Mas como um desenvolvedor, provavelmente estará interessado nos outros módulos que alavancam os serviços providos pelo ambiente. Estes módulos fornecerão aos frameworks, tudo o que você precisa para construir aplicativos de serviço, como AOP e a persistência.

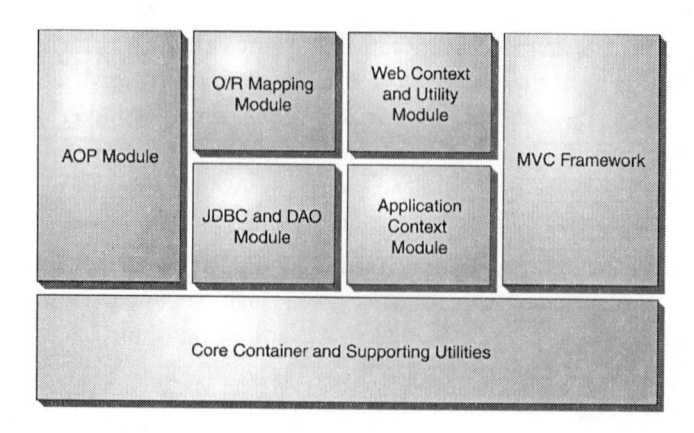

Figura 1.1 *O framework do Spring é composto de diversos módulos bem-definidos.*

O CONTAINER CORE

O container core do Spring provê a funcionalidade fundamental deste framework. Neste módulo, você encontrará o BeanFactory do Spring, o coração de qualquer aplicativo baseado no Spring. Um BeanFactory é uma implementação do padrão factory, no qual utiliza IoC para separar a configuração do aplicativo e as especificações de dependência do código do aplicativo atual.

Discutiremos o módulo core (o centro de qualquer aplicativo Spring) ao longo deste livro, começando no capítulo 2, quando cobrimos a associação de beans, usando IoC.

MÓDULO APPLICATION CONTEXT

O BeanFactory do módulo core faz do Spring um container, mas o módulo de contexto é o que faz dele um framework. Este módulo estende o conceito do BeanFactory, adicionando suporte para mensagens internacionalizadas (I18N), ciclos de vida da aplicação e validação.

Além disso, este módulo provê muitos serviços de enterprise como: e-mail, acesso a JNDI, integração com EJB, remoting e scheduling. Também está incluído um suporte para integração com frameworks de templating, como Velocity e FreeMarker.

MÓDULO AOP DO SPRING

O Spring fornece suporte para programação orientada a aspecto, em seu módulo AOP. Este módulo serve como base para o desenvolvimento dos seus próprios aspectos, em seus aplicativos Spring.

Para assegurar uma interoperabilidade entre o Spring e outros frameworks AOP, muito do suporte AOP do Spring está baseado na API, definida pela AOP Alliance.

A AOP Alliance é um projeto open-source cuja meta é promover a adoção da AOP, e uma interoperabilidade entre implementações diferentes de AOP, ao definir um conjunto comum de interfaces e componentes. Você pode observar mais sobre a AOP Alliance, visitando o site http://aopalliance.sourceforge.net. O módulo AOP do Spring também introduz uma programação metadata ao Spring. Usando o suporte metadata do Spring, você pode acrescentar anotações a seu código fonte, que instrui o Spring onde e como aplicar aspectos.

ABSTRAÇÃO DO JDBC E O MÓDULO DAO

Trabalhar com JDBC freqüentemente resulta em muito código repetitivo, que adquire uma conexão, cria um statement, processa um conjunto de resultados, e então fecha a conexão. Os módulos JDBC e Data Access Objects (DAO) do Spring resumem o código repetitivo de modo que você possa manter seu código do banco de dados (database) limpo e simples, além de prevenir problemas que resultam em tentativas fracassadas de fechar recursos do banco de dados. Este módulo também constrói uma camada de exceções significantes sobre as mensagens de erro dadas por vários servidores de banco de dados. Chega de tentativas de decifrar mensagens de erro SQL!

Além disso, este módulo utiliza o módulo de AOP do Spring para prover serviços de gerenciamento de transações para objetos, num aplicativo Spring.

MÓDULO DE MAPEAMENTO OBJETO/RELACIONAL

Para aqueles que preferem usar uma ferramenta que faz um mapeamento objeto/relacional (ORM) diretamente sobre o JDBC, o Spring oferece o módulo ORM. O Spring não tenta implementar sua própria solução em ORM, mas provê ganchos a vários frameworks populares de ORM, incluindo Hibernate, JDO e iBATIS SQL Maps. O gerenciamento transacional do Spring dá suporte a cada um destes frameworks, como também o JDBC.

MÓDULO WEB DO SPRING

O módulo de contexto web é baseado no módulo de contexto da aplicação, provendo um contexto que é apropriado para aplicações baseadas em web. Além disso, este módulo contém um suporte para várias tarefas realizadas na web, como o controle de requisições para uploads de arquivos e ligações programáticas de parâmetros das requisições para seus objetos de negócio. Ele também contém suporte para integração com o Jakarta Struts.

O FRAMEWORK MVC DE SPRING

O Spring vem com um framework MVC completo para a construção de aplicativos web. Embora o Spring possa ser facilmente integrado com outros frameworks MVC, como Struts, o framework MVC do Spring usa IoC para prover uma limpa separação entre a lógica controladora e a de objetos de negócio.

Ele também lhe permite ligar parâmetros de requisição para seus objetos de negócio. Além do mais, o framework MVC do Spring pode tirar vantagem de quaisquer outros serviços do Spring, como internacionalização de mensagens (I18N) e validação.

Agora que você sabe tudo do Spring, vamos pular direto para a criação de aplicações no Spring, começando com o exemplo mais simples possível que podíamos trazer.

1.3 O início com Spring

Na grande tradição dos livros de programação, começaremos mostrando a você como o Spring trabalha com o exemplo "Hello World". Ao contrário do programa original "Hello World", o nosso exemplo será um pouco modificado para demonstrar os fundamentos do Spring.

Nota: Para descobrir como fazer download do Spring e "plugá-lo" na rotina de construção do seu projeto, recorra ao apêndice A.

As aplicações baseadas no Spring são como qualquer outro aplicativo Java. Elas são feitas de várias classes, cada qual executando um propósito específico dentro da aplicação. O que faz a diferença dos aplicativos baseados no Spring, no entanto, é como estas classes são configuradas e apresentadas umas às outras. Tipicamente, um aplicativo Spring tem um arquivo XML, que descreve como configurar as classes, conhecido como arquivo de configuração do Spring.

A primeira classe que nosso exemplo "Springified Hello World" precisa é uma classe de serviço, cujo propósito é imprimir a nossa saudação. A listagem 1.1 mostra GreetingService.java, uma interface que define o contrato para nossa classe de serviço.

Listagem 1.1 A interface GreetingService separa a implementação do serviço, de sua interface.

```
package com.springinaction.chapter01.hello;

public interface GreetingService {
   public void sayGreeting();
}
```

A classe GreetingServiceImpl.java (listagem 1.2) implementa a interface GreetingService. Embora não seja necessário esconder a implementação atrás de uma interface, é altamente recomendado como uma forma de separar a implementação, do seu contrato.

Listagem 1.2 GreetingServiceImpl.java: Responsável por imprimir a saudação

```
package com.springinaction.chapter01.hello;

public class GreetingServiceImpl implements GreetingService {
   private String greeting;

   public GreetingServiceImpl() {}

   public GreetingServiceImpl(String greeting) {
      this.greeting = greeting;
   }

   public void sayGreeting() {
      System.out.println(greeting);
   }

   public void setGreeting(String greeting) {
      this.greeting = greeting;
   }
}
```

A classe GreetingServiceImpl tem uma única propriedade: a propriedade greeeting. Esta propriedade é simplesmente uma String que guarda o texto da mensagem que será impressa, quando o método sayGreeting() for chamado. Você pode notar que greeting pode ser estabelecida de dois modos diferentes: pelo construtor ou pelo método setter da propriedade.

O que ainda não é aparentemente simples, é quem irá chamar tanto o construtor quanto o método setGreeting() para setar a propriedade. Como mostrado, vamos deixar o container do Spring setar a propriedade greeting. O arquivo de configuração do Spring (hello.xml) na listagem 1.3, dirá ao container como configurar o serviço de saudação.

Listagem 1.3 Como configurar o Hello World no Spring

```
<?xml version="1.0" encoding="UTF-8"?>
<!DOCTYPE beans PUBLIC "-//SPRING//DTD BEAN//EN"
      "http://www.springframework.org/dtd/spring-beans.dtd">

<beans>
   <bean id="greetingService"
         class="com.springinaction.chapter01.hello.GreetingServiceImpl">
      <property name="greeting">
         <value>Buenos Dias!</value>
      </property>
   </bean>
</beans>
```

O arquivo XML, na listagem 1.3, declara uma instância de um GreetingServiceImpl dentro do container do Spring e configura sua propriedade greeting com um valor: "Buenos Dias!" Vamos nos aprofundar um pouco mais nos detalhes deste arquivo XML, a fim de entender como ele funciona.

Na raiz deste arquivo XML simples está o elemento <beans>, que é o elemento raiz de qualquer arquivo de configuração do Spring. O elemento <bean> é usado para informar ao Spring sobre uma classe e como ela deverá ser configurada. Aqui, o atributo id é usado para nomear o bean greetingService e o atributo class especifica o nome completo da classe do bean.

Dentro do elemento <bean>, o elemento <property> é usado para setar uma propriedade; neste caso, a propriedade greeting. Ao usar <property>, estamos dizendo ao Spring para chamar setGreeting(), quando uma instância do Greeting-Service for criada.

O valor da saudação está definido dentro do elemento <value>. Aqui, demos o exemplo em espanhol, ao escolher "Buenos Dias", ao invés do tradicional "Hello World".

O trecho seguinte de código ilustra, a grosso modo, o que o container faz quando iniciamos o serviço de saudação, baseado na definição XML da listagem 1.3[2]:

```
GreetingServiceImpl greetingService = new GreetingServiceImpl();
greetingService.setGreeting("Buenos Dias!");
```

Da mesma forma, podemos escolher que o Spring sete a propriedade greeting, através do construtor de um único argumento de GreetingServiceImpl. Como no exemplo:

```
<bean id="greetingService"
    class="com.springinaction.chapter01.hello.GreetingServiceImpl">
  <constructor-arg>
    <value>Buenos Dias!</value>
  </constructor-arg>
</bean>
```

O código seguinte ilustra como o container inicializará o serviço de saudação, ao usar o elemento <constructor-arg>:

```
GreetingServiceImpl greetingService =
  new GreetingServiceImpl("Buenos Dias");
```

O último pedaço do quebra-cabeça é a classe que carrega o container do Spring e o utiliza para recuperar o serviço de saudação. A listagem1.4 exibe esta classe.

---

[2] O container atual realiza outras atividades envolvendo o ciclo de vida do bean. Mas, para fins ilustrativos, estas duas linhas são suficientes.

Listagem 1.4 A classe "Hello World"

```
package com.springinaction.chapter01.hello;

import java.io.FileInputStream;
import org.springframework.beans.factory.BeanFactory;
import org.springframework.beans.factory.xml.XmlBeanFactory;

public class HelloApp {
    public static void main(String[] args) throws Exception {
        BeanFactory factory =
            new XmlBeanFactory(new FileInputStream("hello.xml"));

        GreetingService greetingService =
            (GreetingService) factory.getBean("greetingService");

        greetingService.sayGreeting();
    }
}
```

A classe BeanFactory usada aqui é o container do Spring. Depois de carregar o arquivo hello.xml no container, o método main() chama o método getBean() no BeanFactory, a fim de recuperar uma referência ao serviço de saudação. Com esta referência em mãos é chamado, finalmente, o método sayGreeting(). Quando nós executamos o aplicativo "Hello", ele imprime (não surpreendentemente).

```
Buenos Dias!
```

Isto é tão simples quanto um aplicativo baseado no Spring pode ser, mas ilustra os fundamentos de configuração e como usar uma classe no Spring. Infelizmente, talvez seja simples porque só ilustra como devemos configurar um bean para injetar um valor String em uma propriedade. O real poder do Spring está em como os beans podem ser injetados em outros beans, usando a IoC.

1.4 Como entender a inversão de controle

A inversão de controle está no coração do framework Spring, e pode ser um pouco intimidativo, invocando noções de uma técnica complexa de programação ou padrão de design. Mas como se mostra, a IoC não é assim tão complexa quanto parece. Na realidade, ao aplicar IoC em seus projetos, você perceberá que seu código se tornará significativamente mais simples, mais fácil de entender e mais fácil de testar.

Mas o que significa "inversão de controle"?

1.4.1 Como injetar dependências

Em um artigo escrito no início de 2004, Martin Fowler questionou qual aspecto de controle está sendo invertido. Ele concluiu que é a aquisição de objetos dependentes que está sendo invertido. Baseado naquela revelação, ele propôs um nome melhor para a inversão de controle: injeção de dependência (dependency injection)[3].

Qualquer aplicativo não trivial (qualquer coisa mais complexa que HelloWorld.java) é composto de duas ou mais classes que colaboram entre si, a fim de executarem alguma lógica de negócios. Tradicionalmente, cada objeto é responsável por obter suas próprias referências para os objetos com que ele colabora (suas dependências). Como você vai ver, isto pode conduzir a códigos altamente acoplados e difíceis de testar.

Ao aplicarmos IoC, objetos são dados as suas dependências em tempo de criação por alguma entidade externa que coordena cada objeto do sistema. Quer dizer, dependências são injetadas nos objetos. Assim, IoC significa uma inversão de responsabilidade, considerando como um objeto obtém referências a objetos colaboradores.

1.4.2 IoC em ação

Se você for como nós, então provavelmente está ansioso para ver como isto funciona no código. Então, sem mais delongas...

Suponha que o time de marketing da sua companhia selecionou os resultados de sua análise de mercado e pesquisa, e determinou que o que os seus clientes precisam é de um cavaleiro. Quer dizer, eles precisam de uma classe de Java, que representa um cavaleiro. Depois de sondar suas exigências, você aprende que o que eles querem, especificamente, é que você implemente uma classe que represente um cavaleiro Arturiano da Távola redonda, que embarca em jornadas valentes e nobres para achar o Santo Graal.

Este é um pedido estranho, mas você já está acostumado as noções estranhas e caprichosas do time de marketing. Assim, sem hesitação, você inicia seu IDE favorito e dá inicio à classe na listagem 1.5.

Listagem 1.5 KnightOfTheRoundTable.java

```
package com.springinaction.chapter01.knight;

public class KnightOfTheRoundTable {
    private String name;
    private HolyGrailQuest quest;
```

---

[3] Apesar de concordarmos que "injeção de dependência" é um nome mais adequado do que "inversão de controle", nós provavelmente usaremos os dois termos, concomitantemente, e com a mesma finalidade neste livro.

```
public KnightOfTheRoundTable(String name) {
    this.name = name;
    quest = new HolyGrailQuest();
}
```

➜ **Um knight consegue seu próprio quest**

```
public HolyGrail embarkOnQuest()
     throws GrailNotFoundException {
    return quest.embark();
}
}
```

Na listagem 1.5, um cavaleiro recebe um nome como parâmetro no seu construtor. Seu construtor seta a jornada do cavaleiro, instanciando um HolyGrailQuest. A implementação HolyGrailQuest é bastante trivial, como mostrado na listagem 1.6.

Listagem 1.6 HolyGrailQuest.java

```
package com.springinaction.chapter01.knight;
public class HolyGrailQuest {
   public HolyGrailQuest() {}

   public HolyGrail embark() throws GrailNotFoundException {
      HolyGrail grail = null;
      // Look for grail
      ...
      return grail;
   }
}
```

Satisfeito com seu trabalho, você confere orgulhosamente o código do controle da versão. Você quer mostrá-lo ao time de marketing, mas no fundo, algo não vai bem. Você quase joga tudo fora com o *burrito* que você comeu no almoço, quando percebe o problema: você criou nenhum teste de unidade.

COMO TESTAR O CAVALEIRO

O teste unitário é uma parte importante do desenvolvimento. Não só assegura que cada unidade individual funcione como esperado, como também serve para documentar cada unidade de um modo mais preciso. Buscando retificar seu fracasso em criar unidades de teste, você reúne o caso de teste (listagem 1.7) para sua classe do cavaleiro.

Listagem 1.7 Como testar o KnightOfTheRoundTable

```
package com.springinaction.chapter01.knight;

import junit.framework.TestCase;

public class KnightOfTheRoundTableTest extends TestCase {

    public void testEmbarkOnQuest() {
        KnightOfTheRoundTable knight =
            new KnightOfTheRoundTable("Bedivere");

        try {
            HolyGrail grail = knight.embarkOnQuest();

            assertNotNull(grail);

            assertTrue(grail.isHoly());
        } catch (GrailNotFoundException e) {
            fail();
        }
    }
}
```

Depois de criar este caso de teste, você criará um outro caso de teste para HolyGrailQuest. Mas mesmo antes de ter começado, você percebe que o teste de KnightOfTheRoundTable já testa indiretamente o HolyGrailQuest. Você também se pergunta se está testando todas as contingências. O que aconteceria se o método embark() de HolyGrailQuest retornasse null? Ou se ele lançasse uma GrailNotFoundException?

QUEM CHAMA QUEM?

O principal problema até agora com o KnightOfTheRoundTable é como ele obtém um HolyGrailQuest. Quando criamos uma nova instância de HolyGrail ou obtemos uma por JNDI, cada cavaleiro é responsável por adquirir sua própria jornada (como mostrado na figura 1.2). Portanto, não há nenhum modo de testarmos a classe do cavaleiro isoladamente.

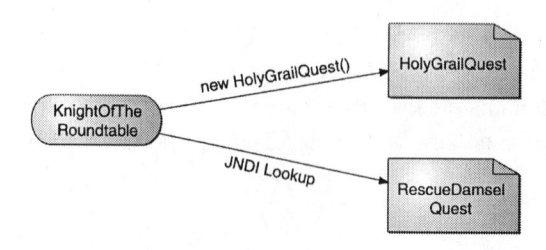

Figura 1.2 *Um knight é responsável por obter sua própria jornada (quest) através de instanciação ou por qualquer outro meio.*

Ou seja, toda vez que testar KnightOfTheRoundTable, você também testará indiretamente HolyGrailQuest.

Além do mais, você não tem nenhum modo de dizer a HolyGrailQuest para se comportar de outra forma (por exemplo, retornar null ou lançar uma GrailNot-FoundException) para diferentes testes. O que lhe ajudaria é se pudesse criar uma implementação simulada de HolyGrailQuest que lhe permitisse decidir como ela deveria se comportar. Mas até mesmo se criasse uma implementação simulada, o KnightOfTheRoundTable ainda recuperaria seu próprio HolyGrailQuest, significando que você teria que fazer uma mudança no KnightOfTheRoundTable, a fim de recuperar uma simulação da jornada para teste (e então mudar novamente para produção).

COMO DESACOPLAR COM INTERFACES

O problema, em uma palavra é *acoplagem*. Neste momento, KnightOfTheRoundTable está de forma estática acoplado a HolyGrailQuest. Eles estão algemados de tal forma, que você não pode ter um KnightOfTheRoundTable, sem também ter um HolyGrailQuest.

No entanto, acoplar é uma "faca de dois gumes". De um lado, o código firmemente acoplado é difícil de testar, difícil de reutilizar, difícil de entender e apresenta tipicamente bug "whack-amole" (ex., consertar um bug resulta na criação de novos bugs). Por outro lado, um código completamente desacoplado não faz nada. Para que faça alguma coisa útil, as classes precisam, de alguma maneira, saber sobre a existência das outras classes. O acoplamento é necessário, mas deveria ser gerenciado com muito cuidado.

Uma técnica comum usada para reduzir o acoplamento é esconder detalhes da implementação atrás de interfaces, de forma que a classe da implementação atual possa ser substituída, sem nenhum prejuízo para a classe cliente. Por exemplo, suponha que você tivesse que criar uma interface Quest:

```
package com.springinaction.chapter01.knight;

public interface Quest {
   public abstract Object embark() throws QuestException;
}
```

Então, você muda o HolyGrailQuest para implementar esta interface. Note também que agora o método embark() retorna um Object e lança uma QuestException.

```
package com.springinaction.chapter01.knight;

public class HolyGrailQuest implements Quest {
   public HolyGrailQuest() {}

   public Object embark() throws QuestException {
      // Do whatever it means to embark on a quest
      return new HolyGrail();
   }
}
```

O método seguinte também tem que ser mudado em KnightOfTheRoundTable para ser compatível com estes tipos Quest:

```
private Quest quest;
...
public Object embarkOnQuest() throws QuestException {
  return quest.embark();
}
```

Da mesma forma, você também poderia fazer com que o KnightOfTheRoundTable implementasse a interface Knight:

```
public interface Knight {
  public Object embarkOnQuest() throws QuestException;
}
```

Esconder a implementação da sua classe atrás de interfaces é certamente um passo na direção certa. Mas onde muitos desenvolvedores pecam é em como eles recuperam uma instância de Quest. Por exemplo, considere esta possível mudança no KnightOfThe-RoundTable:

```
public class KnightOfTheRoundTable implements Knight {

  private Quest quest;
  ...

  public KnightOfTheRoundTable(String name) {
    quest = new HolyGrailQuest();
  ...
  }

  public Object embarkOnQuest() throws QuestException {
    return quest.embark();
  }
}
```

Aqui, a classe KnightOfTheRoundTable embarca numa jornada através da interface Quest. Mas, o cavaleiro ainda recupera um tipo específico de Quest (no caso, o HolyGrailQuest). Isto não é muito melhor do que antes. Um KnightOfTheRoundTable está preso somente em jornadas para o Holy Grail e para mais nenhum outro tipo.

DAR E RECEBER

A pergunta que você deve estar fazendo, neste momento, é se um cavaleiro deve ser responsável por obter uma jornada ou não. Ou, se deve ser dado uma jornada a um cavaleiro.

Considere a seguinte mudança em KnightOfTheRoundTable:

```
public class KnightOfTheRoundTable implements Knight {
   private Quest quest;
   ...

   public KnightOfTheRoundTable(String name) {
      ...
   }

   public HolyGrail embarkOnQuest() throws QuestException {
      ...
      return quest.embark();
   }

   public void setQuest(Quest quest) {
      this.quest = quest;
   }
}
```

Notou a diferença? Compare a figura 1.3 com a figura 1.2, e veja a diferença em como um cavaleiro obtém sua jornada. Agora, ao cavaleiro é *dado* uma jornada, ao invés de ter que recuperar uma ele próprio. KnightOfTheRoundTable não é mais responsável por recuperar suas próprias jornadas. E pelo fato de só saber sobre uma jornada, através da interface Quest, você pode dar para um cavaleiro qualquer implementação de Quest que você quiser. Em uma sistema de produção, talvez você desse um HolyGrailQuest, mas num caso de teste, você daria sim, uma implementação simulada de Quest.

Resumindo, é sobre isso que a inversão de controle trata: a responsabilidade de coordenação da colaboração entre objetos dependentes é transferida para longe dos próprios objetos. E é onde frameworks leve, tal como Spring, entram em jogo.

ATRIBUIR UMA JORNADA A UM CAVALEIRO

Agora que você criou sua classe KnightOfTheRoundTable, na qual pode ser dada qualquer objeto Quest, como pode especificar qual Quest deveria ser dado?

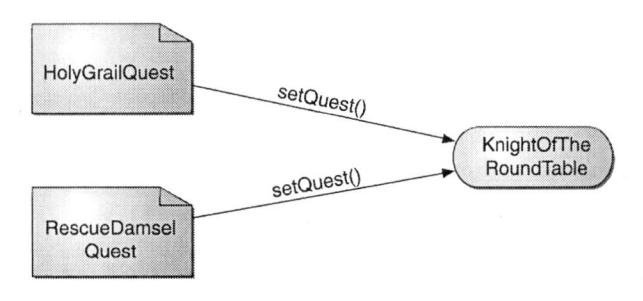

Figura 1.3 *É dado um Quest a um Knight através de seu método setQuest()*

O ato de criar associações entre os componentes de aplicações é chamado de *associação (wiring)*. No Spring, existem vários modos de fazer associação de componentes, mas a abordagem mais comum é via XML. A listagem 1.8 apresenta um simples arquivo de configuração Spring, o knight.xml, que dá uma jornada (especificamente, um Holy-GrailQuest) para um KnightOfTheRoundTable.

Listagem 1.8 Como conectar um Quest a um Knight em knight.xml

```
<?xml version="1.0" encoding="UTF-8"?>
<!DOCTYPE beans PUBLIC "-//SPRING//DTD BEAN//EN"
   "http://www.springframework.org/dtd/spring-beans.dtd">

<beans>                                        Defina uma jornada
   <bean id="quest"
     class="com.springinaction.chapter01.knight.HolyGrailQuest"/>

   <bean id="knight"                           Defina um cavaleiro
     class="com.springinaction.chapter01.knight.KnightOfTheRoundTable">

   <constructor-arg>
      <value>Bedivere</value>      ——————▶  Determine o nome
   </constructor-arg>                          do cavaleiro
   <property name="quest">
      <ref bean="quest"/>          ——————▶  Atribua uma jornada
   </property>                                 ao cavaleiro
</bean>
</beans>
```

Esta é apenas uma simples abordagem para associar beans. Não se preocupe muito sobre os detalhes neste momento. No capítulo 2, explicaremos mais sobre este assunto, como também mostraremos outras maneiras para conectar seus beans no Spring.

Agora que declaramos a relação entre um cavaleiro e uma jornada, precisamos carregar o arquivo XML e dar o "chute inicial" no aplicativo.

VENDO ISTO FUNCIONAR

Em um aplicativo Spring, um BeanFactory carrega as definições de bean e associa os beans. Pelo fato de que os beans, no exemplo do cavaleiro, serem declarados em um arquivo XML, um XmlBeanFactory torna-se uma factory apropriada para este exemplo. O método main() na listagem 1.9, usa um XmlBeanFactory para carregar o knight.xml e adquirir uma referência para o objeto "knight".

Listagem 1.9 Execução do exemplo knight

```
import org.springframework.beans.factory.BeanFactory;
import org.springframework.beans.factory.xml.XmlBeanFactory;

public class KnightApp {
    public static void main(String[] args) throws Exception {
        BeanFactory factory =
            New XmlBeanFactory(new FileInputStream("knight.xml"));

        KnightOfTheRoundTable knight =
            (KnightOfTheRoundTable) factory.getBean("knight");

        knight.embarkOnQuest();
    }
}
```

Carrega o arquivo XML de beans

Recupera um cavaleiro a partir da factory

Envia o cavaleiro para sua jornada

Uma vez que a aplicação tenha uma referência ao objeto de KnightOfTheRoundTable, ele simplesmente chama o método embarkOnQuest() para dar o chute inicial na aventura do cavaleiro. Note que esta classe não sabe nada sobre a jornada que o cavaleiro levará. Novamente, o único que sabe qual tipo de jornada será dada ao cavaleiro é o arquivo knight.xml.

Tem sido muito divertido enviar cavaleiros em jornadas, usando inversão de controle, mas agora vejamos como você pode usar IoC em seus aplicativos enterprise reais.[4]

1.4.3 IoC em aplicativos enterprise

Suponha que lhe foi pedido para criar um aplicativo de compras on-line. Incluído no aplicativo está um OrderServiceBean, implementado como um bean de sessão sem estado (stateless). Agora, você quer ter uma classe que cria um objeto Order, a partir de uma entrada do usuário (provavelmente, um formulário HTML) e chama o método createOrder() em seu OrderServiceBean, como apresentado na listagem1.10.

Listagem 1.10 Criação de uma ordem usando o EJB

```
...
private OrderService orderService;

public void doRequest(HttpServletRequest request) {
    Order order = createOrder(request);
    OrderService orderService = getOrderService();
    orderService.createOrder(order);
}
```

---

[4] Supõe-se que seus aplicativos reais não envolvem cavaleiros e jornadas. Caso seu projeto atual não envolva cavaleiros e jornadas, você pode desconsiderar a seção seguinte.

```
private OrderService getOrderService() throws CreateException {
    if (orderService == null) {                                    Obtém o
        Context initial = new InitialContext();                    contexto
        Context myEnv = (Context) initial.lookup("java:comp/env"); JNDI
        Object ref = myEnv.lookup("ejb/OrderServiceHome");         Recupera um
        OrderServiceHome home = (OrderServiceHome)                 EJB Home, a
            PortableRemoteObject.narrow(ref, OrderService.class);  partir do JNDI
        orderService = home.create();  ───────────►  Obtém o objeto Remote,
    }                                                a partir do objeto Home
    return orderService;
}
...
```

Note que escrevemos cinco linhas de código para obtermos *somente* um único objeto OrderService. Imagine ter que fazer isto toda vez que precisar de um objeto OrderService. Agora, imagine você tendo outros dez EJBs na sua aplicação. É muito código! Mas duplicar este código sempre que necessário seria ridículo; assim, um ServiceLocator é tipicamente usado no lugar. Um ServiceLocator age como um ponto central na obtenção e armazenamento de referências ao objeto EJB Home:

```
private OrderService getOrderService() {
    OrderServiceHome home =
        ServiceLocator.locate(OrderServiceHome);
    OrderService orderService = home.create();
}
```

Enquanto isto remove a necessidade da duplicação de código auxiliar, toda vez que este fosse necessário dentro da aplicação, um problema ainda permanece: sempre teremos que observar, explicitamente, nossos serviços em nosso código.

Agora vejamos como isto seria implementado no Spring:

```
private OrderService orderService;
public void doRequest(HttpServletRequest request) {
    Order order = createOrder(request);
    orderService.createOrder(order);
}

public void setOrderService(OrderService orderService) {
    this.orderService = orderService;
}
```

Chega de códigos auxiliares! A referência para OrderService é dada a nossa classe pelo Spring, através do método setOrderService(). Com o Spring, nunca mais teremos que nos aborrecer em buscar nossas dependências. Ao contrário, seu código pode focalizar somente no necessário.

Mas a inversão de controle é apenas uma das técnicas que o Spring oferece ao JavaBeans. Há um outro lado do Spring que faz dele um framework viável para o desenvolvimento enterprise. Daremos uma olhada, agora, no suporte do Spring para a programação orientada a aspecto.

1.5 Aplicação de uma programação orientada a aspecto

Enquanto que a inversão de controle torna possível agrupar componentes de software livremente, a programação orientada a aspecto permite capturar uma funcionalidade que é usada ao longo de seu aplicativo, em componentes reutilizáveis.

1.5.1 Introdução a AOP

A programação orientada a aspecto é freqüentemente definida como uma técnica de programação que promove a separação de interesses dentro de um sistema de software. Os sistemas são compostos por vários componentes, cada qual responsável por um pedaço específico da funcionalidade. Porém, freqüentemente, estes componentes levam também uma responsabilidade adicional, além da sua principal funcionalidade. Serviços de sistemas como logging, gerenciamento de transações e segurança, já estão inclusos no módulo core do Spring. Estes serviços de sistemas são comumente chamados *cross-cutting concern,* porque eles tendem a monitorar múltiplos componentes de um sistema.

Ao propagar estas funcionalidades entre múltiplos componentes, você introduz dois níveis de complexidade a seu código:

- ■ O código que implementa as funcionalidades do sistema é duplicado entre múltiplos componentes; isto significa que se você precisar mudar o funcionamento destas funcionalidades, você precisará visitar múltiplos componentes. Até mesmo se tiver abstraído a funcionalidade para um módulo separado, de forma que o impacto para seus componentes seja uma única chamada de método. Esta única chamada de método é duplicada em múltiplos lugares.

- ■ Seus componentes possuem códigos que não estão alinhados com a funcionalidade central. Um método para acrescentar uma entrada em um livro de endereços só deveria se preocupar em acrescentar o endereço, e não se é seguro ou transacional.

A Figura 1.4 ilustra esta complexidade. Os objetos de negócio à esquerda estão intimamente envolvidos com os serviços do sistema. Não só cada objeto sabe que está sendo logado, assegurados e envolvidos num contexto transacional, como também são responsáveis por executar esses serviços para si mesmos.

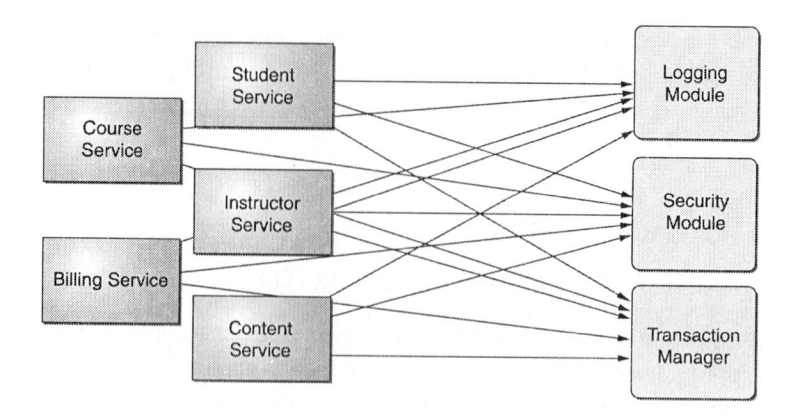

Figura 1.4 *Chamadas as funcionalidades do sistema como logging e segurança são freqüentemente espalhados em módulos, onde essas funcionalidades não são a sua principal preocupação*

A AOP torna possível modular estes serviços e então os aplica aos componentes. Isto resulta em componentes mais coesivos e que foquem nos seus próprios interesses, completamente ignorantes de qualquer serviço de sistema que possa ser envolvido.

Como mostra na figura 1.5, isso pode ajudar a pensar em aspectos como uma cobertura, que cobre muitos dos componentes de uma aplicação. No seu núcleo, um aplicativo é constituído de módulos que implementam as funcionalidades de negócio.

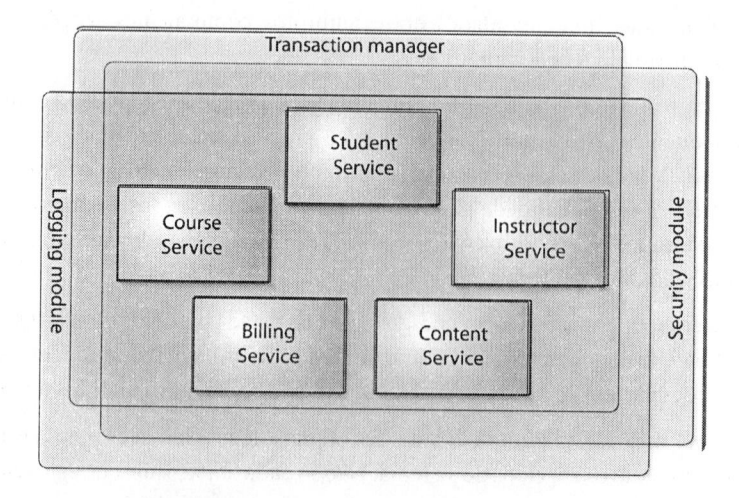

Figura 1.5 *Usando AOP, as funcionalidades do sistema cobrem os componentes que elas impactam.*

Com AOP, você pode cobrir o núcleo da sua aplicação com camadas de funcionalidade. Estas camadas podem ser aplicadas ao longo da sua aplicação, de uma maneira flexível, sem o núcleo da aplicação sequer saber que eles existem. Este é um conceito muito poderoso.

1.5.2 AOP em ação

Vamos revisitar nosso exemplo do cavaleiro, para ver como a AOP trabalha com o Spring. Suponha que após apresentar seu progresso ao pessoal do marketing, eles voltem com uma exigência adicional. Nesta nova exigência, um trovador tem que acompanhar cada cavaleiro, tornando as ações e feitos do cavaleiro em canção.[5]

Para começar, você deve criar uma classe Minstrel:

```
package com.springinaction.chapter01.knight;

import org.apache.log4j.Logger;
public class Minstrel {
   Logger song = Logger.getLogger(KnightOfTheRoundTable.class);
   public Minstrel() {}

   public void compose(String name, String message) {
      song.debug("Fa la la! Brave " + name + " did " + message + "!");
   }
}
```

De acordo com o modo de IoC, você altera KnightOfTheRoundTable, para que lhe seja dada uma instância de Minstrel:

```
public class KnightOfTheRoundTable {
...
   private Minstrel minstrel;
   public void setMinstrel(Minstrel minstrel) {
      this.minstrel = minstrel;
   }

...

   public HolyGrail embarkOnQuest() throws QuestException {
      minstrel.compose(name, "embark on a quest");
      return quest.embark();
   }
}
```

---

[5] Pense em trovadores como sistemas de logging inclinados musicalmente dos tempos medievais.

Só há um problema. Cada cavaleiro tem que parar e dizer ao trovador para compor uma melodia antes que o cavaleiro possa continuar com sua jornada (como na figura 1.6). Idealisticamente, um trovador iria compor melodias, sem ser explicitamente dito para tal. Um cavaleiro não deveria saber (ou até mesmo se preocupar com) que as suas ações estão sendo escritas nas melodias. Afinal de contas, você não pode ter seu cavaleiro atrasado nas jornadas, por causa de um trovador preguiçoso.

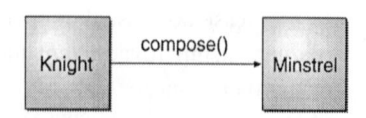

Figura 1.6 *Sem o AOP, um cavaleiro tem que dizer a seu trovador para que componha melodias.*

Resumindo, os serviços de um trovador transcendem os deveres de um cavaleiro. Outro modo de declarar isto é dizer que os serviços de um trovador (escrever melodias) são ortogonais para os deveres de um cavaleiro (embarcando em jornadas). Portanto, faz sentido implementar um trovador como um aspecto que adiciona seu serviço de "criador de melodias" a um cavaleiro. Provavelmente, o modo mais simples de criar um trovador orientado a aspecto é mudar a classe do trovador, para que seja uma implementação de MethodBeforeAdvice, como apresentado na listagem 1.11.

Listagem 1.11 Um minstrel orientado a aspecto

```
package com.springinaction.chapter01.knight;

import java.lang.reflect.Method;
import org.apache.log4j.Logger;
import org.springframework.aop.MethodBeforeAdvice;

public class MinstrelAdvice
    implements MethodBeforeAdvice {
  public MinstrelAdvice() {}

  public void before(Method method, Object[] args,    ◄─── Escolher o método
      Object target) throws Throwable {                     antes de chamar

    Knight knight = (Knight) target;

    Logger song =
      Logger.getLogger(target.getClass());   ◄─── Pegar a classe de
    song.debug("Brave " + knight.getName() +       logging aconselhada
      " did " + method.getName());
  }
}
```

Como uma subclasse de MethodBeforeAdvice, a classe MinstrelAdvice interceptará as chamadas para os métodos do objeto alvo, dando ao método before() uma oportunidade de fazer algo antes que o método alvo seja chamado. Neste caso, o MinstrelAdvice ingenuamente presume que o objeto alvo é um KnightOfTheRoundTable e usa o log4j como seu mecanismo para escrever crônicas das ações do cavaleiro. Como ilustrado na figura 1.7, o cavaleiro não precisaria se preocupar em como ele está sendo "musicado" ou até mesmo, que o trovador está escrevendo uma melodia.

O cavaleiro já não precisa dizer para este novo trovador orientado a aspecto, que componha melodias sobre as atividades do cavaleiro. Na realidade, o cavaleiro nem precisa saber que o trovador existe. Mas como MinstrelAdvice sabe que deve interceptar as chamadas para um Knight?

Figura 1.7 *Um trovador orientado a aspecto cobre um cavaleiro, escrevendo melodias das atividades deste cavaleiro, sem que o mesmo saiba deste trovador.*

MODELANDO O ASPECTO

Note que não há nada sobre o MinstrelAdvice que diz ao Minstrel sobre qual objeto ele deve compor a melodia. Ao invés disso, os serviços de um Minstrel são aplicados a um Knight declarativamente. A aplicação de um aviso a um objeto é conhecida como *weaving*. No Spring os aspectos são criados em objetos no arquivo XML do Spring, da mesma forma que os beans são agrupados. A listagem 1.12 apresenta o novo knight.xml, modificado para interceptar o MinstrelAdvice dentro de um KnightOfTheRoundTable.

Listagem 1.12 Criação de um MinstrelAdvice dentro de um knight

```xml
<?xml version="1.0" encoding="UTF-8"?>
<!DOCTYPE beans PUBLIC "-//SPRING//DTD BEAN//EN"
    "http://www.springframework.org/dtd/spring-beans.dtd">

<beans>
  <bean id="quest"
      class="com.springinaction.chapter01.knight.HolyGrailQuest"/>

  <bean id="knightTarget"
      class="com.springinaction.chapter01.knight.KnightOfTheRoundTable">
    <constructor-arg><value>Bedivere</value></constructor-arg>

    <property name="quest"><ref bean="quest"/></property>
  </bean>

  <bean id="minstrel"
      class="com.springinaction.chapter01.knight.MinstrelAdvice"/>
```

Cria uma instância minstrel

```
<bean id="knight"
    class="org.springframework.aop.framework.ProxyFactoryBean">
    <property name="proxyInterfaces">              Intercepta chamadas
        <list>                                      ao knight
            <value>com.springinaction.chapter01.knight.Knight</value>
        </list>
    </property>
    <property name="interceptorNames">
        <list>
            <value>minstrel</value>    Permite ao minstrel controlar a
        </list>                         prmieira chamada
    </property>
    <property name="target"><ref bean="knightTarget"/></property>
</bean>
</beans>                                  Então, permite ao knight
                                          interceptar as chamadas
```

Note que o id do KnightOfTheRoundTable mudou de knight para knightTarget e agora, o knight aponta para uma classe Spring chamada ProxyFactoryBean. O que isto significa é que quando um objeto knight é solicitado ao container, ele retornará um objeto que interceptará chamadas feita ao objeto alvo KnightOfTheRoundTable, dando ao MinstrelAdvice, a possiblidade de interceptar, primeiramente, a chamada aos métodos. Uma vez que o MinstrelAdvice termine a sua função, o controle é retornado ao KnightOfTheRoundTable, para executar sua tarefa de cavaleiro.

Não preocupe se isto ainda não fizer sentido. Nós explicaremos o suporte a AOP do Spring com mais detalhes no capítulo 3. Por hora, basta dizer que, embora todo movimento de um cavaleiro seja observado por um trovador, as atividades do cavaleiro não são, de maneira alguma, impedidas pela sua presença.

Mas o AOP do Spring pode ser usado para coisas mais práticas que compor melodias antigas para um cavaleiro. Como você verá, o AOP pode ser usado para prover serviços enterprise, como transações declarativas e segurança.

1.5.3 AOP em aplicações empresariais

Aplicativos empresariais, freqüentemente, requerem certos serviços como segurança e suporte transacional. Uma maneira de aplicar estes serviços é codificar suporte para eles, diretamente, nas classes que os usam. Por exemplo, para controlar transações você pode colocar o seguinte trecho no seu código:

```
UserTransaction transaction = null;
try {
    transaction = ... {obtem uma transação}

    transaction.begin();

    ... faz algo ...
```

```
    transaction.commit();
} catch (Exception e) {
    if (transaction != null) transaction.rollback();
}
```

O problema em controlar transações desta maneira é que você pode repetir a mesma transação, tendo que controlar o código diversas vezes — toda vez que você precisar de um contexto transacional.

O EJB simplifica as coisas tornando possível declarar estes serviços e sua política no descritor de deployment EJB. Com EJB é possível escrever componentes que sejam ignorantes ao fato de que eles estão em um contexto transacional ou sendo assegurados e, portanto, incapazes de declarar as políticas transacionais e de segurança para esses componentes em seu descritor de deployment EJB. Por exemplo, para assegurar que um método é transacional no EJB, você simplesmente insere o seguinte, no descritor deployment:

```
<container-transaction>
    <method>
        <ejb-name>Foo</ejb-name>
        <method-intf>Remote</method-inf>
        <method-name>doSomething</method-name>
    </method>
    <trans-attribute>RequiresNew</trans-attribute>
</container-transaction>
```

O EJB é muito ruim em relação à simplificação da lógica de infra-estrutura, como em casos de transações e segurança. Assim como já mencionamos na introdução, EJB é complexo de diversas maneiras.

Embora o suporte a AOP do Spring possa ser usado para separar assuntos cross-cutting, a partir da lógica do núcleo de seu aplicativo, seu trabalho primário é com a base para o suporte do Spring, para transações declarativas. O Spring vem com vários aspectos que tornam possível declarar políticas de transação para JavaBeans. E o Sistema de Segurança Acegi (outro projeto open source associado com o Spring) provê segurança declarativa para JavaBeans. Como em toda configuração do Spring, as políticas transacionais e de segurança são prescritas em um arquivo de configuração do Spring.

Nota: Embora o Spring venha equipado com vários frameworks e suporte para vários serviços em nível empresarial, ele não vem com muitos componentes para ajudar com a segurança. O sistema de segurança Acegi usa o suporte à AOP do Spring, como a fundação de um framework que soma uma segurança declarativa a aplicativos do Spring. Você aprenderá mais sobre o Acegi no capítulo 11.

Por exemplo, suponha que ao invés de um cavaleiro, seu aplicativo controle as inscrições de alunos para cursos de treinamento. Talvez você tenha um bean chamado Student-ServiceImpl, que implementa a seguinte interface:

```
public StudentService {
   public void registerForCourse(Student student, Course course);
}
```

Este bean deve estar registrado no arquivo XML de bean do Spring, como segue:

```
<bean id="studentServiceTarget"
   class="com.springinaction.training.StudentServiceImpl"/>
```

O método registerForCourse() de StudentService deverá executar as seguintes ações:

1. Verificar se há um assento disponível no curso.

2. Adicionar o estudante à lista do curso.

3. Decrementar o número de assentos disponíveis do curso em 1.

4. Notificar o estudante por e-mail sobre o sucesso da inscrição.

Todas estas ações devem acontecer automaticamente. Se algo der errado, tudo voltará a ser como antes, como se nada tivesse acontecido. Agora, imagine se ao invés de um trovador fornecendo um logging musical para esta classe, você tivesse que aplicar um dos aspectos gerenciamento transacional do Spring. Aplicando um suporte transacional para StudentServiceImpl pode ser tão simples quanto adicionar as linhas apresentadas na listagem 1.13 ao arquivo XML de bean.

Listagem 1.13 Como tornar StudentService transacional

```
<bean id="transactionManager" class=
   "org.springframework.orm.hibernate.HibernateTransactionManager">
   <property name="sessionFactory">
      <ref bean="sessionFactory"/>
   </property>                                    Declara o gerenciador
</bean>                                           de transações

<bean id="studentService" class=
"org.springframework.transaction.interceptor.
   TransactionProxyFactoryBean">

   <property name="target">
      <ref bean="studentServiceTarget"/>   ◄─── Aplica as transações
   </property>

   <property name="transactionAttributes">
      <props>
```

```
        <prop key="registerForCourse">
          PROPAGATION_REQUIRES_NEW,ISOLATION_DEFAULT
        </prop>
      </props>
    </property>

    <property name="transactionManager">
      <ref bean="transactionManager"/>
    </property>
</bean>
```

← Declara a transação

← Injeta a transação

Aqui, nós fazemos uso do TransactionProxyFactoryBean do Spring. Esta é uma classe proxy conveniente, que nos permite interceptar chamadas de método a uma classe existente, e aplicar um contexto de transação. Neste caso, criamos um proxy para a nossa classe StudentServiceImpl e aplicamos uma transação ao método register-ForCourse(). Também usamos HibernateTransactionManager, a implementação de um gerenciador de transação, que você provavelmente usaria se a camada de persistência de seu aplicativo fosse baseada no Hibernate.

Embora este exemplo deixe muita coisa ainda a ser explicado, isso deve lhe dar um breve esclarecimento sobre como o suporte a AOP do Spring pode prover objetos POJO, com serviços declarativos como transações e segurança. Nós entraremos em mais detalhes sobre o suporte a transações declarativas do Spring no capítulo 5.

1.6 Alternativas do Spring

Ufa! Depois dessa rápida introdução sobre o Spring, você já deve ter uma boa idéia do que ele pode fazer. Agora, você deve estar ansioso para entrar em detalhes a fim de saber como poderá usar o Spring em seus projetos. Mas antes de fazermos isso, precisamos mostrar o que mais existe no mundo J2EE.

1.6.1 A comparação entre o Spring e o EJB

Pelo fato do Spring vir com um vasto suporte a serviços de nível enterprise, ele é posicionado como uma alternativa viável para o EJB. Mas o EJB, ao contrário do Spring, é uma plataforma já bem estabelecida. Portanto, a decisão de escolher uma ou outra não é fácil de ser tomada. Você, necessariamente, não tem que escolher apenas um ou o outro. O Spring pode ser usado também para dar suporte aos EJBs existentes, um tópico que será discutido em detalhes no capítulo 7. Com isso em mente, é importante saber o que esses dois têm em comum, o que os diferencia e as implicações de escolher um ou outro.

EJB É UM PADRÃO

Antes de entrarmos nas comparações técnicas entre o Spring e o EJB, há uma distinção importante que precisamos fazer. O EJB é uma especificação definida pelo JCP. Sendo um padrão, existem algumas implicações significantes:

- *Amplo suporte na indústria* — Há todo um servidor de vendedores que estão apoiando esta tecnologia, incluindo pesos-pesados da indústria, tais como: Sun, IBM, Oracle e BEA. Isto significa que o EJB será apoiado e ativamente desenvolvido por muitos anos ainda. Isto é confortável para muitas empresas porque elas sentem que ao selecionar EJB como seu framework J2EE, elas fizeram uma escolha segura.

- *Ampla adoção* — O EJB é uma tecnologia utilizada em milhares de empresas ao redor do mundo. Como resultado, EJB está na caixa de ferramentas da maioria dos desenvolvedores J2EE. Isto significa que se um desenvolvedor conhece EJB, é mais provável que ele consiga facilmente um trabalho. Ao mesmo tempo, as empresas sabem que, se ela adotou EJB, haverá desenvolvedores que serão capazes de desenvolver os mesmos aplicativos desenvolvidos pelos seus desenvolvedores.

- *Existência de ferramentas* — A especificação EJB é um objetivo fixo, tornando mais fácil para os vendedores produzirem ferramentas que ajudem os desenvolvedor a criar aplicativos EJB, mais depressa e facilmente. Existem dúzias de aplicativos com este propósito, fornecendo aos desenvolvedores uma extensa gama de opções de ferramentas EJB.

FUNDAMENTOS COMUNS DO SPRING E EBJ

Como containers J2EE, Spring e EJB oferecem ao desenvolvedor características poderosas para o desenvolvimento de aplicativos. A tabela 1.1 lista as principais características de ambos, os framework e um comparativo entre suas implementações.

Tabela 1.1 Comparação das características dos frameworks Spring e EJB

Característica	EJB	Spring
Gerenciamento de Transação	■ Deve usar um administrador de transação JTA. ■ Suporta transações que fazem span de chamadas de métodos remotos.	■ Suporta múltiplos ambientes transacionais através de sua interface PlatformTransaction-Manager, incluindo JTA, Hibernate, JDO e JDBC. ■ Não suporta nativamente transações distribuídas — deve ser usado com um gerenciador de transações JTA.

Continua na próxima página

Tabela 1.1 Comparação das características dos frameworks Spring e EJB (continuação)

Característica	EJB	Spring
Suporte declarativo transacional	■ Pode definir transações através de um descritor de deployment. ■ Pode definir o comportamento transacional por método ou por classe, usando o caractere wildcard*. ■ Não pode definir declara o comportamento rollback - isso deve ser feito de forma programada.	■ Pode definir transações através do arquivo de configuração do Spring ou através de metadados de classe. ■ Pode definir em quais métodos aplicar o comportamento transacional explicitamente ou usar expressões regulares. ■ Pode definir o comportamento rollback por método e por tipo de exceção.
Persistência	■ Suporta gerenciamento de persistência do bean programado e container declarativo gerencia a persistência.	■ Oferece um framework que se integra com diversas tecnologias de persistência, incluindo JDBC, Hibernate, JDO e iBATIS
Segurança declarativa	■ Suporta segurança declarativa através de usuários e papéis. O gerenciamento e a implementação dos usuários e de seus papéis é específico do container. ■ A segurança declarativa é configurada no descritor de deployment.	■ Não há implementações de segurança diferentes das contidas na caixa de ferramentas. ■ Acegi, um framework de segurança open source, construído em cima da plataforma Spring, oferece uma segurança através do arquivo de configuração do Spring ou metadados de classe.
Computação distribuída	■ Oferece chamadas de método remoto de gerenciamento do container	■ Oferece proxying para chamadas remotas via RMI, JAX-RPC e web services.

Para a *maioria* dos projetos J2EE, as exigências de tecnologia serão satisfeitas ou pelo Spring ou pelo EJB. Existem exceções — seu aplicativo pode precisar oferecer suporte a chamadas de transação remotas. Se este for o caso, EJB pode parecer o caminho certo a seguir. Assim mesmo, o Spring se integra com provedores de transação Java Transaction API (JTA), para que este enredo rapidamente seja feito. Mas se você está procurando um framework J2EE que oferece um gerenciamento de transações declarativas e um engine de persistência flexível, o Spring é uma grande escolha. Ele lhe permite escolher as características que você necessita sem as complexidades adicionais do EJB.

As complexidades do EJB

Afinal de contas, quais são as complexidades do EJB? Por que existe essa troca por containers mais leves? Aqui estão algumas complexidades do EJB que desapontam muitos desenvolvedores:

■ **Criar um EJB é complicado demais** — Para criar um EJB, você tem que utilizar, no mínimo, quatro arquivos: a interface business, a interface home, a implementação do bean e o descritor de deployment. É provável que outras classes também sejam envolvidas, como classes de utilidade e objetos de valor. Tanto isso quanto a proliferação de arquivos, quando tudo o que você procura é adicionar alguns serviços de container para a implementação de sua classe. Reciprocamente, Spring permite que você defina sua implementação como um POJO e a associação com qualquer serviço necessário adicional por injeção ou AOP.

- *O EJB é invasivo* — Este anda de mãos dadas com o assunto anterior. Para utilizar os serviços oferecidos pelo container EJB, você tem que *usar* a interface javax.ejb. Isto ligará seu código de componente à tecnologia EJB, tornando mais difícil (se não for possível) usar o componente fora de um container EJB. Com Spring, os componentes, normalmente, não são requeridos para implementar, estender ou usar qualquer classe específica do Spring ou suas interfaces, tornando possível usar novamente os componentes em qualquer lugar, até mesmo na ausência do Spring.

- *Entidades EJBs fall short* — Os Entity EJBs não são tão flexíveis ou ricos em características como outras Ferramentas ORM. Spring reconhece que existem algumas grandes ferramentas ORM, como Hiberne e JDO, e oferece um framework rico para integrá-los em suas aplicações. E já que um Entity Bean pode representar um objeto remoto, o padrão de Objeto de Valor foi introduzido a fim de passar dados para e a partir da camada EJB, em um objeto curso-granulado. Mas os objetos de valor conduzem a uma duplicação de código — você cria cada propriedade de persistência duas vezes: uma vez no entity bean e outra em seu objeto de valor. Usando Spring juntamente com Hiberne ou outro framework ORM, os objetos entity de seu aplicativo não são diretamente acoplados com seus mecanismos de persistência. Isto os torna leves o suficiente para passarem através das camadas da aplicação.

Novamente, a maioria dos aplicativos J2EE, as características oferecidas pelo EJB podem não valer os compromissos que você terá que fazer. Spring fornece quase todos os serviços oferecidos por um container EJB, porém permite desenvolver códigos muito mais simples. Em outras palavras, para um grande número de aplicativos J2EE, Spring faz sentido. E agora que sabe as diferenças entre o Spring e o EJB, você deve ter uma boa idéia sobre qual framework se ajusta melhor às suas necessidades.

1.6.2 Considerando outros containers mais leves

Spring não é o único container leve disponível. Nos últimos anos, cada vez mais desenvolvedores Java buscam uma alternativa ao EJB. Como resultado foram desenvolvidos vários containers leves, com diferentes métodos, para alcançar a inversão de controle.

A tabela 1.2 lista os tipos de IoC. Estes foram primeiramente descritos através da convenção não-descritiva "Type X", mas tem mudado, desde então, para nomes mais significativos. Nós iremos sempre nos referir a eles pelo nome.

Tabela 1.2 Tipos de Inversão de Controle

Tipo	Nome	Descrição
Tipo 1	Dependente de Interface	Os beans devem implementar interfaces específicas para terem suas dependências gerenciadas pelo container.
Tipo 2	Injeção por Setter	As dependências e propriedades são configuradas através de um método setter de beans.
Tipo 3	Injeção por Construtor	As dependências e propriedades são configuradas através do construtor dos beans.

Apesar do foco deste livro ser o Spring, seria interessante darmos uma olhada nestes e outros containers stack up to Spring. Vamos então dar uma rápida olhada em alguns outros frameworks leves, assim como o Spring, começando com o PicoContainer.

PicoContainer

PicoContainer é um container leve mínimo, que fornece IoC na forma de injeção por construtor e setter (apesar de favorecer a injeção por construtor). Nós usamos a palavra *mínimo* para descrever o PicoContainer, pois com um tamanho pequeno (~50k), ele tem uma API esparsa. PicoContainer oferece o essencial para criar um container de IoC e tem a expectativa de se estender através de outros subprojetos ou aplicações. Sozinho ele pode apenas agrupar componentes de forma programada, através da sua API. Já que este seria um método incômodo para nada além dos mais triviais aplicativos, há um subprojeto denominado NanoContainer, que oferece suporte para configuração do PicoContainer através de XML e várias linguagens de script. Entretanto, enquanto escrevemos esse livro, o NanoContainer ainda não é um produto pronto.

Uma das limitações do PicoContainer é que ele permite somente uma instância de cada tipo específico a ser apresentado em seu registro. Isso poderia levar a problemas, se você precisasse de mais de um exemplo da mesma classe, apenas configurados diferentemente. Por exemplo, você pode querer ter dois exemplos de um javax.sql.DataSource em seu aplicativo, cada um configurado para uma base de dados diferente. Isso não seria possível no PicoContainer.

Você também deve saber que o PicoContainer é somente um container. Ele não oferece nenhuma das outras poderosas características que o Spring possui, como a AOP e a integração com framework de terceiros.

HIVEMIND

HiveMind é um container de IoC relativamente novo. Assim como o PicoContainer, se concentra em associar e configurar serviços com suporte, tanto para construtor quanto para injeção por setter. HiveMind lhe permite definir sua configuração em um arquivo XML ou através da HiveMind´s Simple Data Language (HSDL).

HiveMind também provê uma característica parecida com AOP com seus *Interceptors*. Isto lhe permite empacotar um serviço com os *Interceptors,* para prover uma funcionalidade adicional. Porém, ele não é tão poderoso quanto o framework AOP do Spring.

Finalmente, como o PicoContainer, HiveMind é somente um container. Oferece um framework para gerenciar componentes, mas não oferece nenhuma integração com outras tecnologias.

AVALON

O Avalon foi um dos primeiros containers de IoC desenvolvido. Assim como ocorreu com muitos concorrentes no mercado, alguns erros foram cometidos em seu design. Fundamental-mente, o Avalon provê uma IoC dependente de interface. Em outras palavras, para que seus objetos sejam administrados pelo container do Avalon, eles têm que implementar interfaces específicas desta plataforma. Isto faz do Avalon um framework invasivo; você tem que mudar seu código para que ele seja utilizado pelo container. Isto não é muito desejável, pois acopla seu código a um framework específico, até mesmo no mais simples dos casos.

Nós acreditamos que se o Avalon não adotar meios mais flexíveis de gerenciar componen-tes, eventualmente sairá do mercado de containers leves; há outras maneiras de alcançar os mesmos resultados, com muito menos rigidez.

1.6.3 Web frameworks

O Spring vem com seu próprio framework web bastante capaz. Provê características encontradas em outros frameworks web, como ligação automática de formulários de dados e validação, gerenciamento de pedidos multipart e suporte para tecnologias de múltipla visão. Falaremos mais sobre o framework web do Spring, no capítulo 8. Por enquanto, vamos dar uma olhada em como o Spring se compara a alguns frameworks web populares.

STRUTS

O Struts pode, provavelmente, ser considerado o padrão de fato para os frameworks web MVC. Ele tem sido utilizado há muitos anos, foi o primeiro framework "Model 2" a ganhar ampla adoção e é utilizado em milhares de projetos Java. Como resultado, há uma abundância de recursos disponível para o Struts.

A classe Struts que você mais usará é a classe Action. É importante lembrar que esta é uma classe e não uma interface. Isto significa que todas as suas classes que controlam o input, precisam ser uma subclasse de Action. Isto, diferentemente do que ocorre no Spring, provê uma interface Controller, que você pode implementar.

Outra diferença importante é como cada um lida com o input de formulários. Normalmente, quando um usuário está submetendo um formulário web, os dados de entrada são mapeados para um objeto dentro do seu aplicativo. Para controlar submissões de formulários, o Struts exige que você tenha as classes ActionForm para controlar os parâmetros de entrada. Isto significa que você precisa criar uma classe somente para mapear submissões de formulários, para os seus objetos de domínio. Spring lhe permite mapear submissões de formulários diretamente a um objeto, sem a necessidade de um intermediário, conduzindo a uma manutenção mais fácil.

O Struts também vem com suporte embutido para validação de formulários declarativos. Isto significa que você pode definir regras para validar os dados dos formulários no XML. Isto mantém a lógica de validação fora do seu código, onde ele pode ser incômodo e sujo. O Spring não vem com validação declarativa. Isto não significa que você não possa usá-la dentro do Spring; somente terá que integrar esta funcionalidade sozinho, usando um framework de validação, como o Jakarta Commons Validator, por exemplo.

Se você já tem um investimento em Struts ou simplesmente o prefere como seu framework web, o Spring tem um pacote dedicado a integrar o Struts ao Spring. Além disso, Struts é um framework maduro com um significante número de seguidores dentro da comunidade de desenvolvimento Java. Muito já foi escrito sobre o Struts, incluindo o *Struts em Ação* (Struts in Action), de Ted Husted (Manning, 2002).

WebWork

WebWork é outro framework MVC. Como o Struts e o Spring, ele dá suporte a múltiplas tecnologias. Uma das maiores diferenças do WebWork é que ele acrescenta outra camada de abstração para controlar requisições web. A principal interface para controlar requisições é a interface Action, que tem um método: execute(). Note que esta interface não é amarrada de qualquer forma à camada web. Os designers do WebWork fizeram com que a interface Action não soubesse que ela poderia ser usada num contexto web. Isto é bom ou ruim, dependendo da sua perspectiva. Na maioria das vezes, ela será usada num aplicativo web, então, esconder este fato através de abstração não é tão vantajoso.

Uma característica que o WebWork oferece e que o Spring não faz (pelo menos, não explicitamente) é a *action chaining* (ação encadeada). Isto lhe permite mapear uma requisição lógica a uma série de Actions. Isto significa que você pode criar vários objetos Action que executem tarefas discretas e encadeá-las, a fim de executarem juntas uma única requisição web.

Tapestry

Tapestry é outro framework web open source que é bastante diferente dos mencionados anteriormente. Tapestry não provê um framework ao redor do mecanismo servlet request-response, como Struts ou WebWork.

Ao contrário, é um framework para criar aplicativos web a partir de componentes reutilizados (se você está familiarizado com o WebObjects da Apple, o Tapestry foi inspirado em seu design).

A idéia por trás do Tapestry é aliviar o desenvolvedor de pensar sobre atributos de Sessão e URLs, para pensarem nos aplicativos web em termos de componentes e métodos. O Tapestry assume outras responsabilidades, como o gerenciamento do estado do usuário e o mapeamento das URLs para métodos e objetos.

Tapestry também oferece um mecanismo de visão. Ou seja, o Tapestry não é um framework para usar JSPs — é uma alternativa às JSPs. Muito do poder do Tapestry está em suas custom tags, que são embutidas em documentos HTML e usadas pelo Tapestry. Seria desnecessário dizer que o Tapestry oferece um framework de aplicativos web sem igual. Para aprender mais sobre o Tapestry, dê uma olhada em Tapestry in Action (Manning, 2004).

1.6.4 Frameworks de persistência

Realmente não há uma comparação direta entre o Spring e qualquer framework de persistência. Como mencionado anteriormente, o Spring não contém persistência embutida em seu framework. Ao contrário, os desenvolvedores do Spring reconheceram que já havia diversos frameworks bons para isto, e não acharam necessário reinventar a roda. Eles criaram um Módulo ORM que integra estes frameworks com o resto do Spring. Spring provê integração para Hibernate, JDO, OJB e iBATIS.

O Spring também provê um framework muito rico para escrever código JDBC. JDBC requer muitos códigos repetitivos (adquirir recursos, executar declarações, iterações através de resultsets, controle de exceções e limpeza de recursos). O módulo JDBC do Spring lida com este problema, lhe permitindo focar na escrita de consultas e no controle de resultados. O JDBC do Spring e os frameworks ORM trabalham dentro do gerenciador de transação do Spring. Isto significa que você pode usar transações declarativas, com qualquer framework de persistência que escolher

1.7 Sumário

Você agora deve ter uma boa idéia do que o Spring é capaz. Spring tem como objetivo tornar mais fácil o desenvolvimento J2EE, tendo como idéia central, a utilização da inversão de controle. Isto permite a você desenvolver aplicativos enterprise usando objetos Java simples, que colaboram entre si por interfaces. Estes beans serão associados na hora de sua execução no Spring. Isso permite que você mantenha seu código com baixo acoplamento, a um custo mínimo.

No topo da inversão de controle do Spring, o container do Spring também oferece o AOP. Isto lhe permite colocar o código, que iria ser espalhado ao longo de sua aplicação, num único lugar - um aspecto.

Quando seus beans são associados juntos, estes aspectos podem ser tecidos durante sua execução, dando para estes beans um comportamento diferente.

Mantendo o seu propósito em ajudar no desenvolvimento de enterprise, o Spring oferece integração para várias tecnologias de persistência. Se você persiste dados usando JDBC, Hibernate ou JDO, os framework DAO do Spring facilitam seu desenvolvimento provendo um modelo consistente para controlar os erros e gerenciar recursos de cada um destes framework de persistência.

Complementando a integração de persistência está o suporte de transação do Spring. Através da AOP, você pode acrescentar suporte de transação declarativa ao seu aplicativo, sem EJB. O Spring também dá suporte a uma variedade de cenários de transação, incluindo a integração com transações JTA, para transações distribuídas.

Preenchendo seu suporte para o middle tier, Spring oferece integração com outros vários serviços J2EE, como: email, EJBs, web services e JNDI. Com sua inversão de controle, o Spring pode configurar estes serviços facilmente e pode prover seus objetos de aplicação com interfaces mais simples.

A fim de ajudar com a camada de apresentação, o Spring oferece suporte a tecnologias de múltiplas visões. Isto inclui tecnologias de apresentação web como Velocity e JSP, assim como suporte para criação de planilhas eletrônicas do Microsoft Excel e arquivos PDF. E no topo da apresentação, Spring vem com um framework MVC embutido, que oferece uma alternativa a outros frameworks web como Struts e WebWork, e integra-se mais facilmente com todos os serviços do Spring.

Então, sem mais alvoroço, passemos para o capítulo 2, a fim de vermos mais profundamente, como funciona o container core do Spring.

A associação de beans

Este capítulo cobre:

- Associação de propriedades beans com XML
- Comparação da associação manual e associação automática
- Gerenciamento dos eventos do ciclo de vida de um bean
- Publicação e controle de eventos da aplicação

Você já prestou atenção aos créditos, depois de um filme? É incrível a quantidade de gente necessária para fazer um filme. Existem os participantes mais óbvios: Atores, Diretores, Roteiristas e Produtores, mas existem aqueles que não estão sob os nossos olhos: os Músicos, o pessoal de Efeitos Especiais e os Diretores de Arte. Sem falar do pessoal de mixagem de som, fantasias, câmeras, assistentes de câmera, publicitários, maquiadores (talvez o mais importante).

Agora imagine como seria o seu filme preferido se nenhuma dessas pessoas conseguisse se comunicar com as outras. Digamos que todas elas apareçam no estúdio e comecem a fazer seus trabalhos, sem nenhuma coordenação geral. Se o diretor não falar "ação!", o câmera não vai começar a filmar. Mas provavelmente isso não iria importar muito, pois a atriz principal ainda estaria no camarim e o pessoal responsável pela iluminação não estaria ali, pronto para filmar.

Talvez você já tenha visto um filme onde isso parece acontecer, mas a maioria dos filmes (pelo menos os bons) são produzidos por centenas de pessoas, trabalhando juntas em prol de um objetivo comum, fazer um grande filme.

Nesse ponto, um software não é muito diferente de um filme. Qualquer aplicação não trivial é composta por diversos componentes que devem trabalhar juntos para alcançar um objetivo comum. Estes componentes devem conhecer um ao outro e conseguir se comunicar, para que o trabalho seja realizado. Em uma aplicação de shopping online, por exemplo, o componente de gerenciamento de pedidos pode precisar trabalhar com um componente de gerenciamento de produto e um componente de autorização do cartão de crédito. Todos eles necessitam trabalhar com um componente do acesso dos dados para ler e escrever uma base de dados.

Como vimos no capítulo 1, a maneira tradicional de criar associações entre objetos da aplicação (através da construção ou do lookup) conduz a códigos complicados de difícil reutilização e teste. No melhor caso, estes componentes trabalham mais do que deveriam, e no pior caso, se forem muito específicos, terão uma rara reutilização e um difícil teste.

No Spring, os componentes não são responsáveis pelo controle de suas associações com outros componentes. Ao contrário, eles recebem referências aos componentes de colaboração pelo container. O ato de criar estas associações entre componentes de aplicação é conhecido por *wiring* (associação). E é sobre isso que vamos falar nesse capítulo. Você descobrirá que o wiring do Spring vai além de estabelecer uma associação entre dois objetos. Você aprenderá como usar o Spring para configurar todas as propriedades dos seus beans, externalizar configurações de deploy em arquivos separados, e controlar o ciclo de vida dos beans. Há muito que aprender sobre wiring.

2.1 COMO PÔR SEUS BEANS NO CONTAINER

Como prometido, falaremos sobre o wiring do Spring com profundidade. Mas antes de pôr o pé na estrada, é importante compreender o que está controlando o wiring... é a configuração... é a gerência do ciclo de vida. Sempre que configurar qualquer bean para o framework do Spring, você está fornecendo instruções ao container do Spring. Entender o papel do container lhe ajudará a compreender como seus beans serão controlados.

O Container está no núcleo do framework do Spring. O container do Spring usa inversão de controle (IoC) para gerenciar os componentes que constituem uma aplicação. Isto inclui criar associações entre componentes de colaboração. Estes objetos são mais limpos e mais fáceis de compreender, suportam reutilização, e são facilmente testados separadamente.

Não existe um único container no Spring, na verdade o Spring vem com dois tipos distintos de containers: Bean factories (definidos pela interface org.springframework.beans.factory.BeanFactory) são os mais simples dos containers, provendo suporte básico para a injeção da dependência. Application contexts (definidos pela interface org.springframework.context.ApplicationContext) são construídos na noção de um bean factory, fornecendo serviços de estrutura da aplicação, tais como: a habilidade de resolver mensagens textuais de arquivos de propriedades e a habilidade de enviar eventos da aplicação aos componentes interessados no evento em questão.

Nota: embora o Spring use as palavras "bean" e "JavaBean" com liberdade para falar de componentes da aplicação, isso não significa que um componente do Spring deve seguir a especificação de um JavaBean à risca. Um componente do Spring pode ser qualquer tipo de POJO (plain-old Java object). Neste livro, entenda JavaBean como uma definição mais liberal, que será sinônimo de POJO.

Além destes dois tipos básicos de containers, o Spring vem com diversas implementações de BeanFactory e de ApplicationContext. A menos que haja uma necessidade de indicar especificamente que tipo de container está sendo usado, faremos referência tanto ao BeanFactory quanto ao ApplicationContext, com a palavra "container". Vamos começar nossa exploração dos containers do Spring com o mais básico do containers: O BeanFactory.

2.1.1 Introdução ao BeanFactory

Como o próprio nome diz, uma fábrica de beans. É uma implementação padrão do design factory. Isto é, uma classe cuja responsabilidade é criar e destruir beans.

Mas diferente de muitas implementações distintas do padrão factory, nos quais freqüentemente distribuem um único tipo de objeto, um bean factory é um factory com propósito geral, criando e destruindo muitos tipos de beans.

Há mais para um bean factory do que simplesmente instanciar objetos de uma aplicação. Um bean factory conhece todos objetos que estão rodando dentro de uma determinada aplicação, então ele pode criar associações entre objetos colaboradores, no momento que tais objetos são instanciados. Isto remove o fardo de configuração do próprio bean e do bean cliente. Como resultado, quando um bean factory entrega objetos, esses objetos estão totalmente configurados, conhecem seus objetos colaboradores; em outras palavras, estão prontos para o uso. Além disso, um bean factory também participa do ciclo de vida de um bean, fazendo chamadas para métodos de inicialização e destruição, se esses métodos estiverem definidos.

Existem várias implementações de BeanFactory no Spring. A mais útil é org.spring-framework.beans.factory.xml.XmlBeanFactory, que carrega seus beans baseado nas definições contidas em um arquivo de XML.

Para criar um XmlBeanFactory, passe um java.io.InputStream para o construtor. O InputStream irá prover o XML para a factory. Por exemplo, o trecho seguinte de código usa um java.io.FileInputStream, para prover um arquivo XML de definição de bean ao XmlBeanFactory:

```
BeanFactory factory =
    new XmlBeanFactory(new FileInputStream ("beans.xml"));
```

Essa simples linha de código diz ao bean factory para ler as definições do bean de um arquivo XML. Mas o bean factory ainda não instancia o bean. Os Beans são carregados de forma "lazy" nos bean factories, ou seja, enquanto o bean factory carrega as definições do bean (a descrição dos beans e suas propriedades), os beans não serão instanciados até o momento que eles sejam necessários.

Para receber um bean de um BeanFactory, simplesmente chame o método getBean(), passando o nome do bean que você quer receber:

```
MyBean myBean = (MyBean) factory.getBean("myBean");
```

Quando getBean() é chamado, a factory instanciará o bean e setará as propriedades do bean, usando injeção por dependência. Assim começa a vida de um bean dentro do container do Spring. Nós examinaremos o ciclo de vida de um bean na seção 2.1.3, mas primeiro olhemos para o outro container do Spring, o application context..

2.1.2 Como trabalhar com um application context

Um bean factory é recomendado para aplicações simples, mas para tirar vantagem na utilização do Spring, você certamente vai precisar de um container mais avançado, eis o application context.

Superficialmente falando, um ApplicationContext é muito semelhante a um BeanFactory. Ambos carregam as definições dos beans, associam os beans entre si e os distribuiem quando requisitados. Mas ApplicationContext oferece muito mais:

■ Application contexts provêem meios para resolver mensagens de texto, incluindo suporte para internacionalização (I18N) das mensagens.

■ Application contexts provêem um modo genérico para carregar recursos de arquivo, como imagens.

■ Application contexts podem publicar eventos aos beans que estão registrados como listeners.

Por causa dessa funcionalidade adicional, é preferivel um ApplicationContext a um BeanFactory, em quase todas as aplicações. Você só poderia pensar em usar um BeanFactory onde os recursos são escassos, como um dispositivo móvel. Nós usaremos um ApplicationContext ao longo deste livro.

Entre as muitas implementações de ApplicationContext, três são as de uso comum:

■ ClassPathXmlApplicationContext carrega uma definição de contexto de um arquivo XML localizado no classpath.

■ FileSystemXmlApplicationContext carrega uma definição de contexto de um arquivo XML do sistema de arquivos.

■ XmlWebApplicationContext carrega as definições de contexto de um arquivo XML contido numa aplicação web.

Falaremos mais sobre XmlWebApplicationContext no capítulo 8, quando discutiremos aplicações Spring para web. No momento, simplesmente carregaremos o application context do sistema de arquivo usando FileSystemXmlApplicationContext, ou do classpath usando ClassPathXmlApplicationContext.

Carregar um application context do sistema de arquivo ou do classpath é bem parecido com carregar beans em um bean factory. Por exemplo, eis a maneira de carregar um FileSystemXmlApplicationContext:

```
ApplicationContext context =
    new FileSystemXmlApplicationContext("c:/foo.xml");
```

De maneira parecida, você pode carregar um application context de dentro do caminho da classe da aplicação, usando ClassPathXmlApplicationContext:

```
ApplicationContext context =
  new ClassPathXmlApplicationContext("foo.xml");
```

A diferença ente o uso de FileSystemXmlApplicationContext e ClassPathXmlApplication-Context é que o FileSystemXmlApplicationContext vai procurar por foo.xml em uma localização específica, considerando que ClassPathXmlAppli-cationContext irá procurar por foo.xml em qualquer lugar no classpath.

Em qualquer um dos casos, você pode receber um bean de um ApplicationContext da mesma maneira que receberia de um BeanFactory: usando o método getBean(). Não é nenhuma surpresa, pois a interface ApplicationContext estende a interface BeanFactory.

Além da funcionalidade adicional oferecida pelos application contexts, outra grande diferença entre um application context e um bean factory é como beans singleton são carregados. Um bean factory carrega todos os beans na forma "lazy", adiando a criação do bean até o momento que o método getBean() é chamado. Um application context é um pouco mais inteligente e carrega previamente todos os beans singleton, ao iniciar o contexto. Através de um carregamento prévio de beans singleton, você assegura que eles estarão prontos para o uso, quando necessários e a aplicação não terá que esperar até que eles sejam criados.

Agora que você conhece os fundamentos de como configurar um container do Spring, olharemos mais a fundo a existência de seu bean, dentro do container.

2.1.3 A vida de um bean

Em uma aplicação Java tradicional, o ciclo de vida de um bean é bastante simples. A palavra chave "new" é usada para criar uma instância de um bean e deixá-lo pronto para o uso. Em contraste, o ciclo de vida de um bean dentro de um container do Spring é um pouco mais elaborado. É importante entender o ciclo de vida de um bean do Spring, pois você pode querer tirar vantagem de algumas das oportunidades que o Spring oferece, para customização da criação de um bean.

A Figura 2.1 mostra o ciclo de vida inicial de um bean típico, como é carregado dentro do container BeanFactory.

Como pode observar, um bean factory executa vários passos de configuração, antes de um bean estar pronto para uso. A lista seguinte explica cada um destes passos, em mais detalhes:

1. O container acha a definição do bean e o instancia.

2. Usando injeção por dependência, Spring populariza todas as propriedades como especificadas na definição do bean.

3. Se o bean implementa a inteface BeanNameAware, a factory chama setBeanName() passando o ID do bean.

4. Se o bean implementa a interface BeanFactoryAware, a factory chama setBeanFactory(), passando uma instância de si mesmo.

5. Se há qualquer BeanPostProcessors associado ao bean, os métodos postProcessBeforeInitialization() serão chamados.

6. Se um método init é especificado para o bean, este será chamado.

7. Finalmente, se houver qualquer BeanPostProcessors associado ao bean, seus métodos postProcessAfterInitialization() serão chamados.

Neste momento, o bean está pronto para ser usado por uma aplicação e permanecerá dentro da bean factory até que não seja mais necessário. Ele só é removido do bean factory de duas maneiras.

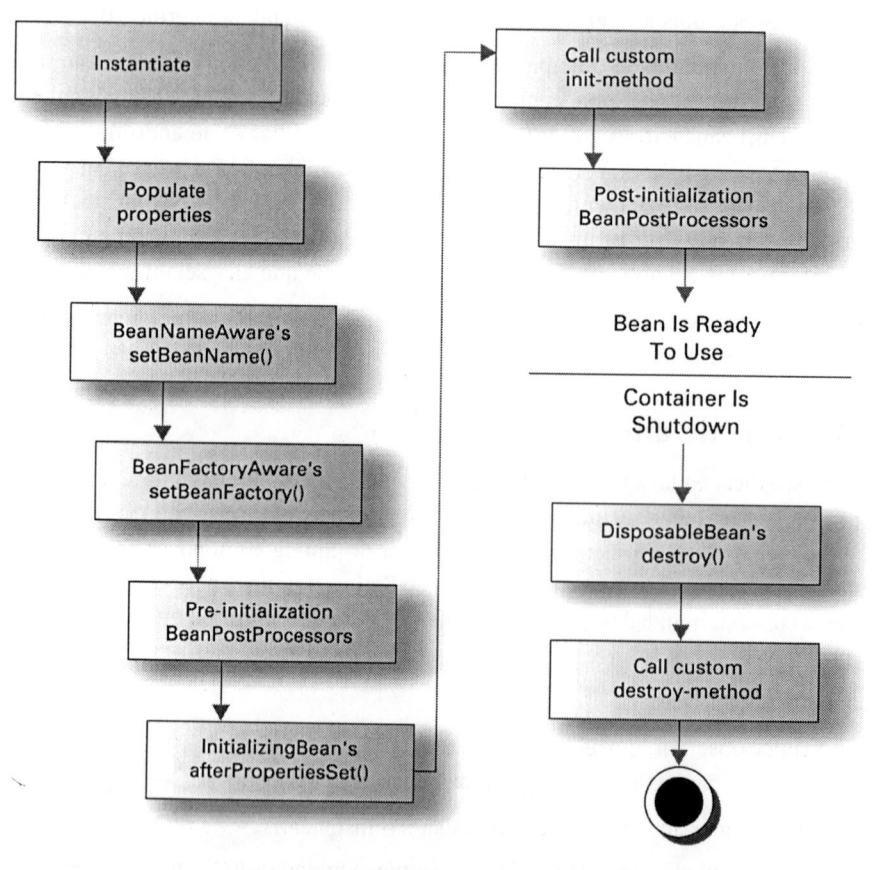

Figura 2.1 O ciclo de vida de um bean dentro de um container bean factory do Spring

1. Se o bean implementa a interface DisposableBean, o método destoy() é chamado.

2. Se um método destroy() foi especificado, será chamado da mesma maneira.

O ciclo de vida de um bean dentro de um application context do Spring só difere, ligeiramente, de um bean dentro de uma bean factory, como mostrado na figura 2.2.

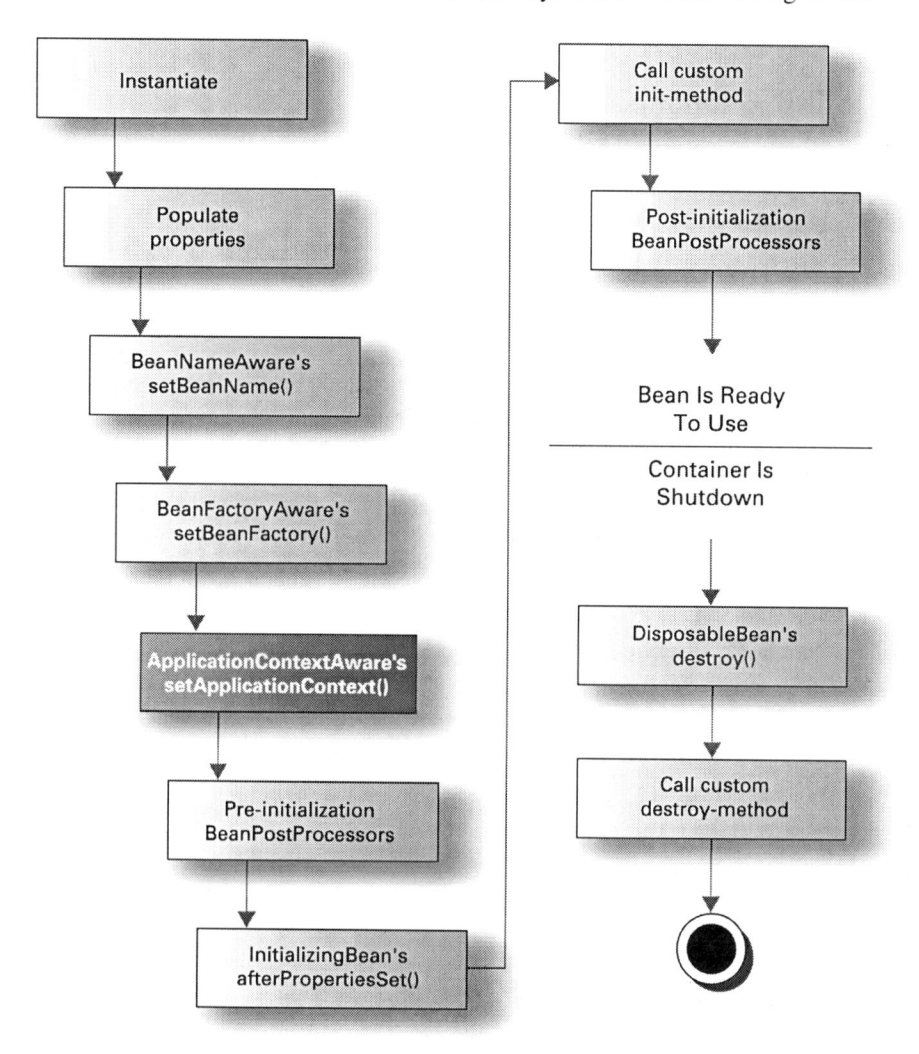

Figura 2.2 O ciclo de vida de um bean
em um application context do Spring

A única diferença é que se o bean implementa a interface ApplicationContext, o método setApplicationContext() é chamado.

Não importa qual container você use, você sempre precisará informar ao Spring sobre os beans de sua aplicação e como eles estão relacionados. Nesse caso, vamos dar uma olhada em como colocar beans dentro do container do Spring, usando XML.

2.2 WIRING BÁSICO

Colocar beans relacionados, dentro do container do Spring, é conhecido como wiring. Quando você associa os beans, diz ao container qual bean é necessário e qual container deve usar injeção de dependência para amarrá-los.

Para aprender wiring, você só precisa conhecer um pouco de XML. Antes de entrarmos nos detalhes, em como associar beans usando XML, vamos preparar uma aplicação exemplo, que será construída enquanto aprendemos a trabalhar com o Spring.

Suponha que você é contratado por uma empresa chamda Spring Treinamentos SA., uma empresa que prove treinamento técnico. A Spring Treinamentos quer que você construa uma aplicação que permita aos estudantes se cadastrarem para cursos on-line.

Como primeiro passo, construiremos a camada de serviço da aplicação. A Figura 2.3 mostra os objetos que compõem esta parte da aplicação Spring Treinamentos.

Há dois componentes de serviço na camada de serviço da aplicação: um serviço estudante e um serviço curso. O serviço estudante controla todos os assuntos relacionados aos estudantes, enquanto o serviço curso é responsável pelas funcionalidades relacionadas ao curso. Estes serviços são definidos através de interfaces. Abaixo, as interfaces StudentService e CourseService:

```
public interface StudentService {
    public Student getStudent(String id);
    public void createStudent(Student student);
    public java.util.Set getCompletedCourses(Student student);
}
```

E CourseService tem o seguinte aspecto:

```
public interface CourseService {
    public Course getCourse(String id);
    public void createCourse(Course course);
    public java.util.Set getAllCourses();
    public void enrollStudentInCourse(Course course,
        Student student) throws CourseException;
}
```

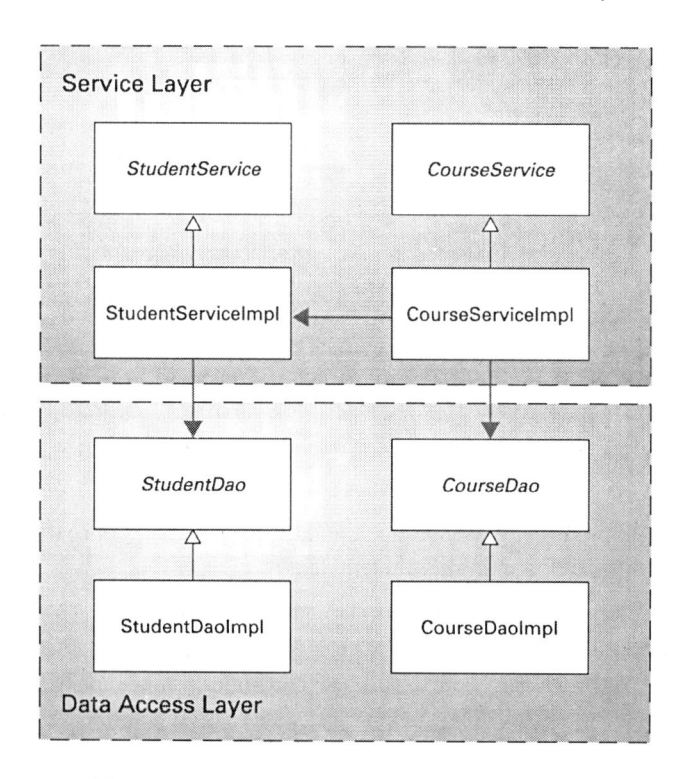

Figura 2.3 *Os beans que constituem a camada de serviço da aplicação Spring Treinamentos*

StudentServiceImpl (listagem 2.1) é uma implementação da interface StudentService.

Listagem 2.1 Um student service controla as funcionalidades relacionadas aos estudantes

```
package com.springinaction.service.training;

public class StudentServiceImpl implements StudentService {
    private StudentDao studentDao;

    public StudentServiceImpl(StudentDao dao) {   ◄──── Injetada por construtor
        studentDao = dao;
    }
    public void setStudentDao(StudentDao dao) {   ◄──── Ou um setter
        studentDao = dao;
    }

    public Student getStudent(String id) {
        return studentDao.findById(id);
    }
```

```
public void createStudent(Student student) {
   studentDao.create(student);
}

public java.util.Set getCompletedCourses(Student student) {
   return studentDao.getCompletedCourses(student);
}
}
```

StudentServiceImpl delega muito de sua responsabilidade a um StudentDao. Um StudentDao controla a interação com o banco de dados para ler e escrever informações dos estudantes. A implementação atual do objeto StudentDao não é muito importante agora (abordaremos com mais detalhes no capítulo 4, quando falaremos sobre como trabalhar com bancos de dados). Por enquanto, apenas entenda StudentDaoImpl como uma implementação de StudentDao.

Note que há dois modos de passar referências de StudentServiceImpl para sua StudentDao: ou por construtor ou pelo método setStudentDao().

CourseServiceImpl (listagem 2.2), a implementação de CourseService, é um pouco mais interessante que StudentServiceImpl. Na maioria das vezes, CourseServiceImpl delega responsabilidade para um objeto CourseDao. Mas o método enroll-StudentInCourse() precisa ser mais inteligente. Antes que um estudante possa se matricular em um curso, ele deve ter completado todos os cursos de pré-requisito.

Listagem 2.2 CourseServiceImpl.java

```
package com.springinaction.service.training;

import java.util.Iterator;
import java.util.Set;
public class CourseServiceImpl implements CourseService {
   private CourseDao courseDao;
   private StudentService studentService;
   private int maxStudents;

   public CourseServiceImpl(CourseDao dao) {     ◀── Set CourseDao via
      this.courseDao = dao;                            construtor injection
   }

   public void setStudentService(StudentService service) {
      this.studentService = service;
   }
```

```
public void setMaxStudents(int maxStudents) {
   this.maxStudents = maxStudents;
}

pubic int getMaxStudents() {
   return maxStudents;
}

public Course getCourse(String id) {
   return courseDao.findById(id);
}

public void createCourse(Course course) {
   courseDao.create(course);
}

public void enrollStudentInCourse(Course course,
   Student student) throws CourseException {

   if(course.getStudents().size() >= maxStudents) {
      throw new CourseException("Course is full");
   }

   enforcePrerequisites(course, student);

   course.getStudents().add(student);
   courseDao.update(course);
}

private void enforcePrerequisites(Course course,
   Student student) throws CourseException {

   Set completed =
         studentService.getCompletedCourses(student);
   Set prereqs = course.getPrerequisites();

   for(Iterator iter = prereqs.iterator(); iter.hasNext();) {
      if(!completed.contains(iter.next())) {
         throw new CourseException("Prerequisites are not met.");
      }
   }
}
}
```

Da mesma maneira que StudentServiceImpl, CourseServiceImpl recebe sua referência de CourseDao por um construtor. Novamente, vamos apenas assumir uma implementação de CourseDao, chamada CourseDaoImpl.

O método enrollStudentInCourse() faz uma chamada a enforcePrerequisites(), antes de acrescentar o estudante ao curso. Se o estudante não tiver os pré-requisitos necessários enforcePrerequisites(), lançará uma CourseException, que é relançada através do enrollStudentInCourse().

Note que enforcePrerequisites() usa uma referência para a implementação de StudentService, para recuperar todo o currículo de um estudante. Isto significa que além de CourseDao, CourseServiceImpl colabora com StudentService para assegurar que as condições de pré-requisitos sejam satisfeitas. CourseServiceImpl recebe sua referência a um StudentService pelo método setStudentService(), diferentemente de CourseDao, que é passado pelo construtor. A grande vantagem por trás dessa decisão é que a propriedade courseDao é usada por grande parte de CourseServiceImpl, assim você não pode criar uma instância de CourseServiceImpl, sem setar a propriedade de courseDao. Mas só o método enforcePrerequisites() requer uma referência para um StudentService, assim pode ser setado de maneira opcional, se necessário.

Agora que a base foi estabelecida, vejamos como podemos associar nossos componentes dentro da aplicação, através de um arquivo de associação do Spring ("spring-training.xml").

2.2.1 Associando com XML

Teoricamente, os beans podem ser configurados virtualmente por qualquer fonte de configuração, incluindo arquivos de propriedades, banco de dados relacional ou até mesmo um diretório LDAP. Mas na prática XML é a fonte de configuração de escolha para a maioria aplicações com Spring, e é desta maneira que associaremos os beans ao longo deste livro.

Vários containers do Spring suportam associação por XML, incluindo:

- **XmlBeanFactory** - Um BeanFactory simples que carrega um arquivo de definição de contexto via java.io.InputStream.

- **ClassPathXmlApplicationContext** - Um application context que carrega o arquivo de definição de contexto do classpath.

- **FileSystemXmlApplicationContext**- Um application context que carrega o arquivo de definição de contexto do sistema de arquivo.

- **XmlWebApplicationContext** - Um application context usado com aplicações Spring para Web, que carrega o arquivo de definição de contexto a partir de um web application context. Nós veremos este container no capítulo 8, quando falaremos em como usar o Spring em aplicações Web.

Todos estes containers orientados a XML têm seus beans definidos por um arquivo XML notavelmente simples. Na raiz do arquivo de definição de contexto está o elemento <beans>, que por sua vez, tem um ou mais <bean> como subelementos.

Cada elemento <bean> define um JavaBean (ou qualquer objeto Java) a ser configurado dentro do container do Spring.

Por exemplo, o arquivo XML na listagem 2.3, mostra um arquivo trivial de definição de contexto para o Spring.

Listagem 2.3 Como configurar beans dentro de containers do Spring

```xml
<?xml version="1.0" encoding="UTF-8"?>

<!DOCTYPE beans PUBLIC "-//SPRING//DTD BEAN//EN"
    "http://www.springframework.org/dtd/spring-beans.dtd">

<beans>          ◄──── O elemento raiz
    <bean id="foo"
        class="com.springinaction.Foo"/>
                                                    Instância de beans
    <bean id="bar"
        class="com.springinaction.Bar"/>
</beans>
```

Este simples arquivo XML de associação de beans configura dois beans, foo e bar, no container do Spring. Olharemos com mais profundidade como o elemento <bean> define um bean dentro de um application context.

2.2.2 Como adicionar um bean

A configuração mais básica para qualquer bean no Spring, envolve o ID do bean e seu nome de classe. Adicionar um bean no container do Spring é tão simples quanto colocar um elemento <bean> no arquivo XML do container, semelhante a isto:

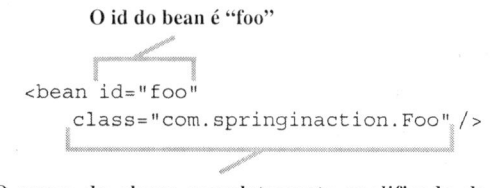

Por exemplo, vamos iniciar um arquivo XML de definição de bean para a aplicação Spring Treinamentos, adicionando definições das implementações de CourseDao e StudentDao, como mostrado na listagem 2.4.

Listagem 2.4 Como associar os beans DAO dentro do container

```xml
<?xml version="1.0" encoding="UTF-8"?>

<!DOCTYPE beans PUBLIC "-//SPRING//DTD BEAN//EN"
    "http://www.springframework.org/dtd/spring-beans.dtd">
<beans>
    <bean id="courseDao"
        class="com.springinaction.training.service.CourseDaoImpl"/>

    <bean id="studentDao"
        class="com.springinaction.training.service.StudentDaoImpl"/>
</beans>
```

— Registrando o bean courseDao

— Registrando o bean studentDao

Até onde você sabe, CourseDaoImpl e StudentDaoImpl não têm nenhum colaborador ou outras propriedades a serem configuradas (por isso é que são implementações dummy), sendo assim, as linhas da listagem 2.4 são suficientes para o Spring entender como carregá-las no application context. Por mais simples que esta configuração possa parecer, ainda serve como uma ilustração de como beans estão exclusivamente definidos em um container do Spring.

Prototyping versus singleton

Como padrão, todos os beans do Spring são singletons. Quando o container libera um bean (ou como resultado de uma chamada para getBean() ou por associação), sempre será a mesma instância do bean. Mas e se você quer que o context retorne uma única instância de cada bean cada vez que é pedido um bean específico? E se você precisa de uma instância única de um bean a cada requisição ao container?

Neste caso, você precisa definir um protótipo de bean. Definir um protótipo significa que ao invés de definir um único bean, você define uma cópia. Beans serão criados baseado-se nesta cópia.

A propriedade singleton de um <bean> diz ao contexto, se um bean deve ou não ser definido como singleton. Como padrão, é setado como true, porém se você setá-lo como false, você estará definindo-o como prototype:

```xml
<bean id="foo"
    class="com.springinaction.Foo"
    singleton="false" />
```

O bean é um protótipo

Beans prototipados são úteis quando você quer que o container retorne uma única instância de um determinado bean, cada vez que é requisitado, mas você ainda pode querer configurar uma ou mais propriedades do bean pelo Spring. Por exemplo, mudando a definição bean do studentDao de forma que uma instância nova é criada, toda vez é necessária:

```
<bean id="studentDao"
  class="com.springinaction.training.service.StudentDaoImpl"
  singleton="false"/>
```

Tenha em mente que uma nova instância de um bean protótipo será criada a cada vez que o método getBean() é invocado com o nome do bean. Isto poderia ser ruim se seu bean usasse um recurso limitado, como banco de dados ou conexões de rede. Neste caso, o mínimo que poderia acontecer, é um baixo desempenho cada vez que uma nova instância é criada. Considere estas implicações ao configurar um singleton para falso e evite fazer dessa maneira, a menos que seja absolutamente necessário.

Configurar um bean como protótipo pode ser útil se você gosta de usar o contexto do Spring como uma factory para novas instâncias de objeto, como os objetos Student ou Course. Assim como os beans protótipos, você poderia configurar facilmente os objetos em nivel factory (como qualquer outro bean), e ainda garantir que a factory disponibilize uma única instância cada vez que você solicitar um objeto.

Inicialização e destruição

Quando um bean for instanciado, pode ser necessário executar algum método de inicialização para colocá-lo em um estado utilizável. Igualmente, quando o bean já não é mais necessário, é removido do container. Por isso, o Spring pode executar dois métodos de ciclo de vida de cada beans para preparar a inicialização e a destruição.

Declarar um método init na definição do bean especificará um método que será chamado imediatamente na "instanciação" do bean. De forma semelhante, um método destroy especificará o método que será chamado antes de um bean ser removido do container:

```
<bean id="foo"
    class="com.springinaction.Foo"
    init-method="setup"  destroy-method="teardown"/>
```

Chame setup() quando o bean for carregado no container   **Chame teardown() quando o bean for descarregado do container**

Um exemplo típico disso seria um bean de connection pooling:

```
public class MyConnectionPool {
...
  public void initialize() {
```

```
    // inicializa a connection pool
  }

  public void close() {
    // libera as conexões
  }
...
}
```

A deninição do bean seria a seguinte:

```
<bean id="connectionPool"
  class="com.springinaction.chapter02.MyConnectionPool"
  init-method="initialize" destroy-method="close"/>
```

Definido desta maneira, o método initialize() será chamado logo após MyConnectionPool ser instanciada, permitindo a inicialização do pool. Antes do bean ser removido do container e descartado, o método close() liberará as conexões do banco de dados.

O Spring também fornece duas interfaces com a mesma funcionalidade: InitializingBean e DisposableBean. A interface InitializingBean fornece o método, afterPropertiesSet(), que será chamado quando todas propriedades de um bean forem setadas. Da mesma forma em DisposableBean, o método destroy() será chamado quando o bean for removido do container.

Um dos benefícios desta maneira é que o container do Spring, automaticamente, detecta que os beans implementam estas interfaces e invocam os métodos sem qualquer configuração adicional. Porém, implementando estas interfaces, você amarra seus beans a API do Spring. Por esta razão, é aconselhado usar as configurações do bean para os métodos init e destroy, para inicializar e destruir seus beans sempre que for possível. O único caso onde você pode querer usar as interfaces do Spring é quando estiver desenvolvendo um framework bean, que será usado especificamente dentro do container do Spring.

Agora você já sabe como configurar um bean individualmente, dentro do container do Spring. Mas para repetir o que John Donne já disse antes, nenhum bean é uma ilha. Para um bean ser de uso geral numa aplicação, terá que ter acesso a outros beans e ter sua própria identidade. Vejamos como setar as propriedades de um bean no Spring, começando pela injeção por set (setter injection).

2.2.3 Como injetar dependências por métodos set

A injeção através de métodos setters não é algo que você precise comprar todos os invernos, para se proteger de uma gripe. Ao invés disso, é uma técnica para popularizar as propriedades de um bean, baseado num padrão de nomes. A especificação do JavaBean já formalizou a boa prática de uso dos métodos "get" e "set", que são usados para setar e receber as propriedade de um bean.

Por exemplo, a propriedade maxStudents pode ter os seguintes métodos:

```
public void setMaxStudents(int maxStudents) {
   this.maxStudents = maxStudents;
}
pubic int getMaxStudents() {
   return maxStudents;
}
```

Já que as propriedades do bean têm estes métodos, por que não permitir ao Spring usá-los para setar um bean? A setter injection faz exatamente isso, e o subelemento <property> do <bean> é o meio para injetar nas propriedades do bean, através dos seus métodos set. Dentro do elemento <property>, você pode definir a propriedade e o valor que será injetado nesta propriedade. Você observará que pode injetar quase tudo, desde tipos primitivos até coleções, além de outros beans da sua aplicação.

UMA SIMPLES CONFIGURAÇÃO DE BEAN

É bem comum para um bean ter propriedades que são tipos primitivos, como int e String. Na realidade, na aplicação Spring Treinamentos, temos alguns beans com tais propriedades. Usando o subelemento <value> de <property>, você pode setar as propriedades que são de tipos primitivos, como int ou float, ou que são java.lang.String, da seguinte maneira :

```
<bean id="foo"
    class="com.springinaction.Foo"
   <property name="name"><value>Foo McFoo</value>
   </property>
</bean>
```

**Ajuste a propriedade do nome
chamando setName("FooMcFoo")**

Por exemplo, o bean courseService pode ser configurado para limitar o número de estudantes matriculados em um curso, por sua propriedade maxStudents. Para limitar em 30 o número de estudantes matriculados em qualquer curso, mude a definição do bean courseService para o seguinte:

```
<bean id="courseService" ...>
   <property name="maxStudents">
      <value>30</value>
   </property>
</bean>
```

Aqui você está setando uma propriedade do tipo int, mas poderia setar qualquer tipo primitivo ou uma propriedade String da mesma maneira. O Spring determinará automaticamente o tipo da propriedade que é setada, e converterá o valor para a forma adequada.

Neste momento, você já sabe injetar propriedades simples nos beans. Mas e quanto as propriedades que são de tipos mais complexos, como outro objetos? Vamos ver como dar uma de cupido e apresentar os beans, uns aos outros.

COMO REFERECIAR OUTROS BEANS

Acredite ou não, socializar seus beans não é enviá-los a encontros às cegas ou a bares frequentados por beans (nunca se sabe com quem seu bean vai ficar por lá!). Ao invés disso, os beans se conhecerão dentro da sua aplicação, da maneira que foram definidos no arquivo XML do container. Como já fizemos previamente, usamos o elemento <property> para setar as propriedades que referenciam outros beans. O subelemento <ref> de <property> nos permite fazer extamente isso:

Por exemplo, lembre-se que a classe CourseServiceImpl usa uma referência a um bean StudentService para assegurar que um estudante tem os pré-requisitos para um determinado curso.

```
<bean id="foo"
    class="com.springinaction.Foo">
  <property name="bar">
    <ref bean="bar"/>
  </property>
</bean>
<bean id="bar"
    class="com.springinaction.Bar"/>
```

Associe o bean denominado "bar" à propriedade da barra

Esta referência é associada pelo método setStudentService() na classe CursoServiceImpl, e é declarado no XML fazendo as seguintes mudanças na definição bean courseService:

```
<bean id="courseService"
    class="com.springinaction.service.training.CourseServiceImpl">
  <property name="studentService">
    <ref bean="studentService"/>
  </property>
</bean>
```

O container passa para o bean courseService, um bean StudentService (pelo método setStudentService()), dessa maneira CourseServiceImpl não precisa procurar StudentService sozinha.

BEANS INTERNOS

Outro meio menos usado de associação de beans, é colocar um elemento <beans> diretamente no elemento <property>. Por exemplo, a propriedade studentService do bean courseService poderia ser associada assim:

```
<bean id="courseService"
    class="com.springinaction.service.training.CourseServiceImpl">
    <property name="studentService">
        <bean
            class="com.springinaction.service.training.StudentServiceImpl"/>
    </property>
</bean>
```

A desvantagem de associar uma referência de bean desta maneira, é que você não pode reutilizar a instância de StudentServiceImpl em outro lugar; é uma instância especificamente criada para uso do bean courseService. Você também pode achar que usando bean interno, impacta na legibilidade do XML. Por outro lado, isto poderia ser benéfico se não quisermos uma instância do bean atualizada para ser acessível, sem um bean wrapper. Por exemplo, se estivessemos criando um proxy AOP, poderíamos não querer que o bean alvo fosse acessível em nossa BeanFactory. Neste caso, configurar o alvo do proxy usando um bean interno seria ideal.

Agora, veremos um caso onde precisamos injetar não somente um objeto, mas uma coleção de objetos.

COMO ASSOCIAR COLEÇÕES

E se você tem uma propriedade que é uma List de valores? Ou um Set de referências a beans? Sem problemas. Spring suporta muitos tipos de coleções como propriedades de beans, como mostrado na tabela 2.1.

Tabela 2.1 Coleções suportadas pelo wire do Spring

XML	Type
<list>	java.awt.List, arrays
<set>	java.awt.Set
<map>	java.awt.Map
<props>	java.awt.Properties

Associar coleções não é muito diferente de associar propriedades simples. Em vez de usar os elementos <value> ou <ref>, você deverá usar um dos elementos da tabela 2.1.

COMO ASSOCIAR LISTAS E ARRAYS

Se você tem uma propriedade array ou uma propriedade que é do tipo java.util.List, você deverá usar o elemento <list> na associação da propriedade, dentro do arquivo XML de associações:

```
Associe uma          <property name="barList">
propriedade            <list>
da lista                  <value>bar1</value>
                          <ref bean="bar2"/>
                        </list>                    Os elementos da lista
                      </property>                  podem ser de qualquer tipo,
                                                    inclusive <value>, <ref> ou
                                                    mesmo outra <list>
```

No capítulo 4, você verá como usar Hibernate para persistir os objetos da aplicação Spring Treinamentos S.A. Para demonstrar como associar propriedades do tipo List usando o elemento <list>, daremos agora uma olhada rápida no hibernate. Quando usar o Hibernate com Spring, você associará um LocalSessionFactoryBean no container.

O LocalSessionFactoryBean possui uma propriedade mappingResources que recebe um List de Strings, que contém os nomes dos arquivos de mapeamento do Hibernate. Eis o pedaço de código XML, que colocaremos no arquivo de associação de beans, quando falarmos sobre Hibernate:

```
<bean id="sessionFactory" class=
   "org.springframework.orm.hibernate.LocalSessionFactoryBean">
<property name="mappingResources">
    <list>
        <value>/com/springinaction/training/model/Course.hbm.xml</value>
        <value>/com/springinaction/training/model/Student.hbm.xml</value>
    </list>
  </property>
...
</bean>
```

Embora o código acima associe um List de valores do tipo String, você não está limitado a usar apenas <value>s como entradas em um <list>. Você pode usar qualquer elemento válido para associar uma propriedade simples, incluindo <value>, <ref> ou até mesmo outra coleção, como <list>. A única limitação está nas expectativas do seu bean; você não pode associá-lo em um List de Foos, quando o bean estiver esperando uma List de Bars.

COMO ASSOCIAR SETS

Listas são fantásticas, mas se o bean tiver uma propriedade java.util.Set para garantir unicidade na coleção? Esse é o propósito do elemento <set>:

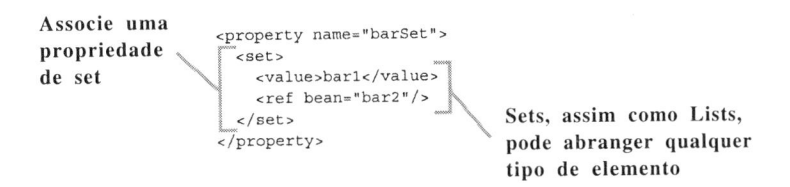

Note que você usa <set> exatamente da mesma maneira que usaria <list>. A única diferença é como é feita a associação a uma propriedade do bean. Onde <list> associa valores a um java.util.List ou um array, <set> associa os valores a java.util.Set.

Como associar maps

Você pode associar coleções java.util.Map no Spring usando o elemento <map>. Mapear coleções é um pouco diferente de Lists e Sets. Cada entrada em um Map é composta por uma chave e um valor definido pelo elemento <entry>:

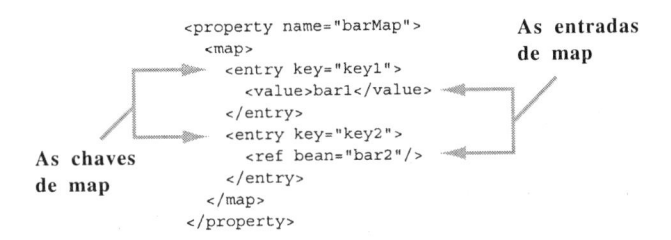

O valor de um map <entry>, da mesma maneira que com <list> e <set>, pode ser qualquer propriedade válida para elementos. Novamente, isto inclui <value>, <ref>, <list> ou até mesmo outro <map>.

Quando você associar um <entry>, note que o atributo fundamental também será uma String. Esta é uma pequena limitação sobre a funcionalidade completa do java.util.Map, que permite que qualquer objeto seja chave de uma entrada de mapa. Porém, esta limitação, normalmente, não representa um problema, os Maps são tipicamente baseados em Strings para as keys.

Como associar proprieades

Uma coleção java.util.Properties é o último tipo de coleção que pode ser associado no Spring. Para tanto, se usa o elemento <props>. Cada elemento da propriedade collection é associado com o elemento <prop>.

O elemento <props> funciona de forma semelhante ao <map>. A grande diferença é que o valor de uma entrada do <props> é sempre uma String, sendo assim, não há necessidade de uso de um elemento <value> para diferenciar valores String, de valores não String:

```
<property name="barProps">
  <props>                              A chave da propriedade
    <prop key="key1">bar1</prop>
    <prop key="key2">bar2</prop>
  </props>
</property>

O valor da propriedade
```

Você usará <props> em vários lugares no Spring, inclusive na criação de mapeamentos de URL, dentro do framework MVC do Spring. Falaremos mais sobre os detalhes de mapeamentos de URL no capítulo 8. Eis um exemplo de como o elemento <props> é usado para declarar mapeamentos de URL:

```
<property name="mappings">
  <props>
    <prop key="/viewCourseDetails.htm">viewCourseController</prop>
  </props>
</property>
```

COMO SETAR VALORES NULOS

Até agora, nós falamos sobre configurar as propriedades de nossos beans, com tipos primitivos, coleções, ou outros beans dentro de nossa aplicação. Mas e se você precisar setar uma propriedade explicitamente para null? Esta é uma outra maneira de fazer associações, mas neste caso, vamos associar null ao invés de um valor ou um bean.

Para setar property para null, usa-se simplesmente o elemento <null/>. Por exemplo, para setar uma propriedade foo para null, você faria assim:

```
<property name="foo"><null/><property>
```

Por que você precisaria fazer isto? Se não associar explicitamente uma propriedade no Spring, pode assumir que a propriedade é deixada como null. Mas isso nem sempre é verdade. Em primeiro lugar, o próprio bean pode setar a propriedade com algum valor default. Ou se você estiver usando autowiring, a propriedade pode ser implicitamente. Em ambos os casos, você pode precisar usar <null/> para setar a propriedade explicitamente para null.

UMA ALTERNATIVA PARA INJEÇÃO POR SETTER

Injeção por setter é uma maneira clara de configurar e associar propriedades de um bean. Mas uma deficiência da injeção por setter é que ela assume que todas as propriedades mutáveis estão disponíveis via métodos set. Você pode não querer que todos os seus beans se comportem deste modo. Em primeiro lugar, quando este tipo de bean for instanciado, nenhuma de suas propriedades foram setadas e poderiam resultar em um estado.

Segundo, você talvez queira setar certas propriedades de uma só vez, quando o bean for criado, e que essas propriedade fiquem imutáveis depois daquele ponto. Isto é complicado, senão impossível, quando expõem-se todas as propriedades através de setters.

Uma alternativa é projetar seus beans onde algumas propriedades são setadas por construtores. Esta é uma maneira inteligente de projetar beans com propriedades que são requeridas *e* imutáveis, como um DataSource DAO. Se você escolhe projetar alguns dos seus beans deste modo ou trabalha com beans que já estão projetados deste modo, irá precisar de uma maneira de configurar estes objetos pelo Spring. Você está com sorte.

Spring oferece uma outra forma de injeção de dependência: injeção por construtor. Vejamos como usar injeção por construtor para setar as propriedades mínimas de um bean.

2.2.4 Como injetar dependências via construtor

Em Java, uma classe pode ter um ou mais construtores, cada um tem um conjunto único de argumentos. Com isso em mente, você pode programar seus beans com construtores recebendo argumentos para definir o bean de forma completa, para que ele esteja pronto para uso. Usar construtores deste modo fica impossível criar um bean que não esteja pronto para o uso.

Levando em conta a desvantagem da injeção por setter, onde não fica claro quais propriedades são requeridas e quais são opcionais, a força principal da injeção por construtor está na dependência forte imposta pelos construtores. Ou seja, construtores tornam virtualmente impossível instanciar um bean, que não será definido completamente, ficando pronto para uso.

Com injeção por setter, definimos a propriedade que estamos injetando com o subelemento <property>. Injeção por construtor é semelhante, quando você for usar o subelemento <constructor-arg> de <bean> para especificar os argumentos, que serão passados a um constructor do bean a ser instanciado. Uma diferença entre estes dois é que <constructor-arg> não contém um atributo name que o subelemento <property> possui (discutiremos o motivo logo a seguir). Um exemplo de injeção por construtor é demonstrado a seguir:

```
<bean id="foo"                         <bean id="foo"
    class="com.springinaction.Foo">        class-"com.springinaction.Foo">
  <constructor-arg>                        <constructor-arg>
    <value>42</value>                        <ref bean="bar"/>
  </constructor-arg>                       </constructor-arg>
</bean                                   </bean>
```

Construa um Foo através do seu construtor

Vamos voltar a nossa aplicação Spring Treinamentos S.A., CourseServiceImpl e StudentServiceImpl precisam de referências a um objeto DAO (CourseDaoImpl e StudentServiceImpl, respectivamente). Porque estes beans de serviço são inúteis sem seus objetos DAO, cada um tem um construtor que seta as propriedades do DAO, na hora da criação do bean. Para setar as propriedades DAO nos beans courseService e studentService, use o código seguinte:

```
<bean id="studentService"
    class="com.springinaction.training.service.StudentServiceImpl">
  <constructor-arg>
    <ref bean="studentDao"/>
  </constructor-arg>
</bean>

<bean id="courseService"
    class="com.springinaction.training.service.CourseServiceImpl">
  <constructor-arg>
    <ref bean="courseDao"/>
  </constructor-arg>
</bean>
```

Note que <constructor-arg> pode ter um elemento <ref> igual ao elemento <propertry>. Na realidade, você pode usar quaisquer subelementos usados no <property>, da mesma maneira quando for passar parâmetros para um construtor com o elemento <constructor-arg>.

Como controlar construtores com argumentos ambíguos

Construtores de argumento único são fáceis de lidar. Mas e se seu constructor possui múltiplos argumentos? Pior, e se os argumentos forem todos do mesmo tipo? Como você pode especificar qual valor vai para qual argumento?

E se o constructor do seu bean tem um String e um java.net.URL, como argumentos?

```
public class Foo {
  public Foo(String arg1, java.net.URL arg2) {
    ...
  }
}
```

Ambos os tipos java.net.URL e String podem ser convertidos a partir do elemento <value>[1]. Assim, qual será enviado como arg1 e o qual será enviado como arg2?

---

[1] Mostraremos como o Spring converte Strings em URLs, quando falarmos sobre PropertyEditors na seção 2.4.3.

Em princípio, isto pode parecer uma pergunta tola. Você pode pensar que o argumento que se parece uma URL, será enviado como arg2. Mas suponha que seu bean é associado assim:

```
<bean id="foo"
      class="com.springinaction.Foo">
  <constructor-arg>
    <value>http://www.manning.com</value>
  </constructor-arg>
  <constructor-arg>
    <value>http://www.springinaction.com</value>
  </constructor-arg>
</bean>
```

Hmmm. Ambos elementos <constructor-arg> têm valores que se parecem URLs. Okay. Então talvez o Spring associará os argumentos na ordem em que eles aparecem - http://www.manning.com será associado no arg1 e http://www.springinaction.com será associado no arg2. Será que é assim que funciona?

Boa tentativa, mas não é assim que as coisas funcionam. O Spring não tentará adivinhar a maneira certa pelos argumentos do construtor. Ao contrário, ele lançará uma org.springframework.beans.factory.UnsatisfiedDependencyException, indicando que existe uma ambigüidade nos argumentos do construtor.

Felizmente, há dois modos de você lidar com ambigüidades entre argumentos de construtor: por índice e por tipo.

O elemento <constructor-arg> tem um atributo de índice opcional, que especifica a ordenação dos argumentos do construtor. Por exemplo, para enviar http://www.manning.com como URL, e http://www.springinaction.com como String, simplesmente adicione o atributo index da seguinte forma (index inicia em zero):

```
<bean id="foo"
      class="com.springinaction.Foo">
  <constructor-arg index="1">
    <value>http://www.manning.com</value>
  </constructor-arg>
  <constructor-arg index="0">
    <value>http://www.springinaction.com</value>
  </constructor-arg>
</bean>
```

O outro modo de lidar com ambigüidade de <constructor-arg> é usar o atributo type. O atributo type permite especificar exatamente qual tipo cada <constructorarg> deve ser, assim baseado nessa informação, o Spring pode tomar uma decisão sobre onde vai cada argumento. Por exemplo:

```
<bean id="foo"
     class="com.springinaction.Foo">
  <constructor-arg type="java.lang.String">
     <value>http://www.manning.com</value>
  </constructor-arg>
  <constructor-arg type="java.net.URL">
     <value>http://www.springinaction.com</value>
  </constructor-arg>
</bean>
```

Associado deste modo, o argumento http://www.habuma.com será a URL, e o argumento http://www.manning.com será o argumento String.

Qual deles você deve usar, index ou type? Nesse exemplo, não fez diferença porque cada argumento tem um tipo distinto. Mas e se ambos argumentos fossem String? Neste caso, o atributo type não o ajudará muito, e você deve optar pelo o atributo index.

Qual escolher: construtor ou setter?

Existem coisas que a maioria das pessoas podem concordar: O fato de que o céu é azul, que Michael Jordan é o maior jogador de basquetebol, e que Jornada nas Estrelas V nunca deveria ter sido filmada. E também existem coisas que incitam controvérsia, como: política, religião e gosto.

Igualmente, a escolha entre injeção por construtor e injeção por setter incita a discussão tanto quanto a escolha sobre o que é melhor: manteiga de creme de amendoim ou amendoim crocante? Ambos têm seus prós e contras. Qual deles você deveria escolher? Eis alguns argumentos a favor de injeção por construtor:

- Como falamos antes, injeção por construtor força um forte contrato de dependência. Em suma, um bean não pode ser instaciado sem que se determine todas as suas dependências. O bean estará perfeitamente válido e pronto para o uso, logo que for instanciado. Claro que isto assume que o construtor do bean tem todas dependências em sua lista de parâmetros.

- Pelo fato de todas as dependências do bean serem setadas por seu constutor, não há nenhuma necessidade de métodos setter supérfluos. Isto ajuda a manter as linhas de código no mínimo necessário.

- Setando propriedades através do construtor, você estará, de fato, fazendo com que essas propriedades sejam imutáveis.

Mas também há muito que dizer contra injeção por construtor (sendo assim, a favor de injeção por setter):

- Se um bean tiver várias dependências, a lista de parâmetros do construtor pode ser muito longa.

- Se houver vários modos para construir um objeto válido, pode ser difícil criar construtores com assinaturas diferentes.

- Se um construtor tiver dois ou mais parâmetros do mesmo tipo, pode ser difícil determinar qual o propósito de cada parâmetro.

- Injeção por construtor não funciona bem para herança. O construtor de um bean terá que passar parâmetros para super(), e assim setar propriedades private no objeto pai.

Sua escolha entre injeção por setter e injeção por construtor, na falta de uma regra, será usar o melhor para cada situação específica. É muito simples, escolha injeção por construtor quando fizer sentido, e escolha injeção por setter quando fizer sentido. Uma forma interessante de fazer é deixar muito claro no arquivo de configuração do Spring. Por exemplo, se você criar um bean que só tenha uma propriedade obrigatória (como um objeto DAO, um DataSource), injeção por construtor, provavelmente, será uma boa escolha. Por outro lado, se você tem um bean que possui propriedades múltiplas, opcionais, injeção por setter seria mais apropriada.

Felizmente o Spring não lhe obriga a escolher um modo específico de injeção de dependência. Você pode injetar um bean usando qualquer uma das formas de injeção de dependência. Na realidade, você é livre para misturar 'n' injeções diferentes, no mesmo arquivo de definição de contexto ou até mesmo no próprio bean.

Agora que você viu os fundamentos da associação de beans, num container do Spring usando o arquivo de definição de contexto do Spring, veremos os modos de personalização, como o Spring executa a associação.

2.3 Autowiring

Até agora você viu como fazer associação das propriedades do seu bean, usando explicitamente o elemento <property>. De forma alternativa, o Spring pode associá-los automaticamente, setando a propriedade autowire em cada <bean> que você quer que seja associado:

```
<bean id="foo"
    class-"com.springinaction.Foo"
    autowire="autowire type"
/>
```

Auto-wire this bean's properties

Há quatro tipos de autowiring:

- **byName** - Tenta achar um bean no container, cujo nome (ou ID) seja igual ao nome da propriedade que está associada. Se nenhum bean é encontrado, então a propriedade permanecerá não associada.

- **byType** - Tenta achar um único bean no container, cujo tipo combina com o tipo da propriedade que está associada. Se nenhum bean for achado, então a propriedade não será associada. Se mais de um bean que combine for achado, uma org.springrframework.beans.factory.UnsatisfiedDependencyExcpetion será lançada.

- **byConstructor** – Tenta achar um ou mais beans no container com os parâmetros que combinem, com um ou mais construtores do bean associado. No caso de haver beans ambíguos ou construtores ambíguos, um org.springframework.beans.factory.UnsatisfiedDependencyException será lançada.

- **autodetect** – Tenta uma associação automática por constructor primeiro e então usa byType. A ambigüidade é controlada do mesmo modo que em associação, com constructor e byType.

Por exemplo, a declaração do bean courseService quando explicitamente associado, é semelhante a:

```
<bean id="courseService"
    class="com.springinaction.training.service.CourseServiceImpl">
  <property name="courseDao">
    <ref bean="courseDao"/>
  </property>
  <property name="studentService">
    <ref bean="studentService"/>
  </property>
</bean>
```

Mas a associação automática (por nome), é assim:

```
<bean id="courseService"
  class="com.springinaction.training.service.CourseServiceImpl"
  autowire="byName"/>
```

Usando associação automática byName, você diz para o container considerar todas as propriedades de CourseServiceImpl e procurar beans declarados com o mesmo nome da propriedade. Neste caso, duas propriedades, courseDao e studentService, são escolhidas para a associação automática, utilizando injeção por setter. Se os beans forem declarados no arquivo de associação, relacionados com courseDao e studentService, esses beans serão associados à courseDao e studentService, respectivamente.

Associação automática usando byType funciona de forma semelhante a byName, só que ao invés de considerar o nome de uma propriedade, é considerado o tipo da propriedade. Por exemplo, se o autowire do bean courseService é setado para byType, ao invés de byName, o container irá procurar por um bean cujo tipo é com.springinaction. training.CourseDao e outro bean cujo tipo é com.springinaction.training.Stu-dentService.

Para ter um exemplo de associação automática por constructor considere o bean studentService:

```
<bean id="studentService"
    class="com.springinaction.training.service.StudentServiceImpl"
    autowire="constructor"/>
```

A classe StudentServiceImpl tem um construtor que tem um StudentDao como único argumento. Se o container achar um bean, cujo tipo é com.springinaction.trai-ning.StudentDao, construirá StudentServiceImpl passando o bean ao construtor.

Como você lembra, StudentServiceImpl também tem um método setStudentDao() que pode ser usado para setar a propriedade studentDao. Assim, além da associação automática por constructor, você também poderia aplicar byType ou byName. Ou se você quisesse deixar o container decidir, poderia usar autodetect:

```
<bean id="studentService"
    class="com.springinaction.training.service.StudentServiceImpl"
    autowire="autodetect"/>
```

Setando a autowire como autodetect, você instrui o container do Spring a tentar, primeiro, a associação automática constructor. Se não achar uma combinação de argumentos de construtor que combine, então tentará a associação automática byType.

2.3.1 Ambigüidades na associação automática

Quando fizer associação automática usando byType ou constructor, é possível que o container ache dois ou mais beans que combinem com os tipos das propriedade ou os tipos dos argumentos do construtor. O que acontece quando há beans ambíguos na associação automática?

Infelizmente, o Spring não é capaz de escolher entre ambigüidades, então escolhe lançar uma exceção, em lugar de uma suposição de qual bean que você pretendia associar. Se você encontrar tais ambigüidades, quando fizer a associação automática, a melhor solução é simplesmente não fazer associação automática do bean.

2.3.2 Como misturar associação automática e associação explícita

Só porque você escolhe associação automática para um bean, não significa que você não possa associá-lo explicitamente com algumas propriedades. Você ainda pode usar o elemento <property> em qualquer propriedade, como se você não tivesse setado autowire.

Por exemplo, para explicitar uma associação para a propriedade courseDao de CourseServiceImpl e fazer associação automática na propriedade studentService, você usaria o código abaixo:

```
<bean id="courseService"
      class="com.springinaction.training.service.CourseServiceImpl"
      autowire="byName">
  <property name="courseDao">
    <ref bean="someOtherCourseDao"/>
  </property>
</bean>
```

Misturar associação automática com associação explícita também é uma grande maneira de lidar com associações ambíguas, que podem ocorrer quando for usada a associação automática byType.

2.3.3 Associação automática por default

Por default, os beans não serão associados automaticamente, a menos que você sete o atributo autowire. Porém, você pode setar uma associação automática, por dafault, para todos os beans dentro do arquivo de configuração do Spring, setando default-autowire no elemento raiz <beans>:

```
<beans default-autowire="byName">
```

Sete deste modo, e todos os beans serão associados automaticamente usando byName, a menos que o contrário esteja especificado.

2.3.4 Fazer associação automática ou não

Embora associação automática pareça um modo poderoso para diminuir a quantidade de configuração manual requerida ao escrever um arquivo de associação de um bean, isso pode nos causar alguns problemas.

Por exemplo, supõe-se que o bean studentService é setado para ser associável automaticamente, usando byName. Como resultado, sua propriedade studentDao será setada automaticamente para o bean no container, cujo nome é studentDao. Digamos que você decida que quer refatorar a propriedade studentDao, renomeando-a para studentData. Depois de refatorá-la, o container tentará associar automaticamente, procurando pelo bean com nome studentData. A menos que você mude o bean no arquivo XML, o bean não será encontrado por aquele nome e deixará a propriedade não associada. Quando o bean studentService tentar usar a propriedade studentData, será lançado um NullPointerException.

Pior ainda, e se existir um bean chamado studentData, mas não é o bean que você queria associar à propriedade studentData. Dependendo do tipo do bean studentData, o Spring pode associar a outro bean, por engano, resultando no comportamento inesperado da aplicação.

Associação automática é uma ferramenta poderosa. Mas como você já deve ter percebido, um grande poder acarreta em grande responsabilidade. Se você escolher a associação automática, faça-a com cuidado.

Como a associação automática esconde o que está acontecendo, e nós queremos que nossos exemplos sejam muito claros, na maioria dos exemplos deste livro não iremos utilizar associação automática. Usar ou não associação automática dentro das suas próprias aplicações, cabe a você decidir.

Agora, você já sabe usar o Spring para associar seus beans. Mas estes não são os únicos beans que você pode usar no container. O Spring também vem com seus próprios beans, que podem ser associados no container, para fazer algum trabalho adicional para você.

2.4 Como trabalhar com beans especiais do Spring

A maioria dos beans configurados em um container Spring são tratados igualmente. O Spring os configura, os associa e os disponibiliza para uso dentro de uma aplicação. Nada especial.

Mas alguns beans têm um propósito mais importante. Ao implementar certas interfaces, você pode fazer com que o Spring trate os beans como sendo especiais, fazendo parte do framework Spring. Tirando proveito destes beans especiais, você pode configurar beans que:

- Estão envolvidos nos ciclos de vida do bean factory, através de configuração postprocessing do bean.

- Carregam informações de configuração, apartir de arquivos externos de propriedades.

- Alteram a injeção de dependência do Spring para converter valores String automaticamente, para outro tipo, ao setar a propriedade de um bean - por exemplo, ser capaz de injetar um valor String num campo java.util.Date e que a data seja automática.

- Obterão mensagens textuais de arquivos de propriedades, incluindo internacionalização de mensagens.

- Ouçam e respondam a eventos da aplicação que são publicados por outros beans e pelo próprio container do Spring.

- Estarão conhecendo sua identidade dentro do container do Spring.

Em alguns casos, os beans especiais já têm implementações úteis que vêm empacotadas com Spring. Em outros casos, provavelmente, você mesmo vai querer implementar as interfaces.

Comecemos a exploração dos beans especiais do Spring, observando os beans que executam postprocessing de outros beans e do próprio bean factory.

2.4.1 Beans de postprocessing

Anteriormente a este capítulo, você aprendeu a definir e associar beans dentro do container do Spring. Na maioria das vezes, você não tem razão para associar beans de forma diferente da que você definiu dentro do arquivo XML. O arquivo XML é considerado pelo Spring, a verdade absoluta de como os objetos de sua aplicação serão configurados.

Mas como você viu nas figuras 2.1 e 2.2, o Spring oferece duas maneiras de se alterar o ciclo de vida de um bean ou alterar sua configuração. Isto é chamado de postprocessing. Através do nome, você provavelmente deduziu que este processo é feito depois que algum evento acontece. O evento do qual falamos é a instanciação e a configuração de um bean. A interface BeanPostProcessor nos dá duas maneiras de alterar um bean, depois que for criado e associado:

```
public interface BeanPostProcessor {
   Object postProcessBeforeInitialization(
      Object bean, String name) throws BeansException;

   Object postProcessAfterInitialization(
      Object bean, String name) throws BeansException;
}
```

O método postProcessBeforeInitialization() é chamado antes da inicialização do bean (a chamada para afterPropertiesSet() e o método inicial customizado do bean). Igualmente, o método postProcessAfterInitialization() é chamado logo depois da inicialização.

COMO ESCREVER UM BEAN POST PROCESSOR

Por exemplo, vamos supor que você queira alterar todas as propriedades String dos beans da sua aplicação, para traduzí-los para a fala de Elmer Fudd*. A classe Fuddifier na listagem 2.5 é um BeanPostProcessor que faz exatamente isso.

Listagem 2.5 Como fuddificar suas propriedades String com BeanPostProcessor.

```
public class Fuddifier implements BeanPostProcessor {
   public Object postProcessAfterInitialization(
      Object bean, String name) throws BeansException {
```

```
    Field[] fields = bean.getClass().getDeclaredFields();

    try {
       for(int i=0; i < fields.length; i++) {
          if(fields[i].getType().equals(
              java.lang.String.class)) {
             fields[i].setAccessible(true);
             String original = (String) fields[i].get(bean);
             fields[i].set(bean, fuddify(original));
          }
       }
    } catch (IllegalAccessException e) {
       e.printStackTrace();
    }

    return bean;
}

private String fuddify(String orig) {
   if(orig == null) return orig;
   return orig.replaceAll("(r|l)", "w")
      .replaceAll("(R|L)", "W");
}

public Object postProcessBeforeInitialization(
     Object bean, String name) throws BeansException {
   return bean;
}
}
```

O método postProcessAfterInitialization() circula por todas as propriedades do bean procurando as que são do tipo java.lang.String. Cada propriedade String encontrada é passada para o método fuddify(), que traduz a String para a fala Fudd. Finalmente, a propriedade é mudada para o texto "fuddificado". (Você também vai notar uma chamada ao método setAccessible() de cada propriedade, para adquirir a visibilidade privada de uma propriedade). Nós percebemos que isto quebra o encapsulamento, mas de que outra forma pode-ríamos resolver o problema?

O método postProcessBeforeInitialization() é propositalmente deixado de lado; ele simplesmente devolve o bean inalterado. De fato, o processo de "fuddificação" poderia ter acontecido da mesma maneira que este método.

Agora que nós temos um BeanPostProcessor Fuddficador, vejamos como dizer ao container para aplicá-lo a todos os beans.

COMO REGISTRAR BEAN POST PROCESSORS

Se sua aplicação estiver executando dentro de um bean factory, você precisará registrar cada BeanPostProcessor que usa o método addBeanPostProcessor() do bean factory:

```
BeanPostProcessor fuddifier = new Fuddifier();
factory.addBeanPostProcessor(fuddifier);
```

Se você usar um application context, você somente precisará registrar o post processor como se fosse um bean dentro do contexto.

```
<bean id=" fuddifier"
    class="com.springinaction.chapter02.Fuddifier"/>
```

O container reconhecerá o bean fuddifier como um BeanPostProcessor e chamará seus métodos de postprocessing, antes e depois que cada bean seja inicializado.

Como resultado do bean fuddifier, todas as propriedades String de todos os beans são Fuddificadas. Por exemplo, suponha que você tivesse o seguinte bean definido no XML:

```
<bean id="bugs" class="com.springinaction.chapter02.Rabbit">
    <property name="description">
        <value>That rascally rabbit!</value>
    </property>
</bean>
```

Quando o processador "fuddificador" finalizar, a propriedade de descrição terá o seguinte valor: "That wascawwy wabbit!".

O GERENCIAMENTO DE POSTPROCESSOR BEANS ATRAVÉS DO SPRING

O framework do Spring usa várias implementações de BeanPostProcessor "por baixo do panos". Por exemplo, ApplicationContextAwareProcessor é um BeanPostProcessor que seta o application context em beans, que implementam a interface ApplicationContextAware (veja seção 2.4.6). Você não precisa registrar ApplicationContextAwareProcessor. Ele é pré-registrado pelo application context.

No próximo capítulo, você aprenderá outra implementação de BeanPostProcessor. Também aprenderá como aplicar aspectos automaticamente a beans da aplicação, usando DefaultAdvisorAutoProxyCreator, que é um BeanPostProcessor que cria proxies AOP, baseado em todos os candidatos no container.

2.4.2 Como aplicar o modelo postprocessing no bean factory

Enquanto um BeanPostProcessor executa postprocessing num bean depois que ele foi carregado, um BeanFactoryPostProcessor executa postprocessing em um bean factory depois que o bean facotry carregar as definições do bean, entretanto, essa chamada é feita antes que qualquer bean seja instanciado. A interface de BeanFactoryPostProcessor é definida da seguinte forma:

```
public interface BeanFactoryPostProcessor {
    public void postProcessBeanFactory(
        ConfigurableListableBeanFactory beanFactory)
        throws BeansException;
}
```

O método postProcessBeanFactory() é chamado pelo container do Spring, depois que as definições do bean forem carregadas, mas antes de qualquer bean seja instanciado (incluindo beans BeanPostProcessor).

Por exemplo, a implementação BeanFactoryPostProcessor na listagem 2.6, dá um novo significado ao termo "contador de bean.". É um BeanFactoryPostProcessor que simplesmente guarda o número das definições de bean que foram carregadas no bean factory.

Listagem 2.6 Como criar um BeanFactoryPostProcessor para contar quantos beans são criados na factory.

```
public class BeanCounter implements BeanFactoryPostProcessor {
    private Logger LOGGER = Logger.getLogger(BeanCounter.class);

    public void postProcessBeanFactory(
        ConfigurableListableBeanFactory factory)
        throws BeansException {

        LOGGER.debug("BEAN COUNT: " +
            factory.getBeanDefinitionCount());
    }
}
```

Se usar um application context container, você não precisará fazer nada para registrar um BeanFactoryPostProcessor, como um bean postprocessor no Spring, apenas registrá-lo como um bean normal:

```
<bean id="beanCounter"
    class="com.springinaction.chapter02.BeanCounter"/>
```

Quando o container vê que beanCounter é um BeanFactoryPostProcessor, ele automaticamente o registrará como sendo um bean factory postrocessor. Você não pode usar BeanFactoryPostProcessors com containers bean factory.

BeanCounter é apenas um simples exemplo de BeanFactoryPostProcessor. Para ter exemplos mais significativos do BeanFactoryPostProcessor, não é preciso procurar muito longe, olhe para o próprio framework Spring. Duas implementações muito úteis de BeanFactoryPostProcessor são PropertyPlaceholderConfigurer e CustomEditorConfigurer.

PropertyPlaceholderConfigurer carrega as propriedades de um ou mais aquivos de propriedades externo, e usa essas propriedades para preencher as variáveis no arquivo XML de associações bean. CustomEditorConfigurer permite a você registrar implementações personalizadas de java.beans.PropertyEditor para traduzir os valores das propriedades associadas, para outro tipos.

Dê uma olhada em como você pode usar a implementação PropertyPlaceholder Configurer de BeanFactoryPostProcessor.

2.4.3 Externalização de configuração

Na maioria das vezes, é possível configurar sua aplicação inteira, num único arquivo de associação bean. Mas, às vezes, você pode achar melhor pegar alguns trechos de configuração em um arquivo de propriedades separado. Por exemplo, uma preocupação comum em muitas aplicações é a configuração de uma fonte de dados. No Spring, você pode configurar um arquivo XML como fonte de dados, com o seguinte código XML no arquivo de associação:

```
<bean id="dataSource" class=
    "org.springframework.jdbc.datasource.DriverManagerDataSource">
    <property name="url">
        <valuejdbc:hsqldb:Training</value>
    </property>
    <property name="driverClassName">
        <value>org.hsqldb.jdbcDriver</value>
    </property>
    <property name="username">
        <value>appUser</value>
    </property>
    <property name="password">
        <value>password</value>
    </property>
</bean>
```

Configurar a fonte de dados diretamente no arquivo de associação, pode não ser apropriado. As especificações da base de dados são um detalhe de deployment. O propósito de um arquivo de associação é principalmente definir como os componentes dentro da sua aplicação são colocados para trabalharem juntos. Isso não é dizer que você não possa configurar seus componentes de aplicação, dentro de um arquivo de associação. Na realidade, quando a configuração é específica da application (ao invés de especifico do deployment), faz sentido configurar componentes no arquivo de associação bean. Mas detalhes de desenvolvimento devem ser separados.

Felizmente, externalizar propriedades no Spring é fácil, se você usar um ApplicationContext como seu container Spring. Você usa PropertyPlaceholderConfigurer para dizer ao Spring para carregar uma certa configuração de um arquivo de propriedades externo.

Para que isso seja possível, configure o seguinte bean no seu arquivo de associação bean:

```
<bean id="propertyConfigurer" class="org.springframework.beans.
    factory.config.PropertyPlaceholderConfigurer">
  <property name="location">
    <value>jdbc.properties</value>
  </property>
</bean>
```

A propriedade location diz ao Spring onde encontrar o arquivo de propriedades. Nesse caso, o arquivo jdbc.properties contém a seguinte informação JDBC:

```
database.url=jdbc:hsqldb:Training
database.driver=org.hsqldb.jdbcDriver
database.user=appUser
database.password=password
```

A propriedade location permite que você trabalhe com um único arquivo de propriedade. Se você quiser quebrar sua configuração em multiplos arquivos, use a propriedade locations de PropertyPlaceholderConfigurer para setar um List de arquivos de propriedades:

```
<bean id="propertyConfigurer" class="org.springframework.beans.
    factory.config.PropertyPlaceholderConfigurer">
  <property name="locations">
    <list>
      <value>jdbc.properties</value>
      <value>security.properties</value>
      <value>application.properties</value>
    </list>
  </property>
</bean>
```

Agora você pode substituir a configuração hard-coded no arquivo de associação com variáveis placeholder. Sintaticamente, as variáveis placeholder possuem a forma ${variável} semelhante às propriedades do Ant ou expressões JavaServer Pages (JSP).

Ao aplicar as variáveis placeholder às configuração de dados, resulta no seguinte:

```
<bean id="dataSource" class="org.springframework.
    jdbc.datasource.DriverManagerDataSource">
  <property name="url">
    <value>${database.url}</value>
  </property>
  <property name="driverClassName">
    <value>${database.driver}</value>
  </property>
  <property name="username">
```

```
    <value>${database.user}</value>
  </property>
  <property name="password">
    <value>${database.password}</value>
  </property>
</bean>
```

As variáveis placeholder serão substituídas com propriedades do jdbc.properties, quando o contexto for carregado.

2.4.4 Como customizar editores de propriedade

Na seção 2.2.4, você viu que é possível associar um valor String a uma propriedade, cujo tipo é java.net.URL. Você gostaria de saber como isso funciona?

De fato, a magia deste truque não é algo que o Spring provê, mas um pouco disso vem de uma característica pouco conhecida da API original do JavaBeans. A interface java.beans.PropertyEditor provê meios de customizar a maneira como Strings são mapeados para tipos não Strings. Há uma implementação da interface java.beans.PropertyEditorSupport que possui dois métodos que nos interessa:

■ **getAsText()** retorna uma representação em String do valor da propriedade.

■ **setAsText(String value)** seta o valor da propriedade de um bean, a partir de um valor String passado como parâmetro.

Se uma tentativa de setar uma propriedade não String para um valor String, o método setAsText() é chamado para executar a conversão. Igualmente, o método getAsText() é chamado para devolver uma representação textual do valor da propriedade.

O Spring vem com vários editores de customização, baseados em PropertyEditorSupport, incluindo org.springframework.beans.propertyeditors.URLEditor que é o editor usado para converter Strings em objetos java.net.URL.

Alguns outros editores de customização vêm com o Spring.

■ ClassEditor - Seta uma propriedade java.lang.Class, a partir de um valor String, que contenha o nome da classe completamente qualificado.

■ CustomDateEditor - Seta uma propriedade java.util.Date, a partir de uma String, que usa um objeto java.text.DateFormat.

■ FileEditor - Seta uma propriedade java.io.File, a partir de um valor String, que contenha o caminho de um arquivo.

■ LocaleEditor - Seta uma propriedade java.util.Locale, a partir de um valor String, que contenha uma representação textual da localização (i.e., "en_US").

- StringArrayPropertyEditor - Converte uma String delimitada por vírgula, em um array de Strings

- StringTrimmerEditor – Automaticamente corta propriedades Strings, com a opção de converter valores String vazio para nulo.

Você também pode escrever o seu próprio editor de customização, estendendo a classe PropertyEditor. Por exemplo, suponha que sua aplicação tenha um bean Contact que possui informações de contato sobre as pessoas em sua organização. Entre outras coisas, o bean Contact possui uma propriedade phoneNumber que tem o número de telefone para contato com determinada pessoa:

```
public Contact {
    ...
    private PhoneNumber phoneNumber;

    public void setPhoneNumber(PhoneNumber phoneNumber) {
        this.phoneNumber = phoneNumber;
    }
}
```

A Propriedade phone é do tipo PhoneNumber e é definida assim:

```
public PhoneNumber {
    private String areaCode;
    private String prefix;
    private String number;

    public PhoneNumber() { }
    public PhoneNumber( String areaCode, String prefix,
                        String number) {
        this.areaCode = areaCode;
        this.prefix = prefix;
        this.number = number;
    }
    ...
}
```

Usando técnicas básicas de associação, vistas na seção 2.2, você pode associar um objeto PhoneNumber à propriedade phoneNumber do bean. Segue abaixo o código para isso:

```
<beans>
    <bean id="infoPhone"
        class="com.springinaction.chapter02.PhoneNumber">
        <constructor-arg index="0">
            <value>888</value>
        </constructor-arg>
        <constructor-arg index="1">
            <value>555</value>
```

```
      </constructor-arg>
      <constructor-arg index="2">
         <value>1212</value>
      </constructor-arg>
   </bean>
   <bean id="contact"
         class="com.springinaction.chapter02.Contact">
      <property name="phoneNumber">
         <ref bean="infoPhone"/>
      </property>
   </bean>
</beans>
```

Note que você teve que definir um bean separado infoPhone, para configurar o objeto PhoneNumber e então associá-lo à propriedade phoneNumber do bean de Contact. Mas suponha que você fosse escrever um PhoneEditor customizado, seria algo assim:

```
public class PhoneEditor
      extends java.beans.PropertyEditorSupport {
   public void setAsText(String textValue) {
      String stripped = stripNonNumeric(textValue);

      String areaCode = stripped.substring(0,3);
      String prefix = stripped.substring(3,6);
      String number = stripped.substring(6);
      PhoneNumber phone = new PhoneNumber(areaCode, prefix, number);
      setValue(phone);
   }

   private String stripNonNumeric(String original) {
      StringBuffer allNumeric = new StringBuffer();

      for(int i=0; i<original.length(); i++) {
         char c = original.charAt(i);
         if(Character.isDigit(c)) {
            allNumeric.append(c);
         }
      }

      return allNumeric.toString();
   }
}
```

Agora, a única coisa que resta é fazer o Spring reconhecer seu editor de propriedade customizado, para associar as propriedades do bean. Para isso, você precisará usar CustomEditorConfigurer do Spring. CustomEditorConfigurer é um BeanFactoryPostProcessor que carrega editores de customização no BeanFactory, chamando o método registerCustomEditor() (como opção, você pode chamar o método registerCustomEditor() no seu próprio código, depois que tiver uma instância do bean factory).

Acrescentando o seguinte código XML, ao arquivo de configuração bean, você dirá ao Spring para registrar PhoneEditor, como um editor de customização:

```
<bean id="customEditorConfigurer" class="org.springframework.
    beans.factory.config.CustomEditorConfigurer">
  <property name="customEditors">
    <map>
      <entry key="com.springinaction.chapter02.Phone">
        <bean id="phoneEditor"
           class="com.springinaction.02.PhoneEditor">
        </bean>
      </entry>
    </map>
  </property>
</bean>
```

E agora, você poderá configurar a propriedade phoneNumber do objeto Contact, usando um valor String, sem criar um bean Phone separadamente:

```
<bean id="contact"
      class="com.springinaction.chapter02.Contact">
  <property name="phoneNumber">
    <value>888-555-1212</value>
  </property>
</bean>
```

Note que muitos dos editores de customização, que vêm com Spring (como URLEditor e LocaleEditor) já estão registrados com o bean factory no container. Você não precisa registrá-los usando CustomEditorConfigurer.

2.4.5 Como resolver mensagens de texto

Talvez você não queira codificar certos textos que serão mostrados para os usuários da sua aplicação. Um texto está sujeito a mudanças ou talvez sua aplicação seja internacionalizada e deverá exibir as mensagens em outra língua.

O suporte Java para parametrização e internacionalização (I18N)[2] de mensagens, lhe permite definir um ou mais arquivos de propriedades que contêm o texto, que será exibido na aplicação. É aconselhado que haja sempre um arquivo padrão de mensagens, além de arquivos opcionais para outros idiomas. Por exemplo, se o nome do pacote de mensagem de sua aplicação é "trainingtext", você pode ter o seguinte conjunto de arquivos de propriedade de mensagem:

---

[2] Internacionalização é freqüentemente referenciada por "I18N" e tem esse nome porque há 18 letras entre 'I' e 'N' em "Internationalization."

- trainingtext.properties - Default quando um local não pode ser determinado ou quando um arquivo de propriedades específico de um local não está disponível.

- trainingtext_en_US.properties - Texto para usuários da língua inglesa nos Estados Unidos.

- trainingtext_es_MX.properties - Texto para usuários da língua espanhola no México.

- trainingtext_de_DE.properties - Texto para usuários da língua alemã na Alemanha.

Por exemplo, ambos arquivos default e inglês podem conter entradas como:

```
course=class
student=student
computer=computer
```

Enquanto que o arquivo de mensagens em Espanhol ficaria assim:

```
course=clase
student=estudiante
computer=computadora
```

O ApplicationContext do Spring's supporta parametrização de mensagens, deixando-as disponíveis ao container através da interface MessageSource:

```
public interface MessageSource {
   public String getMessage(
      MessageSourceResolvable resolvable, Locale locale)
      throws NoSuchMessageException;

   public String getMessage(
      String code, Object[] args, Locale locale)
      throws NoSuchMessageException;

   public String getMessage(
      String code, Object[] args, String defaultMessage,
      Locale locale);
}
```

O Spring vem com uma implementação de MessageSource pronta para uso. ResourceBundle-MessageSource simplesmente usa java.util.ResourceBundle para resolver mensagens. Para usar ResourceBundleMessageSource, adicione o seguinte ao seu arquivo de associação bean:

```
<bean id="messageSource" class="org.springframework.
      context.support.ResourceBundleMessageSource">
   <property name="basename">
      <value>trainingtext</value>
   </property>
</bean>
```

É muito importante que este bean se chame messageSource, porque o ApplicationContext irá procurar especificamente um bean pelo nome quando for setar suas mensagens internas.

Você nunca precisará injetar um bean messageSource nos beans da aplicação, mas ao invés disso, acessará mensagens pelo método getMessage() do ApplicationContext. Por exemplo, para receber a mensagem cujo nome é computer, use o seguinte código:

```
Locale locale = … ; //determine locale
String text =
    context.getMessage("computer", new Object[0], locale);
```

Você usará mensagens parametrizadas no contexto de uma aplicação web, exibindo o texto em uma página web. Nesse caso, você vai querer usar a tag JSP <spring:message> do Spring para capturar as mensagens e não precisará acessar diretamente o ApplicationContext:

```
<spring:message code="computer" />
```

Mas se precisar que seus beans capturem as mensagens, não em um JSP, como você poderia fazer para que eles acessassem o ApplicationContext? Bem, você vai ter que esperar um pouco para isso. Ou pode saltar para a seção 2.4.8, onde discutiremos a criação de beans com conhecimento sobre seus containers.

Neste momento, vamos examinar os eventos que ocorrem durante o ciclo de vida de um application context, como controlar estes eventos e publicar nossos próprios eventos.

2.4.6 Como perceber eventos

No ciclo de vida de uma aplicação, o ApplicationContext publicará muitos eventos que falam para os listeners interessados, o que está acontecendo. Estes eventos são todas as subclasses da classe abstrata org.springframework.context.ApplicationEvent. Três dos eventos são eventos de aplicação:

- ContextClosedEvent - publicado quando o contexto da aplicação é fechado.
- ContextRefreshedEvent - publicado quando o contexto de aplicação é inicializado ou atualizado.
- RequestHandledEvent - publicado dentro de um contexto de aplicação web quando um pedido é controlado.

Para a maior parte, estes eventos são publicados, de preferência, sem eventos especiais. A maioria dos beans nunca saberá ou se importará com os eventos publicados. Mas se você quiser ser notificado dos eventos da aplicação?

Se quiser que um bean responda aos eventos da aplicação, tudo o que precisa fazer é estender a interface org.springframework.context.ApplicationListener.

Esta interface força o bean a implementar o método onApplicationEvent(), que é responsável pela reação a um evento do sistema:

```
public class RefreshListener implements ApplicationListener {
   public void onApplicationEvent(ApplicationEvent event) {
...
   }
}
```

A única coisa que você precisa fazer para comunicar ao Spring sobre um listener de evento de aplicação, é simplesmente registrá-lo como um bean dentro do contexto:

```
<bean id="refreshListener"
   class="com.springinaction.foo.RefreshListener"/>
```

Quando o container carregar o bean dentro do application context, ele perceberá que o bean implementa ApplicationListener e chamará seu método onApplicationEvent(), no momento em que um evento for publicado.

2.4.7 Como publicar eventos

Pode ser útil a seus beans responderem a eventos publicados pelo container, mas também é possível que sua aplicação publique seus próprios eventos. Estes eventos são controlados pela implementação de ApplicationListener, da mesma maneira que qualquer outro evento é controlado.

Imagine que você quer alertar um ou mais objetos da aplicação, cada vez que um estudante se matricular para um curso e como resultado, o curso poderá ficar lotado. Talvez você queira executar uma rotina para agendar outra turma, automaticamente, para conseguir matricular todos estudantes. Primeiro, defina um evento personalizado, como na listagem 2.7.

Listagem 2.7 Um evento customizado indica que um curso está com capacidade máxima

```
public class CourseFullEvent extends ApplicationEvent {
   private Course course;

   public CourseFullEvent(Object source, Course course) {
      super(source);
      this.course = course;
   }

   public Course getCourse() {
      return course;
   }
}
```

Quando você publicar o evento a interface ApplicationContext, tem um método publishEvent() que permite a você publicar ApplicationEvents. Qualquer ApplicationListener que estiver registrado no contexto da aplicação, receberá o evento quando for feita uma chamada para seu método onApplicationEvent () :

```
ApplicationContext context = …;
Course course = …;
context.publishEvent(new CourseFullEvent(this, course));
```

Finalmente, você precisará ter certeza que os objetos interessados em tratar CourseFullEvent, implementem a interface ApplicationListener como já descrito. Lembre-se, todos estes eventos são controlados de maneira síncrona. Você deve tomar cuidado com métodos que tem sua execução rápida. Caso contrário, o desempenho da sua aplicação poderá ser insatisfatório. Infelizmente, para publicar eventos, seus beans precisarão ter acesso ao ApplicationContext. Isto significa que os beans terão que ser feitos de maneira que tenham acesso e conhecimento sobre o container onde eles estão sendo executados. E isso é o próximo tipo de bean especial, que vamos falar.

2.4.8 Como criar beans conscientes (aware beans)

Você já viu *Matrix*? No filme, humanos foram escravizados por máquinas, vivendo cotidianamente num mundo virtual, enquanto a essência de suas vidas estava sendo cultivada para dar energia às máquinas. Para Thomas Anderson – personagem principal – é oferecido uma escolha: tomar uma pílula vermelha e aprender a verdade sobre sua existência, ou tomar uma pílula azul e continuar sua vida ignorando a verdade. Ele escolhe a pílula vermelha e se dá conta de sua identidade do mundo real e a toda a verdade sobre o mundo virtual.

Na maioria das vezes, os beans que executam no container do Spring são como os humanos na *Matrix*. Para estes beans, ignorância é felicidade. Eles não sabem (e nem mesmo precisam saber) seus próprio nomes, tampouco sabem que estão sendo executados dentro de um container do Spring. Isso é normalmente uma coisa boa, porque se um bean está ciente do container, então é agregado ao Spring, e não poderá existir fora do container.

Mas, às vezes, beans precisam saber mais. Às vezes, eles precisam saber a verdade sobre quem eles são e onde estão sendo executados. Às vezes eles precisam tomar a pílula vermelha.

A pílula vermelha, no caso de beans do Sping, entra na forma das interfaces BeanNameAware, BeanFactoryAware e ApplicationContextAware. Implementando estas três interfaces, beans podem ser conscientes sobre seu próprio nome, seu BeanFactory e o seu ApplicationContext, respectivamente.

Porém, fique ciente que implementando estas interfaces, o bean se tornará um bean agregado ao Spring. E dependendo de como seu bean usa este conhecimento, você pode não conseguir usá-lo fora do Spring.

COMO SABER QUEM É VOCÊ

O container do Spring diz para um bean qual é o seu nome através da interface BeanNameAware. Esta interface tem um único método setBeanName() que recebe uma String contendo o nome do bean, que é setado pelo atributo id ou name do elemento <bean>, no arquivo de associação bean:

```
public interface BeanNameAware {
    void setBeanName(String name);
}
```

Pode ser útil para um bean conhecer seu nome para propósitos de contabilidade. Por exemplo, se um bean pode ter mais de uma instância dentro do application context, pode ser benéfico para ele identificar-se por nome e tipo, quando for logar suas ações.

Dentro do próprio framework do Spring, BeanNameAware é usado várias vezes. Um uso notável está nos beans que executam agendamento. Por exemplo, CronTriggerBean implementa BeanNameAware para setar o nome de CronTrigger[3]. O código seguinte de CronTriggerBean, ilustra isto:

```
package org.springframework.scheduling.quartz;
public class CronTriggerBean extends CronTrigger
    implements ..., BeanNameAware, ... {
...
    private String beanName;
...
    public void setBeanName(String beanName) {
        this.beanName = beanName;
    }
...
    public void afterPropertiesSet() ... {
        if (getName() == null){
            setBeanName(this.beanName);
        }
...
    }
...
}
```

---

[3] A Classe CronTriggerBean permite que você agende tarefas dentro do container do Spring, usando Quartz, um agendador open source. Falaremos sobre o Quartz em detalhes, no capítulo 7.

Você não precisa fazer nada especial para que o container do Spring chame o método setBeanName(), em uma classe BeanNameAware. Quando o bean estiver carregado, o container perceberá que o bean implementa BeanNameAware, e chamará setBeanName() automaticamente, passando o nome do bean definido pelo atributo id ou name do elemento <bean> do arquivo XML de associação bean.

Aqui, CronTriggerBean estende CronTrigger. Depois que o contexto do Spring setar todas as propriedades no bean, o nome do bean é enviado para setBeanName() (definido em CronTrigger), para setar o nome do trabalho agendado.

Este exemplo lhe instrui como usar BeanNameAware, mostrando como é usado no próprio suporte de programação do Spring. Falaremos mais sobre agendamento, no capítulo 7. Por agora, vejamos como um bean pode estar ciente de seu próprio container.

COMO SABER ONDE VOCÊ MORA

Como você viu nesta seção, às vezes é útil para um bean acessar o application context. Talvez seu bean precise acessar as mensagens de texto parametrizadas, numa fonte de mensagem externa. Ou talvez precise publicar eventos de aplicação, para que os listeners possam responder. Qualquer que seja o caso, seu bean deve estar ciente sobre o seu container.

As interfaces ApplicationContextAware e BeanFactoryAware permitem a um bean saber sobre o seu container. Estas interfaces declaram um método setApplicationContext() e um método setBeanFactory (), respectivamente. O container do Spring detectará se algum dos seus beans implementam alguma destas interfaces, e disponibilizará o BeanFactory ou o ApplicationContext.

Voltando para nosso evento publicado anteriormente, terminaríamos o exemplo assim:

```
public class StudentServiceImpl
      implements StudentService, ApplicationContextAware {

  private ApplicationContext context;

  public void setApplicationContext(ApplicationContext context) {
     this.context = context;
  }

  public void enrollStudentInCourse(Course course, Student student)
      throws CourseException;
     ...
     context.publishEvent(new CourseFullEvent(this, course));
     ...
  }
  ...
}
```

Estar ciente do container de aplicação é, ao mesmo tempo, bom e ruim para um bean. Por um lado, acesso ao contexto de aplicação garante ao bean muito poder. Por outro lado, o fato do bean ser agregado ao container do Spring, é algo que deveria ser evitado, se possível.

2.5 RESUMO

No núcleo do framework está o container do Spring. O Spring vem com várias implementações de container, mas todos eles desembocam numa das duas categorias. Um BeanFactory é a forma mais simples de container, provendo injeção de dependência básica e serviços de associação de beans. Mas quando os serviços mais avançados do framework são necessários, o ApplicationContext do Spring é o container a ser usado.

Neste capítulo, você viu como associar beans dentro do container do Spring. A associação é executada tipicamente, dentro de um container do Spring, que utiliza um arquivo XML. Este arquivo XML contém informações de configuração para todos componentes de uma aplicação, junto com informações que ajudam o container a executar injeção de dependência para associar beans com outros beans, dos quais eles dependem.

Você também viu como dizer ao Spring para fazer a associação de beans, automaticamente, usando reflexão e fazendo algumas suposições sobre quais beans deveriam ser associados entre si.

Finalmente, você aprendeu como escrever e usar beans especiais, que ficam diretamente envolvidos no processo de associação do Spring. Estes beans especiais podem alterar a maneira como o Spring executa a associação, mudando a forma como os valores Strings são interpretados (como é o caso de CustomEditorConfigurer e PropertyPlaceholderConfigurer). Beans especiais também podem ter conhecimento sobre quem são e em qual container eles são executados, desta maneira, eles podem interagir diretamente com o ambiente, ou um bean especial pode, simplesmente, escutar e responder a eventos de aplicação, tão logo sejam publicados.

Tudo o que você aprendeu neste capítulo é a base para o que está por vir. Você vai continuar trabalhando com arquivos XML, de definição bean do Spring, assim como adicionar mais funcionalidades para a aplicação Spring Treinamentos. Também começará a reconhecer usos práticos dos beans especiais do Spring e como eles são usados no próprio Spring.

No próximo capítulo, você aprenderá sobre programação orientada a aspectos, que o Spring suporta. Verá que a injeção de dependência e AOP são modos complementares para extrair lógica comum, em módulos de baixo acoplamento. O suporte a AOP do Spring é importante, não só porque lhe permite modular os objetivos da aplicação, mas porque é a base para o suporte do Spring às transações declarativas, no qual falaremos, no capítulo 5.

Capítulo 3

Os aspectos criados no Spring

Neste capítulo abordaremos:

- Definição da programação orientada a aspectos
- Adição de advices antes, depois e ao redor dos métodos
- Definição de pointcuts com expressões regulares
- Automatização da criação de beans advertidos

No capítulo 2, você aprendeu como o Spring pode ajudar a administrar e configurar os objetos do seu sistema. Você pode seguir o design orientado a objetos, criar códigos com baixo acoplamento e usar a inversão de controle do Spring para tornar a conexão dos seus colaboradores mais agradável. Mas, às vezes, você tem uma funcionalidade que é usada ao longo de seu applicativo, que não se ajusta muito bem numa única hierarquia de objeto. É aí que a programação orientada a aspectos (AOP) entra.

O framework AOP do Spring lhe permite codificar uma funcionalidade que é dispersa ao longo de seu aplicativo em um lugar - um aspecto. Usando o mecanismo poderoso de pointcut do Spring, você tem uma vasta gama de escolhas de como e onde aplicar seus aspectos em seu aplicativo. Isto lhe permite adicionar serviços poderosos como o gerenciamento de transação declarativa para JavaBeans simples.

3.1 COMO INTRODUZIR A AOP

Antes de falarmos sobre como o Spring implementa a AOP, primeiramente abordaremos os fundamentos da AOP. É importante entender os fundamentos da AOP e como ela poderá lhe ajudar a criar aplicativos mais "limpos".

A maioria das definições de AOP diz algo sobre a modulação de assuntos cross-cutting. Infelizmente, o termo cross-cutting não é freqüentemente usado fora de um contexto AOP, assim sendo, não tem muito significado para a maioria dos desenvolvedores. A figura 3.1 traz uma representação visual de assuntos cross-cutting.

Esta figura representa um aplicativo típico, dividido em módulos. A preocupação principal de cada módulo é oferecer serviços a seu domínio particular. Porém, cada um destes módulos também requer semelhantes funcionalidades de apoio, como segurança e gerenciamento de transação. A técnica objeto-orientada para reutilizar a funcionalidade é por herança ou delegação. Mas a herança pode conduzir a uma frágil hierarquia de objetos, se a mesma classe básica for usada ao longo de um aplicativo, e a delegação pode ser incômoda e ainda requer chamadas duplicadas ao objeto delegado.

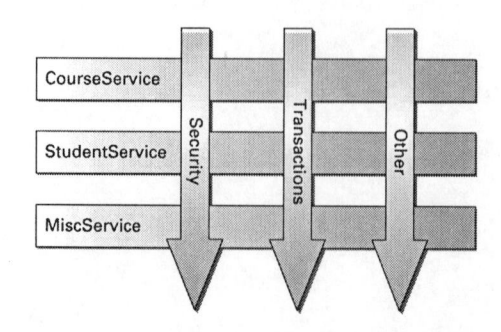

Figura 3.1 *Preocupações (assuntos) cross-cutting*

A AOP apresenta uma alternativa que pode ser mais limpa em muitas circunstâncias. Com a AOP, você define a funcionalidade comum em um lugar, mas pode declaradamente definir como e onde esta funcionalidade é aplicada, sem ter que modificar a classe na qual você está aplicando a nova característica. Preocupações cross-cutting podem ser agora moduladas em objetos especiais chamados *aspectos* (aspects). Isso tem dois benefícios: primeiro, a lógica para cada preocupação está agora num lugar, ao invés de se espalhar por toda a base de código. Segundo, nossos módulos de serviço estão mais limpos, uma vez que eles só contêm código para a sua principal funcionalidade; as preocupações secundárias foram transferidas para os aspectos.

3.1.1 Como definir a terminologia da AOP

Como a maioria das tecnologias, a AOP tem seus próprios jargões. Infelizmente, muitos dos termos usados para descrever as características da AOP, não são intuitivos. Mas eles agora são parte da linguagem da AOP, e para entender a AOP você deverá saber esta linguagem. Em outras palavras, antes de percorrer o caminho, você tem que aprender a falar a língua.

ASPECTO (ASPECT)

Um aspecto é a funcionalidade cross-cutting que você está implementando. Isso é o aspecto ou área da sua aplicação que está em modulação. O mais comum (embora simples) exemplo de um aspecto é o logging. Logging é algo que é requerido ao longo de um aplicativo. Porém, pelo fato dos aplicativos tenderem a serem distribuídos em camadas baseadas na sua funcionalidade, reutilizar um módulo de logging através de herança não faz sentido. Porém, você pode criar um aspecto de logging e aplicá-lo ao longo do seu aplicativo usando a AOP.

JOINPOINT (PONTOS DE JUNÇÃO)

Um joinpoint é um ponto na execução do aplicativo, onde um aspecto pode ser "plugado". Este ponto poderia ser um método que é chamado, uma exceção que é lançada ou até mesmo um campo que é modificado. Estes são os pontos onde o código de seu aspecto pode ser inserido no fluxo normal do seu aplicativo, a fim de adicionar um novo comportamento.

ADVICE

Advice é a implementação atual de nosso aspecto. Ele estará "advertindo" seu aplicativo sobre um novo comportamento. Em nosso exemplo de logging, o advice de logging conteria o código que implementa o logging atual, como escrever em um arquivo de log. Um advice é inserido em nosso aplicativo nos joinpoints.

POINTCUT

Um pointcut define em quais joinpoints um advice deve ser aplicado. Um advice pode ser aplicado a qualquer joinpoint suportado pelo framework AOP. É claro que você não quer aplicar todos os seus aspectos a todos os possíveis joinpoints. Pointcuts lhe permitem especificar onde você quer aplicar seu advice. Freqüentemente, você especifica estes pointcuts usando classes explícitas e nomes de métodos ou por expressões regulares que definem a classe adequada e padrões de nome de método. Alguns framework AOP lhe permitem criar pointcuts dinâmicos, que determinam quando aplicar advices baseados em decisões runtime, como valor de parâmetros de método.

INTRODUCTION

Um introduction lhe permite acrescentar novos métodos ou atributos a classes existentes (um tipo de lembrete). Por exemplo, você poderia criar uma classe advice chamada Auditable, que mantenha o último estado de um objeto antes do mesmo ser modificado. Isto poderia ser tão simples quanto ter um método setLastModified(Date) e uma variável dessa instância para manter este estado. Isto pode ser *introduzido* em classes existentes, sem ter que mudá-las, dando-lhes novos comportamentos e estados.

TARGET

Um target é a classe que está sendo advertida. Esta pode ser tanto uma classe que você criou ou uma classe de terceiros a qual você quer adicionar um comportamento padrão. Sem a AOP, esta classe teria que conter sua lógica primária, além da lógica para qualquer preocupação cross-cutting. Com a AOP, a classe designada fica livre para focar em sua preocupação primária, inconsciente de qualquer advice que lhe seja aplicado.

PROXY

Um proxy é um objeto criado depois de aplicado um advice ao objeto alvo. Desde que os objetos clientes estejam interessados, o objeto alvo (pré-AOP) e o objeto proxy (pós-AOP) são o mesmo — como deveriam ser. Isso quer dizer que o resto da sua aplicação não terá que ser mudada para suportar a classe proxy.

WEAVING

Weaving é o processo de aplicar aspectos a um objeto alvo, a fim de criar um novo objeto proxy. Os aspectos são *associados* no objeto alvo pelos joinpoints especificados. Uma associação pode acontecer em vários pontos na vida da classe alvo:

- **Em tempo de compilação** — Os aspectos são associados quando a classe alvo é compilada. Isso requer um compilador especial.

- **Em tempo de carga da classe** — Os aspectos são associados quando a classe alvo está sendo carregada na JVM. Isso requer um "carregador de classes" especial, que aumenta o bytecode da classe alvo, antes que a mesma seja introduzida no aplicativo.

- **Em tempo de execução** — Os aspectos são associados em algum período durante a execução do aplicativo. Normalmente, um container AOP irá dinamicamente gerar uma classe proxy, que será delegada para a classe alvo, enquanto associa os aspectos.

Há muitos termos novos para aprendermos. A figura 3.2 ilustra os conceitos de AOP fundamentais em ação.

O advice contém um comportamento cross-cutting que precisa ser aplicado. Os joinpoints são todos os pontos, dentro da execução do aplicativo, que são candidatos a terem o advice aplicado. Os pointcuts definem quais joinpoints esse advice é aplicado. O conceito fundamental que você deveria levar disto? Os pointcuts definem quais joinpoints deverão ser advertidos.

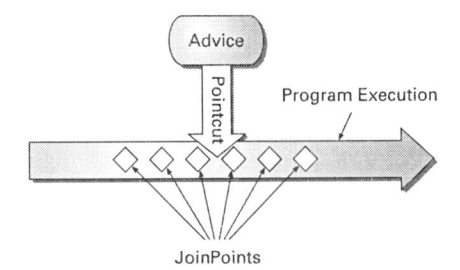

Figura 3.2 Como aplicar um aspecto

3.1.2 A implementação Spring de AOP

Nem todos os frameworks AOP são criados iguais. Eles podem diferir em quão ricos modelos de joinpoint podem oferecer. Alguns podem lhe permitir aplicar um advice em nível de modificação de campos, enquanto outros, só expõem os joinpoints relacionados a invocações de métodos. Eles também podem diferir em como e quando eles associam os aspectos. Em qualquer um dos casos, a habilidade para criar pointcuts que definam os joinpoints, ao qual deveriam ser associados aspectos, é o que os tornam um framework AOP.

Embora existam várias implementações de AOP, agora estamos preocupados em como o Spring implementa a AOP. Então, daremos uma olhada nos pontos principais do framework AOP do spring.

O ADVICE DO SPRING É ESCRITO EM JAVA

Todo o advice que você criar dentro do Spring será escrito em uma classe Java padrão. Isto significa que você irá adquirir o benefício de desenvolver seus aspectos no mesmo ambiente de desenvolvimento integrado (IDE) que usaria para seu desenvolvimento normal em Java.

Além do mais, os pointcuts que definem onde o advice deveria ser aplicado, são tipicamente escritos em XML no seu arquivo de configuração do Spring.

Isto significa que ambos, código de aspecto e a sintaxe de configuração serão familiares para o desenvolvedor Java.

Outros frameworks por aí, especificamente o AspectJ, requerem uma sintaxe especial para criar o aspecto e definir os pointcuts. Há benefícios e desvantagens nesta forma de abordagem. Tendo uma linguagem AOP específica, você adquire mais poder e controle, assim como um conjunto de ferramentas AOP mais rico e diversificado. Porém, é preciso que você aprenda uma nova ferramenta e sintaxe para conseguir isto.

Objetos advice do Spring em tempo de execução

O Spring não cria um objeto proxy até que o bean proxy seja necessário pela aplicação. Se você usar um ApplicationContext, os objetos proxy serão criados quando forem carregados todos os bean do BeanFactory. Pelo fato do Spring criar proxies em tempo de execução, você não precisa de um compilador especial para usar a AOP do Spring.

O Spring gera classes proxy de duas maneiras. Se seu objeto alvo implementa uma interface que expõe os métodos necessários, o Spring usará a classe java.lang.reflect.Proxy do JDK. Esta classe permite ao Spring gerar, dinamicamente, uma nova classe que implemente as interfaces necessárias, associa a ela um advice, e cria um proxy a qualquer chamada a estas interfaces para sua classe alvo.

Se a sua classe alvo não implementa uma interface, o Spring utiliza a biblioteca CGLIB[1] para gerar uma subclasse para a sua classe alvo. Ao criar esta subclasse, o Spring associa advices e delega chamadas para a subclasse de sua classe alvo. Ao usar este tipo de geração de proxy, você precisa incluir todos seus arquivos JAR no diretório lib/cglib da sua distribuição Spring, com seu aplicativo. Há duas coisas importantes para tomar nota, ao usar esta abordagem:

- Criar uma proxy com interfaces é melhor do que fazer proxy destas classes, já que isso levará a um aplicativo com um baixo acoplamento. A habilidade para fazer proxy de classes é oferecida de forma que o legado ou classes de terceiros que não implementem interfaces ainda possam ser advertidas (advised). Esta abordagem deve ser levada como uma exceção e não como uma regra.

- Métodos marcados como final não podem ser advertidos. Lembre-se, o Spring gera uma subclasse para a sua classe alvo. Qualquer método que precise ser advertido será sobreposto e um advice será associado a ele. Isto não é possível com métodos final.

---

[1] O CGLIB é uma biclioteca open-source, de geração de códigos de alta performance. Você poderá encontrar mais informações sobre CGLIB no site http://cglib.sourceforge.net.

O Spring implementa interfaces da Aliança AOP

A Aliança AOP é um projeto em comum, entre várias partes interessadas em implementar a AOP em Java. A Aliança AOP compartilha a mesma convicção que o Spring, que a AOP pode oferecer soluções mais limpas e fáceis para aplicativos enterprise Java, do que o oferecido atualmente pelo EJB. Sua meta é unificar a interface AOP do Java, a fim de oferecer uma interoperabilidade entre várias implementações AOP em Java. Isto significa que o advice AOP que implementa as suas interfaces (como fazem algumas implementações do Spring) será reutilizada em qualquer outro framework da Aliança AOP.

Spring suporta somente joinpoints de métodos

Como mencionado anteriormente, múltiplos modelos de joinpoint estão disponíveis por várias implementações de AOP. O Spring só dá suporte a joinpoints de método. Isto vem em contraste com alguns outros frameworks de AOP, como o AspectJ e o JBoss, que provêem joinpoints de campo também. Isto lhe impede de criar certos advices, como interceptar atualizações ao campo de um objeto.

Porém, como o Spring se concentra em oferecer um framework para implementação dos serviços do J2EE, a intercepção de método deverá servir à maioria, se não a todas as suas necessidades. Além disso, a filosofia do Spring é que a intercepção de campo viola a encapsulação. Um conceito fundamental da orientação a objetos é que estes iniciem as operações entre si mesmos, e os outros objetos através de chamadas de método. Tendo iniciado o advise no campo da modificação, ao invés da invocação do método discutivelmente violar este conceito.

Agora, você tem uma idéia geral do que a AOP faz e como é suportada pelo Spring. Daremos uma olhada em como criar os diferentes tipos de advice no Spring.

3.2 Como criar um advice

Se você recorda da seção anterior, o advice contém a lógica de seu aspecto. Assim, quando você criar um objeto advice, está criando o código que implementa uma funcionalidade cross-cutting. Lembre-se também que o modelo de joinpoint do Spring é construído ao redor da interceptação de método. Isto significa que o advice do Spring que você cria será associado na sua aplicação, em diferentes pontos, por toda a invocação de método. Devido a existência de vários pontos durante a execução de um método, onde o Spring pode associar um advice, há vários e diferentes tipos de advice. A tabela 3.1 lista os tipos de advice oferecidos pelo Spring e onde eles são associados em seu código.[2]

---

[2] De fato, há um outro tipo de advice que é omitido: advice de introdução. Já que este tipo é controlado tão diferentemente dos outros, nós dedicamos uma seção especificamente para o advise de introdução, neste mesmo capítulo.

Tabela 3.1 Tipos de advice no Spring

Tipo de Advice	Interface	Descrição
Around	org.aopalliance.intercept.MethodInterceptor	Intercepta chamadas ao método alvo
Before	org.springframework.aop.BeforeAdvice	É chamado antes do método alvo ser invocado
After	org.springframework.aop.AfterReturningAdvice	É chamado depois que o método alvo retorna
Throws	org.springframework.aop.ThrowsAdvice	É chamado quando o método alvo lança uma exceção

Como você pode ver, estes tipos diferentes de advice lhe dão oportunidades de acrescentar um comportamento antes e depois da invocação de um método, assim quando um método lança uma exceção. Além disso, você pode pôr advice ao redor de um método e, opcionalmente, impedir que o método alvo até mesmo seja chamado. Então agora que você sabe quais tipos de advice estão à sua disposição, como exatamente você os implementará?

Para demonstrar isso, vamos criar um exemplo executável. Este exemplo servirá como uma ilustração simples da AOP do Spring funcionando e não como um aplicativo J2EE (não se preocupem, nós chegaremos lá, mais adiante). Para tanto, façamos uma viagem até Springfield, para visitar o KwikEMart (veja http://thesimpsons.com, para maiores informações). Começaremos com a interface KwikEMart , na qual um Customer pode comprar um Squishee:

```
public interface KwikEMart {
    Squishee buySquishee(Customer customer) throws KwikEMartException;
}
```

Também temos uma implementação desta interface: ApuKwikEMart. Como mostrado na listagem 3.1, nossa implementação é bastante simples, mas faz o que precisamos.

Listagme 3.1 ApuKwikEMart.java

```
public class ApuKwikEMart implements KwikEMart {

    private boolean squisheeMachineEmpty;

    public Squishee buySquishee(Customer customer)
            throws KwikEMartException {
        if (customer.isBroke()) {
            throw new CustomerIsBrokeException();
        }
```

```
    if (squisheeMachineEmpty) {
       throw new NoMoreSquisheesException();
    }
    return new Squishee();
  }
}
```

Sem muito esforço, temos uma implementação de KwikEMart em funcionamento, incluindo os casos de teste. Agora, queremos acrescentar um pouco de comportamento adicional a esta classe. Porém, a classe está trabalhando muito bem, cumprindo sua principal tarefa — servir Squishees. Assim, ao invés de abrir esta classe e adicionar mais código, nós criaremos um advice.

3.2.1 Antes do advice

Como qualquer dono de loja de conveniência sabe, um bom atendimento ao consumidor é fundamental. Portanto, antes que nossos clientes comprem seus Squishee, queremos lhes dar uma simpática saudação. Para isto, precisamos adicionar um pouco de funcionalidade antes do método buySquishee() ser executado. Para realizarmos isso, estendemos a interface MerthodBeforeAdvice:

```
public interface MethodBeforeAdvice {
   void before(Method method, Object[] args, Object target)
      throws Throwable
}
```

Esta interface lhe provê acesso ao método alvo, aos argumentos passados a este método e ao objeto alvo do método invocado. Considerando que você tem acesso aos argumentos de método, você tem a oportunidade para implementar o advice, usando os parâmetros de tempo de execução. Porém, você não pode mudar a identidade destes valores. Isto é, você não pode substituir objetos de argumentos diferentes ou objetos alvo diferentes. Você *pode* alterar estes objetos; apenas tenha cautela quando fizer isso.

Agora, daremos uma olhada em nossa implementação de MethodBeforeAdvice, mostrado na listagem 3.2.

Listagem 3.2 WelcomeAdvice.java

```
package com.springinaction.chapter03.store;

import java.lang.reflect.Method;
import org.springframework.aop.MethodBeforeAdvice;        Faz o casting do primeriro
                                                          argumento para Customer

public class WelcomeAdvice implements MethodBeforeAdvice {
   public void before(Method method, Object[] args, Object target) {
      Customer customer = (Customer) args[0];
```

```
    System.out.println("Hello " + customer.getName() +     ◄─── Diz hello para
        ". How are you doing?");                                 Customer
    }
}
```

Pelo método buySquishee() ter um só argumento, nós realizamos o casting do primeiro elemento, no array de argumento para um Customer. Então, tudo que temos que fazer é dar ao Customer uma agradável saudação.

Note que não retornamos nada ao término do método. Isto se dá porque o tipo de retorno é void. É void porque o método alvo *sempre* será chamado depois que MethodBeforeAdvice retornar, e é o método alvo que é o responsável por retornar qualquer valor. A única maneira do MethodBeforeAdvice evitar que o método alvo seja invocado, é lança uma exceção (ou chamar System.exit(), mas nós não queremos fazer isso!). Os resultados de lançar uma exceção dependem do tipo de exceção lançada. Se a exceção é uma RuntimeException ou se ela estiver na cláusula throws do método alvo, ela propagará ao método de chamada. Caso contrário, o Spring framework irá capturar a exceção e a relançará na forma de uma RuntimeException.

Agora que temos nosso advice, precisamos aplicá-lo ao nosso objeto KwikEMart. Nós fazemos isto através do nosso arquivo de configuração do Spring (kwikemart.xml), como é mostrado na listagem 3.3.

Listagem 3.3 Como conectar o MethodBeforeAdvice a um bean

```xml
<beans>
                                                          ◄─── Cria um objeto
    <bean id="kwikEMartTarget"                                 proxy alvo
        class="com.springinaction.chapter03.store.ApuKwikEMart"/>

    <bean id="welcomeAdvice"    ◄─── Cria um advice
        class="com.springinaction.chapter03.store.WelcomeAdvice"/>
    <bean id="kwikEMart"
        class="org.springframework.aop.framework.ProxyFactoryBean">
        <property name="proxyInterfaces">
            <value>com.springinaction.chapter03.store.KwikEMart</value>
        </property>
        <property name="interceptorNames">                    Cria um bean
            <list>                                            proxy
                <value>welcomeAdvice</value>
            </list>
        </property>
        <property name="target">
```

```
            <ref bean="kwikEMartTarget"/>
        </property>
    </bean>
```

Cria um bean proxy

```
</beans>
```

Agora temos um bean KwikEMart, que tem o WelcomeAdvice aplicado a ele. E se você notar, nós criamos este bean usando a classe ProxyFactoryBean do Spring. Esta também é sua introdução a esta classe muito importante no framework de AOP do Spring. A classe ProxyFactoryBean é usada pelos objetos BeanFactory e ApplicationContext para gerar proxies. No exemplo anterior, nós configuramos um ProxyFactoryBean, usando várias das propriedades daquele bean. Percorrendo a lista de propriedades do exemplo acima, dissemos ao Spring para criar um bean, que faça o seguinte:

- Implemente a interface KwikEMart

- Aplique o objeto advice WelcomeAdvice (id welcomeAdvice) a todas as chamadas de entrada

- Use o bean ApuKwikEMart (id kwikEMartTarget) como objeto alvo

A classe ProxyFactoryBean é uma classe central para criar explicitamente, objetos proxies dentro de um BeanFactory. Como demonstrado, você pode dar a ela uma interface para implementar, um objeto alvo para fazer proxy e um advice para associar, e ela irá criar um novo objeto proxy. Como no exemplo acima, você irá tipicamente configurar o ProxyFactoryBean para implementar a mesma interface que seu objeto alvo. Nós exploraremos esta classe em maiores detalhes, na seção 3.5. Por agora, presuma que iremos configurar todo o advice KwikEMart, conforme ilustrado na listagem 3.3, a menos que seja notado de outra forma.

3.2.2 Depois do advice

Assumindo a cortês filosofia do dono da loja, queremos ter certeza que agradecemos a nossos clientes, depois que eles fizerem suas compras. Para isto, implementamos AfterReturningAdvice:

```
public interface AfterReturningAdvice {
    void afterReturning(Object returnValue, Method method,
        Object[] args, Object target) throws Throwable
    }
}
```

Como MethodBeforeAdvice, este advice lhe dá acesso ao método que foi chamado, aos argumentos que foram passados e ao objeto alvo. Você também tem acesso ao valor retornado do método advertido.

Novamente, esta interface retorna void. Enquanto você tem acesso ao valor retornado do método alvo, você não pode substituí-lo por um valor de retorno diferente. E assim como MethodBeforeAdvice, a única maneira de alterar o fluxo de execução é lançando uma exceção. O comportamento para controlar exceções lançadas também é igual ao MethodBeforeAdvice.

A listagem 3.4 mostra um exemplo de como nosso advice poderia se parecer.

Listagem 3.4 ThankYouAdvice.java

```java
package com.springinaction.chapter03.store;

import java.lang.reflect.Method;
import org.springframework.aop.AfterReturningAdvice;

public class ThankYouAdvice implements AfterReturningAdvice {

    public void afterReturning(Object returnValue, Method method,
        Object[] arg2, Object target) throws Throwable {
    System.out.println("Thank you. Come again!");
    }
}
```

Com este advice, qualquer saída normal de nosso método (ex.: nenhuma exceção é lançada) a ser proxiado, resultará em agradecimento ao nosso cliente.

3.2.3 Entorno do advice

Até agora vimos como associar conselhos, antes e depois de um método. O MethodInterceptor oferece a habilidade para fazer ambos em um objeto advice:

```java
public interface MethodInterceptor extends Interceptor {
    Object invoke(MethodInvocation invocation) throws Throwable;
}
```

Há duas diferenças importantes entre a interface MethodInterceptor e os dois tipos prévios de advice. Primeiro, a implementação MethodInterceptor controla se o método alvo é invocado de fato. Invoca-se quando finalizado o método alvo, MethodInvocation.proceed(). Isto vem em contraste a MethodBeforeAdvice, onde o método alvo sempre é chamado, a menos que você lance uma exceção.

Segundo, MethodInterceptor lhe dá um controle sobre qual objeto é retornado. Isto significa que você pode devolver um objeto completamente, diferente daquele que retorna por proceed(). Lembre-se, com AfterReturningAdvice você teve acesso ao objeto que está sendo retornado, mas você não pode retornar um objeto diferente.

Enquanto MethodInterceptor oferece esta flexibilidade adicional, você deveria usar, por precaução, ao devolver um objeto diferente daquele retornado pelo método alvo e somente fazer isto quando necessário.

Daremos então uma olhada no MethodInterceptor em uso. Suponha que tenhamos uma regra que um cliente só pode pedir um Squishee. OnePerCustomerInterceptor é exibida na listagem 3.5.

Listagem 3.5 OnePerCustomerInterceptor.java

```java
package com.springinaction.chapter03.store;

import java.util.HashSet;
import java.util.Set;
import org.aopalliance.intercept.MethodInterceptor;
import org.aopalliance.intercept.MethodInvocation;

public class OnePerCustomerInterceptor implements MethodInterceptor {

    private Set customers = new HashSet();          // Define um Set contendo os clientes

    public Object invoke(MethodInvocation invocation)
        throws Throwable {                          // Obtém o cliente corrente
        Customer customer = (Customer) invocation.getArguments()[0];
        if (customers.contains(customer)) {
            throw new KwikEMartException("One per customer.");   // Lança uma exceção, se repetir o cliente
        }
        Object squishee = invocation.proceed();     // Invoca o método alvo
        customers.add(customer);                     // Adiciona um cliente ao Set
        return squishee;                             // Retorna o resultado do método alvo
    }
}
```

Note que temos uma lógica antes e depois que o método alvo é chamado. Antes de chamarmos o método alvo, queremos ter certeza que o cliente já não comprou um Squishee. Se eles não tiverem, nós continuaremos. Depois que nosso método alvo for executado, "lembraremos" o cliente para que eles não comprem outro Squishee.

Este exemplo serve como uma demonstração de quando você deveria usar este tipo de advice. Você somente deveria usar MethodInterceptor quando precisar de uma lógica para aspectos cross-cutting, em ambos os lados da invocação do método. Já que você tem que lembrar de chamar explicitamente invocation.proceed(), é melhor usar MethodBeforeAdvice ou AfterReturningAdvice, se isto satisfizer suas necessidades.

Há mais uma coisa que você deve notar sobre MethodInterceptor. Se você se lembra da tabela 3.1, MethodInterceptor é uma interface da Aliança AOP. Isto significa que qualquer advice que você implementar usando esta interface será compatível com qualquer outro framework da Aliança AOP. Isso é muito importante, se você está planeja trabalhar com múltiplos frameworks AOP.

3.2.4 Como lançar advice

O que aconteceria se algo desse errado durante a invocação do método e uma exceção fosse lançada? ThrowsAdvice lhe permite definir o comportamento que uma exceção deveria ter. Ao contrário dos tipos de advice prévios, ThrowsAdvice é uma interface de marcador e não contém nenhum método que precise ser implementado. Ao contrário, uma classe que implemente esta interface tem que ter, pelo menos, um método com qualquer uma das seguintes assinaturas:

```
void afterThrowing(Throwable throwable)
```

```
void afterThrowing(Method method, Object[] args, Object target,
    Throwable throwable)
```

O primeiro destes métodos recebe apenas um argumento: a exceção que foi lançada. O segundo recebe a exceção, o método chamado, seu argumento e o objeto alvo. A menos que precise destes argumentos adicionais, você só precisará implementar a assinatura com um argumento. O tipo de exceção controlado pelo seu ThrowsAdvice é determinado pelo tipo, na sua assinatura de método. Por exemplo, void afterThowing(KwikEMartException e) somente iria capturar qualquer KwikEMartException , mas void afterThrowing(NoMoreSquisheesException e) irá capturar apenas exceções da subclasse KwikEMartException.

Você também pode ter mais de um método afterThrowing na mesma classe. A listagem 3.6 mostra um exemplo de ThrowsAdvice em ação.

Listagem 3.6 KwikEMartExceptionAdvice.java

```
package com.springinaction.chapter03.store;

import org.springframework.aop.ThrowsAdvice;

public class KwikEMartExceptionAdvice implements ThrowsAdvice {

  public void afterThrowing(NoMoreSquisheesException e) {
    orderMoreSquishees();
  }
```

```
public void afterThrowing(CustomerIsBrokeException e) {
  showCustomerAtmMachine();
  }
}
```

O método correto será chamado dependendo de que tipo de exceção seja lançada. Note que ambos métodos acrescentam comportamento adicional ao aplicativo, mas nenhum captura e lida com a exceção. Isso porque você não pode fazer isto. O objeto proxy captura a exceção e chama o método ThrowsAdvice apropriado, se houver algum. Depois que ThrowsAdvice é executado, a exceção original ainda será lançada e propagará a pilha como qualquer outra exceção. O único modo de ThrowsAdvice mudar isso, é lançando outra exceção.

3.2.5 O advice Introduction

O advice Introduction é um pouco diferente dos outros tipos de advice que vimos até então. Todos os outros tipos são associados dentro de algum ponto, que cerca a invocação do método de um objeto alvo. O advice Introduction adiciona métodos novos (e atributos) ao objeto alvo. Este é, provavelmente, o tipo de advice mais complexo para entender. E para entender o advice Introduction do Spring, você precisa entender seus pointcuts também. Portanto, discutiremos os pointcuts na próxima seção e revisitaremos o advice introduction com maiores detalhes, na seção 3.4.

3.3 Como definir pointcuts

Até agora só discutimos como criar um advice. Isto não é muito útil, se não pudermos expressivamente definir onde este advice deveria ser aplicado, em nossa aplicação. É onde os pointcuts entram. Os pointcuts determinam se um método de uma classe combina com um critério. Se o método realmente combinar, então o advice será aplicado a este método. Os pointcuts do Spring nos permitem definir onde nosso advice é associado, em nossas classes de uma maneira muito flexível.

3.3.1 Como definir um pointcut no Spring

Spring define pointcuts em termos de classe e método que estão sendo advertidos. Um advice é associado à classe alvo e seus métodos estão baseados em suas características, como nome da classe e assinatura do método. A interface principal para o pointcut do Spring framework é naturalmente a interface Pointcut.

```
public interface Pointcut {
  ClassFilter getClassFilter();
```

```
    MethodMatcher getMethodMatcher();
}
```

Isto é lógico, já que dissemos há pouco, que um pointcut decide onde plugar nosso advice baseado em nosso método e classes. A interface ClassFilter determina se uma classe é elegível para ser advertida:

```
public interface ClassFilter {
    boolean matches(Class clazz);
}
```

As classes que implementam esta interface determinam se Class, que é passada como um argumento, deveria ser advetida. Implementações típicas desta interface tomam esta decisão baseadas no nome da classe, mas esse, nem sempre, tem que ser o caso. Esta interface também contém uma implementação simples da interface ClassFilter, ClassFilter.TRUE. Este é o exemplo canônico de ClassFilter, que se adequa a qualquer classe, o que pode ser útil para criar um Pointcut, que só considera métodos quando forem igualados.

Enquanto ClassFilter deixá-lo filtrar seus aspectos por classe, você provavelmente estará mais interessado em filtrá-los por método. Esta característica é oferecida pela interface MethodMatcher:

```
public interface MethodMatcher {
    boolean matches(Method m, Class targetClass);
    public boolean isRuntime();
    public boolean matches(Method m, Class target, Object[] args);
}
```

Como você pode ver, há três métodos nesta interface, mas cada um é usado num certo ponto do ciclo de vida de um objeto a ser proxiado. O método matches(Method, Class) determina se um método é candidato a ser advertido no Class e Method alvo. Considerando que isto pode ser determinado estaticamente, este método só é chamado uma vez — quando o proxy AOP é criado. O resultado deste método determina se o advice será plugado ou não.

Se matches(Method, Class) retornar true, isRuntime(), é chamado para determinar que tipo de MethodMatcher é este. Há dois tipos: o *estático* e o *dinâmico*. Pointcuts estático definem advices que *sempre* são executados. Se um pointcut for estático, isRuntime() deveria retornar false. Pointcuts dinâmicos determinam se o advice deveria ser executado através de um exame dos argumentos de Runtime do método. Se um pointcut é dinâmico, isRuntime() deverá retornar true. Assim como matches(Method, Class), isRuntime() é chamado somente uma vez — quando a classe proxy é criada.

Se um pointcut é estático, o matches(Method, Class, Object[]) nunca é chamado, uma vez que os argumentos em tempo de execução não são necessários para determinar se o advice deverá ser aplicado.

Para pointcuts dinâmicos, o método matches(Method, Class, Object[]) é chamado durante a execução para *cada* invocação do método alvo. Isto acrescenta um overhead em tempo de execução, cada vez que este método é chamado. Para evitar isto, use pointcuts estáticos sempre que possível.

Agora, você sabe como definir pointcuts no Spring. Embora você possa implememtar a interface Pointcut sozinho, você provavelmente usará uma implementação predefinida de Pointcut do Spring. Isto é o que exploraremos em seguida. Bem, não exatamente em seguida. Primeiro, precisamos ver como funcionam os advisors.

3.3.2 Como entender os advisors

Antes de estudarmos os pointcuts embutidos do Spring, você precisa entender outro conceito do Spring: o advisor. A maioria dos aspectos é uma combinação de advice que define o comportamento do aspecto e um pointcut, que define onde o aspecto deve ser executado. O Spring reconhece isto e oferece advisors que combinam advice e pointcuts, num objeto. Mais especificamente, o PointcutAdvisor faz isto.

```
public interface PointcutAdvisor {
    Pointcut getPointcut();
    Advice getAdvice();
}
```

A maioria dos pointcuts embutidos do Spring também têm um PointcutAdvisor correspondente. Isto é conveniente se quiser definir um pointcut e o advice que ele está administrando, num só lugar. Conforme discutirmos pointcuts mais a fundo, usaremos PointcutAdvisors dentro de nossos exemplos, e onde fará sentido a utilização dos mesmos.

3.3.3 Como usar os pointcuts estáticos do Spring

Como discutimos anteriormente, os pointcuts estáticos são preferidos, pois eles executam melhor suas tarefas do que os pointcuts dinâmicos, já que eles são avaliados uma vez (quando o proxy é criado), ao invés de cada chamada de execução. O Spring oferece uma superclasse conveniente, para criar pointcuts estáticos: StaticMethodMatcherPointcut. Portanto, se você quer criar um pointcut estático padrão, pode anular esta classe e implementar o método isMatch.

Mas, para a maioria das suas necessidades, você usará um pointcut estático oferecido pelo Spring.

NameMatchMethodPointcut

O mais básico destes é NameMatchMethodPointcut. Esta classe possui dois métodos que você, provavelmente, se interessará:

```
public void setMappedName(String)
public void setMappedNames(String[])
```

Como deve ter adivinhado, este pointcut será compatível quando o nome do método chamado for compatível com um dos nomes mapeados. Você pode oferecer nomes explícitos de métodos ou usar o caractere coringa * no início ou final do nome. Por exemplo, setando a propriedade mappedName para set* ela irá coincidir com todos os métodos set. Note que esta coincidência só se aplica ao próprio nome de método, não ao nome totalmente qualificado, que também inclui a classe. Os dois métodos acima se comportam exatamente iguais, a não ser pelo fato de que o anterior coincide com um nome, enquanto o último vê em um array de Strings, por compatibilidades. Se qualquer uma das Strings mapeadas for compatível, então o método considera que encontrou uma compatibilidade.

Por exemplo, digamos que em vez de um serviço de Treinamento Spring, estamos executando um serviço de empregada de limpeza Spring. Para esta aplicação, temos uma interface MaidService que possui vários métodos para pedidos de serviços, como: orderFurniturePolishing e orderWindowCleaning. Em cada um destes métodos, queremos adicionar um aspecto que acrescente pontos à conta da pessoa que faz o pedido, para que eles possam ganhar serviços gratuitos, oferecidos para clientes freqüentes. A listagem 3.7 ilustra como mapearíamos isto, usando um NameMatchMethodPointcut.

Listagem 3.7 Como configurar um NameMatchMethodPointcutAdvisor

```
<beans>

    <bean id="maidServiceTarget"
        class="com.springinaction.chapter03.cleaning.MaidServiceImpl"/>

    <bean id="frequentCustomerAdvice"
        class="com.springinaction.chapter03.cleaning.FrequentCustomerAdvice"/>

    <bean id="frequentCustomerPointcutAdvisor"
        class="org.springframework.aop.support.NameMatchMethodPointcutAdvisor">

        <property name="mappedName">
            <value>order*</value>
        </property>
        <property name="advice">
            <ref bean="frequentCustomerAdvice"/>
        </property>
    </bean>

    <bean id="maidService"
        class="org.springframework.aop.framework.ProxyFactoryBean">
        <property name="proxyInterfaces">
            <value>com.springinaction.chapter03.cleaning.MaidService</value>
        </property>
        <property name="interceptorNames">
```

```
      <list>
        <value>frequentCustomerAdvisor</value>
      </list>
    </property>
    <property name="target">
      <value ref="maidServiceTarget">
    </property>
  </bean>
</beans>
```

Quando nossa proxy é criada, invocações de qualquer método em nosso objeto MaidService, que começa com um order serão advertidas por nosso FrequentCustomerAdvice. E em vez de fornecer o caractere coringa, simplesmente explicitamos o nome de cada um destes métodos:

```
<property name="mappedNames">
  <list>
      <value>orderFurniturePolishing</name>
      <value>orderWindowCleaning</name>
  </list>
</property>
```

Usar um NamedMethodMatcherPointcut funciona bem para expressar claramente, quais métodos exatamente você quer que sejam advertidos. Entertanto, dizer a todo o momento qual o nome do método que você quer que seja advised, poderia se tornar bastante trabalhoso para um aplicativo grande. Usar o caractere coringa pode ajudar com isto, mas sua utilidade está limitada, se você deseja um controle minucioso sobre seus pointcuts. É aí que entram as expressões regulares.

COMO USAR POINTCUTS COM EXPRESSÕES REGULARES

O RegexpMethodPointcut do Spring lhe permite usar o poder de expressões regulares, a fim de definir seus pointcuts. Isto lhe permite usar expressões regulares estilo Perl, para definir o padrão que deve vir ao encontro de seus métodos alvo. Se você não está familiarizado com expressões regulares, a tabela 3.2 lista os símbolos, que você provavelmente usará ao definir pointcuts.

Tabela 3.2 Símbolos comuns de expressões regulares usados nos pointcuts

Símbolo	Descrição	Exemplo
.	Combina com um caractere qualquer	setFoo. Combina com setFooB, mas não com setFoo ou setFooBar
+	Combina com o caractere precedente uma ou mais vezes	setFoo.+ combina com setFooBar e setFooB, mas não com setFoo

Continua na próxima página

Tabela 3.2 Símbolos comuns de expressões regulares usados nos pointcuts (continuação)

Símbolo	Descrição	Exemplo
*	Combina com o caractere precedente zero ou mais vezes	setFoo.* combina com setFoo, setFooB e setFooBar
\	Permite qualquer símbolo da expressão regular	\.setFoo. combina com bar.setFoo, mas não com setFoo

Ao contrário de NameMethodMatcherPointcut, estes padrões incluem o nome da classe, assim como o nome do método. Isso significa que, se quisermos coincidir todos os métodos setXxx, precisamos usar o padrão .*set.* (o primeiro coringa irá adequar-se a qualquer nome de classe precedente). Além disso, quando estiver usando RegexpMethodPointcut, você precisa incluir a biblioteca Jakarta Commons ORO[3] na sua aplicação.

Continuemos com nosso negócio de Limpeza Spring, nossa interface MaidService oferece aos clientes métodos diferentes para examinar nossos pacotes de limpeza, como: PackagesByPrice() e getSpecialsByDay(). Decidimos que nós queremos capturar os detalhes das pesquisas de nossos clientes, para que soubéssemos o que eles procuram com maior freqüência. Assim, criamos um QueryInterceptor para fazer simplesmente isso. Aplicaríamos este interceptor a nossos métodos de pesquisa, conforme ilustrado na listagem 3.8.

Listagem 3.8 Como configurar um RegexpMethodPointutAdvisor

```
<beans>

    <bean id="maidServiceTarget"
        class="com.springinaction.chapter03.cleaning.MaidService"/>

    <bean id="queryInterceptor"
        class="com.springinaction.chapter03.cleaning.QueryInterceptor"/>

    <bean id="queryPointcutAdvisor"
        class="org.springframework.aop.support.RegExpPointcutAdvisor">
    <property name="pattern">
        <value>.*get.+By.+</value>
    </property>
    <property name="advice">
        <ref bean="queryInterceptor"/>
    </property>
    </bean>
```

---

[3] O Jakarta Commons ORO é um componente open source para processamento de texto, que utiliza expressões regulares do Perl e do Awk. Seu nome vem da empresa que doou as bibliotecas originais, ORO Inc. Você pode aprender mais sobre ORO no site http://jakarta.apache.org/oro /.

```xml
<bean id="maidService"
    class="org.springframework.aop.framework.ProxyFactoryBean">
<property name="proxyInterfaces">
    <value>com.springinaction.chapter03.cleaning.MaidService</value>
</property>
<property name="interceptorNames">
    <list>
        <value>queryPointcutAdvisor</value>
    </list>
</property>
<property name="target">
    <value ref="maidServiceTarget">
</property>
</bean>

</beans>
```

Interpretando a expressão regular, que significa que nosso pointcut deveria coincidir com qualquer método ou qualquer classe que comece com get e que contenha, ao menos, um caractere seguido por By e, por sua vez, seguido de pelo menos um caractere. Como você pode ver, expressões regulares freqüentemente lhe oferecem uma maneira de definir pointcuts de uma forma que seja mais expressiva, do que um NameMatchMethodPointcut.

3.3.4 Como usar pointcuts dinâmicos

Até agora, os únicos pointcuts oferecidos pelo Spring que discutimos foram os pointcuts estáticos. Eles são o tipo de pointcuts que você usará freqüentemente. Entretanto, podem haver alguns casos onde seus pointcuts precisarão avaliar atributos em tempo de execução. O Spring oferece um pointcut dinâmico embutido: o ControlFlowPointcut. Este pointcut procura combinações baseado-se em informações sobre a pilha de chamada de threads atual. Isto é, pode ser configurado para retornar true somente se um método particular ou classe for achado na pilha de threads corrente, em execução.

Por exemplo, digamos que temos um método de serviço que pode ser chamado por diversos clientes. Se este método for iniciado, a partir de um aplicativo web, queremos acrescentar alguma lógica adicional na forma de um MethodBeforeAdvice (o conteúdo deste advice não é importante em nível deste exemplo). Podemos fazer isso criando um pointcut que combine, caso nossa pilha de chamada contenha uma chamada de um javax.servlet.http.HttpServlet. A listagem 3.9 ilustra como configuraríamos isto.

Listagem 3.9 Como configurar um ControlFlowPointcut

```
<beans>

    <bean id="myServiceTarget" class="MyServiceImpl"/>

    <bean id="servletInterceptor" class="MyServletInterceptor"/>

    <bean id="servletPointcut"
        class="org.springframework.aop.support.ControlFlowPointcut">
      <constructor-arg>
        <value>javax.servlet.http.HttpServlet</value>
      </constructor-arg>
    </bean>

    <bean id="servletAdvisor"
       class="org.springframework.aop.support.DefaultPointcutAdvisor">
        <property name="advice">
           <ref bean="servletInterceptor"/>
        </property>
        <property name="pointcut">
           <ref bean="servletPointcut"/>
        </property>
    </bean>
    <bean id="service"
        class="org.springframework.aop.framework.ProxyFactoryBean">
      <property name="proxyInterfaces">
        <value>MyService</value></property>
      <property name="interceptorNames">
        <list>
           <value>servletAdvisor</value>
        </list>
      </property>
      <property name="target">
        <value ref="myServiceTarget"/>
      </property>
    </bean>

</beans>
```

Agora, qualquer chamada para um método em nosso objeto de serviço, que venha de um HttpServlet terá o ServletAdvice plugado. Uma coisa importante para mostrar sobre esta classe é a penalidade de desempenho que ela impõe. Você deve usar a classe ControlFlowPointcut somente se precisar, pois ela é significantemente mais lenta do que outros pointcuts dinâmicos. Para Java 1.4, ela pode ser até 5 vezes mais lenta, e para Java 1.3 ela pode ser mais de 10 vezes mais lenta.

Como declarado anteriormente, o ControlFlowPointcut é a única implementação de pointcut dinâmico oferecida pelo Spring. Mas lembre-se, você pode criar seus próprios pointcuts dinâmicos, implementando MethodMatcher e fazendo o método isRuntime() retornar true. Isto efetivamente torna o pointcut dinâmico e o método matches(Method m, Class target, Object[] args) será chamado para cada invocação de método que este pointcut avaliar. Novamente, tenha em mente que esta abordagem pode ter penalidades de desempenho significantes. E já que uma vasta maioria das necessidades de seus pointcuts podem ser resolvidas estaticamente, prevemos que você raramente terá a ocasião de criar um pointcut dinâmico.

3.3.5 Operações com pointcut

Você agora pode criar pointcuts reutilizadas para suas aplicações. Além desta reutilização, o Spring dá suporte para operações nestes pointcuts - chamadas de uniões e interseções - a fim de criar novos pointcuts. As interseções se equivalem quando ambos os pointcuts são equivalentes; da mesma forma, as uniões se equivalem, quando ambos os pointcuts são equivalentes. O Spring oferece duas classes para criar estes tipos de pointcuts.

A primeira destas classes é ComposablePointcut. Você monta objetos ComposablePointcut através da criação de uniões e interseções com objetos ComposablePointcut existentes e objetos Pointcut, MethodMatcher e ClassFilter. Você faz isso ao chamar um dos métodos de intersection() ou union() em uma instância de ComposablePointcut. Cada intersection() ou union() retorna o objeto resultado ComposablePointcut, o que poderá ser útil quando precisarmos encadear métodos de chamda, como no exemplo abaixo:

```
ComposablePointcut p = new ComposablePointcut();
p = p.intersection (myPointcut).union(myMethodMatcher);
```

Você pode combinar qualquer número de objetos Pointcut, ClassFilter e MethodMatcher desta maneira. O único método não disponível nesta classe é o método union(Pointcut). Para criar uma união entre dois objetos Pointcut, você deverá utilizar a classe Pointcuts. Pointcuts é uma classe útil que contém métodos estáticos, que operam em objetos Pointcuts. A união entre dois objetos de Pointcuts, ficaria assim:

```
Pointcut union = Pointcuts.union(pointcut1, pointcut2);
```

Você criaria uma interseção entre dois objetos Pointcut, de uma forma similar. Uma desvantagem para esta abordagem é que ela é feita de forma programada. Seria melhor se pudéssemos fazer a mesma coisa, de uma forma declarativa. Uma vez que o Spring tão bem configura JavaBeans, não há nenhuma razão para que não pudéssemos construir nossa própria classe, que criará uniões Pointcut de uma maneira configurável. A listagem 3.10 é um exemplo de como isto poderia ser feito.

Listagem 3.10 UnionPointcut.java

```java
package com.springinaction.chapter03.aop;

import java.util.List;
import org.springframework.aop.ClassFilter;
import org.springframework.aop.MethodMatcher;
import org.springframework.aop.Pointcut;
import org.springframework.aop.framework.AopConfigException;
import org.springframework.aop.support.Pointcuts;

public class UnionPointcut implements Pointcut {

    private Pointcut delegate;          ← Declara uma instância
                                          da Pointcuts agrupados

    public ClassFilter getClassFilter() {
        return getDelegate().getClassFilter();
    }                                              Delega métodos de
                                                   interface de Pointcut
    public MethodMatcher getMethodMatcher() {
        return getDelegate().getMethodMatcher();
    }

    private Pointcut getDelegate() {
        if (delegate == null) {
            throw new AopConfigException(          Lança uma exceção,
                "No pointcuts have been configured.");  senão configurado
        }
        return delegate;
    }

    public void setPointcuts(List pointcuts) {

        if (pointcuts == null || pointcuts.size() == 0) {
            throw new AopConfigException(
                "Must have at least one Pointcut.");
        }                                                  Cria um grupo
                                                           de Pointcut
        delegate = (Pointcut) pointcuts.get(0);

        for (int i = 1; i < pointcuts.size(); i++) {
            Pointcut pointcut = (Pointcut) pointcuts.get(i);
            delegate = Pointcuts.union(delegate, pointcut);
        }
    }
}
```

Agora, temos um bean que nos permite criar um Pointcut composto de dois ou mais beans Pointcut existentes, livrando-nos de ter que fazer isso de forma programada.

3.4 COMO CRIAR INTRODUCTIONS

Como mencionamos anteriormente, introductions são um pouco diferentes dos outros tipos de advice do Spring. Os outros tipos de advice são associados em joinpoints diferentes ao redor de uma invocação de método. Introductions afetam uma classe inteira. Eles fazem isso ao adicionar novos métodos e atributos à classe advertida. Isto significa que você pode pegar uma classe existente e fazê-la implementar interfaces adicionais, e manter um estado adicional (isto também é conhecido como um mix-in). Em outras palavras, introductions lhe permitem construir objetos compostos dinamicamente, proporcionando-lhe os mesmos benefícios que a herança múltipla.

3.4.1 Como implementar o IntroductionInterceptor

O Spring implementa introductions, através de uma subinterface especial de MethodInterceptor: IntroductionMethodInterceptor. Esta interface adiciona um método adicional:

```
boolean implementsInterface (Class intf);
```

Este método é crítico no funcionamento de um introduction. implementsInterface retorna true se IntroductionMethodInterceptor for responsável pela implementação dada a interface. Isto significa que qualquer invocação de um método que for declarado por esta interface, será delegado ao método invoke() de IntroductionMethodInterceptor. O método invoke() é agora responsável por implementar este método - ele não pode chamar MethodInvocation.proceed(). Ele introduz a nova interface; procedendo ao objeto alvo não fará sentido.

A fim de explicarmos melhor isto, voltemos ao nosso aplicativo Treinamento Spring, para um exemplo. Temos agora uma nova exigência onde temos que localizar o tempo da mais recente modificação, a qualquer um de nossos objetos de domínio. Atualmente, nenhum destes objetos (Course, Student, etc.) dá suporte a esta funcionalidade. Ao invés de alterar cada uma destas classes, a fim de adicionar este novo método e estado, decidimos introduzir esta característica através de um introduction.

Primeiramente, vamos dar uma olhada na interface que estamos introduzindo na listagem 3.11.

Listagem 3.11 Auditable.java

```
package com.springinaction.training.advice;

import java.util.Date;

public interface Auditable {
    void setLastModifiedDate(Date date);
    Date getLastModifiedDate();
}
```

Bastante direto, certo? Agora precisamos implementar um IntroductionMethod Interceptor, como é mostrado na listagem 3.12.

Listagem 3.12 AuditableMixin.java implementando IntroductionInterceptor

```
import java.util.Date;

import org.aopalliance.intercept.MethodInvocation;
import org.springframework.aop.IntroductionInterceptor;
public class AuditableMixin
        implements IntroductionInterceptor, Auditable {

    public boolean implementsInterface(Class intf) {          Implementar
        return intf.isAssignableFrom(Auditable.class);        Auditable
    }

    public Object invoke(MethodInvocation m) throws Throwable {
        if (implementsInterface(m.getMethod().getDeclaringClass())) {
            return m.getMethod().invoke(this, m.getArguments());
        }                                              Invocação do método
        else {                                         introduzido
            return m.proceed();      Delega outro
        }                            método
    }
    private Date lastModifiedDate;

    public Date getLastModifiedDate() {
        return lastModifiedDate;
    }                                                        Implementação
                                                             da lógica mix-in
    public void setLastModifiedDate(Date lastModifiedDate) {
        this.lastModifiedDate = lastModifiedDate;
    }
}
```

Há algumas coisas que valem à pena serem observadas neste exemplo. Primeiro, nossa classe implementa, não só a interface IntroductionInterceptor do Spring, como também nossa interface de negócio Auditable. Isso ocorre porque essa classe é responsável pela implementação atual dessa interface. Isto é evidente pelos dois métodos de Auditable e o atributo lastModifiedDate, que são usados para manter um rastro do estado.

Segundo, implementsInterface retorna true, se a classe que declara o método invocado for do tipo Auditable. Isto significa que, para qualquer um dos dois métodos de Auditable, nosso interceptor tem que oferecer uma implementação. E isso é exatamente o que estamos fazendo em nosso método invocado; para qualquer invocação de um método de interface Auditable, invocamos aquele método em nosso interceptor; para todos os outros, permitimos a invocação de método para proceder.

Este é um cenário típico de introduction - tão típico que o Spring oferece uma classe de conveniência, que controla a maioria disto para nós: DelegatingIntroductionInterceptor. A listagem 3.13 mostra como usar esta classe, tornando o nosso exemplo prévio muito mais simples.

Listagem 3.13 AuditableMixin.java implementando DelegatingIntroductionInterceptor

```
package com.springinaction.training.advice.AuditableMixin;

import java.util.Date;

import org.springframework.aop.support.
      ➥ DelegatingIntroductionInterceptor;
public class AuditableMixin
      extends DelegatingIntroductionInterceptor implements Auditable {

   private Date lastModifiedDate;

   public Date getLastModifiedDate() {
      return lastModifiedDate;
   }

   public void setLastModifiedDate(Date lastModifiedDate) {
      this.lastModifiedDate = lastModifiedDate;
   }

}
```

Note como não temos que implementar invoke()- DelegatingIntroduction-Interceptor; lidará com isso por nós. DelegatingIntroductionInterceptor também irá implementar qualquer interface exposta, em sua classe mix-in, e delegará qualquer chamada a estes métodos para este mix-in.

Ao considerar que nossa classe implementa Auditable, todas as invocações de métodos nesta interface serão chamados em nosso interceptor. Qualquer outro método é delegado ao objeto alvo. Se sua classe interceptora implementa uma interface que você não quer que seja exposta como um mix-in, simplesmente passe a interface para o método suppressInterface() da classe DelegatingIntroductionInterceptor.

Dissemos que você não tem que implementar invoke(), mas pode fazê-lo se seu mix-in alterar o comportamento de qualquer método alvo. Por exemplo, suponha que você tem uma interface Immutable com um único método, que quer introduzir. Esta interface deverá prover a habilidade para tornar um objeto imutável - isto é, seu estado interno não pode ser alterado. A listagem 3.14 ilustra como poderíamos fazer isso.

Listagem 3.14 ImmutableMixin.java

```java
package com.springinaction.chapter03.aop;

import org.aopalliance.intercept.MethodInvocation;
import org.springframework.aop.support.DelegatingIntroductionInterceptor;
public class ImmutableMixin
        extends DelegatingIntroductionInterceptor implements Immutable {

    private boolean immutable;

    public void setImmutable(boolean immutable) {
        this.immutable = immutable;
    }

    public Object invoke(MethodInvocation mi) throws Throwable {
        String name = mi.getMethod().getName();
        if (immutable && name.indexOf("set") == 0) {
            throw new IllegalModificationException();
        }
        return super.invoke(mi);
    }
}
```

Mantenha o rastro dos imutáveis

Lança uma exceção, se o setter for invocado

Nosso mix-in, agora, sobrepõe invoke(), de forma que ele intercepta todas as chamadas de método. Fazemos isso para que qualquer chamado a um método com a assinatura set* lançará uma exceção se immutable for setado como true. Note como chamamos super.invoke() se não lançarmos uma exceção, ao contrário de mi.proceed(). Fazemos isso a fim de que a superclasse DelegatingIntroductionInterceptor possa determinar qual classe é responsável por controlar a invocação do método (esta pode não ser nosso objeto alvo).

É importante que sempre que você sobrepõe o método invoke(), você também chame super.invoke(), a fim de assegurar-se de que a invocação do método está procedendo corretamente.

3.4.2 Como criar um IntroductionAdvisor

Agora que temos nosso introduction advice, precisamos criar um advertidor. Considerando que o introduction advice só é aplicado em nível de classe, os introductions têm seu próprio advertidor: IntroductionAdvisor. O Spring também oferece uma implementação default, que é bastante satisfatória na maioria das vezes. É chamada de DefaultIntroductionAdvisor e contém um IntroductionInterceptor como um argumento de construtor. Assim, quando integramos um IntroductionAdvisor em nosso exemplo de AuditableMixin, a listagem 3.15 dá um exemplo de como nossa configuração poderia ficar.

Listagem 3.15 Como configurar um introduction

```
<beans>
    <bean id="courseTarget"
        class="com.springinaction.training.model.Course"
        singleton="false"/>

    <bean id="auditableMixin"
        class="com.springinaction.training.advice.AuditableMixin"
        singleton="false"/>

    <bean id="auditableAdvisor" class="org.springframework.
        ⟿ aop.support.DefaultIntroductionAdvisor"
        singleton="false">
        <constructor-arg>
            <ref bean="auditableMixin"/>
        </constructor-arg>
    </bean>

    <bean id="course"
            class="org.springframework.aop.framework.ProxyFactoryBean">
        <property name="proxyTargetClass">
            <value>true</value>
        </property>
        <property name="singleton">
            <value>false</value>
        </property>
        <property name="proxyInterfaces">
            <value>com.springinaction.training.advice.Auditable</value>
        </property>
        <property name="auditableAdvisor">
            <list>
                <value>servletAdvisor</value>
```

```
      </list>
    </property>
    <property name="target">
      <value ref="courseTarget">
    </property>
  </bean>

</beans>
```

Uma coisa importante a ser notada é que todos os nossos três beans relacionados à AOP (auditableMixin, auditableAdvisor, e course) possui sua propriedade singleton estabelecida como false. Isto se dá porque estamos introduzindo um stateful mix-in. Portanto, precisamos ter uma nova instância de cada um destes, criados toda vez que for requisitado um bean curso do BeanFactory. Se não setássemos a propriedade singleton para false, teríamos somente um objeto introduction carregado com o mesmo estado, para todos os nossos objetos advertidos. Realmente, nós não queremos isto.

3.4.3 Como usar o advice introduction cuidadosamente

A maioria dos outros tipos de advice, como os advices Before e After, tipicamente introduzem um novo comportamento. O advice introduction, por outro lado, acrescenta novas interfaces e freqüentemente, um novo estado aos objetos. Este é um conceito muito poderoso, mas deve ser usado com precaução.

Em nosso exemplo anterior, introduzimos a interface Auditable a nossa classe Course. Porém, este advice é associado a um objeto Course somente quando esse objeto é obtido a partir de um BeanFactory do Spring. Lembre-se, os advice do Spring são associados em seus objetos durante sua execução, ao contrário de outros frameworks AOP, que podem associar o advice no bytecode da classe. Isto significa que um objeto Course que é criado ou obtido por qualquer outro meio, não terá o advice introduzido. Isto se aplica a instâncias Course criadas por seu código, através de um construtor Course, instância criadas por outro framework (por exemplo, um framework de persistência como o Hibernate) e instâncias que são deserializadas.

Isto significa que você não pode usar introductions para objetos, que são criados com seu código. É possível instanciar um objeto em algum lugar do seu código, mas ele ainda terá o advice introduction aplicado. A maneira de fazer isto é adquirir seu objeto de uma factory. Por exemplo, você poderia criar uma interface CourseFactory, que é usada para obter novas instâncias de objetos Course:

```
public interface CourseFactory {
    Course getCourse();
}
```

Considerando que você não quer que suas classes dependam de qualquer classe específica do Spring, qualquer classe que precise obter um novo exemplo de um objeto Course, pode ser associada com uma instância de um CourseFactory. Você pode criar uma implementação que delegue a BeanFactory do Spring, como mostrado na listagem 3.16.

Listagem 3.16 BeanFactoryCourseFactory.java

```java
package com.springinaction.training.model;

import org.springframework.beans.factory.BeanFactory;
import org.springframework.beans.factory.BeanFactoryAware;

public BeanFactoryCourseFactory
    implements CourseFactory, BeanFactoryAware {

  private BeanFactory beanFactory;

  public void setBeanFactory(BeanFactory beanFactory) {
    this.beanFactory = beanFactory;
  }
  public Course getCourse() {
    return (Course) beanFactory.getBean("course");
  }
}
```

Agora, ao invés de iniciar um objeto Course por um construtor, seu código pode obter novas instâncias Course, através de um CourseFactory:

```java
...
private CourseFactory courseFactory;

public void setCourseFactory(CourseFactory courseFactory) {
  this.courseFactory = courseFactory;
}
public void someMethod() {
  Course course = CourseFactory.getCourse();
  ...
}
```

Sua classe recebe a versão advice do objeto Course. Esta é uma solução para adquirir novas instâncias de objetos, que tenham introductions. Entretanto, se confia em frameworks que também iniciem estes mesmos objetos, você ainda pode ter alguns problemas. Você deveria apenas estar ciente disso, quando lidar com advice introduction.

3.5 Como usar um ProxyFactoryBean

Ao longo deste capítulo, demonstramos como criar uma classe advertida, que usa um ProxyFactoryBean. Quando quiser controlar explicitamente como suas classes advertidas são montadas, esta é a melhor e mais flexível escolha.

Como aprendeu no capítulo antreior, objetos BeanFactory são JavaBeans, responsáveis por criar outros JavaBeans. Neste caso, nosso ProxyFactoryBean cria objetos a serem proxiados. E como outros JavaBeans, eles têm propriedades que controlam seu comportamento. Nós mencionamos um par destes conceitos anteriormente, agora, vamos abordar todos eles em maiores detalhes. A tabela 3.3 explica cada propriedade de um ProxyFactoryBean.

Tabela 3.3 propriedades do ProxyFactoryBean

Propriedade	Uso
target	O bean alvo do proxy.
proxyInterfaces	Uma lista de interfaces que devem ser implementadas pelo proxy.
interceptorNames	Os nomes dos advice a serem aplicados ao alvo. Estes nomes podem ser de interceptors, advisors ou qualquer outro tipo de advice. Esta propriedade deve ser setada para o uso deste bean, num BeanFactory.
singleton	É usado caso a factory precise retornar a mesma instância do proxy para cada invocação getBean. Se você usar um advice sem estado, ele deve ser estabelecido como false.
aopProxyFactory	A implementação da interface ProxyFactoryBean a ser usada. O Spring vem com duas implementações (os proxies dinâmicos JDK e CGLIB). Você provavelmente não precisará usar esta propriedade.
exposeProxy	É usada caso a classe alvo precise ter acesso ao proxy corrente. Isto é feito chamando AopContext.getCurrentProxy. Lembre-se de que desta forma é introduzido o AOP específico do Spring em sua base de código, assim, isto deve ser evitado a menos que necessário.
Frozen	É usado caso mudanças possam ser feitas ao advice do proxy, quando a factory é criada. Quando for setado como true, ela irá desativar mudanças, durante a execução do ProxyFactoryBean. Você provavelmente não irá precisar desta propriedade.
optimize	É usado caso seja preciso otimizar a geração de proxies (só se aplica a proxies CGLIB). Poderá adicionar leves ganhos de performance, mas deve ser usado com muito cuidado.
proxyTargetClass	Define se a classe alvo será proxiada, ao invés de implementar uma interface. Você deve usar o CGLIB para isso (ex., os arquivos jar da biblioteca CGLIB JAR devem estar juntos da aplicação).

Na maioria das configurações ProxyFactoryBean, você só precisará se preocupar com algumas destas propriedades. As três propriedades que, provavelmente, mais usará são: target, proxyInterfaces e interceptorNames.

A propriedade target define qual bean deve ser o objeto alvo do objeto proxy gerado. Este é o objeto que está sendo advertido. Neste exemplo:

```
<bean id="courseServiceTarget" class="com.springinaction.
       ⇒ training.service.CourseServiceImpl"/>

<bean id="courseService"
        class="org.springframework.aop.framework.ProxyFactoryBean">
   <property name="target">
     <ref bean="courseServiceTarget"/>
   </property>
   ...
</bean>
```

Como você pode ver, uma instância de CourseServiceImpl é o objeto alvo do nosso ProxyFactoryBean. Entretanto, nesta configuração, ambos os beans podem ser obtidos a partir do nosso BeanFactory, com uma chamada para getBean(). Ambos os beans também podem ser associados a outros beans, com a sua aplicação. Se você quiser evitar expor a classe alvo a outros beans em seu aplicativo, pode declará-la como um bean interno do ProxyFactoryBean:

```
<bean id="courseService"
        class="org.springframework.aop.framework.ProxyFactoryBean">
   <property name="target">
     <bean class"com.springinaction.training.service.CourseServiceImpl"/>
   </property>
   ...
</bean>
```

Agora, o ProxyFactoryBean é o único bean CourseService que pode ser obtido a partir do BeanFactory. Isto pode ajudá-lo a impedir de, acidentalmente, associar um objeto CourseService não advised, a um de seus beans.

A propriedade proxyInterfaces é uma lista de interfaces que deveria ser implementada pelos beans criados pela factory. Por exemplo, suponha que você setou a seguinte propriedade:

```
<property name="proxyInterfaces">
   <value>com.springinaction.training.service.CourseService</value>
</property>
```

Isto faria com que o ProxyBeanFactory soubesse que qualquer bean que ele criasse, também deveria implementar a interface CourseService. Você pode prover uma única interface como no exemplo acima ou múltiplas interfaces com um elemento <list>.

A propriedade interceptorNames é uma lista de advisors ou nomes de beans advice que deveriam ser aplicados ao bean alvo. A ordem da lista é importante, uma vez que ela dita a ordem na qual o advice será aplicado.

Vamos voltar a nosso exemplo CourseService; aqui é onde aplicaríamos uma série de beans advice ao nosso bean CourseServiceTarget:

```
<property name="proxyInterfaces">
  <list>
    <value>securityAdvice</value>
    <value>transactionAdvice</value>
  </list>
</property>
```

Neste exemplo, securityAdvice será aplicado primeiro, seguido por transactionAdvice. Você também pode incluir o nome do seu bean alvo nesta lista, mas ele deverá ser o último da lista:

```
<property name="proxyInterfaces">
  <list>
    <value>securityAdvice</value>
    <value>transactionAdvice</value>
    <value>courseServiceTarget</value>
  </list>
</property>
```

Neste caso, ambos os beans advice serão aplicados, seguidos por uma invocação do bean alvo. Embora esta configuração seja possível, é melhor configurarmos o bean alvo, usando a propriedade target, simplesmente porque fica mais claro.

3.6 AUTOPROXYING

Até agora nós criamos nossos objetos proxy usando a classe ProxyFactoryBean. Isto funciona bem para pequenas aplicações, já que não há muitas classes que queremos advertir. Mas quando temos várias ou mesmo, dúzias de classes que queremos advertir, fica incômodo criar cada proxy explicitamente.

Por sorte, o Spring possui uma facilidade de autoproxy, que habilita o container a gerar proxies para nós. Fazemos isso de uma maneira bastante flexível - configuramos um bean para fazer o trabalho sujo por nós. Especificamente falando, criamos beans através do criador de beans denominado "autoproxy creator". O Spring vem com duas classes que oferecem este suporte: BeanNameAutoProxyCreator e DefaultAdvisorAutoProxyCreator.

3.6.1 BeanNameAutoProxyCreator

BeanNameAutoProxyCreator gera proxies para beans que combinem com um conjunto de nomes. Esta combinação de nome é semelhante ao NameMethodMatcherPointcut discutido anteriormente, uma vez que ele permite uma combinação de coringas em ambos os fins do nome.

Isto é tipicamente usado para aplicar um aspecto ou um grupo de aspectos uniformemente, por um conjunto de beans que seguem uma convenção semelhante de nomes. Por exemplo, podemos querer acrescentar um PerformanceThresholdInterceptor a todos os nossos beans de serviço. Este interceptor iria cronometrar quanto tempo cada invocação de método de serviço dura, e entra em ação se este tempo exceder um determinado limite. A listagem 3.17 oferece uma amostra de como esta classe funciona.

Listagem 3.17 PerformanceThresholdInterceptor

```
package com.springinaction.training.advice;

import org.aopalliance.intercept.MethodInterceptor;
import org.aopalliance.intercept.MethodInvocation;

public class PerformanceThresholdInterceptor
        implements MethodInterceptor {                          Configurar
                                                                um limite
    private final long thresholdInMillis;

    public PerformanceThresholdInterceptor(long thresholdInMillis) {
        this.thresholdInMillis = thresholdInMillis;
    }
    public Object invoke(MethodInvocation invocation)
            throws Throwable {
        long t = System.currentTimeMillis();                Cronometrar a
        Object o = invocation.proceed();                    duração da invocação
        t = System.currentTimeMillis() - t;
        if (t > thresholdInMillis) {
            warnThresholdExceeded();                        Entra em ação se o
        }                                                   limite for excedido
        return o;
    }
    private void warnThresholdExceeded() {
        System.out.println("Danger! Danger!");
    }
}
```

Agora nós queremos configurar um BeanNameAutoProxyCreator, que aplicará este interceptor a todos os nossos beans que terminem com a palavra Service. A listagem 3.18 demonstra como faríamos isto.

Listagem 3.18 Como configurar um BeanNameAutoProxyCreator

```
...
    <bean id="performanceThresholdInterceptor"
        class="com.springinaction.training.advice.
                ↪ PerformanceThresholdInterceptor">
        <constructor-arg>
            <value>5000</value>
        </constructor-arg>
    </bean>

<bean id="preformanceThresholdProxyCreator"
    class="org.springframework.aop.framework.
        autoproxy.BeanNameAutoProxyProxyCreator">

<bean>
    <property name="beanNames">
        <list>
            <value>*Service</value>
        </list>
    </property>
    <property name="interceptorNames">
        <value>performanceThresholdInterceptor</value>
    </property>
</bean>
...
```

O código na listagem 3.17 aplicará nosso interceptor a cada método em cada bean, cujo nome terminar em Service. Assim como ProxyFactoryBean, a propriedade interceptorNames pode conter os nomes dos beans interceptadores, advice ou advisors. Lembre-se de que, se o bean for um advertidor ou um interceptor, o mesmo será aplicado a todos os métodos da classe a ser aplicado o proxy. Se for um advertidor, o pointcut do advertidor poderá fazer com que o advice seja aplicado diferentemente, a beans diferentes.

Desta forma, quando o proxy é criado, com que ela se parece? O framework de autoproxy faz algumas suposições sobre quais interfaces o proxy deverá expor. Qualquer interface implementada pela classe alvo será exposta pelo objeto proxy. Se a classe alvo não implementar uma interface, se aplicam as mesmas regras que já discutimos: ProxyFactoryBean - uma subclasse será criada dinamicamente.

3.6.2 DefaultAdvisorAutoProxyCreator

O mais poderoso criador autoproxy é o DefaultAdvisorAutoProxyCreator. Tudo o que você precisa fazer para usar esta classe é incluí-la como um bean, na sua configuração BeanFactory. A mágica desta classe está na implementação da interface BeanPostProcessor.

Após as definições de seus beans serem lidas pelo ApplicationContext, o DefaultAdvisorAutoProxyCreator irá procurar no contexto por qualquer advertidor. Então, ele aplica estes advisors a qualquer bean que se adapte ao pointcut do advertidor.

É importante mostrar como esta fábrica de proxy trabalha com advices. Se você lembrar, um advertidor é um construtor que combina um pointcut e um advice. O DefaultAdvisorAutoProxyCreator precisa dos advisors para saber quais beans deve advertir.

Demos uma olhada num exemplo prático desta abordagem. No exemplo anterior, aplicamos um interceptador de desempenho a todos os nossos objetos de serviço. A listagem 3.19 mostra a mesma coisa, apenas com um DefaultAdvisorAutoProxyCreator..

Listagem3.19 Como configurar um BeanNameAutoProxyCreator

```
...
  <bean id="performanceThresholdInterceptor"
     class="com.springinaction.training.advice.
        ➥ PerformanceThresholdInterceptor">
     <constructor-arg>
        <value>5000</value>
     </constructor-arg>
  </bean>

  <bean id="advisor" class="org.springframework.aop.support.
                   ➥ RegexpMethodPointcutAdvisor">
     <property name="advice">
        <bean class="performanceThresholdInterceptor"/>
     </property>
     <property name="pattern">
        <value>.+Service\..+</value>
     </property>
  </bean>

  <bean id="autoProxyCreator"
     class="org.springframework.aop.framework.
        ➥ autoproxy.DefaultAdvisorAutoProxyCreator"/>
...
```

Quando todas as definições de bean forem lidas, todos os advisors no BeanFactory serão separados para que eles possam aplicar seu advice a qualquer bean que combine com seus pointcuts. (Lembre-se da cena de Minority Report, onde as aranhas-robôs foram soltam para acharem o Tom Cruise? Bem, os advisors são mais ou menos como aquelas aranhas, apenas um pouco menos assustadoras). Isto lhe permite realmente dobrar o poder dos pointcuts.

Ao invés de ter que associar, explicitamente, seus advisors com qualquer coisa, você pode simplesmente defini-los e aplicá-los, automaticamente a qualquer bean que eles estejam configurados para se combinarem. Aqui é onde o baixo acoplamento dos beans e de seu advice realmente é alcançado; você cria seus beans, cria seu advice e o container apenas os associa por equivalências.

Mas nas palavras de Peter Parker, com um grande poder vem uma grande responsabilidade. Ao usar DefaultAdvisorAutoProxyCreator, você estará abrindo mão do controle explícito de associação do seu advice. Pelo fato de estar acontecendo "automaticamente", você tem que ter certeza que os pointcuts de seu advertidor estarão bem definidos. Isto assegurará que seu advice será precisamente aplicado onde desejado. A última coisa que você quer que aconteça é ter um advice aplicado a classes e métodos, onde não foi planejado. Isto conduziria a um estranho comportamento do aplicativo. Assim, ao usar esta classe, primeiro tenha certeza que você tem um bom entendimento do framework AOP do Spring.

3.6.3 Autoproxying de metadados

O Spring também dá suporte para autoproxying aplicados por metadados. Neste tipo de autoproxying, a configuração do proxy é determinada através de atributos em nível de código, ao contrário das configurações externas (por exemplo, um arquivo XML). Isto é bastante poderoso, uma vez que ela mantém o metadado da AOP, com o código fonte que está sendo advertido, permitindo-lhe manter seu código e configuração de metadados num só lugar.

O uso mais comum para autoproxying de metadados é no suporte de transações declarativas. O Spring oferece um framework poderoso para transações declarativas, através de seu framework AOP. Ele oferece as mesmas capacidades que as transações declarativas do EJB. Pelo fato desta ser uma característica importante em desenvolvimentos do tipo enterprise, veremos este tópico mais profundamente, no capítulo 5.

3.7 RESUMO

A AOP é um complemento poderoso na programação orientada a objetos. Com os aspectos, você pode agrupar um comportamento da aplicação que fora espalhado ao longo de seu aplicativo, em módulos reutilizados. Você pode definir declarativamente ou de forma programada, exatamente onde e como este comportamento é aplicado. Isso reduz a duplicação de código e permite que suas classes foquem em sua principal funcionalidade.

O Spring provê um framework de AOP que permite que você insira aspectos, ao redor de execuções de método. Você aprendeu como associar um advice antes, depois e ao redor de uma invocação de método, assim como acrescentar um comportamento padrão, a fim de lidar com exceções.

Também descobriu que com o mecanismo de pointcut do Spring, você tem várias opções de como definir onde este advice será tecido em seu aplicativo. Normalmente, você usará um dos pointcuts estáticos predefinidos do Spring. Com eles, você definará seus pointcuts baseado no nome de classe e métodos do seu bean. Se isto não servir às suas necessidades, você está livre para implementar seus próprios pontcuts estáticos ou dinâmicos.

E além de adicionar advices ao redor da invocação de seu método, você também descobriu os introductions. Usando um introduction, você está capacitado a adicionar novos métodos e estados aos objetos da sua aplicação. Você aprendeu que os introductions lhe permitem criar objetos compostos, dinamicamente, dando-lhes o mesmo poder de uma herança múltipla.

Por último, viu que o Spring oferece várias maneiras convenientes para criar objetos proxied. Com o ProxyFactoryBean, você tem um controle completo sobre como seus objetos proxies são criados. Você também possui maneiras mais flexíveis à sua disposição, quando usa o autoproxying. Especificamente, DefaultAdvisorAutoProxyCreator lhe permite criar advices ao longo de seu aplicativo, com configurações mínimas.

Então agora você sabe como associar seus beans e aplicar um advice a eles. Nos próximos capítulos, você aprenderá como aplicar estas ferramentas para ajudá-lo a desenvolver mais facilmente aplicativos enterprise.

Parte 2

Spring na camada de negócios

Na parte 1, você aprendeu sobre o container core do Spring, e seu suporte à inversão de controle (IoC) e à programação orientada a aspecto (AOP). Na parte 2, você aprenderá a aplicar IoC e AOP para implementar funcionalidade à camada de negócios para sua aplicação.

A maior parte das aplicações persiste ultimamente na informação de negócios em um banco de dados relacional. O capítulo 4, "Como acessar o banco de dados", orientará você no uso do suporte do Spring à persistência de dados. Você será apresentado ao suporte JDBC, que auxilia a remover bastante do código repetitivo associado a JDBC. Você também verá como o Spring se integra a diversos frameworks de mapeamento objeto-relacional, tais como Hibernate, JDO e iBATIS.

Uma vez persistindo com seus dados, você desejará assegurar que sua integridade seja preservada. No capítulo 5, "Como gerenciar transações", você aprenderá como o Spring posibilita aplicar declarativamente políticas transacionais aos seus objetos de aplicação usando AOP. Você verá que o Spring proporciona suporte a transações como o EJB para objetos Java simples, e vai ainda além das capacidades transacionais do EJB.

No capítulo 6, "Remoting", você aprenderá a expor seus objetos de aplicação como serviços remotos. Também verá como acessar serviços remotos de forma transparente como se eles fossem qualquer outro objeto em sua aplicação. As tecnologias de remoting exploradas incluem RMI, Hessian/Burlap, EJB, web services e o próprio HttpInvoker do Spring.

O capítulo 7, "Como acessar enterprise services", abordará a discussão do Spring na camada de negócios mostrando alguns dos suportes do Spring para enterprise services comuns. Neste capítulo, você aprenderá a usar o Spring para enviar mensagens usando JMS, acessar objetos em JNDI, enviar e-mails e agendar tarefas.

Capítulo 4

Como acessar o banco de dados

Este capítulo cobre:

- Como definir a persistência no Spring
- Configuração de recursos de banco de dados na sua aplicação
- Simplificação do código JDBC usando o framework JDBC do Spring
- Integração com frameworks ORM

Com o conhecimento que você tem sobre o núcleo do container do Spring, já é hora de colocá-lo para funcionar em aplicações reais. Um lugar ideal para começar é com as necessidade de uma aplicação enterprise: persistência de dados. Todos nós já trabalhamos com algum tipo de acesso a banco de dados anteriormente. Sendo assim, já se sabe que acesso a banco de dados é suscetível a muitos problemas. Temos que inicializar nosso framework de acesso a dados, gerenciar os recursos e manipular as várias exceções. Se alguma dessas coisas der errado, corremos o risco de corromper dados reais. Para quem ainda não sabe, isso não é uma coisa boa.

Considerando que nos esforçamos para as coisas boas, escolhemos o Spring. O Spring vem com uma família de framworks de acesso de dados, que se integra com uma variedade de tecnologias de acesso de dados. Se você está persistindo seus dados por JDBC direto, Java Data Objects (JDO) ou uma ferramenta de mapeamento objeto/relacional (ORM) como Hibernate, o Spring remove o tédio de acesso de dados do seu código de persistência. Ao invés disso, você pode permitir que o Spring controle o trabalho de acesso de dados de baixo nível, de forma que pode focar sua atenção no gerenciamento dos dados da sua aplicação.

4.1 COMO APRENDER A FILOSOFIA DAO DO SPRING

Antes de entrarmos nos diferentes frameworks DAO do Spring, falaremos sobre o que os DAO do Spring suportam. Na primeira seção, você aprendeu que uma das metas do Spring é permitir desenvolvimento de aplicações, que seguem o princípio da orientação à objeto, de codificar para interfaces. Bem, o suporte de acesso a dados do Spring não é diferente.

DAO representa Objetos de Acesso à dados, que descrevem perfeitamente o papel de uma camada de abstração de banco de dados, numa aplicação. DAOs existem para prover meios de ler e escrever dados no banco de dados. Eles devem expor esta funcionalidade por uma interface, pela qual o resto da aplicação terá acesso. A Figura 4.1 mostra a maneira apropriada de projetar sua camada de acesso a dados.

Como pode ver, os objetos de serviço estão acessando os DAOs, através de interfaces. Isto traz algumas vantagens. Primeira, faz com que seus obejtos de serviço sejam facilmente testáveis, desde que eles não estejam acoplados a uma implementação de acesso a dados específica. Na realidade, você pode criar falsas implementações destas interfaces de acesso a dados. Isso lhe permitiria testar seu objeto de serviço, sem ter que se conectar ao banco de dados, o que iria acelerar significativamente seus testes unitários.

Além disso, a camada de acesso a dados é acessada numa tecnologia de persistência agnóstica. Quer dizer, a interface de acesso a dados não expõem que tecnologia está sendo usada para acessar os dados. Ao invés disso, somente os métodos de acesso de dados relevantes são expostos. Isto traz um design de aplicação mais flexível.

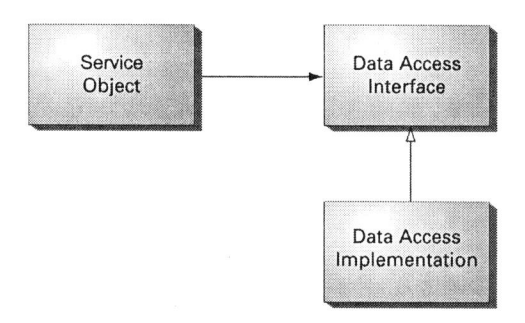

Figura 4.10 - *Objetos de Serviço devem depender de uma interface para acessar dados.*

Se os detalhes de implementação da camada de acesso a dados "vazarem" para outras partes da aplicação, a aplicação inteira começa a ter acesso a dados, levando a um design de aplicação rígido.

O Spring lhe ajuda a separar a sua camada de acesso a dados, do resto da aplicação, proporcionando uma hierarquia de exceção consistente, que é utilizada em todo framework DAO.

4.1.1 Como entender a DataAccessException do Spring

Os Frameworks DAO do Spring não lançam exceções específicas de uma tecnologia, como SQLException ou HibernateException. Ao invés disso, todas as exceções lançadas são subdivisões de org.springframework.dao.DataAccessException. Isto permite às suas interfaces de acesso a dados lançarem DataAccessException do Spring, ao invés de exceções específicas de implementação, que forçariam as outras camadas de aplicação a capturá-las e assim, ficariam acopladas a uma implementação particular de persistência. De fato, você pode misturar múltiplas tecnologias de persistência, dentro da mesma aplicação, sem que os objetos de serviço tomem conhecimento delas.

Considerando que DataAccessException é a raiz de toda as execeções DAO do Spring, há algumas coisas importantes a serem levadas em conta.

VOCÊ NÃO É FORÇADO A CONTROLAR AS DATAACCESSEXCEPTIONS

DataAccessException é uma RuntimeException, assim é uma exceção unchecked. Isto significa que não será exigido que seu código controle estas exceções, quando elas forem lançadas pela camada de acesso a dados. Isto segue a filosofia do Spring, que exceções assinaladas (checked) podem conduzir a estranhas cláusulas catch ou throws ao longo do seu código, tornando as coisas um pouco desarrumadas. Isto é realmente o que acontece com exceções de acesso a dados. Já que são, freqüentemente, irrecuperáveis (por exemplo, incapaz de conectar a uma base de dados, nome de coluna inválido, etc), você não é forçado a tentar controlar essas exceções.

Além disso, DataAccessException não é somente uma RuntimeException, mas uma subclasse de NestedRuntimeException do Spring. Isto significa que a Exception original está sempre disponível, através do método getCause() de NestedRuntimeException. Embora você não tenha que controlar exceções de específicas tecnologias, elas estarão sempre disponíveis, caso você precise; assim nenhuma informação será perdida.

SPRING CLASSIFICA EXCEÇÕES PARA VOCÊ

Em um mundo perfeito, suas APIs de acesso a dados sempre lançariam exceções significantivas. Não sabemos sobre você, mas a maioria de nós acha que isso é uma grande utopia. Se você estiver usando JDBC, há uma chance maior que zero, de você ter uma SQLException genérica, com um erro especificado pelo fornecedor. O JDO tem sua própria hierarquia de exceção, assim como todas as outras tecnologias de persistência que o Spring suporta. Como já foi dito antes, não queremos expor isso para o resto da nossa aplicação.

Felizmente, o Spring entende cada uma destas exceções específicas, de cada tecnologia. Entende até mesmo os códigos de erro dos fornecedores de banco de dados. Pelo fato do Spring conseguir interpretar o significado de muitas destas exceções, ele relança uma exceção mais específica que sua própria hierarquia de exceção. Como ilustrado na tabela 4.1, o framework DAO do Spring, vem com uma rica hierarquia de exceções.

Tabela 4.1 Hierarquia de Exceções DAO do Spring

Exceção	É lançada quando...
CleanupFailureDataAccessException	Uma operação acaba com sucesso, mas uma execeção ocorre na liberação dos recursos de banco de dados (ex: fechamento da conexão).
DataAccessResourceFailureException	Um recurso de acesso a dados falha por completo, como a impossibilidade de conexão com o banco.
DataIntegrityViolationException	Um insert ou update resulta em violação de integridade, como a violação de uma restrição de unicidade.
DataRetrievalFailureException	Certos dados não podem ser recuperados, por não encontrar uma linha pela chave primária.
DeadlockLoserDataAccessException	O processo atual entra em deadlock.
IncorrectUpdateSemanticsData-AccessException	Quando algo não pretendido acontece num update, como atualizar mais linhas do que o necessário. Quando essa exceção for lançada, não será feito o rollback da transação.

Continua na próxima página

Tabela 4.1 Hierarquia de Execeções DAO do Spring (continuação)

Exceção	É lançada quando...
InvalidDataAccessApiUsageException	Uma API de acesso a dados é usada incorretamente, como uma falha na compilação de uma query, que deve ser compilada antes da execução.
InvalidDataAccessResourceUsage-Exception	Um recurso de acesso a dados é usado incorretamente, como usar um SQL incorreto para acessar uma base de dados relacional.
OptimisticLockingFailureException	Há um falha de lock otimista. Isso será lançado por uma ferrameta ORM ou por implementações DAO personalizadas.
TypeMismatchDataAccessException	Há uma má combinação entre o tipo java e o tipo do dado, tal como pôr um String num campo numérico do banco.
UncategorizedDataAccessException	Algo deu errado, mas nenhuma exceção especifica foi detectada.

Considerando que a hierarquia de exceções DAO do Spring é bem refinada, seus objetos de serviço podem selecionar exatamente, quais tipos de exceção eles querem capturar e quais querem deixar passar por cima na pilha de chamada. Por exemplo, um DataAccessResourceFailure-Exception sinaliza um problema crítico na sua aplicação, não há conexão com a base de dados. Você provavelmente vai querer capturar essa exceção e soar alguns alarmes para o resto da aplicação (metaforicamente falando). Por outro lado, um DataRetrievalFailureException não é assim tão crítico e, possivelmente, seria um erro do usuário. Capturando esta exceção, você poderia mostrar ao usuário uma mensagem útil.

Assim podemos controlar corretamente as exceções lançadas pelas ferramentas de acesso a dados. Agora, vejamos como conectar, de fato, ao banco de dados.

4.1.2 Como trabalhar com DataSources

Em ordem para executar qualquer operação JDBC num banco de dados, você precisa de um Connection. No framework DAO do Spring, objetos Connection são obtidos através de um DataSource. O Spring nos dá várias opções de como deixar um DataSource disponível para sua aplicação.

COMO OBTER UM DATASOURCE DO JNDI

Freqüentemente, as aplicações Spring serão executadas dentro de um servidor de aplicação J2EE ou até mesmo, num servidor web como o Tomcat. Uma coisa que estes servidores podem prover é um DataSource por JNDI. Com o Spring, tratamos isto como qualquer outro objeto de serviço, dentro de nossa aplicação – como um bean do Spring.

Neste caso, usamos JndiObjectFactoryBean. Tudo o que precisamos fazer é configurá-lo com o nome do JNDI de nosso DataSource:

```
<bean id="dataSource"
        class="org.springframework.jndi.JndiObjectFactoryBean">
    <property name="jndiName">
        <value>java:comp/env/jdbc/myDatasource</value>
    </property>
</bean>
```

Estamos agora associados ao DataSource do seu servidor e as facilidades do seu pool de conexões. Mas e se estivermos executando dentro de um servidor que não provê isso?

COMO CRIAR UM POOL DE CONEXÃODATASOURCE

Se estamos executando nosso container Spring num ambiente onde um DataSource não é fornecido, e queremos os benefícios de um pool de conexão, ainda podemos prover isso. Tudo o que precisamos é de um bean de pool de conexão que implemente DataSource. Um exemplo seria a classe BasicDataSource do projeto Jakarta Commons DBCP[1]. Considerando que todas as suas propriedades são expostas por métodos set, podemos configurá-lo como se fosse qualquer outro bean do Spring:

```
<bean id="dataSource"
        class="org.apache.commons.dbcp.BasicDataSource">
    <property name="driver">
        <value>${db.driver}</value>
    </property>
    <property name="url">
        <value>${db.url}</value>
    </property>
    <property name="username">
        <value>${db.username}</value>
    </property>
    <property name="password">
        <value>${db.password}</value>
    </property>
</bean>
```

Agora, temos um DataSource com um pool de conexões, independente de um servidor de aplicações.

COMO USAR UM DATASOURCE ENQUANTO TESTAMOS

Já que fazer código facilmente testável é a filosofia principal do Spring, seria uma vergonha se não pudéssemos realizar nosso teste unitário, em nosso código de acesso a dados.

---

[1] Jakarta Commons DBCP é um pool de conexões open source. Você pode aprender mais sobre este projeto fazendo o download em http://jakarta.apache.org/commons/dbcp/.

Felizmente, o Spring vem com uma implementação simplificada de DataSource, específica para isto: DriverManagerDataSource. Esta classe pode ser facilmente configurada e usada com um teste unitário ou um conjunto de testes unitários.

```
DriverManagerDataSource dataSource = new DriverManagerDataSource();
dataSource.setDriverClassName(driver);
dataSource.setUrl(url);
dataSource.setUsername(username);
dataSource.setPassword(password);
```

Agora, você tem um DataSource para usar ao testar seu código de acesso a dados.

Nós podemos conectar ao banco de dados. Vamos dar uma olhada no design global do framework DAO do Spring, e como eles fazem uso das tecnologias de persistência facilmente.

4.1.3 Suporte a DAO

Você provavelmente já viajou de avião alguma vez. Nesse caso, concordará que uma das partes mais importantes de uma viagem é levar a bagagem do ponto A para o ponto B. Há muitos passos nesse processo. Você precisa fazer o check-in no balcão. Precisa passar pela segurança e aí sim, colocá-la no avião. Se você precisar fazer uma conexão, sua bagagem precisa ser trocada também. Quando você chegar a seu destino final, a bagagem tem que ser tirada do avião e colocada na esteira. Finalmente, você vai até a área de coleta de bagagem e pega suas malas.

Como dissemos, há muitos passos envolvidos nesse processo. Mas você só está envolvido ativamente em poucos passos. O próprio carregador é responsável por dirigir o processo. Você só é envolvido quando é preciso; no resto, é "dado um jeito". E acredite ou não, isto reflete um padrão de design muito poderoso: o padrão template method.

Um template method define o esqueleto de um processo. Em nosso exemplo, o processo é mover a bagagem da cidade origem para cidade destino. O próprio processo é fixo; nunca muda. A seqüência de eventos para controlar a bagagem acontece sempre da mesma maneira: registrar a bagagem no balcão, carregar no avião, etc. Alguns passos do processo são bem fixados. Quer dizer, alguns passos acontecem sempre do mesmo modo. Quando o avião chegar a seu destino, toda bagagem é descarregada de uma vez e colocada numa esteira.

Mas em certos pontos, o processo delega a outros colaboradores alguns detalhes específicos de implementação. Esta é a parte do processo que é variável.

Por exemplo, a manipulação das malas quando um passageiro registra a bagagem no balcão. Esta parte do processo sempre tem que acontecer no início, assim, sua sequência no processo é fixa. Mas o check-in de bagagem de cada passageiro é diferente. A implementação deste processo é determinada pelo passageiro. Em termos de software, um template method delega porções de implementação do processo para uma interface. Implementações diferentes desta interface definem implementações específicas desta porção do processo.

O Spring aplica este padrão para o acesso a dados. Não importa que tecnologia é usada, há alguns passos no acesso a dados que são obrigatórios. Por exemplo, sempre é necessário obter uma conexão como banco de dados e liberar os recursos após o uso. São os passos fixos num processo de acesso a dados. Mas cada implementação de acesso a dados que escrevemos tem pequenas diferenças. Nós buscamos informações diferentes e atualizamos dados, de modo diferente. Estes são os passos variáveis num processo de acesso a dados.

O Spring separa as partes fixas e variantes do processo de acesso a dados, em duas classes distintas: templates e callbacks. Templates controlam a parte fixa do processo, enquanto callbacks ficam nos detalhes da implementação. A Figura 4.2 mostra as responsabilidades de ambas classes.

Como você pode ver na figura 4.2, as classes template do Spring controlam as partes invariantes do acesso a dados – controla transações, gerencia, os recursos e controlam exceções. Implementações das interfaces de callback definem o que é específico para sua apliação – criação de statments, parâmetros de ligação e ordenação de conjuntos de resultados. Na prática, isto compõe um framework muito elegante, pois todas as suas preocupações se resumem na lógica de acesso a dados.

Mas não é aí que o framework acaba. Em cima do design tamplate-callback, cada framework provê uma classe de suporte para ser estendida por suas próprias classes de acesso a dados. A relação entre sua classe, a classe de suporte e a classe template é ilustrada na figura 4.3.

As classes de suporte já possuem uma propriedade para conter uma classe template, assim você não terá que criar esta propriedade para cada uma de suas classes DAO. Além disso, cada classe de suporte lhe permite adquirir acesso direto a qualquer classe que é usada para se comunicar com o banco de dados.

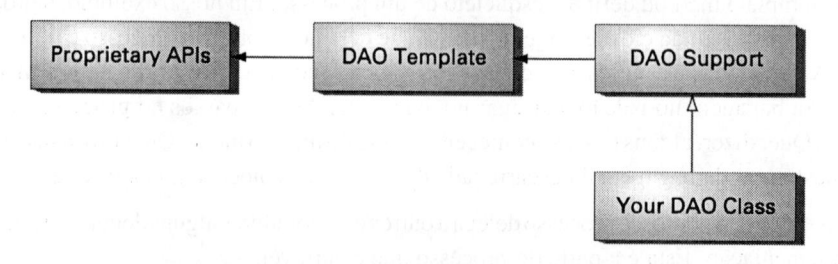

Figura 4.2 - *Relação entre APIs de persistência, classe template, classe de suporte DAO e a sua classe DAO*

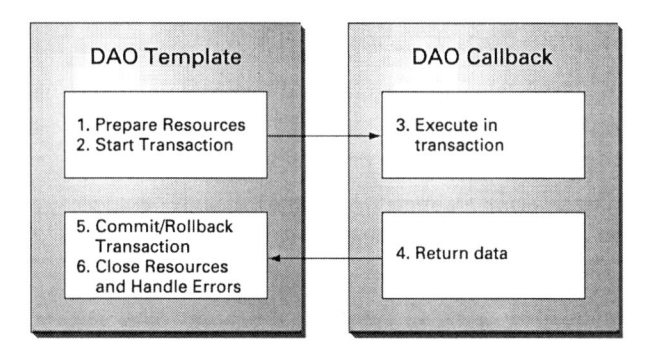

Figura 4.3 - *Responsabilidades do template DAO do Spring e classes callback*

Por exemplo, a classe JdbcDaoSupport contém um método getConnection() para obter um objeto Connection. Você teria que fazer isto, se precisasse executar uma operação independente do framework JDBC do Spring.

Um outro benefício que você tem, estendendo estas classes de suporte, é que elas implementam a interface InitializingBean. Isto significa que o container do Spring irá notificar depois que elas forem configuradas. Se alguma de suas classes DAO requer uma inicialização especial, depois de terem sido configuradas, tudo o que você tem que fazer é sobrescrever o método initDao().

Como falamos de cada tecnologia separadamente, revisaremos cada um destes templates e classes de suporte mais profundamente, assim como, qual seria a melhor tecnologia para começar, senão o pai de todas elas, JDBC.

4.2 Como usar JDBC com Spring

Há muitas tecnologias de persistência por aí afora, Entity Beans, Hibernate, JDO e etc. Apesar disto, há uma gama de aplicações que têm objetos Java sendo gravados em um banco de dados à moda antiga. Esta é a maneira como as pessoas ganham dinheiro. Uma receita de persistência de dados, com o bom e velho JDBC.

E por que não? JDBC não requer a aprendizagem de uma nova linguagem de pesquisa de outro framework. Ele é construído em cima do SQL, que é *a* linguagem de acesso a dados. Além do mais, você pode afinar o desempenho do seu acesso a dados, usando JDBC mais do que qualquer outra tecnologia. JDBC também lhe permite tirar proveito das características proprietárias do seu banco de dados. Outros frameworks podem desencorajar ou ainda proibir o uso destas características.

Mas nem tudo é festa no mundo JDBC. Com seu poder, flexibilidade e outras facilidades também vem algumas coisas não tão boas.

4.2.1 O problema com o código JDBC

Enquanto JDBC lhe dá uma API que trabalha diretamente com o seu banco de dados, você é responsável por controlar tudo relacionado ao acesso do banco de dados. Isto inclui gerenciamento de recursos do banco de dados e controle de exceções.

Se você alguma vez escreveu um código JDBC, que insere dados no banco de dados, o código na listagem 4.1 deve lhe parecer familiar.

Listagem 4.1 Como inserir dados com JDBC

```
public void insertPerson(Person person) throws SQLException {
    Connection conn = null;
    PreparedStatement stmt = null;          Declara os
                                            recursos

    try {                                                Abre uma
        conn = dataSource.getConnection();               conexão
        stmt = conn.prepareStatement("insert into person (" +   Cria um
            "id, firstName, lastName) values (?, ?, ?)");       statement
        stmt.setInt(0, person.getId().intValue());
        stmt.setString(1, person.getFirstName());      Seta os
        stmt.setString(2, person.getLastName());       parâmetros
        stmt.executeUpdate();   ◄───────────── Executa o
    }                                          statement
    catch(SQLException e) {      Trata as
        LOGGER.error(e);         exceções
    }
    finally {
        try { if (stmt != null) stmt.close(); }
        catch(SQLException e) { LOGGER.warn(e); }    Libera os
                                                     recursos
        try { if (conn != null) conn.close(); }
        catch(SQLException e) { LOGGER.warn(e); }
    }
}
```

Eis um método de 25 linhas para inserir um simples objeto, num banco de dados. Para uma operação de banco de dados regular, está bem simples. Então, por que precisamos de tantas linhas para executar isto? De fato, não precisa, mas para controlar erros e recursos corretamente é necessário. É uma pena que destas 25 linhas, apenas quatro sejam unicamente para o nosso caso de uso particular: inserir um objeto Person. A Listagem 4.2 mostra como atualizar um objeto Person; você verá como é muito parecido.

Listagem 4.2 Como atualizar dados com JDBC

```
public void updatePerson(Person person) throws SQLException {
    Connection conn = null;              Declara os
    PreparedStatement stmt = null;       recursos

    try {                                      Abre uma
        conn = dataSource.getConnection();     conexão
        stmt = conn.prepareStatement("update person " +
            "set firstName = ?, lastName = ? where id = ?");   Cria um
                                                               statement
        stmt.setString(0, person.getFirstName());
        stmt.setString(1, person.getLastName());      Seta os
        stmt.setInt(2, person.getId().intValue());    parâmetros
        stmt.executeUpdate();    ◄─────────── Executa o
    }                                          statement
    catch(SQLException e) {      Trata as
        LOGGER.error(e);         exceções
    }
    finally {
        try { if (stmt != null) stmt.close(); }
        catch(SQLException e) { LOGGER.warn(e); }   Libera os
                                                    recursos
        try { if (conn != null) conn.close(); }
        catch(SQLException e) { LOGGER.warn(e); }
    }
}
```

A primeira vista, a listagem 4.1 e a listagem 4.2 parecem idênticas. E elas praticamente são, com exceção dessas quatro linhas críticas, onde criamos a declaração e fixamos os parâmetros. Tudo o que teríamos que escrever seriam essas 4 linhas, o resto seria controlado automaticamente. Afinal de contas, essas quatro linhas são as únicas linhas diferentes do método. O resto é só código repetido.

Que tal recuperarmos informações do banco de dados? Bem, também não é muito atrativo, como a listagem 4.3 nos mostra.

Listagem 4.3 Como ler dados com JDBC

```
public Set getAllPersons() throws SQLException {
    Connection conn = null;
    PreparedStatement stmt = null;       Declara os
    ResultSet rs = null;                 recursos

    try {
        conn = dataSource.getConnection();   Abre uma conexão
        String sql = "select id, firstName, lastName from person";   Cria um
        stmt = conn.prepareStatement(sql);                           statement
        rs = stmt.executeQuery();   ◄─────────── Executa o statement
```

```
    Set persons = new HashSet();
    while (rs.next()) {
        persons.add(new Person(rs.getInt("id"),          Itera o
            rs.getString("firstName"), rs.getString("lastName")));    ResultSet
    }
    return persons;  ←───────────    Retorna os
}                                     resultados
catch(SQLException e) {
    LOGGER.error(e);          Trata as
    throw e;                  exceções
}
finally {
    try { if (rs != null) rs.close(); }
    catch(SQLException e) { LOGGER.warn(e); }

    try { if (stmt != null) stmt.close(); }     Libera os
    catch(SQLException e) { LOGGER.warn(e); }    recursos

    try { if (conn != null) conn.close(); }
    catch(SQLException e) { LOGGER.warn(e); }
}
}
```

São necessários 20 por cento do código para este método, enquanto 80 por cento é código repetitivo. Com esse ponto levantado, terminaremos a tortura aqui e não lhe faremos olhar mais esse tipo de código asqueroso.

Mas o fato é que este código repetitivo é importante. Limpar recursos e controlar erros é o que faz o acesso a dados robusto. Sem isso, erros passariam despercebidos e recursos seriam deixados abertos, conduzindo a códigos imprevisíveis e o esgotamento de recursos. Nós não só precisamos deste código, mas como precisamos ter certeza que este código será escrito corretamente. Eis mais uma razão para o uso de um framework, onde este código é escrito de forma eficiente e somente uma vez.

Isso é o que o framework JDBC do Spring coloca na mesa.

4.2.2 Como usar JdbcTemplate

O framework JDBC do Spring limpará seu código JDBC, assumindo a responsabilidade de gerenciamento de recursos e tratamento de erros. Isto deixa você livre para escrever os statements e queries para obter, e buscar seus dados dentro do banco de dados.

Como explicamos antes, todos os frameworks de acesso a dados do Spring incorporam uma classe template. Neste caso, a classe JdbcTemplate. Tudo o que o JdbcTemplate precisa para fazer o seu trabalho, é de um Datasource, assim, criamos facilmente uma instância:

```
JdbcTemplate template = new JdbcTemplate(myDataSource);
```

E já que os templates DAO do Spring são thread-safe, nós só precisamos de uma instância de JdbcTemplate para cada DataSource, em nossa aplicação. Para fazer uso do JdbcTemplate, cada uma de suas classes de DAO precisa ser configurada com uma istância JdbcTemplate, como mostrado no exemplo abaixo:

```
public class StudentDaoJdbc implements StudentDao {
    private JdbcTemplate jdbcTemplate;

    public void setJdbcTemplate(JdbcTemplate jdbcTemplate) {
        this.jdbcTemplate = jdbcTemplate;
    }
...
}
```

Isso deixa a configuração mais fácil, já que cada uma das classes DAO pode ser configurada com o mesmo JdbcTemplate, como a listagem 4.4 demonstra.

Listagem 4.4 Como associar um JdbcTemplate a beans DAO

```
<bean id="jdbcTemplate"
      class="org.springframework.jdbc.core.JdbcTemplate">
  <property name="dataSource"><ref bean="dataSource"/></property>
</bean>

<bean id="studentDao" class="StudentDaoJdbc">
  <property name="jdbcTemplate"><ref bean="jdbcTemplate"/></property>
</bean>

<bean id="courseDao" class="CourseDaoJdbc">
  <property name="jdbcTemplate"><ref bean="jdbcTemplate"/></property>
</bean>
```

Agora estamos prontos para acessar o banco de dados. Para iniciar, vamos ver como escrever dados, usando a classe JbdcTemplate.

COMO ESCREVER DADOS

Antes, discutiremos como cada classe template DAO do Spring trabalha em conjunto com as interfaces de callback. O JdbcTemplate usa vários destes callbacks ao escrever dados no banco de dados. A utilidade que você achará em cada uma destas interfaces irá variar. Nós introduziremos duas das interfaces mais simples primeiro, e então mostraremos algumas facilidades fornecidas pela classe JdbcTemplate.

O primeiro callback que iremos explorar é PreparedStatementCreator. Como sugere o nome, os implementadores desta interface são responsáveis por criar um PreparedStatement. Esta interface provê um método:

```
PreparedStatement createPreparedStatement(Connection conn)
   throws SQLException;
```

Quando você implementar esta interface, será responsável por criar e retornar um PreparedStatement, a partir do argumento Connection, mas não é necessário se preocupar com o controle de exceções. Uma implementação que insere um objeto Person, pode se parecer com o exemplo da listagen 4.5.

Listagem 4.5 Como criar um PreparedStatement com um PreparedStatementCreator

```
public class InsertPersonStatementCreator
     implements PreparedStatementCreator {

  public PreparedStatement createPreparedStatement(
       Connection conn) throws SQLException {
    String sql =  "insert into person (id, first_name, last_name) " +
                "values (?, ?, ?)";
    return conn.prepareStatement(sql);
  }
}
```

Implementadores desta interface implementarão, freqüentemente, uma outra interface também: SqlProvider. Implementando um método desta interface —getSql()— você faz com que a sua classe forneça strings SQL para a classe JdbcTemplate. Isto é muito útil, já que a classe JdbcTemplate pode logar todos statement SQL que executa. A Listagem 4.6 ilustra como isso funciona.

Listing 4.6 Como implementar SqlProvider em um PreparedStatementCreator

```
public class InsertPersonStatementCreator
     implements PreparedStatementCreator, SqlProvider {

  private final String sql =
       "insert into person (id, firstName, lastName) " +
       "values (?, ?, ?)";

  public PreparedStatement createPreparedStatement(
       Connection conn) throws SQLException {
    return conn.prepareStatement(sql);
  }

  public String getSql() { return sql; }
}
```

Agora, sempre que o JdbcTempate chamar esta classe para criar um PreparedStatment, também podemos logar o SQL executado. Isto pode ser muito útil durante o desenvolvimento e depuração de erros.

O complemento para PreparedStatementCreator é o PreparedStatementSetter. Classes que implementam esta interface recebem um PreparedStatement e são responsáveis por setar qualquer um dos parâmetros, como a assinatura do método indica:

```
void setValues(PreparedStatement ps) throws SQLException;
```

Continuando com o exemplo acima, setando os parâmetros para inserir um objeto Person, seria mais ou menos assim:

```
...
private Person person;

public void setValues(PreparedStatement ps) throws SQLException {
    ps.setInt(0, person.getId().intValue());
    ps.setString(1, person.getFirstName());
    ps.setString(2, person.getLastName());
}
...
```

Novamente, tudo que você tem que se preocupar é setar os parâmetros. Qualquer exceção será controlada pela classe JdbcTemplate. Percebeu um padrão aqui? Você está fazendo somente o necessário para definir como inserir um objeto Person; o framework está tomando conta do resto.

Como já foi mencionado antes, estes são callbacks bastante simples. O anterior cria um PreparedStatement e o posterior seta os parâmetros. Felizmente, a classe JdbcTemplate fonece métodos apropriados para simplificar isto.

Já que a maioria dos updates consiste em criar um PreparedStatement, a partir de uma string SQL e então associar os parâmetros, JdbcTemplate provê um método execute(String sql, Object[] params), que facilita justamente isso. Você usaria este método da seguinte maneira:

```
String sql =   "insert into person (id, firstName, lastName) " +
               "values (?, ?, ?)";
Object[] params = new Object[] { person.getId(),
                                 person.getFirstName(),
                                 person.getLastName() };
return jdbcTemplate.update(sql, params);
```

Ahhh! Agora sim estamos começando a ter um código agradável e conciso! Por baixo dos panos, a classe JdbcTemplate cria um PreparedStatementCreator e um PreparedStatementSetter. Mas no momento, não temos que nos preocupar com isso.

Uma melhoria que podemos fazer é usar o método do JdbcTemplate, que também aceita os tipos JDBC de nossos parâmetros, update(String sql,Object[] args,int[] argTypes). Isto nos dá segurança para setar os parâmetros para null. Vamos olhar agora, como usaríamos este método. Desta vez, a listagem 4.7 examina o execute() do seu método, no contexto de um de nossos métodos DAO.

Listagem 4.7 Como inserir dados usando o método JdbcTemple.execute

```
public int insertPerson(Person person) {

    String sql =   "insert into person (id, firstName, lastName) " +    Cria o
                   "values (?, ?, ?)";                                    SQL

    Object[] params = new Object[]  { person.getId(),
                                      person.getFirstName(),             Seta os
                                      person.getLastName() };            parâmetros

    int[] types =                                                        Seta os
        new int[] { Types.INTEGER, Types.VARCHAR, Types.VARCHAR };       tipos de
                                                                         dados
    return jdbcTemplate.update(sql, params, types);    Executa o
}                                                       statement
```

Agora temos a simplicidade pela qual estamos procurando. Quatro instruções: declara o SQL, declara os parâmetros, declara os tipos e executa a operação. O Spring fará o resto. Para a maioria das escritas em banco de dados, o método na listagem 4.7 servirá como um modelo perfeito.

Mas e se quiséssemos atualizar mais de uma linha? Suponha que também tenhamos um método que suporta adicionar múltiplos objetos Person em massa. Nesse caso, usaríamos o BatchPreparedStatementSetter. Esta interface tem dois métodos:

```
setValues(PreparedStatement ps, int i) throws SQLException;
int getBatchSize();
```

O método getBatchSize() diz a JdbcTemplate quantos statements devem ser criados. Ele também determina quantas vezes setValues() será chamado. A listagem 4.8 mostra como você usaria isso em conjunto com o método JdbcTemplate.batchUpdate().

Listagem 4.8 Como usar um BatchPreparedStatementCreator para inserir múltiplos objetos

```
public int[] updatePersons(final List persons) {
    String sql =   "insert into person (id, firstName, lastName) " +    Cria o
                   "values (?, ?, ?)";                                    SQL
    BatchPreparedStatementSetter setter = null;
    setter = new BatchPreparedStatementSetter() {
```

```
    public int getBatchSize() {
        return persons.size();
    }
```
Define o número de batch statements

```
    public void setValues(PreparedStatement ps, int index)
        throws SQLException {
        Person person = (Person) persons.get(index);
        ps.setInt(0, person.getId().intValue());
        ps.setString(1, person.getFirstName());
        ps.setString(2, person.getLastName());
    }
```
Seta os parâmetros

```
};
    return jdbcTemplate.batchUpdate(sql, setter);
}
```
Executa o batch statement

Caso seu driver JDBC suporte batching, as atualizações serão executadas em batch, sendo assim mais eficientes. Caso contrário, o Spring simulará batching, mas os statements serão executadas individualmente.

Então agora você já sabe como escrever dados no banco de dados. Vejamos como podemos usar o Spring para ajudar na leitura de dados do banco de dados.

COMO LER DADOS

Como vimos em nosso código JDBC sem o Spring, quando executamos uma query no banco de dados, temos que iterar um ResultSet. O Spring reconhece que isso é uma ação comum para todas as queries, assim, controla isso para nós. Para tanto, precisamos informar ao Spring o que fazer com cada linha do ResultSet. Nós o fazemos através da interface RowCallbackHandler, implementando seu único método:

```
void processRow(java.sql.ResultSet rs)
```

Este método é chamado para cada iteração do ResultSet. Voltando para nossa PersonDAO, é provável que tenhamos um método para recuperar um objeto Person, através do seu id. A listagem 4.9 nos mostra como faríamos isso, usando um RowCallbackHandler.

Listagem 4.9 Como executar uma query com RowCallbackHandler

```
public Person getPerson(final Integer id) {
    String sql =   "select id, first_name, last_name from person " +
                "where id = ?";                                         Cria o
    final Person person = new Person();   ←———— Cria o objeto que      SQL
    final Object[] params = new Object[] { id };   ←———— será pesquisado
    jdbcTemplate.query(sql, params, new RowCallbackHandler() {   Cria os
                                                                 parâmetros da
                                                                 query
```

```
     public void processRow(ResultSet rs) throws SQLException {      Processa os
        person.setId(new Integer(rs.getInt("id")));                  resultados
        person.setFirstName(rs.getString("first_name"));             da
        person.setLastName(rs.getString("last_name"));               query
     }
```

```
  });                                        Retorna o objeto
  return person;  ◄──────────────────────   pesquisado
}
```

Como você pode ver, definimos nosso SQL e os parâmetros como tínhamos feito antes. E já que estamos obtendo dados do banco de dados, também podemos fornecer um RowCallbackHandler, que sabe como lidar com os dados do ResultSet.

Também existe uma subinterface que você pode implementar, que é útil para buscar múltiplos objetos em uma query. Suponha que queiramos um método que busque todos nossos objetos Person. Para isso, implementaríamos ResultReader. O Spring nos oferece uma implementação desta interface que faz exatamente o que precisamos, a RowMapperResultReader. Mas para usar esta classe, antes precisamos falar sobre a interface RowMapper.

A interface RowMapper é responsável por mapear uma linha do ResultSet num objeto. Para mapear uma linha em um objeto Person, criaremos um RowMapper assim:

```
class PersonRowMapper implements RowMapper {
   public Object mapRow(ResultSet rs, int index)
         throws SQLException {
      Person person = new Person();
      person.setId(new Integer(rs.getInt("id")));
      person.setFirstName(rs.getString("first_name"));
      person.setLastName(rs.getString("last_name"));
      return person;
      }
}
```

Agora temos uma classe reutilizada, que pode pegar uma linha do ResultSet e criar um objeto Person. Isto pode ser usado em qualquer query de qualquer Person, contanto que o id, first_name e last_name estejam sendo selecionados como parte da query. Agora vejamos como isto seria usado em nosso método getAllPersons():

```
public List getAllPersons() {
   String sql = "select id, first_name, last_name from person";
   return jdbcTemplate.query(
      sql, new RowMapperResultReader(new PersonRowMapper()));
}
```

Muito fácil. Agora que temos um objeto RowMapper reutilizado, a listagem 4.10 ilustra como limpar nosso método getPerson().

Listagem 4.10 Como executar uma consulta usando um RowMapper

```
public Person getPerson(final Integer id) {
    String sql =  "select id, first_name, last_name from person " +
                  "where id = ?";
    final Person person = new Person();
    final Object[] params = new Object[] { id };
    List list = jdbcTemplate.query(sql, params,
          new RowMapperResultReader(new PersonRowMapper()));
    return (Person) list.get(0);
}
```

Nós falamos que a interface RowMapper seria muito reutilizada. Na realidade, não há nenhuma razão para você não encapsular a extração de dados do ResultSet, num RowMapper para cada uma de suas classes. Você pode ter dúzias de métodos de consulta, para um objeto em particular, mas nunca vai precisar de mais de um objeto RowMapper.

Até agora falamos de consultas que recuperam dados para criar objetos de um determinado domínio, mas e quanto as consultas que retornam dados simples como int ou String? JdbcTemplate também contém alguns métodos para esses casos. Por exemplo, você escreveria uma consulta para buscar o total de todos os objetos Person:

```
public int getNumberOfPersons() {
    return jdbcTemplate.queryForInt("select count(*) from person");
}
```

Para executar uma consulta para achar o sobrenome de uma determinada pessoa através do id, nós escreveríamos um método assim:

```
public String getLastNameForId(Integer id) {
    String sql = "select last_name from person where id = ?";
    return (String) jdbcTemplate.queryForObject(
        sql, new Object[] { id },  String.class);
}
```

Você deve gostar de ver métodos JDBC que não são poluídos com blocos try-catch-finally e iterações de ResultSet. Agora, vamos focar nossa atenção em mais uma área onde o framework JDBC do Spring pode nos ajudar. Vejamos como chamar stored procedures que usam JdbcTemplate.

COMO CHAMAR STORED PROCEDURES

Às vezes, escolhemos executar nossas operações de persistência como stored procedures no banco de dados, ao invés de SQL em nossa aplicação. Isto pode ocorrer devido a razões de performance, política da companhia ou só uma questão de gosto.

Qualquer que seja o caso, o Spring provê o mesmo suporte para chamada de stored procedures e para execução de consultas. Desta vez, o suporte vem através da implementação de CallableStatementCallback.

Digamos que temos uma stored procedure em nossa aplicação, que é responsável por mover dados antigos de estudantes para tabelas secundárias. Assumindo que esta procedure é chamada de ARCHIVE_STUDENTS, a listagem 4.11 nos mostra como acessá-la.

Listagem 4.11 Como executar uma stored procedure com CallableStatementCallback

```
public void archiveStudentData() {
    CallableStatementCallback cb = new CallableStatementCallback() {
        public Object doInCallableStatement(CallableStatement cs)
            throws SQLException{
                cs.execute();
                return null;
        }
    };
    jdbcTemplate.execute("{ ARCHIVE_STUDENTS }", cb);
}
```

Mais uma vez temos todos os benefícios do gerenciamento de recursos e do controle de exceções. Tudo o que devemos fazer é definir o nome de stored procedure e executá-la.

A seguir, veremos como representar operações do banco de dados como se fossem objetos.

4.2.3 Como criar operações como objetos

Nos exemplos vistos anteriormente, você aprendeu como escrever código JDBC de forma mais limpa. Mesmo assim, o código continua ligado ao SQL. Isso não é necessariamente algo ruim. Mas e se quiséssemos escrever código JDBC, num estilo OO? O Spring fornece meios de modelar operações de banco de dados como objetos e isso adiciona outra camada de isolamento entre o seu código e JDBC.

O Spring fornece classes para leitura e escrita de dados. Como já mostramos alguns exemplos, há alguns pontos que devem ser ressaltados. Primeiro, estes objetos de operação de banco de dados são thread-safe, ou seja, você precisará instanciar somente um por operação de banco de dados. Segundo, qualquer objeto de operação de banco de dados deve ser compilado antes de ser usado. Isso faz com que o objeto saiba quando preparar um statement para ser executado mais tarde. Não é nenhuma novidade, você compila um objeto de operação de banco de dados chamando o método compile().

Demonstraremos esta prática dentro de nossos exemplos. Antes de qualquer coisa, veremos como criar um objeto que vai escrever dados no banco de dados.

Como criar um objeto SqlUpdate

Para criar um objeto reutilizado para executar inserts ou updates, você deve estender a classe SqlUpdate. Um objeto para inserir um objeto Person seria algo parecido com isso:

```
public class InsertPerson extends SqlUpdate {

   public InsertPerson(DataSource ds) {
      setDataSource(ds);
      setSql( "insert into person (id, firstName, lastName) " +
             "values (?, ?, ?)";
      declareParameter(new SqlParameter(Types.NUMERIC));
      declareParameter(new SqlParameter(Types.VARCHAR));
      declareParameter(new SqlParameter(Types.VARCHAR));
      compile();
   }

   public int insert(Person person) {
      Object[] params = new Object[] {
         person.getId(),
         person.getFirstName(),
         person.getLastName()
      };
      return update(params);
   }
}
```

Há alguns pontos que merecem atenção neste exemplo. Primeiro, temos que fazer o nosso próprio objeto SqlUpdate com um DataSource. Ele usa isto para criar um JdbcTemplate (ele usa um JdbcTemplate para fazer todo trabalho). Segundo, note as três chamadas a declareParameter(), depois de setarmos o SQL. Precisamos chamar este método para cada um dos parâmetros em nossa statement. Note que a ordem é muito importante; devem ser chamados na mesma ordem que aparecem no SQL.

Finalmente, chamamos compile() no fim do construtor. Como já mencionamos, todo objeto de operação de banco de dados deve ser compilado antes de ser usado. Chamando compile() no construtor, asseguramos que sempre será chamado quando uma instância for criada. Por falar em construir objetos, já que todos os objetos são thread-safe, você pode ter uma instância desta classe como uma variável de instância em sua classe DAO.

Observe o exemplo:

```
private InsertPerson insertPerson;

public int insertPerson(Person person) {
   return updatePerson.insert(person);
}
```

Note que não usamos nada da API JDBC no objeto InsertPerson, nem em nosso método insertPerson(). Não há nenhuma referência a um PreparedStatement ou a um objeto Connection. Esta é a camada extra de abstração a que nós referimos antes. Agora, vamos ver como criar um objeto de pesquisa.

Como pesquisar o banco de dados com um MappingSqlQuery

Para modelar uma pesquisa como objeto, estendemos a classe MappingSqlQuery, desta maneira:

```
private class PersonByIdQuery extends MappingSqlQuery {

   public PersonByIdQuery(DataSource ds) {
      super(ds,  "select id, first_name, last_name from person " +
               "where id = ?");
      declareParameter(new SqlParameter("id", Types.INTEGER));
      compile();
   }

   public Object mapRow(ResultSet rs, int rowNumber)
         throws SQLException {
      Person person = new Person();
      person.setId( (Integer) rs.getObject("id"));
      person.setFirstName(rs.getString("first_name"));
      person.setLastName(rs.getString("last_name"));
      return person;
   }
}
```

Novamente, entregamos um DataSource ao construtor e o compilamos no fim do construtor.

```
private PersonByIdQuery personByIdQuery;
...
public Person getPerson(Integer id) {
   Object[] params = new Object[] { id };
   return (Person) personByIdQuery.execute(params).get(0);
}
```

Novamente, interagimos muito pouco com a API JDBC. Se este tipo de design é mais atraente para você, então suas operações de banco de dados podem ser modeladas como objetos. Mas decidir como suas operações serão modeladas é uma questão de gosto, não se pode dizer que um é melhor que outro, vai de cada um fazer a escolha que melhor lhe convier.

4.2.4 Como incrementar chaves automaticamente

Quando você insere uma linha no banco de dados, coloca uma chave primária exclusiva que identifica aquela linha. É uma boa prática usar uma chave substituta, para a sua chave primária. Ou seja, a chave primária não deveria ter nenhum significado no negócio, mas deveria ser gerada pela sua aplicação. O Spring provê meios para fazer isto pela interface DataFieldMaxValueIncrementer. Esta interface possui três métodos diferentes para obter o próximo valor a ser usado, como uma chave: nextIntValue(), nextLongValue() e nextStringValue().

Podemos usar um DataFieldMaxValueIncrementer, como segue:

```
...
private DataFieldMaxValueIncrementer incrementer;

public void setIncrementer(
     DataFieldMaxValueIncrementer incrementer) {
   this.incrementer = incrementer;
}

public void insertPerson(Person person) {
   Integer id = new Integer(incrementer.nextIntValue());
   JdbcTemplate jdbcTemplate = new JdbcTemplate(dataSource);
   String sql =  "insert into person (id, firstName, lastName) " +
               "values (?, ?, ?)";
   Object[] params = new Object[] {  id,
                                person.getFirstName(),
                                person.getLastName() };
   jdbcTemplate.update(sql, params);

   // se tudo ocorreu com sucesso.
   person.setId(id);
}
...
```

Podemos então associar em uma implentação desta interface. O Sring vem com implementações de mecanismos de seqüência, que funcionam perfeitamente para Oracle, PostgreSQL, MySQL e bancos de dados Hypersonic. Mesmo assim, você ainda pode para escrever sua própria implementação, se desejar.

Vimos agora a variedade de maneiras que o framework JDBC do Spring pode nos ajudar a escrever um código JDBC mais limpo. Mas como suas aplicações ficam cada vez maiores e mais complexas, JDBC pode ficar incômodo, mesmo com este framework. Para ajudar a gerenciar as complexidades de persistência de grandes aplicações, você precisará de uma ferramenta de persistência. E como iremos ver, o Spring provê um grande suporte para essas ferramentas.

4.3 COMO INTRODUZIR O SUPORTE DO SPRING A FRAMEWORKS ORM

Quando éramos crianças, andar de bicicleta era divertido, não era? Ir para escola de bicicleta, depois passar na casa dos amigos e chegar em casa à noite com a mãe dando bronca, por já estar escuro. Puxa! Aquele tempo era muito divertido.

Entretanto, nós crescemos e precisamos mais do que uma bicicleta. Às vezes temos que viajar uma grande distância para trabalhar. Mantimentos tem que ser carregados e os nossos filhos precisam ir para escolinha de futebol. E se você morar no nordeste, ar condicionado é uma necessidade! Nossas necessidades superaram nossa simples bicicleta, de acordo com o nosso crescimento.

JDBC é a bicicleta do mundo da persistência. É grande pelo que faz e para alguns trabalhos é perfeita. Mas nossas aplicações ficam mais complexas, da mesma maneira que nossas exigências de persistência. Precisamos mapear propriedades de objeto, em colunas do banco de dados, para ter as queries e statements cridas automaticamente, e assim nos livrar de escrever código SQL. Também precisamos de características mais sofisticadas como a seguinte:

- **Lazy loading**—Como nossos gráficos de objetos ficam cada vez mais complexos, muitas vezes não precisamos buscar imediatamente relações inteiras. Suponha que estejamos selecionando uma coleção de objetos PurchaseOrder e cada um destes objetos contém uma coleção de objetos LineItem. Se estivermos interessados somente em atributos de PurchaseOrder, não faz sentido nenhum trazer os dados de LineItem. Isto poderia ser muito custoso. Lazy loading nos permite só trazer os dados no momento que são necessários.

- **Eager fetching**—É o oposto do lazy loading. Eager fetching permite trazer um gráfico inteiro de objetos, numa consulta. Assim, se sabemos que vamos precisar de um objeto PurchaseOrder e seus LineItems associados, eager fetching traz tudo do banco de dados em uma operação, nos poupando tempo e operações custosas.

- **Caching**—Para os dados que são muito lidos (usados freqüentemente, mas pouco alterados), nós não queremos buscar esse tipo de dado do banco de dados, toda vez que é usado. Caching pode adicionar um aumento de desempenho significativo à nossa aplicação.

- **Cascading**—Algumas vezes, mudanças em uma tabela do banco de dados resulta em mudanças em outras tabelas também. Voltando para nosso exemplo de ordem de compra, é razoável que um objeto LineItem tenha uma associação com um objeto Product. No banco de dados, isto é representado como uma relação many-to-many (muitos-para-muitos). Assim, quando um objeto LineItem é apagado, também queremos que haja uma desassociação deste LineItem com seu objeto Product no banco de dados.

Felizmente, existem frameworks que já oferecem esses serviços. O termo usado para estes tipos de serviço é mapemaneto objeto/relacional (ORM). Usando uma ferramenta ORM para sua camada de persistência pode poupar milhares de linhas de código e horas de tempo de desenvolvimento, literalmente falando. Isto permite a você colocar o foco nas exigências da aplicação e não escrever e corrigir linhas de SQL.

O Spring provê a integração para a API JDO padrão da SUN, assim como para os frameworks de ORM, como Hibernate, OJB da Apache e iBATIS. O suporte do Spring para cada uma destas tecnologias não é tão extenso quanto o suporte JDBC. Este não é um ponto fraco da API do Spring, mas sim, uma mostra de quanto trabalho cada um destes frameworks de ORM faz. Com a ferramenta de ORM fazendo a maioria da persistência, o Spring oferece pontos de integração a estes frameworks, assim como alguns serviços adicionais:

- Gerenciamento de transações integrado
- Controle de Exceções
- Thread-safe, classes template de peso-leve.
- Classes de suporte convenientes
- Recursos de gerenciamento

Nós vamos ver a integração do Spring com todos os quatro frameworks ORM, portanto, não entraremos nos detalhes de cada framework em específico, é claro que daremos uma explicação do comportamento geral e algumas configurações de exemplo, mas não iremos fugir do escopo, que é o Sping. Caso você tenha interesse em algum destes frameworks, há muito material específico, já disponível no mercado.

4.4 Como integrar Hibernate com Spring

Hibernate é um framework open source de alto desempenho, que ganhou uma significante popularidade recentemente. Ele não só provê mapeamento objeto relacional básico, mas como todas as outras características sofisticadas que você esperaria de uma ferramenta ORM, como: caching, lazy loading, eager fetching e cache distribuído. Você pode aprender mais sobre Hibernate no fórum, em português, do JavaFree (www.javafree.org/forum/) ou em http://www.hibernate.org. O JavaFree.org realizou uma entrevista exclusiva com o fundador do Hibernate, veja em: http://www.javafree.org/content/view.jf?idContent=2

4.4.1 Uma visão geral do Hibernate

Você configura como o Hibernate mapeia seus objetos para um banco de dados relacional, através de arquivos XML. Para termos um exemplo de como isso é feito, examinemos como mapearíamos a classe Student de nossa aplicação Spring Treinamentos. Veja a Listagem 4.12.

Listagem 4.12 Student.java

```
import java.util.Set;

public class Student {

    private Integer id;
    private String firstName;
    private String lastName;
    private Set courses;

    public Integer getId() { return id; }
    public void setId(Integer id) { this.id = id; }

    public String getFirstName() { return firstName; }
    public void setFirstName(String firstName) {
        this.firstName = firstName;
    }

    public String getLastName() { return lastName; }
        public void setLastName(String lastName) {
        this.lastName = lastName;
    }

    public Set getCourses() { return courses; }
    public void setCourses(Set courses) { this.courses = courses; }
}
```

Tipicamente, cada classe persistente terá um arquivo XML correspondente, com a extensão ".hbm.xml". Vejamos agora, o arquivo de mapeamento da classe Student. Através da convenção, nomearíamos este arquivo como Student.hbm.xml, como mostrado na listagem 4.13.

Listagem 4.13 arquivo Student.hbm.xml de mapemamento do Hibernatee

```
<?xml version="1.0"?>
<!DOCTYPE hibernate-mapping
    PUBLIC "-//Hibernate/Hibernate Mapping DTD//EN"
    "http://hibernate.sourceforge.net/hibernate-mapping-2.0.dtd">

<hibernate-mapping>
                                                        Define a classe
    <class name="org.springinaction.training.model.Student">   que é mapeada

        <id name="id">
            <generator class="assigned"/>   Chave primária
        </id>                               do mapeamento
```

```
        <property name="sex"/>              Proprieades do
        <property name="weight"/>           mapeamento

        <set name="courses" table="transcript">
          <key column="student_id"/>                    Relacionamentos
          <many-to-many column="course_id"              do mapeamento
            class="org.springinaction.training.model.Course"/>
        </set>

      </class>

</hibernate-mapping>
```

Em uma típica aplicação, você terá vários destes arquivos. Estes arquivos de configuração são lidos na criação de um SessionFactory. Um SessionFactory é criado somente uma vez e permanecerá todo o tempo na aplicação, e você o usará para obter objetos Session. Com estes objetos Session você acessará o banco de dados. Assumindo assim que temos um SessionFactory configurado, eis a maneira de adquirir um objeto Student, através de sua chave primária:

```
public Student getStudent(Integer id) throw HibernateException {
    Session session = sessionFactory.openSession();
    Student student = (Student) session.load(Student.class, id);
    session.close();
    return student;
}
```

Este é um exemplo trivial de como usar Hibernate, que exclui o controle de exceção. Mas há uma coisa que você deve oberservar: é necessário pouco código para executar esta operação. Na realidade, nós carregamos o objeto Student em uma linha de código. Isto porque o Hibernate está fazendo todo o trabalho baseado nos arquivos de mapeamento. Já que o Hibernate toma conta da persistência, o trabalho do Spring é focado na facilidade de integração com o Hibernate. Vejamos como o Spring faz isso.

4.4.2 Como gerenciar recursos do Hibernate

Como dissemos, você terá somente uma instância de SessionFactory ao longo da vida de sua aplicação. Assim, faz sentido configurar este objeto através do arquivo de configuração do Spring. Você pode fazer isso usando a classe LocalSessionFactoryBean do Spring:

```
<bean id="sessionFactory" class="org.springframework.
    ↪ orm.hibernate.LocalSessionFactoryBean">
```

Claro que o SessionFactory precisa saber qual base de dados deve se conectar. A melhor maneira de fazer isso é associar um DataSource para LocalSessionFactoryBean:

```
<bean id="dataSource"
        class="org.springframework.jndi.JndiObjectFactoryBean">
    <property name="jndiName">
        <value>java:comp/env/jdbc/trainingDatasource</value>
    </property>
</bean>

<bean id="sessionFactory" class="org.springframework.
    ➥ orm.hibernate.LocalSessionFactoryBean">
    <property name="dataSource">
        <ref bean="dataSource"/>
    </property>
</bean>
```

Você também controla como Hibernate é configurado pelo bean LocalSessionFactoryBean. O próprio Hibernate tem dúzias de propriedades pelas quais pode-se manipular seu comportamento. Quando usado fora do Spring, Hibernate procura por um arquivo com o nome de hibernate.properties em algum lugar do class path da aplicação. Porém, com Spring você não precisa controlar estas configurações em um arquivo de propriedades separado. Ao invés disso, você pode associá-las à propriedade hibernateProperties de LocalSessionFactoryBean:

```
<bean id="sessionFactory" class="org.springframework.
    ➥ orm.hibernate.LocalSessionFactoryBean">
    <property name="hibernateProperties">
        <props>
            <prop key="hibernate.dialect">net.sf.hibernate.
            ➥ dialect.MySQLDialect</prop>
        </props>
    </property>
    ...
</bean>
```

Uma última coisa que você deve configurar é quais arquivos de mapeamento o Hibernate deve ler. Você lembra de quando criamos um arquivo Student.hbm.xml? Bem, na verdade temos que dizer ao Hibernate que ele precisa usar este arquivo. Caso contrário, ele não saberá mapear a classe Student no banco de dados. Novamente, podemos configurar isso por uma propriedade do bean LocalSessionFactoryBean. Neste caso, usamos a propriedade mappingResources:

```
<bean id="sessionFactory" class="org.springframework.
    ➥ orm.hibernate.LocalSessionFactoryBean">
    <property name="mappingResources">
```

```
<list>
    <value>Student.hbm.xml</value>
    <value>Course.hbm.xml</value>
    ...
</list>
</property>
...
</bean>
```

Este exemplo é perfeito para a nossa aplicação Spring Treinamentos. Mas o que acontece se sua aplicação crescer e você tiver dúzias ou centenas de classes persistentes? Seria incômodo configurar tudo desta maneira. Felizmente o Spring lhe oferece uma alternativa. Você também pode configurar a propriedade mappingDirectoryLocations com um caminho que é um subconjunto do classpath de sua aplicação, e o Spring irá configurará o SessionFactory com todos os *.hbm.xml que ele achar neste caminho. Por exemplo, assumindo que todas as classes persistentes que queremos configurar estão no pacote com.springinaction.training.model, nós configuraríamos nosso SessionFactory assim:

```
<bean id="sessionFactory" class="org.springframework.
    ➥ orm.hibernate.LocalSessionFactoryBean">
    <property name="mappingDirectoryLocations">
        <list>
            <value>classpath:/com/springinaction/training/model</value>
        </list>
    </property>
    ...
</bean>
```

Assim, temos um SessionFactory completamente configurado e nem precisamos criar um segundo arquivo de configuração. Agora tudo o que precisamos fazer é criar um objeto pelo qual acessaremos o Hibernate. Como todos os frameworks DAO do Spring, esta será uma classe template. Neste caso, a classe HibernateTemplate. E pelo fato da classe HibernateTemplate ser thread-safe, podemos compartilhar esta classe template com múltiplos objetos DAO:

```
<bean id="hibernateTemplate"
        class="org.springframework.orm.hibernate.HibernateTemplate">
    <property name="sessionFactory">
        <ref bean="sessionFactory"/>
    </property>
</bean>

<bean id="studentDao" class="com.springinaction.
    ➥ training.dao.hibernate.StudentDaoHibernate">¥'
    <property name="hibernateTemplate">
        <ref bean="hibernateTemplate"/>
```

```
      </property>
  </bean>

  <bean id="courseDao" class="com.springinaction.
      ➥ training.dao.hibernate.CourseDaoHibernate">¥'
    <property name="hibernateTemplate">
      <ref bean="hibernateTemplate"/>
    </property>
  </bean>
```

E lembre-se, se for incômodo associar o modelo a cada um de seus beans DAO, você pode usar a facilidade de autowire do Spring, para associar seus beans DAO implicitamente. Agora que você sabe associar um HibernateTemplate a seu objeto DAO, estamos prontos para começar a usar o Hibernate.

4.4.3 Como acessar o Hibernate através do HibernateTemplate

O mecanismo de callback no Hibernate é bem simples. Existe o HibernateTemplate e uma interface de callback: HibernateCallback. E a interface HibernateCallback só tem um método:

```
Object doInHibernate(Session session)
    throws HibernateException, SQLException;
```

Como você pode ver, a interface HibernateCallback é bem direta. Agora, colocaremos o HibernateTemplate em uso. Começamos buscando um objeto do banco de dados:

```
public Student getStudent(final Integer id) {
    return (Student) hibernateTemplate.execute(
        new HibernateCallback() {
            public Object doInHibernate(Session session)
                    throws HibernateException {
                return session.load(Student.class, id);
            }
        });
}
```

Já que estamos usando uma inner class, é necessário mais código e não tão limpo quando não estávamos usando o suporte ao Hibernate do Spring. Mas podemos ter ambos, código limpo e o suporte do Spring ao Hibernate. A classe HibernateTemplate nos fornece alguns métodos que, implicitamente, criam uma instância de HibernateCallback para você. Tudo o que você tem que fazer é chamar um método e o framework do Spring faz o resto do trabalho. Por exemplo, você poderia tirar vantagem de um dos métodos para realizar a mesma coisa que fizemos antes, buscar um objeto do banco de dados:

```
public Student getStudent(Integer id) {
    return (Student) hibernateTemplate.load(Student.class, id);
}
```

Agora estamos chegando em algum lugar! Temos os benefícios de ter o gerenciamento de recursos, conversão de propriedades de exceções do Spring, e se quisermos, transações também. O exemplo anterior é sobre como você acessará Hibernate através HibernateTemplate, na maior parte do tempo. A classe HibernateTemplate é rica em métodos convenientes para o uso comum. Por exemplo, para atualizar um objeto Student, você só precisa disso:

```
public void updateStudent(Student student) {
    hibernateTemplate.update(student);
}
```

Executar consultas não é muito diferente. Tudo o que precisamos fazer é especificar a consulta (normalmente HQL, Hibernate Query Language). Para buscar um estudante pelo sobrenome, você faria algo parecido com isso:

```
public List findStudentsByLastName(String lastName) {
    return hibernateTemplate.find( "from Student student " +
                                   "where student.lastName = ?",
                                   lastName, Hibernate.STRING);
}
```

Fácil, não? Até mesmo se você nunca viu HQL antes; este código deve ser fácil de entender. Como já dissemos, Spring torna a integração mais fácil.

4.4.4 Como estender a classe HibernateDaoSupport

O Suporte que o Spring fornece ainda vem com a classe HibernateDaoSupport, cujo conteúdo suas classes podem herdar:

```
public class StudentDaoHibernate extends HibernateDaoSupport
    implements StudentDao {
    ...
}
```

Se você optar por este design, precisa associar um SessionFactory- a classe HibernateDaoSupport vem com esta propriedade. Esta classe provê um método getHibernateTemplate() que retorna uma instância de um HibernateTemplate, facilmente. Também possui um getSession() e um closeSessionIfNecessary(), no caso de você precisar executar uma operação do Hibernate, sem usar um HibernateTemplate. Estamos seguros de que estes casos serão uma exceção (nada pretendido). Agora você pode ver como é fácil integrar uma ferramenta de ORM como Hibernate. A Integração do JDO será tão fácil quanto a do Hibernate.

4.5 SPRING E JDO

JDO é a especificação padrão da Sun para persistência. As palavras mais importantes nessa frase são: especificação padrão. Como EJB, o JDO é a especificação desenvolvida pela Sun que é implementada por diferentes vendedores. Atualmente, existem mais de 10 implementações diferentes de vendedores. Para aprender mais sobre JDO, você pode visitar o site da Sun em http://java.sun.com/products/jdo.

4.5.1 Como configurar o JDO

Parecido com o SessionFactory do Hibernate, o JDO tem um objeto de vida longa que assegura as configurações de persistência, chamado PersistenceManagerFactory. Já que o JDO é uma especificação, PersistenceManagerFactory é a interface que os vendedores devem implementar. Sem usar o Spring, teríamos que obter uma instância usando o javax.jdo.JDOHelper assim:

```
Properties props = new Properties();
// seta as propriedades do JDO
PersistenceManagerFactory factory =
   JDOHelper.getPersistenceManagerFactory(props);
```

Algumas destas propriedades são definidas pela especificação JDO. Por exemplo, javax.jdo.option.PersistenceManagerFactoryClass define a classe que implementa a interface PersistenceManagerFactory. Vendedores são livres para definir outras propriedades também.

Nós configuramos um PersistenceManagerFactory no Spring, usando LocalPersistenceManagerFactoryBean. Se sua base de dados é relacional, você também pode associar um DataSource. Vamos olhar a listagem 4.14 para ver quem você deve associar com: LocalPersistenceManagerFactoryBean.

Listagem 4.14 Como associar um LocalPersistenceManagerFactoryBean

```
<bean id="dataSource"
      class="org.springframework.jndi.JndiObjectFactoryBean">   Cria um
   <property name="jndiName">                                    bean
      <value>java:comp/env/jdbc/trainingDatasource</value>      DataSource
   </property>
</bean>

<bean id="persistenceManagerFactory" class="org.springframework.
      ⮬ orm.jdo.LocalPersistenceManagerFactoryBean">    Cria um bean
   <property name="dataSource">          Associa o      LocalPersistence-
      <ref bean="dataSource"/>           DataSource     ManagerFactory
   </property>
```

```
<property name="jdoProperties">
  <props>
    <prop key="javax.jdo.option.
    ➥ PersistenceManagerFactoryClass">
    ➥ ${persistenceManagerFactoryClass}</prop>
    ...
  </props>
</property>
</bean>
```

Propriedades JDO

Agora, temos um PersistenceManagerFactory JDO. O próximo passo é associar isto a um JdoTemplate:

```
<bean id="jdoTemplate"
      class="org.springframework.orm.jdo.JdoTemplate">
  <property name="persistenceManagerFactory">
    <ref bean="persistenceManagerFactory"/>
  </property>
</bean>
```

Considerando que temos visto isso bastante ao longo do livro, seremos breves. JdoTemplate é a classe central do framework JDO do Spring. É a classe que usaremos para acessar o framework JDO. E este é o objeto que associaremos a todas as nossas classes DAO.

```
<bean id="studentDao" class="com.springinaction.
    ➥ training.dao.hibernate.StudentDaoJdo">
  <property name="jdoTemplate">
    <ref bean="jdoTemplate"/>
  </property>
</bean>
```

Claro que todas as nossas classes JDO DAO têm que ter uma propriedade JdoTemplate. Agora que estamos rodando JDO, é hora para fazer alguma leitura e gravação.

4.5.2 Como acessar dados com JdoTemplate

No framework JDO do Spring, as classes de template e callback são bem fáceis de dominar. Só há um método na classe JdoTemplate que você vai ter que usar para acessar os dados: execute(JdoCallback). E o JdoCallback é igualmente simples, possui apenas um método:

```
Object doInJdo(PersistenceManager pm) throws JDOException;
```

Assim, se quisermos achar um objeto Student através do sobrenome, faríamos desta forma:

```
public Collection findPersonByLastName(final String lastName) {
  Collection persons = (Collection)
    jdoTemplate.execute(new JdoCallback() {
```

```
    public Object doInJdo(PersistenceManager pm) {
        Query q = pm.newQuery(
            Person.class, "lastName == " + lastName);
        return (Collection) q.execute();
    }
});
List list = new ArrayList();
list.addAll(persons);
return list;
}
```

Como você pode ver, todo o trabalho do JDO é finalizado dentro de uma simples implementação inner class de JdoCallback. Você então passa este objeto callback para o método execute() de sua instância JdoTemplate e o framework JDO do Spring faz o resto. O JdoTemplate possui também métodos muito úteis. Por exemplo, você pode recuperar um objeto Student pelo seu id, usando o método getObjectById():

```
public Student getStudent(Integer id) {
    return (Student) jdoTemplate.getObjectById(Student.class, id);
}
```

Nós não queremos desaponta-lo você, mas é só isso! Você executa o código JDO dentro de um objeto callback ou tira proveito de um método do JdoTemplate, e apóia-se no suporte do Spring ao gerenciamento de recursos e exceções.

4.6 Spring e iBATIS

Como o Hibernate, iBATIS é um framework de persistência open source. Ele oferece características ORM, como mapeamento complexo de objetos e caching, mas não é tão robusto quanto o Hibernate. Para aprender mais sobre SQL Maps, visite a página do iBATIS, em http://www.ibatis.com/sqlmaps.

O Spring, atualmente, suporta duas versões de SQL Maps: a versão 1.3 e a mais recente, versão 2.0. É fácil de distinguir quais classes do Spring são apropriadas para qual versão. Todas classes do Spring que suportam a versão 1.3 estão com o nome SqlMapXxx, e as classes da versão 2.0 estão com o nome SqlMapClientXxx. Por examplo, você usaria a classe SqlMapTemplate com a versão 1.3 e a classe SqlMapClientTemplate com a versão 2.0. Em todos nossos exemplos, usaremos a versão 2.0.

Falando de exemplos, vamos dar uma olhada em como configurar os Mapeamentos SQL.

4.6.1 Como configurar SQL Maps

Similar ao Hibernate, você pode configurar SQL Maps com um arquivo XML. A listagem 4.15 mostra como configurar a classe Student.

Listagem 4.15 Como configurar a classe Student no iBATIS SQL Maps

```
<sql-map name="Student">
    <result-map name="result"                              Define o
            class="org.springinaction.training.model.Student">   mapeamento
        <property name="id" column="id" columnIndex="1"/>  do Student
        <property name="firstName" column=" first_name"
            columnIndex="2"/>
        <property name="lastName" column=" last_name"
            columnIndex="3"/>
    </result-map>

    <mapped-statement name="getStudentById" result-map="result">
        select student.id, student.first_name, student.last_name   Define o
        from student                                               statement
        where student.id = #value#                                 de select
    </mapped-statement>

    <mapped-statement name="insertAccount">      Define o
        insert into student (id, first_name, last_name)   statement
        values (#id#, #firstName#, #lastName#)   de insert
    </mapped-statement>
</sql-map>
```

Dê um nome significativo ao arquivo, tal como Student.xml. O próximo passo é criar um arquivo de configuração iBATIS SQL Maps, chamado sql-map-config.xml. Dentro deste arquivo, nós configuramos nosso arquivo Student.xml:

```
<sql-map-config>
    <sql-map resource="Student.xml"/>
</sql-map-config>
```

Nossos arquivos de configuração já estão no lugar, precisamos configurar um SQLMapClient:

```
<bean id="sqlMapClient"
        class="org.springframework.orm.ibatis.SqlMapClientFactoryBean">
    <property name="configLocation">
        <value>sql-map-config.xml</value>
    </property>
    <property name="dataSource">
        <ref bean="dataSource"/>
    </property>
</bean>
```

Até agora, você já deve saber como criar uma classe template e associá-la a um objeto DAO:

```
<bean id="sqlMapClientTemplate"
        class=" org.springframework.orm.ibatis.SqlMapClientTemplate">
    <property name="sqlMapClient">
        <ref bean="sqlMapClient"/>
    </property>
</bean>

<bean id="studentDao"
        class="org.springinaction.training.model.StudentDaoSqlMap">
    <property name="sqlMapClientTemplate">
        <ref bean="sqlMapClientTemplate"/>
    </property>
</bean>
```

Temos um DAO configurado e pronto para o trabalho. Preciamos usar o SqlMapClientTemplate para chegar até o banco de dados.

4.6.2 Como usar SqlMapClientTemplate

Como nos outros frameworks ORM, usar uma classe template e seu callback é bem direto. Nesse caso, precisamos implementar o método de SqlMapClientCallback:

```
Object doInSqlMapClient(SqlMapExecutor executor)
    throws SQLException;
```

E assim como todos os outros pares template-callback, o template faz o trabalho pesado e nós nos preocupamos com as operações sobre os dados. Eis um exemplo de como fazer uma busca por um Student, usando SqlMapClientCallback:

```
public Student getStudent(Integer id) throws DataAccessException {
    return getSqlMapClientTemplate().execute(
        new SqlMapClientCallback() {
    public Object doInSqlMapClient(SqlMapExecutor executor)
        throws SQLException {
        return (Student) executor.queryForObject("getPerson", id);
    }
    );
}
```

Mais uma vez, acabamos com um método pequeno e legal! E acredite ou não, poderia ser ainda menor, pois SqlMapClientTemplate vem com métodos muito úteis para operações comuns de acesso a dados. Usando esses métodos, nós faríamos assim:

```
public Student getStudent(Integer id) throws DataAccessException {
    return (Student) getSqlMapTemplate().executeQueryForObject(
        "getStudentById", id);
}
```

Colocar dados no banco de dados é muito simples:

```
public void insertStudent(Student student)
        throws DataAccessException {
    getSqlMapTemplate().executeUpdate("insertStudent", student);
}
```

Já que esses frameworks têm o foco em seu trabalho (Mapeamento O/R), os pontos de integração com o Spring são simples. Uma vez que a configuração da nossa ferramenta ORM seja feita nos arquivos XML do Spring, usar essa ferramenta é algo muito fácil e direto.

4.7 Spring e OJB

ObJectRelationalBridge ou OJB é um outro framework open source da Apache. Como o Hibernate, tem quase todas as funções que você espera de uma ferramenta ORM, incluindo lazy loading e distributed caching. Você pode aprender mais sobre OJB no site official http://db.apache.org/ojb.

OJB suporta muitas APIs de persistência, incluindo os dois padrões JDO e ODMG, além de sua API proprietária. O Spring integra-se com a API do OJB que é baseada numa classe PersistenceBroker. Vejamos como configurar um PersistenceBroker usando o Spring.

4.7.1 Como configurar PersistenceBroker do OJB

Como os outros dois frameworks ORM que mencionamos, OJB define seu mapeamento em um arquivo XML. Normalmente, você usará um arquivo com o nome de OJB-repository.xml. Este arquivo também é usado pelo OJB para saber qual DataSource usar. A listagem 4.16 mostra como configurar a classe Student no OJB.

Listagem 4.16 Como configurar uma classe Student no OJB

```
<descriptor-repository version="1.0">

    <jdbc-connection-descriptor jcd-alias="dataSource"      Configura o
                        default-connection="true"           DataSource
                        useAutoCommit="1"/>
    <class-descriptor                                        Configura o
        class="org.springinaction.training.model.Student"   mapeamento para
        table="Student">                                    Student
```

```
<field-descriptor name="id" column="id"
                  primarykey="true"
                  autoincrement="true" />

<field-descriptor name="firstName" column="first_name" />
<field-descriptor name="lastName" column="last_name" />
...
   </class-descriptor>
</descriptor-repository>
```

> Configura o
> mapeamento
> para
> Student

Quando o framework OJB do Spring tentar acessar a base de dados, ele fará uso do DataSource, cujo nome do bean é o mesmo que a propriedade jcd-alias abaixo. Por exemplo, dentro do arquivo OJB-repository.xml, você precisará associar um DataSource com o nome de dataSource.

O OJB também precisa de um arquivo de propriedades chamado de OJB.properties para as propriedades específicas do OJB. Quando você faz o download do OJB, você tem um arquivo OJB.properties com valores default. Esse arquivo possui muitas propriedades com as quais você configura o OJB. A única propriedade que você precisa mudar para integrar o Spring com o OJB é a ConnectionFactoryClass:

```
ConnectionFactoryClass=org.springframework.orm.ojb.
                    ⤳ support.LocalDataSourceConnectionFactory
```

Para aprender a configurar todas as outras propriedades OJB, veja a documentação do OJB. Agora estamos prontos para associar nossos beans do Spring. Para integrar o OJB tudo o que precisamos é associar um DataSource, como descrito abaixo:

```
<beans>
    <bean id="dataSource" ... />

    <bean id="studentDao"
       class="com.springinaction.training.dao.ojb.StudentDaoOjb">
    </bean>

    <bean id="ojbConfigurer" class="org.springframework.orm
                        ⤳ ojb.support.LocalOjbConfigurer" />
</beans>
```

Note que não associamos uma classe template dessa vez. Isso porque a classe PersistenceBrokerTemplate configura a si própria, no momento da instanciação, então não sobra nada para configurar. A listagem 4.17 mostra como StudentDao seria implementado, usando OJB e a classe PersistenceBrokerDaoSupport.

Listagem 4.17 Como implementar PeristenceBrokerDaoSupport

```
public class StudentDaoOjb extends PersistenceBrokerDaoSupport
     implements StudentDao {

  public Student getStudent(final Integer id) {
     Criteria criteria = new Criteria();
     criteria.addLike("id", Integer.toString(id));          Consulta
     return (Student)                                        dados
        getPersistenceBrokerTemplate().getObjectByQuery(
        new QueryByCriteria(Student.class, criteria));
}

  public void create(Student student) {
     getPersistenceBrokerTemplate().store(student);          Escreve dados
  }

}
```

Como você pode notar, ainda temos uma classe template para acessar o framework OJB. Já que estendemos a classe PersistenceBrokerDaoSupport, a classe PersistenceBrokerTemplate já está disponível para nós. Note também que tiramos proveito de alguns métodos na classe PersistenceBrokerTemplate, tais como: getObjectByQuery() e store(). Como nas outras integrações ORM do Spring, o suporte OJB vem com muitos métodos úteis, que fazem com que a integração fique o menos difícil possível.

4.8 RESUMO

Como já percebeu, não importa qual a tecnologia de persistência que você usa, o foco do Spring é sempre fazer com que isso seja transparente para o resto da aplicação, fornecendo uma hierarquia consistente de exceções, através dos objetos DAO. Interpretando as exceções específicas de cada tecnologia e códigos de erros específicos de cada vendedor, o Spring lhe permite lançar uma exceção genérica DataAccessException, assim sua camada de persistência não deixará nenhuma exceção ou erro se espalhar pela aplicação.

De todas as tecnologias disponíveis, o JDBC puro passa a maior parte da responsabilidade para o seu código. E como aprendemos, o Spring fornece um suporte robusto para ajudar na escrita de um código JDBC mais limpo. Fornecendo uma estrutura de callback limpa, você pode escrever suas queries JDBC, sem o esforço de controlar os recursos do banco de dados ou gerenciar as exceções. Também fornece outras facilidades, tais como geração de chaves primárias e interpretação de erros personalizada.

Além do JDBC puro, muitas aplicações usam uma ferramenta ORM para controlar necessidades de persistência mais complexas. Você descobriu que o Spring tem suporte para vários destes frameworks: Hibernate, JDO, iBATIS SQL Maps e Apache OJB. Integrando o Spring com sua ferramenta ORM, você pode ter uma configuração unificada, como também tirar proveito do gerenciamento de recursos e exceções do Spring.

Uma coisa que está faltando nesse capítulo é o gerenciamento transacional. Isso porque gerenciamento transacional é tão complexo que vamos ter um capítulo apenas para ele. No capítulo 5, você aprenderá como integrar o suporte transacional do Spring, com cada uma destas tecnologias de persistência.

Capítulo 5

Como gerenciar transações

Este capítulo cobre:

- A integração do Spring com diferentes gerenciadores de transações
- Gerenciamento de transações programadas
- O uso de transações declarativas do Spring
- Descrição de transações usando anotações

Pare um momento para lembrar-se de sua infância. Se você foi como muitas crianças, passou muitos momentos despreocupados no playground, andando de balanço, atravessando as barras do trepa-trepa, ficando tonto enquanto girava no carrossel e indo para cima e para baixo numa gangorra.

O problema com a gangorra é que é impossível aproveitá-la sozinho. Para aproveitá-la realmente, você precisa de outra pessoa. Você e um amigo têm que concordar em andar na gangorra. Este acordo é uma proposição tudo-ou-nada. Ambos têm que andar ou nenhum dos dois irão andar. Se qualquer um de vocês não sentar num dos lugares de cada ponta da gangorra, não haverá brincadeira — apenas haverá uma criança triste, imóvel, sentada numa ponta de uma tábua inclinada.

Em se tratando de software, operações tudo-ou-nada são chamadas de *transações*. As transações lhe permitem agrupar diversas operações, em uma única unidade de trabalho que, ou acontece completamente ou não. Se tudo der certo, a transação será um sucesso. Mas, se algo der errado, então, o slate é limpo e fica como se nada tivesse acontecido.

Provavelmente, o exemplo mais comum de uma transação do mundo-real é uma transferência de dinheiro. Imagine que você tivesse que transferir R$100 de sua poupança para sua conta corrente. A transferência envolve duas operações: R$100 são deduzidos da poupança e R$100 são somados à conta corrente. A transferência de dinheiro deve ser executada completamente ou não realizada. Se a dedução da poupança der certa, mas o depósito na conta corrente falhar, você terá R$100 a menos (bom para o banco, ruim para você). Por outro lado, se a dedução falhar, mas o depósito tiver sucesso, você terá R$100 a mais (bom para você, ruim para o banco). É melhor para ambas as partes envolvidas se a transferência inteira for realizada novamente, caso qualquer operação falhe.

O Spring oferece um rico suporte para o gerenciamento de transações programadas e declarativas. Neste capítulo, você aprenderá a colocar seus códigos de aplicativos em transações, para assegurar-se de que quando as coisas estiverem dando certas, elas fiquem permanentes — e, quando as coisas derem errado, ninguém precisa saber.

5.1 COMO ENTENDER AS TRANSAÇÕES

Para ilustrar as transações, considere a compra de um ingresso de filme. A compra de um ingresso, normalmente, envolve as seguintes ações:

- O número de assentos disponíveis será examinado para verificar se há assentos disponíveis suficientes para sua compra.

- O número de assentos disponíveis é decrementado por cada um dos ingressos adquiridos.

- Você paga pelo ingresso.

- O ingresso é emitido para você.

Se tudo der certo, você estará desfrutando do seu filme e o cinema estará alguns reais mais rico. Mas e se algo der errado? Por exemplo, se você pagasse com um cartão de crédito que tivesse alcançado seu limite? Certamente você não receberia um ingresso e o cinema não receberia o pagamento. Mas se o número de assentos não for reajustado ao seu número, antes da compra, a sessão pode parecer lotada (e assim perder vendas). Ou o que aconteceria se tudo mais desse certo, mas a emissão de ingressos falhasse. Você ficaria com alguns reais a menos e teria que ir para casa, assistir TV a cabo.

Para assegurar que nem você e nem o cinema percam, as ações acima devem estar envolvidas numa transação. Como uma transação, elas são todas tratadas como uma única ação, garantindo que irão funcionar completamente ou desfeitas como se nada tivesse acontecido. A figura 5.1 ilustra como esta transação funciona.

As transações realizam um papel importante em software, assegurando que os dados e recursos nunca sejam deixados num estado incompatível. Sem eles, há a probabilidade dos dados serem corrompidos ou incompatíveis com as regras de negócio do aplicativo.

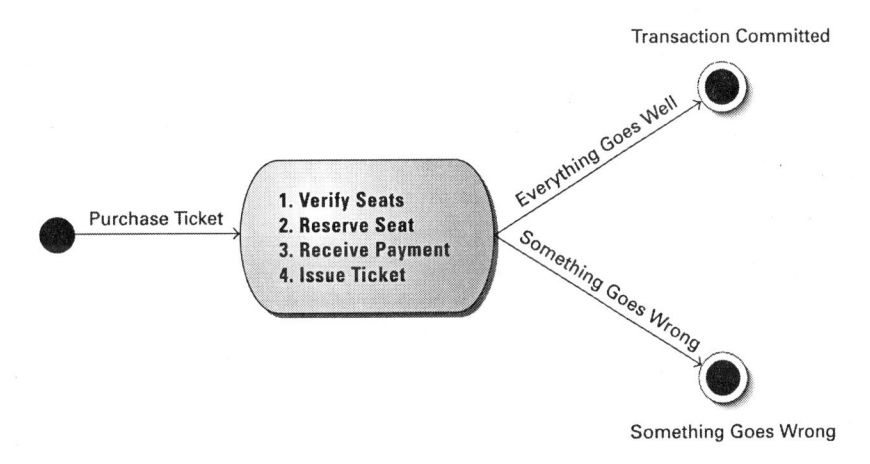

Figura 5.1 - Comprando um ingresso de filme como uma transação

---

[1] Estamos ainda verificando a respeito, mas isto pode ser qualificado como um record de maior uso da palavra "gangorra" em um livro de programação.

Demos uma olhada nos quatro fatores que guiam as transações e como eles funcionam.

5.1.1 Como explicar transações em apenas quatro palavras

Na principal tradição de desenvolvimento de software, uma sigla foi criada para descrever transações: ACID. Em resumo, ACID significa:

- *Atômico* — As transações são compostas por uma ou mais atividades empacotadas juntas, como uma única unidade de trabalho. A Atomicidade assegura que todas as operações na transação aconteçam ou que nenhuma delas aconteça. Se todas as atividades tiverem sucesso, então a transação é um sucesso. Se qualquer uma das atividades falharem, então a transação inteira falhará e será desfeita.

- *Consistente* — Uma vez que uma transação termine (bem-sucedida ou não), o sistema é deixado num estado que é compatível com o negócio que modela. Os dados não devem ser corrompidos em relação à realidade.

- *Isolada* — As transações devem permitir que múltiplos usuários trabalhem com os mesmos dados, sem que o trabalho de cada usuário interfira com os outros. Portanto, as transações devem ser isoladas umas das outras, evitando que leituras e criações concorrentes dos mesmos dados aconteçam. (Note que o isolamento, normalmente, envolve o lock de registros e/ou itens em um banco de dados).

- *Durável* — Uma vez que a transação foi completada, os seus resultados devem se tornar permanentes, de forma que eles sobrevivam a qualquer tipo de pane do sistema. Isto, normalmente, envolve o armazenando dos resultados em um banco de dados ou alguma outra forma de armazenamento persistente.

No exemplo do ingresso de filme, uma transação poderia assegurar atomicidade ao desfazer o resultado de todos os passos, se qualquer um destes falhar. A atomicidade oferece suporte a uma consistência, ao assegurar que os dados do sistema nunca serão deixados em um estado incompatível ou parcialmente realizado. O isolamento também fornece suporte à consistência, ao impedir que uma outra transação simultânea roube assentos de você, enquanto ainda estiver no processo de adquiri-los.

Finalmente, os efeitos são estáveis porque eles estarão comprometidos a um armazenamento persistente. No caso de uma pane no sistema ou outro evento catastrófico, você não deve se preocupar que os resultados da transação sejam perdidos.

Para uma explicação mais detalhada sobre transações, sugerimos que você leia *Patterns of Enterprise Application Architecture* de Martin Fowler. Especificamente, o capítulo 5 discute simultaneidade e transações.

5.1.2 Como entender o suporte de gerenciamento de transações do Spring

O Spring, assim como o EJB, oferece um suporte tanto para gerenciamento de transações programadas quanto declarativas. Mas as capacidades de gerenciamento de transação do Spring excedem as do EJB.

O suporte do Spring para o gerenciamento de transações programadas difere muito do EJB. Diferentemente do EJB, que é acoplado como uma implementação da Java Transaction API (JTA), o Spring emprega um mecanismo de callback, que abstrai a implementação atual de transação, do código transacional. Na realidade, o suporte de gerenciamento de transação do Spring nem mesmo requer uma implementação de JTA. Se o seu aplicativo usa apenas um único recurso persistente, o Spring pode usar o suporte transacional fornecido pelo mecanismo de persistência. Isto inclui o JDBC, o Hibernate, o Java Data Objects (JDO) e o Apache Object Relational Bridge (OJB). Porém, se o seu aplicativo possui exigências de transação, que gerenciam múltiplos recursos, o Spring dá suporte a transações distribuídas (XA), usando uma implementação JTA de terceiros. Nós discutiremos o suporte do Spring para transações programadas na seção 5.2.

Enquanto o gerenciamento de transação programada lhe proporciona flexibilidade ao definir, precisamente, os limites da transação em seu código, as transações declarativas o ajudam a desacoplar uma operação de suas regras de transação. O suporte do Spring para transações declarativas é reminescente das transações gerenciadas pelo container EJB (CMT). Ambos lhe permitem definir declarativamente os limites da transação. Mas a transação declarativa do Spring vai além do CMT, lhe permitindo declarar atributos adicionais, tais como o nível de isolamento e timeouts. [2] Começaremos a trabalhar com o suporte para transações declarativas do Spring, na seção 5.3.

Escolher entre gerenciamento de transações programadas ou declarativas é, em grande parte, uma decisão de controle detalhado versus conveniência. Quando você programa transações em seu código, ganha um controle preciso sobre os limites da transação, começando e terminando-as onde quiser. Normalmente, você não precisará do controle detalhado oferecido pelas transações programadas e escolherá declarar suas transações no arquivo de definição de contexto.

Não importa qual destas formas você escolhe para programar transações em seus beans ou declará-los como aspectos, você estará usando um gerenciador de transações do Spring para interagir com uma implementação de transação específica de uma plataforma. Demos uma olhada em como os gerenciadores de transação do Spring o livram de lidar, diretamente, com uma implementação de transação específica de uma plataforma.

---

[2] Apesar da especificação EJB, não oferecer níveis de isolamento ou timeouts em CMT às transações, diversos containers EJB oferecem estas capacidades.

5.1.3 Como apresentar o gerenciador de transações do Spring

O Spring não administra transações diretamente. Ao contrário, vem com uma seleção de gerenciadores de transação, que delegam responsabilidade de gerenciamento de transação para uma implementação de transação específica de uma plataforma, provida por JTA ou por um mecanismo de persistência. Os gerenciadores de transação do Spring estão listados na tabela 5.1.

Tabela 5.1 Seleção de gerenciadores de transação do Spring para muitas das diferentes implementações de transações

Implementação do gerenciador de transação	Propósito
org.springframework.jdbc.datasource. DataSourceTransactionManager	Gerencia transações num único DataSource JDBC.
org.springframework.orm.hibernate.HibernateTransactionManager	Usado para gerenciar transações quando o Hibernate é o mecanismo de persistência.
org.springframework.orm.jdo.Jdo TransactionManager	Usado para gerenciar transações quando o JDO for usado para persistência.
org.springframework.transaction. jta.JtaTransactionManager	Gerencia transações usando uma implementação de Java Transaction API (JTA). Deve ser usado quando uma transação necessitar de múltiplos recursos.
org.springframework.orm.ojb. PersistenceBrokerTransactionManager	Gerencia transações quando o Apache Object Relational Bridge (OJB) é usado para persistência.

Cada um destes gerenciadores de transação age como um façade para uma implementação de transação específica de uma plataforma (figura 5.2). Isto lhe torna possível trabalhar com uma transação no Spring, com pouca consideração com a implementação atual.

Para usar um gerenciador de transação, você precisará declará-lo no contexto do seu aplicativo. Demos então uma olhada em como declarar cada um destes gerenciadores de transação, começando com o DataSourceTransactionManager.

Transações JDBC

Se você está usando o JDBC direto para a persistência do seu aplicativo, o DataSourceTransactionManager controlará os limites da transação por você. Para usar o DataSourceTransactionManager, associe-o na sua definição de contexto do aplicativo, usando o seguinte XML:

```
<bean id="transactionManager" class="org.springframework.jdbc.
    datasource.DataSourceTransactionManager">
```

```
<property name="dataSource">
   <ref bean="dataSource"/>
 </property>
</bean>
```

Note que a propriedade dataSource é setada com uma referência para um bean denominado dataSource. Presumivelmente, o bean dataSource é um bean javax.sql.DataSource definido em algum outro lugar no seu arquivo de definição de contexto.

Por trás dos panos, o DataSourceTransactionManager gerencia as transações, chamando o objeto java.sql.Connection recuperado, a partir do DataSource. Por exemplo, uma transação é bem sucedida ao chamarmos o método commit() na conexão. Da mesma forma, uma transação que falhou é desfeita, ao chamarmos o método rollback().

TRANSAÇÕES COM HIBERNATE

Se a persistência de seu aplicativo é controlada pelo Hibernate, então você irá querer usar o HibernateTransactionManager. Declare-o em seu aplicativo usando o XML da página seguinte:

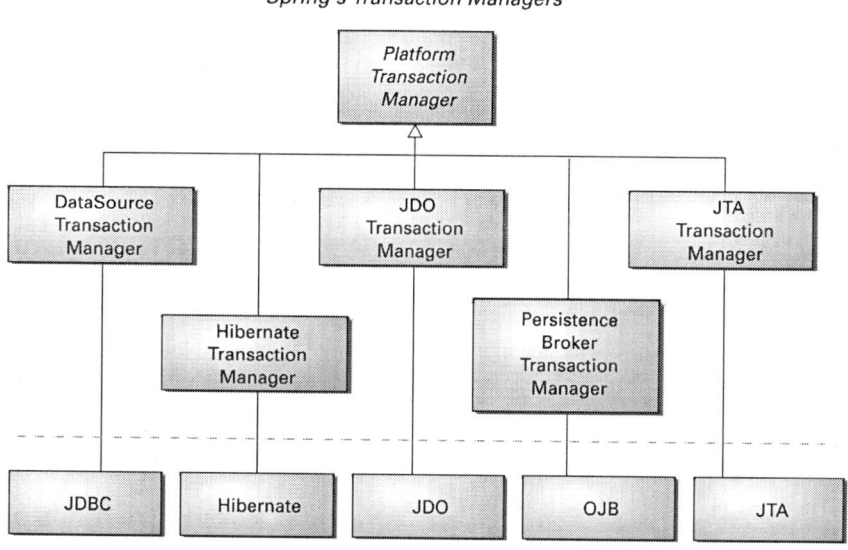

Figura 5.2 - Os gerenciadores de transação do Spring delegam responsabilidade de gerenciamento de transação a implementações de transação específicas de plataformas.

```
<bean id="transactionManager" class="org.springframework.
      ↩ orm.hibernate.HibernateTransactionManager">?
  <property name="sessionFactory">
    <ref bean="sessionFactory"/>
  </property>
</bean>
```

A propriedade sessionFactory deve ser associada com um SessionFactory do Hibernate, aqui habilmente chamado de sessionFactory. Veja o capítulo 4, para maiores detalhes sobre como criar uma factory de sessão do Hibernate.

O HibernateTransactionManager delega responsabilidade para o gerenciador de transação a um objeto net.sf.hibernate.Transaction, que ele recupera a partir da sessão do Hibernate. Quando uma transação é completada com sucesso, o HibernateTransactionManager chamará o método commit() no objeto Transaction. Da mesma forma, quando uma transação falhar, o método rollback() será chamado no objeto Transaction.

Transações com Java Data Objects

Talvez o JDBC e o Hibernate não sejam ideais para você, entretanto, você decidiu implementar a camada de persistência de sua aplicação usando Java Data Objects (JDO). Neste caso, o gerenciador de transação de escolha será o JdoTransactionManager. Ele pode ser declarado no contexto do seu aplicativo da seguinte forma:

```
<bean id="transactionManager"
      class="org.springframework.orm.jdo.JdoTransactionManager">
  <property name="persistenceManagerFactory">
    <ref bean="persistenceManagerFactory"/>
  </property>
</bean>
```

Com o JdoTransactionManager, você precisa associar uma instância de javax.jdo.PersistenceManagerFactory à propriedade persistenceManagerFactory. Veja no capíulo 4, para maiores informações de como estabelecer uma factory de gerenciamento de persistência JDO.

Por baixo dos panos, o JdoTransactionManager trabalha com o objeto de transação recuperado do gerenciador de persistência do JDO, chamando o commit() ao término de uma transação bem sucedida e rollback(), se a transação falhar.

Transações com Object Relational Bridge

Um outro framework de persistência disponível para ser usado com um aplicativo Spring é o Apache Object Relational Bridge (OJB). Se escolheu usar o OJB para persistência, você pode usar PersistenceBrokerTransactionManager para gerenciar as transações:

```
<bean id="transactionManager" class="org.springframework.orm.
  ⇥ ojb.PersistenceBrokerTransactionManager">?
...
</bean>
```

O PersistenceBrokerTransactionManager começa uma transação recuperando um org.apache.ojb.broker.PersistenceBroker. Quando uma transação é completada com sucesso, PersistenceBrokerTransactionManager chama o método commitTransaction(), no PersistenceBroker. Quando uma transação falha, a mesma é desfeita com um chamado ao método setRollbackOnly().

TRANSAÇÕES COM JAVA TRANSACTION API

Se nenhum dos gerenciadores de transação acima mencionados, satisfizer suas necessidades ou se suas transações necessitarem de múltiplos recursos de transação (por exemplo, dois ou mais diferentes bancos de dados), você pecisará usar JtaTransactionManager:

```
<bean id="transactionManager" class="org.springframework.
  ⇥ transaction.jta.JtaTransactionManager">
  <property name="transactionManagerName">
    <value>java:/TransactionManager</value>
  </property>
</bean>
```

O JtaTransactionManager delega responsabilidade de gerenciamento de transação a uma implementação JTA. JTA especifica uma API padrão para coordenar as transações entre uma aplicação e um ou mais recursos de dados. A propriedade transactionManagerName especifica um gerenciador de transação JTA, a ser monitorado via JNDI.

O JtaTransactionManager trabalha com os objetos javax.transaction.UserTransaction e javax.transaction.TransactionManager, delegando responsabilidade de gerenciamento de transação a esses objetos. Uma transação bem sucedida estará comprometida pela chamada ao método UserTransaction.commit(). Da mesma forma, se a transação falhar, o método rollback() de UserTransaction será chamado.

Até agora, esperamos que você tenha achado um gerenciador de transação do Spring adequado para as necessidades de aplicação e tenha o associado em seu arquivo de configuração do Spring. Agora é hora de pôr este gerenciador de transação para funcionar. Começaremos empregando o gerenciador de transação, para programar transações manualmente.

5.2 COMO PROGRAMAR TRANSAÇÕES NO SPRING

O método enrollStudentInCourse() de CourseService possui múltiplas ações que são realizadas durante o período de inscrição de um aluno, num curso. Se qualquer uma destas ações falharem, então todas as ações devem ser desfeitas, como se nada tivesse acontecido. Em outras palavras, enrollStudentInCourse() precisa ser evolvido por uma transação.

Uma abordagem para acrescentar transações a seu código, é adicionar de forma programada alguns limites de transação, usando a classe TransactionTemplate do Spring. Como em outras classes modelo do Spring (como JdbcTemplate, discutido no capítulo 4), o TransactionTemplate utiliza um mecanismo de callback. A listagem 5.1 mostra como envolver seu código, dentro de um TransactionTemplate.

Listagem 5.1 Transação programada em um método enrollStudentInCourse()

```
public void enrollStudentInCourse() {
    transactionTemplate.execute(
        new TransactionCallback() {
            public Object doInTransaction(TransactionStatus ts) {
                try {
                    // faz algo          ◄──────── Executa dentro de doInTransaction()
                } catch (Exception e) {
                    ts.setRollbackOnly();   ◄──────── Chama setRollbackOnly() para desfazer a transação
                }

                return null;   ◄──────── Se realizado com sucesso, a transação é comprometida
            }
        }
    );
}
```

Você começa implementando a interface TransactionCallback. Pelo fato da mesma ter apenas um método para ser implementado, é freqüentemente mais fácil implementá-la como uma classe interna anônima, como mostrado na listagem 5.1. Coloque o código que você quer dentro de um contexto transacional, no método doInTransaction().

Chamando o método execute() na instância de TransactionTemplate, ele executará o código contido na instância TransactionCallback. Se seu código encontrar um problema, chamando setRollbackOnly() no objeto TransactionStatus, fará com que toda a operação seja desfeita. Caso contrário, se o método doInTransaction() retornar bem sucedido, a transação estará comprometida.

De onde vem a instância TransactionTemplate? Boa pergunta. Ela deve ser injetada dentro de CourseServiceImpl, como segue:

```
<bean id="transactionTemplate" class="org.springframework.
    ↪ transaction.support.TransactionTemplate">?
    <property name="transactionManager">
        <ref bean="transactionManager"/>
    </property>
</bean>
```

```
<bean id="courseService"
      class="com.springinaction.training.service.CourseServiceImpl">
  <property name=" transactionTemplate">
    <ref bean=" transactionTemplate"/>
  </property>
</bean>
```

Note que o bean transactionTemplate possuí uma propriedade transactionManager. Novamente, por baixo dos panos, o TransactionTemplate usa uma implementação de PlatformTransactionManager para controlar os detalhes específicos de plataforma do gerenciamento de transação. Aqui, associamos em uma referência um bean denominado transactionManager, que poderia ser qualquer uma das implementações da interface PlatformTransactionManager, conforme discutimos na seção 5.1.3.

As transações programáticas são boas quando você quiser um controle completo sobre os limites das transações. Mas, como você pode ver na listagem 5.1, elas são um tanto intrusivas. Você teve que alterar a implementação de enrollStudentInCourse()—usando classes específicas do Spring — para empregar o suporte para transações programadas do Spring.

Normalmente, suas necessidades de transação não irão requerer tal controle preciso sobre seus limites. É por isso que você, geralmente, escolherá declarar suas transações fora do seu código de aplicação (no arquivo de configuração do Spring, por exemplo). O resto deste capítulo abordará o gerenciamento de transação declarativa do Spring.

5.3 COMO DECLARAR TRANSAÇÕES

Num tempo não muito distante, o gerenciamento de transações declarativas era uma capacidade só disponível em containers EJB. Mas agora o Spring oferece suporte para transações declarativas para POJOs. Esta é uma característica significativa do Spring, porque seus aplicativos já não irão requerer EJBs complexos e pesados simplesmente para realizarem operações atômicas declarativamente.

O suporte do Spring para o gerenciamento de transações declarativas é implementado através do framework AOP do Spring. Esta é uma carcterística natural, pois as transações são serviços em nível de sistema, acima da funcionalidade primária de uma aplicação. Você pode pensar em uma transação Spring como um aspecto que "envolve" um método.

Para empregar transações declarativas em seu aplicativo Spring, você utilizará o TransactionProxyFactoryBean. Este bean proxy factory é semelhante a ProxyFactoryBean, que você viu no capítulo 3, exceto por ele ter o propósito específico de "envolver" métodos em contextos transacionais. (Você poderia alcançar os mesmos resultados criando seu próprio ProxyFactoryBean para controlar transações, mas é muito mais fácil usar um TransactionProxyFactoryBean, já que ele é especificamente projetado para transações declarativas). A listagem 5.2 mostra como você pode declarar um TransactionProxyFactoryBean.

Listagem 5.2 Como fazer proxy de um serviço para um processamento transacional

```
<bean id="courseService" class="org.springframework.transaction.
      interceptor.TransactionProxyFactoryBean">
   <property name="proxyInterfaces">
      <list>
         <value>
            com.springinaction.training.service.CourseService    Interface
         </value>                                                 implementada
      </list>                                                     pelo proxy
   </property>

   <property name="target">
      <ref bean="courseServiceTarget"/>  ◄───────────── Bean sendo proxiado
   </property>

   <property name="transactionManager">
      <ref bean="transactionManager"/>  ◄────────── Gerenciador de transação
   </property>

   <property name="transactionAttributeSource">
      <ref bean="attributeSource"/>  ◄────────── Atributo de transação
   </property>
</bean>
```

Note que este bean tem um id de courseService. Isto se dá de forma que, quando o aplicativo pede um courseService do contexto do aplicativo, ele irá recuperar uma instância que estiver envolvida por este TransactionProxyFactoryBean. O bean courseService original deve ser renomeado de forma que não haja nenhum conflito nos ids dos bean. Qualquer nome servirá, mas é uma convenção reconhecida derivar o nome do bean designado, unindo "Target" ao nome do proxy deste bean alvo. Neste caso, courseServiceTarget é apropriado:

```
<bean id="courseServiceTarget"
   class="com.springinaction.training.service.CourseServiceImpl">
...
</bean>
```

O TransactionProxyFactoryBean possui dois colaboradores, além de seu bean alvo. A propriedade transactionManager indica uma instância de PlatformTransactionManager a ser usada, ao perceber o contexto de transação. Este pode ser qualquer um dos PlatformTransactionManagers abordados na seção 5.1.3.

A propriedade transactionAttributeSource leva uma referência a um bean TransactionAttributeSource. Para entender como os recursos dos atributos de uma transação funcionam, você deve entender, primeiro, os atributos da transação. Então, demos uma olhada detalhada em como os atributos de transação são definidos.

5.3.1 Como entender os atributos de transação

No Spring, um atributo de transação é uma descrição de como deveriam ser aplicadas as políticas de transação, a um método. Esta descrição poderia incluir um ou mais dos seguintes parâmetros:

- Comportamento de propagação
- Nível de isolamento
- Dicas para somente leitura
- O timeout da transação

Veremos como juntar estes parâmetros de atributo de transação, a fim de declarar uma política de transação. Mas, primeiro, demos uma olhada em como cada um destes parâmetros impacta, quando uma transação é aplicada.

Comportamento de propagação

O comportamento de propagação define os limites da transação, com respeito ao cliente e ao método que é chamado. O Spring define sete comportamentos de propagação distintos, como catalogados na tabela 5.2.

Tabela 5.2 Regras[3] de propagação transacional do Spring

Comportamento de propagação	O que significa
PROPAGATION_MANDATORY	Indica que o método tem que ser executado dentro de uma transação. Se nenhuma transação existente estiver em andamento, uma exceção será lançada.
PROPAGATION_NESTED	Indica que o método deveria ser executado dentro de uma transação aninhada, se uma transação existente estiver em andamento. A transação aninhada pode ser comprometida ou ser desfeita, separadamente, da transação incluída. Se nenhu ma transação incluída existir, se comporta como PROPAGATION_ REQUIRED. Esteja ciente de que o suporte de fornecedores para este comportamento de propagação é dito como o melhor. Consulte a documentação para seu gerenciador de recursos determinar se as transações aninhadas são suportadas.
PROPAGATION_NEVER	Indica que o método atual não deveria ser executado, dentro de um contexto transacional. Se houver uma transação existente em andamento, uma exceção será lançada.

Continua na próxima página

---

[3] Os comportamentos de propagação descritos na tabela 5.3 são definidos como constantes na interface org.springframework.transaction.TransactionDefinition.

Tabela 5.2 Regras[3] de propagação transacional do Spring

Comportamento de propagação	O que significa
PROPAGATION_NOT_SUPPORTED	Indica que o método não deveria ser executado dentro de uma transação. Se uma transação existente estiver em andamento, ela será suspendida para a duração do método. Se estiver usando JTATransactionManager, será requerido um acesso a TransactionManager.
PROPAGATION_REQUIRED	Indica que o método atual tem que ser executado dentro de uma transação. Se uma transação existente estiver em andamento, o método será executado dentro daquela transação. Caso contrário, uma nova transação será iniciada.
PROPAGATION_REQUIRES_NEW	Indica que o método atual tem que ser executado dentro de sua própria transação. Uma nova transação é iniciada e se uma transação existente estiver em andamento, ela será suspendida para a duração do método. Se estiver usando o JTATransaction Manager, será requerido um acesso a TransactionManager.
PROPAGATION_SUPPORTS	Indica que o método atual não requer um contexto de transação, mas pode correr dentro de uma transação, se a mesma já estiver em andamento.

A maioria dos comportamentos de propagação na tabela 5.2 podem parecer familiares. Isso se dá porque eles refletem as regras de propagação disponíveis nas transações gerenciadas pelo container EJB (CMT). Por exemplo, o PROPAGATION_REQUIRES_NEW do Spring é equivalente ao requiresNew do CMT. O Spring acrescenta um comportamento de propagação adicional não disponível no CMT, o PROPAGATION_NESTED, para dar suporte a transações aninhadas.

As regras de propagação respondem a pergunta, se uma nova transação deveria ser iniciada ou não, ou simplesmente suspensa, ou ainda se um método deveria realmente ser executado dentro de um contexto transacional.

Por exemplo, se um método for declarado para ser transacional com um comportamento PROPAGATION_REQUIRES_NEW, significa que os limites transacionais são os mesmos que os próprios limites do método: uma nova transação é iniciada quando o método começa e a transação termina com o retorno do método ou quando lançada uma exceção. Se o método tiver um comportamento PROPAGATION_REQUIRED, então os limites transacionais dependem se a transação já começou ou não.

NÍVEIS DE ISOLAMENTO

Em uma típica aplicação, múltiplas transações são executadas simultaneamente, freqüentemente funcionando com os mesmos dados para terem seu trabalho feito. Simultaneidade, quando necessária, pode conduzir aos seguintes problemas:

■ *Leitura suja* — Leituras sujas ocorrem quando uma transação lê os dados que foram criados, mas que ainda não foram comprometidos por outra transação. Se as mudanças forem desfeitas, os dados obtidos pela primeira transação serão inválidos.

■ *Leitua não-repetitiva* — Leituras não-repetitivas acontecem quando uma transação realiza a mesma ação duas ou mais vezes e a cada vez os dados são diferentes. Isto normalmente acontece devido a uma outra transação simultânea, que atualiza os dados entre as ações.

■ *Leitura fantasma* — Leituras fantasma são similares às leituras não-repetitivas. Ocorrem quando uma transação (T1) lê várias linhas, então uma transação concorrente (T2) insere linhas. Em queries subseqüentes, a primeira transação (T1) encontra linhas adicionais que não estavam lá anteriormente.

Em uma situação ideal, as transações seriam completamente isoladas umas das outras, evitando estes problemas. Porém, um isolamento perfeito pode afetar seu desempenho, pois envolve, freqüentemente, o locking de linhas (e às vezes, tabelas completas) no banco de dados. Um locking agressivo poderia impedir a concorrência, exigindo que as transações esperassem umas às outras, para entrarem em cena e realizarem seu trabalho.

Percebendo que o isolamento perfeito pode impactar no desempenho e pelo fato de nem todos os aplicativos requererem um isolamento perfeito, às vezes é desejável ser flexível com respeito ao isolamento da transação. Portanto, há vários níveis de isolamento, como descritos na tabela 5.3.

Tabela 5.3 Níveis de isolamento de transações do Spring[4]

Nível de isolamento	O que significa
ISOLATION_DEFAULT	Usa o nível de isolamento padrão do banco de dados.
ISOLATION_READ_UNCOMMITTED	Permite a você ler mudanças que ainda não foram comprometidas. Evita leituras sujas, leituras fantasma e leituras não-repetitivas.
ISOLATION_READ_COMMITTED	Permite leituras de transações concorrentes que foram comprometidas. As leituras sujas são evitadas, mas as leituras fantasma e não-repetitiva ainda podem ocorrer.
ISOLATION_REPEATABLE_READ	Leituras múltiplas do mesmo campo renderão os mesmos resultados, a menos que sejam mudadas pela própria transação. Leituras sujas e leituras não-repetitivas são evitadas, mas leituras fantasma ainda podem acontecer.
ISOLATION_SERIALIZABLE	Este nível completo de isolamento ACID assegura que as leituras sujas, não-repetitivas e fantasma sejam evitadas. Este é o mais lento de todos os níveis de isolamento porque, normalmente,é realizado por ocasião do fechamento de cada item envolvido na transação.

[4] Os níveis de isolamento descritos na tabela 5.3 estão definidos como constantes na interface org.springframe-work.transaction.TransactionDefinition.

ISOLATION_READ_UNCOMMITTED é o nível de isolamento mais eficiente, mas isola ao mínimo a transação, deixando a transação aberta para leituras sujas, não-repetitivas e fantasma. No outro extremo, ISOLATION_SERIALIZABLE previne contra todas as formas de problemas de isolamento, mas é a menos eficiente.

Esteja atento ao fato de que nem todos os gerenciadores de recursos suportam todos os níveis de isolamento listados na tabela 5.3. Consulte a documentação do seu gerenciador de recursos para determinar quais níveis de isolamento estão disponíveis.

SOMENTE LEITURA

Se uma transação executar somente operações de leituras num dado banco de dados, este último pode ser capaz de aplicar certos otimizadores que tirem proveito da natureza de somente leitura da transação. Ao declarar uma transação como sendo somente leitura, você dá ao banco de dados a oportunidade de aplicar esses otimizadores, se ele achar adequado.

Devido aos otimizadores de somente leitura serem aplicados pelo banco de dados, quando uma transação se inicia, ele apenas é útil para declarar uma transação como somente-leitura em métodos com comportamentos de propagação, que possam começar uma nova transação (PROPAGATION_REQUIRED, PROPAGATION, REQUIRES_NEW, e PROPAGATION_NESTED).

Além disso, se você estiver usando o Hibernate como seu mecanismo de persistência, declarar uma transação como somente leitura resultará em um modo flush do Hibernate, sendo setado como FLUSH_NEVER. Isso faz com que o Hibernate evite uma sincronização desnecessária dos objetos com o banco de dados, atrasando todas as atualizações até o final da transação.

TIMEOUT DE TRANSAÇÃO

Finalmente, um outro atributo que você pode escolher para configurar em uma transação é um timeout. Suponha que sua transação se torne inesperadamente longa. Pelo fato das transações poderem envolver locks em seus bancos de dados, transações longas podem aplicar um lock em recursos de banco de dados desnecessariamente. Ao invés de esperar que isso aconteça, você pode declarar para que uma transação volte atrás automaticamente, depois de um certo número de segundos.

Pelo fato do relógio de timeout começar a soar quando uma transação se inicia, ele somente tem utilidade para declarar um intervalo na transação em métodos, com comportamentos de propagação, que possam começar uma nova transação (PROPAGATION_REQUIRED, PROPAGATION_REQUIRES_NEW, e PROPAGATION_NESTED).

5.3.2 Como declarar uma política simples de transação

TransactionProxyFactoryBean consulta os atributos da transação do método, a fim de determinar como administrar as políticas de transação neste método. Mas de onde TransactionProxyFactoryBean obtém os atributos de transação de um método?

Como você viu na listagem 5.2, TransactionProxyFactoryBean tem uma propriedade transactionAttributeSource. Esta propriedade é associada a uma instância de TransactionAttributeSource. Um TransactionAttributeSource é usado como uma referência para observar atributos de transação num método.

Um TransactionAttributeSource é definido pela seguinte interface:

```
public interface TransactionAttributeSource {
    public TransactionAttribute getTransactionAttribute(
        java.lang.reflect.Method method,
        java.lang.Class targetClass
    );
}
```

O método getTransactionAttribute() é chamado para achar os atributos de transação para um método específico, dado a classe e o método alvos. O TransactionAttribute retornado indica as políticas transacionais que devem ser aplicadas ao método.

Agora definamos o bean transactionAttributeSource no arquivo XML de definição de contexto da aplicação, como segue:

```
<bean id="transactionAttributeSource"
    class="org.springframework.transaction.interceptor.
     ➥ MatchAlwaysTransactionAttributeSource">?
...
</bean>
```

Voilà! Com o bean transactionAttributeSource declarado, todos os métodos proxied pela classe alvo de TransactionProxyFactoryBean são agora realizados dentro de um contexto transacional. Mas note que você não especificou quais métodos devem ser transacionais ou até mesmo, qual política de transação deveria ser aplicada. Isso porque aqui, nós decidimos usar o MatchAlwaysTransactionAttributeSource.

MatchAlwaysTransactionAttributeSource é provavelmente a implementação mais simples de TransactionAttributeSource. Quando seu método getTransactionAttribute() é chamado, ele ingenuamente retorna sempre o mesmo TransactionAttribute todas às vezes, independente de qual método está sendo envolvido na transação (por padrão, PROPAGATION_REQUIRED e ISOLATION_DEFAULT). Esta é a parte "MatchAlways" do MatchAlwaysTransactionAttributeSource em ação (remover????).

Como mudar o TransactionAttribute padrão

Como mencionado anteriomente, o método getTransactionAttribute() de MatchAlwaysTransactionAttributeSource sempre retornará um atributo de transação com uma política de PROPAGATION_REQUIRED/ISOLATION_DEFAULT. Se você quiser que MatchAlwaysTransactionAttributeSource retorne um TransactionAttribute diferente do padrão, você pode associar em outro TransactionAttribute para a propriedade transactionAttribute.

Por exemplo, para que atchAlwaysTransactionAttributeSource retorne sempre um TransactionAttribute com uma política de PROPAGATION_REQUIRES_NEW e de PROPAGATION_REQUIRES_NEW, coloque este pedaço de XML, no arquivo de definição de contexto:

```
<bean id="myTransactionAttribute"
      class="org.springframework.transaction.interceptor.
           ➥ DefaultTransactionAttribute">?
  <property name="propagationBehaviorName">
    <value>PROPAGATION_REQUIRES_NEW</value>
  </property>
  <property name="isolationLevelName">
    <value>ISOLATION_REPEATABLE_READ</value>
  </property>
</bean>

<bean id="transactionAttributeSource"
      class="org.springframework.transaction.interceptor.
           ➥ MatchAlwaysTransactionAttributeSource">?
  <property name="transactionAttribute">
    <ref bean="myTransactionAttribute"/>
  </property>
</bean>
```

O bean myTransactionAttribute define um atributo de transação customizável. A propriedade propagationBehaviorName configura o comportamento de propagação isolationLevelName o nível de isolamento. Este bean é então associado na propriedade transactionAttribute de MatchAlwaysTransactionAttributeSource para sobrescrever o atributo de transação padrão.

Porém, esteja atento ao fato de que, enquanto você mudar os parâmetros do atributo de transação aplicado por MatchAlwaysTransactionAttributeSource, ele sempre retornará o mesmo atributo de transação, independente do método usado na transação.

Usar MatchAlwaysTransactionAttributeSource é ótimo quando você tiver uma aplicação relativamente simples e aplicar as mesmas políticas de transação a todos os métodos. Mas em aplicações mais complexas, você provavelmente precisará aplicar políticas de transação diferentes a métodos diferentes. Neste caso, precisará de um controle mais refinado sobre quais políticas são aplicadas. Então, demos uma olhada em outro TransactionAttributeSource que lhe permite declarar políticas de transação, numa base método-por-método.

5.4 Como declarar transações através do nome do método

Uma das características fundamentais da especificação EJB, sempre foi a característica das transações gerenciadas pelo container (CMT). Com o CMT é possível declarar políticas de transação no descritor de deployment do EJB. Por exemplo, suponha que tenhamos recriado o aplicativo de treinamento do Spring, usando o EJB em vez do Spring. Nós declaramos um método enrollStudentInCourse() de CourseServiceBean para ser transacional, usando a seguinte declaração no arquivo ejb-jar.xml:

```
<ejb-jar>
...
   <assembly-descriptor>
      <container-transaction>
         <method>
            <ejb-name>CourseServiceBean</ejb-name>
            <method-name>enrollStudentInCourse</method-name>
         </method>
         <trans-attribute>RequiresNew</trans-attribute>
      </container-transaction>
   </assembly-descriptor>
</ejb-jar>
```

O Spring pegou uma página do modelo de transação declarativa do EJB, oferecendo várias fontes de recursos de atributos, que lhe permitem declarar políticas de transação em POJOs. Começaremos vendo NameMatchTransactionAttributeSource, uma fonte de atributos de transação que lhe permite declarar as transações de uma maneira que é reminescente ao CMT do EJB.

5.4.1 Como usar NameMatchTransactionAttributeSource

O equivalente do Spring ao CMT é o NameMatchAttributeSource. Esta fonte de atributos de transação lhe permite declarar atributos de transação, em uma base de nome de método por nome de método. Por exemplo, para declarar que o método enrollStudentInCourse() tenha um comportamento de propagação "requer nova", substitua a declaração do bean transactionAttributeSource (da seção 5.3.2), como segue:

```
<bean id="transactionAttributeSource"
      class="org.springframework.transaction.interceptor.
          ↪ NameMatchTransactionAttributeSource">
   <property name="properties">
      <props>
```

```
    <prop key="enrollStudentInCourse">
       PROPAGATION_REQUIRES_NEW
    </prop>
  </props>
 </property>
</bean>
```

Pelo fato deste bean ser chamado transactionAttributeSource, ele será associado na propriedade transactionAttributeSource da TransactionProxyFactoryBean, assim como ocorreu com MatchAlwaysTransactionAttributeSource, na seção 5.3.2. Transaction ProxyFactoryBean irá consultar esta fonte de atributos de transação quando precisar saber como administrar transações em um método.

A propriedade properties de NameMatchTransactionAttributeSource mapeia nomes de método para um descritor de propriedade de transação. O descritor de propriedade de transação possui a seguinte forma:

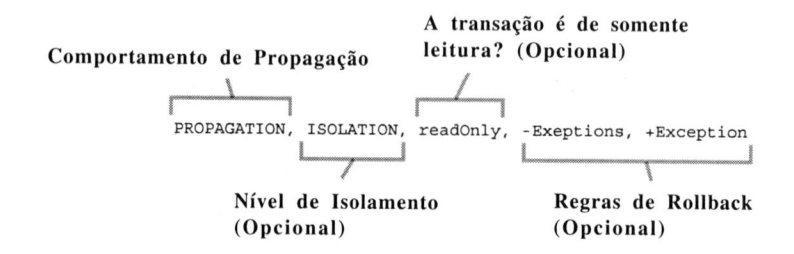

No exemplo acima, só o comportamento de propagação foi especificado, mas como você pôde notar, muitos outros parâmetros de um atributo de transação podem ser definidos no descritor de atributos de transação. Demos então uma olhada nos outros componentes de um descritor de atributos de transação.

COMO ESPECIFICAR O NÍVEL DE ISOLAMENTO DA TRANSAÇÃO

Até aqui você viu somente como usar o NameMatchTransactionAttributeSource para declarar um comportamento de propagação de transação. Se este fosse o CMT do EJB, seria onde a história terminaria, mas com o Spring, você pode declarar mais.

Por exemplo, suponha que além de um comportamento de propagação "requer nova", você queira que o método enrollStudentInCourse() tenha um nível de isolamento de "leitura repetitiva". Tudo o que você precisa fazer é acrescentar ISOLATION_REPEATABLE_READ à propriedade de transação, separando-a do comportamento de propagação, com uma vírgula:

```
<bean id="transactionAttributeSource"
     class="org.springframework.transaction.interceptor.
        ↳ NameMatchTransactionAttributeSource">
```

```
<property name="properties">
   <props>
      <prop key="enrollStudentInCourse">
         PROPAGATION_REQUIRES_NEW, ISOLATION_REPEATABLE_READ
      </prop>
   </props>
</property>
</bean>
```

Como usar transações de somente leitura

Mas espere, há mais coisas. Você também pode declarar transações como sendo read-only, acrescentando readOnly à lista de atributos de transação. Por exemplo, para declarar que o método getCompletedCourses seja envolvido numa transação que é otimizada para acessos somente de leitura, use o seguinte:

```
<bean id="transactionAttributeSource"
      class="org.springframework.transaction.interceptor.
         ↪ NameMatchTransactionAttributeSource">?
   <property name="properties">
      <props>
         <prop key="getCompletedCourses">
            PROPAGATION_REQUIRED, ISOLATION_REPEATABLE_READ, readOnly
         </prop>
      </props>
   </property>
</bean>
```

Como especificar regras rollback

Finalmente, as transações podem ser declaradas para voltarem atrás, baseadas em exceções que são lançadas durante o curso da transação. Por via de regra, as transações voltam atrás somente durante a execução de exceções e não em exceções checadas. (Para aqueles familiarizados com o EJB, podem reconhecer que este é também um comportamento EJB). Porém, você pode especificar que uma transação volte atrás, também em determinadas exceções checadas.

Por exemplo, para sempre ter a transação que volte atrás, quando uma CourseException (ou qualquer subclasse de CourseException) for lançado, altere o atributo de transação para parecer como segue:

```
<bean id="transactionAttributeSource"
      class="org.springframework.transaction.interceptor.
         ↪ NameMatchTransactionAttributeSource">?
   <property name="properties">
      <props>
         <prop key="enrollStudentInCourse">
            PROPAGATION_REQUIRES_NEW, ISOLATION_REPEATABLE_READ,
            -CourseException
```

```
        </prop>
      </props>
    </property>
</bean>
```

Note que CourseException é marcado com um sinal de negação (-). As exceções podem ser marcadas como sendo negativas (-) ou positivas (+). Exceções negativas ativarão uma volta atrás, caso a exceção (ou qualquer subclasse thereof) seja lançada. Por outro lado, as exceções positivas indicam que a transação deveria ser comprometida até mesmo se a exceção for lançada. Você pode até mesmo marcar exceções de runtime, como positivas para evitar voltar atrás (mas considere cuidadosamente, se é isso que você quer fazer).

Como usar comparações wildcard

Da mesma maneira que no EJB, você também pode usar wildcards para declarar políticas de transação para múltiplos métodos, que combinem com um padrão. Por exemplo, para aplicar comportamentos de propagação de "suportes" a todos os métodos, cujos nomes comecem com "get", use o seguinte:

```
<bean id="transactionAttributeSource"
      class="org.springframework.transaction.interceptor.
         NameMatchTransactionAttributeSource">?
      <property name="properties">
         <props>
            <prop key="get*">
            PROPAGATION_SUPPORTS
            </prop>
         </props>
      </property>
</bean>
```

NameMatchTransactionAttributeSource é um ótima forma de imitar o CMT do EJB, apenas com POJOs e com muito mais poder. Discutiremos os outros recursos dos atributos de transação do Spring, na seção 5.5. Primeiro, veremos como podemos declarar transações associadas ao nome, diretamente com TransactionProxyFactoryBean, sem declarar uma NameMatchTransactionAttributeSource.

5.4.2 Como atalhar transações associadas ao nome

Até agora, lhe mostramos como usar NameMatchTransactionAttributeSource, definindo um instância de bean e nomeando-a transactionAttributeSource. Feito deste modo, o bean transactionAttributeSource será associado na propriedade transactionAttributeSource de TransactionProxyFactoryBean. Deste modo, funcionará bem, mas há uma maneira ligeiramente mais fácil.

Como se mostra, TransactionProxyFactoryBean também tem uma propriedade transactionAttributes.

Ao invés de associar um NameMatchTransactionAttributeSource nesta propriedade, você poderá associar as propriedades de transação diretamente na propriedade transactionAttributes do ProxyFactoryBean, como segue:

```
<bean id="courseService" class="org.springframework.transaction.
         ⬆ interceptor.TransactionProxyFactoryBean">?
...
   <property name="transactionProperties">
      <props>
         <prop key="enrollStudentInCourse">
         PROPAGATION_REQUIRES_NEW
         </prop>
      </props>
   </property>
</bean>
```

Associar propriedades de transação na propriedade transactionProperties é funcionalmente idêntico a conectar NameMatchTransactionAttributeSource à propriedade transaction AttributeSource. Por baixo dos panos, TransactionProxyFactoryBean instancia seu próprio NameMatchTransactionAttributeSource e passa as propriedades associadas em sua propriedade transactionProperties, no método setProperties() de NameMatchTransactionAttributeSource. Como resultado, você não precisa criar um bean transactionAttributeSource separado.

5.5 Como declarar transações com metadados

Até agora, você viu como declarar transações no arquivo de definição de contexto do Spring, usando o XML. Isto provou ser menos intrusivo do que definir programadamente as transações em seu código. Fazendo assim, entretanto, você foi forçado a declarar a política de transação do método, em um arquivo separado da definição do método. Não seria melhor, se você pudesse declarar os atributos da transação junto com a definição de método no próprio código (sem recorrer às transações programadas)?

Uma abordagem empolgante e relativamente nova para acrescentar informação ao código é etiquetar as classes e métodos, com atributos de metadados. Esta capacidade está disponível em C #, desde o começo da plataforma Microsoft.NET, mas apenas recentemente foi acrescentada ao Java.

Sozinhos, os atributos de metadata não alteram diretamente o comportamento de seu código, ao contrário, eles provêem sugestões e dicas à plataforma do aplicativo para guiá-la, em como aplicar um comportamento adicional ao aplicativo.

Os atributos de transação são um uso natural de metadados. Como você viu, os atributos de transação não alteram a execução de seus métodos diretamente, mas quando um método é proxied por um TransactionProxyFactoryBean, pode ser envolvido em uma transação.

Atualmente, duas implementações de metadados estão disponíveis aos desenvolvedores Java: a Jakarta Commons Attributes e o JSR-175 (uma especificação de metadados para Java). O suporte de metadados do JSR-175 foi lançado como parte do Java 5 e é, provavelmente, a característica mais altamente antecipada para Java, por muito tempo. Sem dúvida, ele se tornará no futuro, a abordagem padrão para anexar código com metadados. Entretanto, muitos desenvolvedores esperavam impacientes por uma abordagem padrão, para metadados em Java. Como resultado, nasceu o projeto Jakarta Commons Attributes.

Na ocasião que este livro foi escrito, o Java 5 fora recém lançado e o Spring só oferecia suporte à implementação Jakarta Commons Attributes para metadados. Nós antecipamos que este suporte para metadados estaria em breve disponível numa futura versão do Spring. Nesse caso, recomendamos que você escolha metadados de JSR-175, ao invés do Jakarta Commons Attributes, principalmente porque a JSR-175 é uma característica padrão do Java 5, e não requer nenhum passo de compilação adicional. Porém, se um suporte para JSR-175 não estiver disponível ainda (no Spring ou na versão de Java que sua aplicação está utilizando), então sua única escolha será usar o Jakarta Commons Attributes.

Independente de qual implementação você usar, precisará dar o TransactionProxyFactoryBean, uma fonte de atributos de transação adequada para recuperar atributos de transação, a partir de metadados.

5.5.1 Como procurar atributos de transação a partir de metadados

Para TransactionProxyFactoryBean recuperar atributos de transação, a partir de metadados, ele precisará que seu transactionAttributeSource seja um AttributesTransactionAttributeSource, como segue :

```
<bean id="transactionAttributeSource"
      class="org.springframework.transaction.interceptor.
          ➥ AttributesTransactionAttributeSource">?
   <constructor-arg>
     <ref bean="attributesImpl"/>
   </constructor-arg>
</bean>
```

Note que associamos num argumento construtor uma referência desta fonte de atributo de transação, com uma referência para um bean chamado attributesImpl. O bean attributesImpl (no qual definiremos) será usado pela fonte de atributos de transação para interagir com a implememtação de metadados subjacente.

Desta forma, AttributesTransactionAttributeSource é mantido genérico em relação a qual implementação de metadados é usado, tanto o Jakarta Commons Attributes quanto as anotações JSR-175.

Comecemos nossa exploração de metadados usando a implementação Jakarta Commons Attributes.

5.5.2 Como declarar transações com Commons Attributes

O Jakarta Common Attributes foi uma das primeiras implementações disponíveis para Java. O lado bom sobre o Common Attributes é que ele não requer que você utilize o Java 5. Então, se ainda utiliza uma versão mais antiga do Java e quer declarar transações com metadados, sua única opção é usar o Commons Attributes.

COMO DECLARAR UMA IMPLEMENTAÇÃO DE ATRIBUTOS

Quando declaramos o bean AttributesTransactionAttributeSource, na seção 5.5.1, passamos uma referência ao bean attributesImpl para o construtor. Agora, definiremos o bean que usará o Commons Attributes, como a implementação de metadados para recuperar atributos de transação:

```
<bean id="attributesImpl" class="org.springframework.
    metadata.commons.CommonsAttributes">?
...
</bean>
```

Com CommonsAttributes associado a implementação de metadados para AttributesTransactionAttributeSource, o Spring irá procurar por atributos de transação com metadados anexados em métodos transacionais. Portanto, a próxima coisa a fazer é anexar esses métodos com atributos de transação.

COMO ETIQUETAR MÉTODOS TRANSACIONAIS

O Jakarta Commons Attributes é aplicado em uma classe ou método ao are applied to a class or method, colocando doclets anexos em comentários, precedendo a classe/método. Estes doclet anexados levam a seguinte forma:

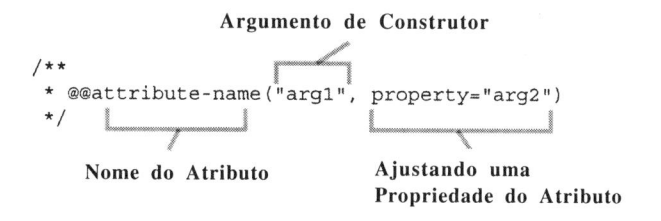

No Jakarta Commons Attributes, os metadados podem ser definidos usando qualquer forma de JavaBean. Como se mostra, as classes que implementam os atributos de transação de Spring são perfeitamente etiquetadas para serem usadas como metadados, com o Jakarta Commons Attributes. Isto inclui DefaultTransactionAttribute e RuleBasedTransactionAttribute.

O método enrollStudentInCourse() precisa ser executado dentro do contexto de uma transação (embora não necessariamente uma nova transação). Etiquetando-a com a classe DefaultTransactionAttribute e setando a propriedade propagationBehaviorName para PROPAGATION_REQUIRED fará o necessário:

```
/**
 *   @@org.springframework.transaction.interceptor.
 ⤷  DefaultTransactionAttribute(propagationBehaviorName=?
 ⤷  "PROPAGATION_REQUIRED")?
 */
public void enrollStudentInCourse() {
...
}
```

Note que você teve que usar o nome da classe completamente qualificado de DefaultTransactionAttribute ao usá-la como um atributo. Isto é importante porque depois que o pré-compilador do Jakarta Commons Attributes acabar com CourseServiceImpl, ele terá reescrito CourseServiceImpl para referir-se a uma instância de DefaultTransactionAttribute. A menos que especifique o pacote, irá adquirir erros de compilação, ao tentar compilar a classe CourseServiceImpl gerada. Opcionalmente, pode escolher importar o pacote de forma que você possa usar o nome da classe sozinho.

A escolha entre usar o nome de classe completamente qualificado ou importar o pacote é realmente uma questão de gosto. Como você pode notar, incluir o nome da classe completamente qualificado é bastante verboso. Porém, se escolher evitar isto importando o pacote, cuide para que seu IDE não remova este pacote automaticamente. Uma vez que o nome da classe de atributo esteja dentro dos comentários do doclet, seu IDE não pode reconhecer o pacote de atributos como uma importação necessária e pode removê-lo. Para nossos exemplos, usaremos o nome de classe qualificado.

Agora, o método enrollStudentInCourse() é etiquetado para requerer um contexto transacional. Como em todos os outros métodos CourseServiceImpl, você gostaria que eles dessem suporte a contextos transacionais, mas eles não requerem uma transação. Uma maneira de realizar isto é etiquetar cada um dos outros métodos com DefaultTransactionAttribute, setando propagationBehaviorName para PROPAGATION_SUPPORTS. Mas há uma maneira melhor.

Ao colocar etiquetas de transação em nível de classe, você pode especificar os atributos de transação que têm que ser aplicados a todos os métodos na classe, que ainda não foram etiquetados de outra forma. Então, para especificar que todos os métodos de CourseServiceImpl ofereçam suporte às transações:

```
/**
 * @@org.springframework.transaction.interceptor.
 ↪ DefaultTransactionAttribute(
 ↪ propagationBehaviorName="PROPAGATION_SUPPORTS")
 */
public class CourseServiceImpl implements CourseService {
...
}
```

Agora, você etiquetou os métodos de serviço e classes com metadados transacionais. Mas como estes metadados saem do bloco de comentário e entram no código de forma que a AttributesTransactionAttributeSource possa achá-los e aplicar a política transacional? Aqui é onde o pré-compilador Commons Attributes entra em ação.

COMO CONFIGURAR OBUILD PARA COMMONS ATTRIBUTES

A mágica por trás do Jakarta Commons Attributes está em um pré-compilador que analisa gramaticalmente as etiquetas de doclet em seu código e então reescreve sua classe embutindo o metadado em seu código. Não é importante entender completamente como o pré-compilamento funciona, para usá-lo para declarar transações no Spring, mas é importante que você acrescente o pré-compilador ao arquivo de build, de forma que o metadado de transação seja setado no código.

Se você estiver usando o Ant para fazer seu build, precisará fazer download dos seguintes arquivos e colocá-los em seu diretório $ANT_HOME/lib:

- http://cvs.apache.org/~leosutic/commons-attributes-api-SNAPSHOT.jar
- http://cvs.apache.org/~leosutic/commons-attributes-compiler-SNAPSHOT.jar
- http://www.ibiblio.org/maven/commons-collections/jars/commons- collections-2.1.jar
- http://www.ibiblio.org/maven/xjavadoc/jars/xjavadoc-1.0.jar

Depois, você precisará acrescentar a seguinte linha a seu arquivo build.xml, para carregar a tarefa do pré-compilador no Ant:

```
<taskdef
    resource="org/apache/commons/attributes/anttasks.properties"/>
```

A tarefa do pré-compilador é denominada attribute-compiler. Para usá-la, acrescente o seguinte alvo em seu arquivo build.xml:

```
<target name="compile-attributes">
    <attribute-compiler destdir=".">
        <fileset dir="." includes="*.java"/>
    </attribute-compiler>
</target>
```

Por último, mude seu alvo compile para depender do alvo compile-attributes:

```
<target name="compile"
     depends="compile-attributes">
  <javac
    srcdir="."
    destdir="${basedir}"
    deprecation="true"
    debug="true"
    classpath="${ant.home}/lib/
            ↦  commons-attributes-api-SNAPSHOT.jar;."
    optimize="false">
  </javac>
</target>
```

Note que você também irá precisar adicionar o arquivo commons-attributes-api-SNAPSHOT.jar no caminho definido em <javac>. Isto se dá de forma que <javac> possa achar as classes Commons Attributes, quando ele compilar seu código.

Se você estiver usando o Maven para fazer seu build, então configurar o pré-compilador será um pouco mais fácil. Primeiro, faça o download destes dois arquivos JAR e coloque-os no diretório commons-attributes/jars em seu repositório local Maven (.maven/repository/commons-attributes/jars):

■   http://cvs.apache.org/~leosutic/commons-attributes-api-SNAPSHOT.jar

■   http://cvs.apache.org/~leosutic/commons-attributes-compiler-SNAPSHOT.jar

Então, faça o download do seguinte arquivo JAR e coloque-o no diretório plugins do Maven (.maven/plugins):

■   http://cvs.apache.org/~leosutic/commons-attributes-plugin-2.0alpha.jar

É isso! O plug-in configura o pré-compilador de atributos como um pré-requisito para o objetivo java:compile. Isto significa que você não poderá compilar códigos fontes Java, sem primeiro passar através do pré-compilador de atributos.

Agora, a aplicação foi configurada para aplicar transações baseadas em metadados. Nós passamos por vários passos até chegar aqui. Assim, revisemos: Quando você executar seu build, os atributos da transação serão compilados diretamente em suas classes de serviço. Quando o AttributesTransactionAttributeSource tenta observar os atributos da transação para qualquer método em CourseServiceImpl, ele achará os atributos que foram etiquetados no método e TransactionProxyFactoryBean os usará quando determinar a política de transação para o método.

5.6 Como aparar declarações de transações

Até agora você escolheu um TransactionAttributeSource, declarou seus métodos da camada de serviço para serem transacionais e associou um gerenciador de transações adequado para sua camada de persistência. Tudo funciona como esperado. Mas ainda há uma coisa que o importuna.

Olhando através do arquivo de associação de beans, você acha diversos pares de alvos/serviços. Isto é, você acha diversas declarações de beans, cujo nome insinua que eles são beans de serviço, mas na realidade, são instâncias de TransactionProxyFactoryBean. O bean de serviço verdadeiro é denominado com um sufixo Target e associado na propriedade target de TransactionProxyFactoryBean.

Por exemplo, o serviço de curso é definido pelas duas seguintes declarações <bean>:

```
<bean id "courseService"
      class="org.springframework.transaction.interceptor.
         ⮡ TransactionProxyFactoryBean">?

  <property name="target">
    <ref bean="courseServiceTarget"/>
  </property>

  <property name="transactionManager">
    <ref bean="transactionManager"/>
  </property>

  <property name="transactionAttributeSource">
    <ref bean="attributeSource"/>
  </property>
</bean>

<bean id="courseServiceTarget"
  class="com.springinaction.training.service.CourseServiceImpl">
</bean>
```

Além do mais, você nota que todos os seus beans de serviço estão definidos da mesma maneira e associados com o mesmo gerenciador de transação e a mesma fonte de atributos de transação. Isto parece um XML bastante redundante. Auto-associar algumas das propriedades TransactionProxyFactoryBean seria um longo caminho a percorrer a fim de limpar o XML, mas você ainda ficaria com um par de alvos/serviços. Não seria ótimo você pudesse eliminar as instâncias redundantes de TransactionProxyFactoryBean, todos de uma vez?

Felizmente, você pode. O Spring oferece duas maneiras para combater o XML redundante:

- Herança de Bean
- Autoproxying da AOP

Demos uma olhada em cada uma destas abordagens, começando com a herança de bean.

5.6.1 Herança de um TransactionProxyFactoryBean parente

Um modo para simplificar a declaração de transações e beans de serviço é usar o suporte do Spring para beans parentes. Usando o atributo parent do elemento <bean>, você pode especificar que um bean é filho de algum outro bean, herdando as propriedades do bean. O conceito é semelhante ao de uma subclasse em Java, a não ser pelo fato de que acontece em nível de declaração de um bean. Pense nisto como um "sub-bean".

Para usar a herança de bean, a fim de reduzir o XML, que resulta de declarações múltiplas de TransactionProxyFactoryBean, comece acrescentando uma declaração abstract de TransactionProxyFactoryBean à definição do contexto:

```
<bean id="abstractTxDefinition"
      class="org.springframework.transaction.interceptor.
         ↪ TransactionProxyFactoryBean"?
      lazy-init="true">

   <property name="transactionManager">
      <ref bean="transactionManager"/>
   </property>

   <property name="transactionAttributeSource">
      <ref bean="attributeSource"/>
   </property>
</bean>
```

Esta declaração é semelhante à declaração de courseService anterior, exceto por duas coisas:

- Primeiro, sua propriedade lazy-init está setada como true. Os contextos de aplicação, geralmente, irão iniciar cada bean no início de sua execução. Já que nosso aplicativo usará somente sub-beans de abstractTxDefinition e nunca usará abstractTxDefinition diretamente, não queremos que o container tente iniciar um bean que nunca usaremos. A propriedade lazy-init diz ao container para não criar o bean, a menos que peçamos isto (o que nós não faremos). Na verdade, lazy-init é o que torna este bean abstrato.

- A propriedade target é curiosamente perdida. Nós setamos esta propriedade nos sub-beans.

A próxima coisa a ser feita é criar o sub-bean. Considere a seguinte declaração do bean courseService:

```
<bean id="courseService"
    parent="abstractTxDefinition">
  <property name="target">
    <bean class="com.springinaction.training.service.CourseServiceImpl">
  </property>
</bean>
```

O atributo parent indica que este bean deverá herdar sua definição, a partir do bean abstractTxDefinition. A única coisa que este bean acrescenta é a associação de um valor pela propriedade target. Neste caso, estamos tirando proveito de beans internos para declarar o bean alvo, exatamente onde nós o usamos. Isto mantém o XML limpo, ao não declarar um bean CourseServiceImpl separado (sabendo que você nunca usará um CourseServiceImpl fora do escopo de uma transação).

Até agora, esta técnica não nos poupou muito XML. Mas pense no que você precisará para fazer outro bean transacional. Você somente terá que acrescentar um outro sub-bean de abstractTxDefinition. Por exemplo:

```
<bean id="studentService"
        parent="abstractTxDefinition">
  <property name="target">
    <bean class="com.springinaction.training.service.StudentServiceImpl"/>
  </property>
</bean>
```

Mas note que você não teve que declarar, completamente, um outro TransactionProxyFactoryBean novamente. Agora imagine se seu aplicativo tivesse dúzias (ou centenas) de beans de serviço, que precisassem ser transacionais. A herança de beans realmente vale a pena, quando você tiver muitos beans transacionais.

Agora olhemos em como usar o auto-proxying da AOP, para eliminar completamente a necessidade de um TransactionProxyFactoryBean.

5.6.2 Transações Autoproxying

Como você viu no capítulo 3, você pode eliminar instâncias de ProxyFactoryBean, empregando o autoproxying. Uma vez que as transações no Spring estão baseadas na AOP, você também pode usar o autoproxying para livrar-se de instâncias redundantes de TransactionProxyFactoryBean Veja como.

Primeiro, da mesma maneira que faria qualquer auto-aconselhamento, você precisa declarar um bean que é uma instância de DefaultAdvisorAutoProxyCreator:

```
<bean id="autoproxy"
    class="org.springframework.aop.framework.autoproxy.
        ➥ DefaultAdvisorAutoProxyCreator">?
...
</bean>
```

O DefaultAdvisorAutoProxyCreator polirá o contexto de aplicação para os advertidores automaticamente, usando-os para fazer proxy de todos os beans que combinem com o pointcut do advertidor. Para transações, o advertidor a ser usado é o TransactionAttributeSourceAdvisor:

```
<bean id="transactionAdvisor"
    class="org.springframework.transaction.interceptor.
        ➥ TransactionAttributeSourceAdvisor">?
    <constructor-arg>
    <ref bean="transactionInterceptor"/>
    </constructor-arg>
</bean>
```

TransactionAttributeSourceAdvisor é um aconselhador AOP desenvolvido, assim como aqueles que você viu no capítulo 3. E assim como qualquer aconselhador, é composto por um pointcut e um interceptor. O pointcut é um pointcut de método estático que consulta uma fonte de atributos transacional, para determinar se um método tem qualquer atributo de transação associado com ele. Se um método tem atributos de transação, então o método será proxied para ser inserido dentro de uma transação.

Para o interceptor, ele é associado no TransactionAttributeSourceAdvisor por um argumento de construtor. Ele é implementado pela classe TransactionInterceptor e associado no aplicativo, como segue:

```
<bean id="transactionInterceptor"
    class="org.springframework.transaction.interceptor.
        ➥ TransactionInterceptor">?
    <property name="transactionManager">
    <ref bean="transactionManager"/>
    </property>
    <property name="transactionAttributeSource">
    <ref bean="transactionAttributeSource"/>
    </property>
</bean>
```

O TransactionInterceptor utiliza dois colaboradores para fazer seu trabalho. Ele usa um PlatformTransactionManager, associado na propriedade transactionManager, a fim de coordenar transações, com a implementação de transação subjacente e utiliza uma fonte de atributos de transação associada na propriedade transactionAttributeSource para determinar as políticas de transação a serem aplicadas aos métodos que interceptará.

Como se mostra, você já definiu os beans transactionManager e transactionAttributeSource quando você usava TransactionProxyFactoryBean — eles serviram perfeitamente com o interceptador de transações também.

A última coisa a ser feita é remover todas as instâncias de TransactionProxyFactoryBean e renomear os beans da camada de serviço, de volta a seus nomes legítimos (originais) (por exemplo, courseServiceTarget se tornará courseService).

Como escolher uma fonte de atributos para autoproxying

Quando fizer autoproxying de transações, a fonte de atributos de transação é a chave para um método receber ou não proxy. Este fato pode o incitar a escolher uma fonte de atributos de transação diferente. Por exemplo, considere as conseqüências de usar a seguinte fonte de atributos de transação, com autoproxying:

```
<bean id="transactionAttributeSource"
      class="org.springframework.transaction.interceptor.
        ➥ NameMatchTransactionAttributeSource">?
   <property name="properties">
      <props>
         <prop key="get*v>PROPAGATION_SUPPORTS</prop>
      </props>
   </property>
</bean>
```

Usados deste modo, todos os métodos (independente a qual classes eles pertençam), cujos nomes comecem com "get" serão proxied com um comportamento de propagação de transação de "suporte". Talvez seja isso que você deseje, mas provavelmente não. Lembre-se de que o DefaultAdvisorAutoProxyCreator tentará fazer proxy em todos os métodos, em todos os beans, dentro do contexto do aplicativo. Se qualquer método em qualquer bean tiver um nome que comece com "get", ele será proxied.

Quando fizer auto-proxying, a melhor escolha para a fonte de atributos de transação é o MethodMapTransactionAttributeSource. Esta fonte de atributos de transação é similar à NameMatchTransactionAttributeSource, mas lhe permite especificar a classe completamente qualificada e nome do método a ser transacional. Por exemplo:

```
<bean id="transactionAttributeSource"
      class="org.springframework.transaction.interceptor.
        ➥ MethodMapTransactionAttributeSource">?
   <property name="methodMap">
      <map>
         <entry key="com.springinaction.training.service.
                 ➥ CourseServiceImpl.get*">
            <value>PROPAGATION_SUPPORTS</value>
         </entry>
```

```
        </map>
    </property>
</bean>
```

Usando MethodMapTransactionAttributeSource desta forma, você especifou que somente os métodos "get" de CourseServiceImpl têm que ter um comportamento de propagação de transação de "suportes". Para acrescentar um comportamento transacional a outros métodos em outras classes, você precisará acrescentar elementos <entry> ao mapa do método.

Agora, é a parte boa. Uma escolha melhor ainda para fonte de atributos de transação, quando você estiver fazendo auto-proxying é AttributesTransactionAttributeSource. Lembre-se que ela puxa os atributos de transação dos metadados colocados diretamente no código dos métodos, que devem ser transacionais. Isto significa que se você está usando AttributesTransactionAttributeSource como fonte de atributos e também o auto-proxying, tornar um método transacional ou não, é simplesmente uma questão de adicionar os metadados apropriados ao método.

5.7 RESUMO

As transações são uma parte importante no desenvolvimento de aplicativos enterprise, que conduzem a um software mais robusto. Elas asseguram um comportamento tudo ou nada, evitando que os dados sejam inconsistentes e que o inesperado aconteça. Elas também oferecem suporte à concorrência, ao prevenir que aplicativos concorrentes entrem uns no caminho dos outros, já que eles funcionam com os mesmos dados.

O Spring oferece suporte tanto ao gerenciamento de transações programadas quanto declarativas. Em ambos os casos, o Spring lhe protege de ter que trabalhar diretamente com uma específica implementação de gerenciamento de transação, ao abstrair a plataforma de gerenciamento da transação, atrás de um façade gerenciador de transação comum.

O Spring emprega seu próprio framework AOP para dar suporte ao gerenciamento de transações declarativas. O suporte de transações declarativas do Spring rivaliza com o do CMT do EJB, permitindo-lhe declarar mais do que somente comportamento de propagação em POJOs, incluindo níveis de isolamento, otimizadores de somente leitura e regras de rollback, em exceções específicas.

Por último, quando usado com metadados e autoproxying, tornar um método transacional é freqüentemente uma questão de etiquetá-lo com o atributo transacional apropriado.

No próximo capítulo, veremos como o Spring oferce suporte a processos remotos e como você pode expor seus beans de aplicativo a clientes remotos, via RMI e serviços web.

Capítulo 6

Remoting

Este capítulo cobre:

- O acesso e a exposição de serviços RMI
- O uso do protocolo Burlap e Hessian da Caucho
- Como entender o invocador HTTP do Spring
- O uso do Spring com web services

Imagine por um momento que você está abandonado em uma ilha deserta. Isto pode soar como um sonho realizado. Afinal de contas, quem não gostaria de um pouco de solidão numa praia, ignorante do andamento do mundo externo?

Mas em uma ilha deserta não se vive apenas de sombra e água fresca. Mesmo que você aprecie a calma reclusão, não irá demorar muito para que você se sinta faminto, entediado e sozinho. Você somente poderia se manter através de cocos frescos e da pesca. Num determinado momento, você precisaria de comida, roupas limpas e outros suprimentos. E se não entrar contato com outras pessoas logo, você poderia acabar conversando com uma bola de volleybol!

Muitos aplicativos que você desenvolverá são como náufragos em uma ilha. Superficialmente, eles podem parecer auto-suficientes, mas na realidade, podem colaborar com outros sistemas, tanto dentro de sua organização quanto externos.

Por exemplo, considere um sistema de procuração que necessite comunicar-se com um sistema de cadeias de suprimento de vendas. Talvez seu sistema de recursos humanos da empresa precise integrar-se com o sistema de lista de pagamentos. Ou até mesmo, o sistema de lista de pagamentos precise comunicar-se com um sistema externo, que imprima e envie boletos de pagamento. Não importa a circunstância, seu aplicativo precisará comunicar-se com outro sistema para acessar serviços remotamente.

Diversas tecnologias de remoting estão disponíveis para você como desenvolvedor Java, incluindo:

- Invocação de Método Remoto (RMI)
- Burlap e Hessian da Caucho
- O próprio invocador HTTP do Spring
- Enterprise JavaBeans (EJB)
- Web Services

Independente de qual tecnologia de remoting escolher, o Spring oferece um rico suporte para o acesso e a criação de serviços remotos. Neste capítulo, veremos como Spring simplifica e complementa estes serviços de remoting. Mas primeiro, fixemos a etapa para este capítulo, com uma avaliação de como o remoting funciona no Spring.

6.1 UMA VISÃO GERAL DO REMOTING DO SPRING

O *Remoting* é uma conversação entre um aplicativo cliente e um serviço. No lado do cliente é requerido algumas funcionalidades, que não se encontra no escopo do aplicativo. Então, o aplicativo se estende até outro sistema que possa prover essa funcionalidade. O aplicativo remoto expõe a funcionalidade, através de um *serviço remoto*.

Por exemplo, quando um aluno se inscreve num curso na aplicação Treinamentos Spring, você gostaria de receber o pagamento do cliente para o curso (o Treinamento Spring é um negócio, afinal de contas). Então, o aplicativo de Treinamento Spring precisa executar a autorização do cartão de crédito e realizar o pagamento. Esta é uma funcionalidade que está fora da extensão de aplicação Treinamentos Spring. Não há uma maneira do Treinamento Spring debitar o cartão de crédito de um estudante diretamente ou até mesmo, saber se o cartão de crédito tem saldo. Somente o banco que emitiu o cartão pode executar a autorização e efetuar o débito. Portanto, faz sentido para o aplicativo Treinamentos Spring fazer uma ligação remota a um serviço de pagamento exposto pelo banco (como ilustrado na figura 6.1).

A conversação entre Treinamentos Spring e o banco começa com uma *chamada de procedimento remota* (RPC – Remote Procedure Call) do aplicativo Treinamentos Spring ao serviço de pagamento do banco. Superficialmente, um RPC é semelhante a uma invocação de método em um objeto local. Ambas são operações síncronas, bloqueando a execução no código de chamada, até o procedimento chamado estar completo.

A diferença é uma questão de proximidade, como uma analogia à comunicação humana. Se estiver no intervalo do cafezinho no trabalho, discutindo o resultado da partida de futebol do fim de semana, você está conduzindo uma conversação local — isto é, a conversação acontece entre duas pessoas na mesma peça. Igualmente, uma invocação de método local se dá quando um fluxo de execução é permutado entre dois blocos de código, dentro do mesmo aplicativo.

Por outro lado, se você fosse pegar o telefone para ligar para um cliente em outra cidade, sua conversa seria conduzida remotamente, na rede de telefone. Semelhantemente, o RPC se dá quando o fluxo de execução acontece de um aplicativo para outro, teoricamente, em uma máquina diferente em um local remoto, na rede de trabalho (network).

O Spring oferece suporte de remoting para seis diferentes modelos de RPC: Invocação de Método Remoto (RMI), Hesse e Burlap da Caucho, o próprio invocador de HTTP do Spring, EJB e web services usando JAX-RPC. A tabela 6.1 esboça cada um destes modelos e discute brevemente, as suas utilidades em diversas situações.

Figura 6.1 - *O Treinamento Spring autoriza cartões de crédito usando um serviço remoto de pagamento.*

Tabela 6.1 Os modelos de RPC suportados pelo remoting do Spring

Modelo de RPC	Útil quando...
Invocação Remota de Método (RMI)	Acessando/expondo serviços baseados em Java quando restrições de rede como firewalls não são um dos fatores
Hessian ou Burlap	Acessando/expondo serviços baseados em Java em HTTP quando restrições de rede são um dos fatores
Invocador HTTP	Acessando/expondo serviços baseados em Spring quando restrições de rede são um dos fatores
EJB	Acessando sistemas J2EE legados implementados através de Enterprise JavaBeans
JAX-RPC	Acessando web services

Independente de qual modelo de remoting escolher, você descobrirá que um tema comum é executado através do suporte de Spring para cada um dos modelos. Isso significa que, uma vez que você entenda como configurar o Spring para funcionar com um dos modelos, você terá uma curva de aprendizado muito baixa, caso decida usar um modelo diferente.

Em todos os modelos, os serviços podem ser configurados em seu aplicativo como beans gerenciados pelo Spring. Isso é realizado fazendo uso de um proxy do factory bean, que lhe permite associar serviços remotos em propriedades de seus beans, como se eles fossem objetos locais. A figura 6.2 ilustra como isso funciona.

O cliente faz chamadas ao proxy, como se este estivesse provendo a funcionalidade do serviço. O proxy comunica-se com o serviço remoto em nome do cliente.

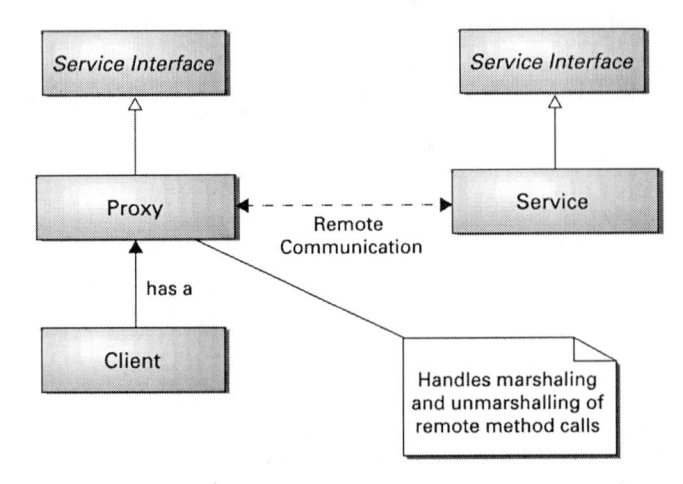

Figura 6.2 - No Spring são feitos proxies nos serviços remotos para que eles sejam conectados em códigos de clientes, como um bean regular.

Ele controla os detalhes da conexão e faz chamadas remotas ao serviço remoto.

Além do mais, se a chamada ao serviço remoto resultar num java.rmi.RemoteException, o proxy controla esta exceção e retorna-a como uma org.springframework.remoting.Remote-AccessException não checada. Exceções remotas geralmente sinalizam problemas como assuntos de rede ou configuração que não podem ser recuperados a partir de uma exceção remota; ao relançar uma RemoteAccessException, torna opcional ao cliente lidar com a exceção.

No lado do serviço, você pode expor a funcionalidade de que qualquer bean possa ser gerenciado pelo Spring como um serviço remoto, usando qualquer um dos modelos listados na tabela 6.1 (exceto para EJB e JAX-RPC). A figura 6.3 mostra como exportadores remotos expõem métodos de bean como serviços remotos.

Caso você desenvolva códigos que consumam serviços remotos, que implementem esses serviços, trabalhar com serviços remotos no Spring é puramente uma questão de configuração. Você não terá que criar qualquer código em java para suportar remoting. Seus beans de serviço não precisam saber que estão envolvidos em um RPC (apesar de qualquer bean passado ou retornado de invocações remotas precisar implementar java.io.Serializable).

Comecemos então nossa exploração do suporte a remoting do Spring, dando uma olhada no RMI, a tecnologia original de remoting para Java.

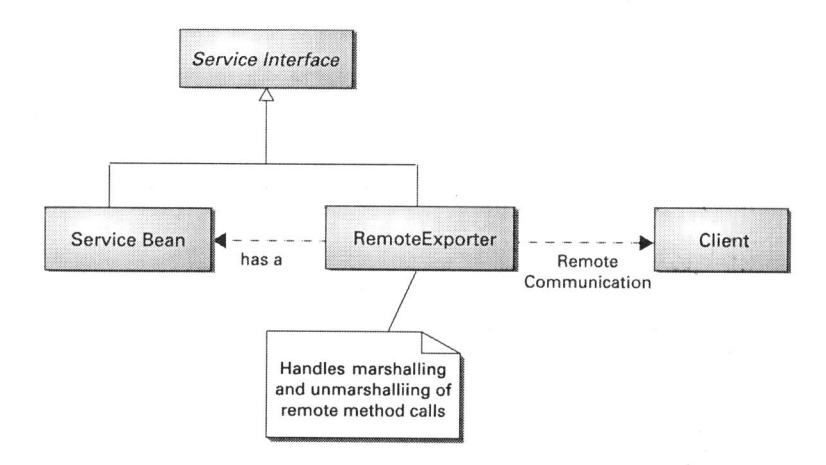

Figura 6.3 - Beans gerenciados pelo Spring podem ser exportados como serviços remotos, usando o RemoteExporters.

6.2 Como trabalhar com RMI

Se estiver trabalhando com Java há algum tempo, você sem dúvida já ouviu falar de *Remote Method Invocation (RMI)*. O RMI — primeiramente introduzida na plataforma Java no JDK 1.1 — oferece aos programadores Java, uma maneira poderosa para conduzirem a comunicação entre programas Java. Antes do RMI, as únicas opções de remoting disponíveis aos programadores Java eram o CORBA (que requeria a compra de um Object Request Broker ou ORB de terceiros) ou a programação de socket feita à mão.

Mas desenvolver e acesssar serviços RMI é tedioso, envolve diversos passos programáticos e manuais. O Spring simplifica o modelo RMI, provendo um proxy factory bean que lhe permite associar serviços RMI em seus aplicativos Spring, como se eles fossem um JavaBean local. O Spring também provê um exportador remoto que reduz o trabalho de converter seus beans gerenciados pelo Spring, em serviços RMI.

Para começar com o RMI do Spring, vejamos como conectar um serviço RMI no aplicativo de Treinamentos do Spring.

6.2.1 Como associar serviços RMI

Como mencionado anteriormente, Treinamentos Spring Inc. precisa ser capaz de fazer pagamentos via cartões de crédito, quando seus alunos se increverem num curso. Felizmente, um serviço de pagamento está disponível e pode lidar com esta funcionalidade, no lugar do Treinamento Spring. Tudo que você precisará fazer é ligar o aplicativo Treinamentos Spring a ele. O serviço de pagamento expõe sua funcionalidade como um serviço RMI.

Uma maneira de acessar o serviço de pagamento é criando um método factory que recupere uma referência ao serviço de pagamento no modo tradicional, usando RMI:

```
private String payServiceUrl = "rmi:/creditswitch/PaymentService";

public PaymentService lookupPaymentService()
     throws RemoteException, NotBoundException,
     MalformedURLException {

   PaymentService payService = (PaymentService)
     Naming.lookup(payServiceUrl);

   return payService;
}
```

A propriedade payServiceUrl precisará ser configurada com o endereço do serviço RMI. Então, a qualquer hora que o aplicativo Treinamentos Spring precisar de uma referência ao serviço de pagamento, ele chamará o método lookupPaymentService(). Enquanto isso certamente funcionará, e irá apresentar dois problemas:

1. Lookups RMI tradicionais podem resultar em qualquer uma das três exceções (RemoteException, NotBoundException e MalformedURLException), que devem ser capturadas ou relançadas.

2. Qualquer código que precise do serviço de pagamento é responsável por recuperar uma referência ao próprio serviço, chamando lookupPaymentService().

As exceções lançadas no curso de um lookup de um RMI são do tipo que normalmente sinalizam uma condição fatal e irrecuperável no aplicativo. MalformedUrlException por exemplo, indica que o endereço dado para o serviço não é válido. Para recuperar-se desta exceção, a aplicação irá precisar, no mínimo, ser reconfigurada e talvez tenha que ser recompilada. Nenhum bloco try/catch poderá recuperar isso facilmente, então, por que seu código deveria ser forçado a pegar e controlar isso?

É mais sinistro o fato de lookupPaymentService() ser uma violação direta da inversão de controle. Isso é ruim, pois significa que o cliente do lookupPaymentService() também sabe onde o serviço de pagamento está localizado e do fato de que é um serviço RMI. O ideal seria que você pudesse injetar um objeto PaymentService dentro de qualquer bean que precisasse de um objeto deste tipo, ao invés de fazer com que este bean procure pelo serviço sozinho. Usando a injeção de dependência, qualquer cliente de PaymentService pode ser ignorante de onde PaymentService vem.

O RmiProxyFactoryBean do Spring é um factory bean, que cria uma proxy para um serviço RMI. Usar RmiProxyFactoryBean para referenciar um PaymentService, é tão simples quanto declarar o seguinte <bean> no arquivo de configuração do Spring:

```
<bean id="paymentService"
        class="org.springframework.remoting.rmi.RmiProxyFactoryBean">
    <property name="serviceUrl">
        <value>rmi://${paymenthost}/PayService</value>
    </property>
    <property name="serviceInterface">
        <value>com.springinaction.payment.PaymentService</value>
    </property>
</bean>
```

A URL do serviço RMI é estabelecida através da propriedade serviceUrl. Aqui o serviço é denominado PayService, e é recebido por uma máquina cujo nome é configurado usando um placeholder de propriedade (veja a seção 2.4.3 no capítulo 2). A propriedade serviceInterface especifica a interface que o serviço implementa, e através da qual o cliente invocará métodos no serviço.

Com o serviço de pagamento definido como um bean gerenciado pelo Spring, você poderá associá-lo como um colaborador em um outro bean, como faria com qualquer outro bean não-remoto. Por exemplo, suponha que StudentServiceImpl precise usar o serviço de pagamento para autorizar um pagamento com cartão de crédito.

Você usaria este código para conectar o Serviço RMI, dentro de StudentServiceImpl:

```
<bean id="studentService"
     class="com.springinaction.training.service.StudentServiceImpl">
...
   <property name="paymentService">
     <ref bean="paymentService"/>
   </property>
...]
</bean>
```

O melhor de acessar um serviço RMI desta forma, é que StudentServiceImpl nem ao menos sabe que está lidando com um serviço RMI. Ele simplesmente recebe um objeto PaymentService via injeção, sem saber de onde ele vem. Além do mais, o proxy pegará qualquer RemoteExceptions que seja lançada pelo serviço e as relançará como exceções de runtime, para que você possa seguramente ignorá-las. Isto torna possível trocar o bean de serviço remoto por outra implementação de serviço — talvez um serviço remoto diferente ou talvez uma implementação falsa usada para testes unitários.

RmiProxyFactoryBean certamente simplifica o uso dos serviços RMI em um aplicativo Spring. Mas isso é apenas a metade de uma conversação RMI. Vejamos como o Spring suporta o lado de serviço do RMI.

6.2.2 Como exportar serviços RMI

Suponha que ao invés de trabalhar na porção do aplicativo Treinamentos Spring, que tem acesso ao serviço de pagamento, você é responsável por criar o serviço de pagamento propriamente dito. Novamente, o serviço de pagamento deve ser exposto como um serviço RMI.

Levando uma abordagem tradicional de RMI, você acabaria implementando o serviço de pagamento, como mostrado na listagem 6.1.

Listagem 6.1 Como implementar o serviço de pagamento como um serviço RMI de forma tradicional (não-Spring)

```
public class PaymentServiceImpl extends UnicastRemoteObject
     implements PaymentService {

   public PaymentServiceImpl() throws RemoteException {}

   public String authorizeCreditCard(String creditCardNumber,
      String cardHolderName, int expirationMonth,
      int expirationYear, float amount)
      throws AuthorizationException, RemoteException {
```

```
    String authCode = ...;

    // implement authorization

    return authCode;
}

public void settlePayment(String authCode, int accountNumber,
    float amount) throws SettlementException, RemoteException {
    // implement settlement
    }
}
```

Quanto a interface PaymentService que PaymentServiceImpl implementa, você precisará assegurar-se que ela estenderá java.rmi.Remote, como segue:

```
public interface PaymentService extends Remote {
    public String authorizeCreditCard(String cardNumber,
        String cardHolderName, int expireMonth, int expireYear,
        float amount) throws AuthorizationException, RemoteException;

  public void settlePayment(String authCode, int merchantNumber,
        float amount) throws SettlementException, RemoteException;
}
```

Mas não será suficiente criar classe e interface de implementação de serviços. Você também precisará gerar um stub cliente e classes esqueleto de servidores, usando o compilador RMI:

```
% rmic -d PaymentServiceImpl
```

Finalmente, você começará um registro RMI e ligar o serviço neste registro. O seguinte código lidará com esta tarefa:

```
try {
    PaymentService paymentService = new PaymentServiceImpl();

    Registry registry = LocateRegistry.createRegistry(1099);

    Naming.bind("PayService", paymentService);
} catch (RemoteException e) {
...
} catch (MalformedURLException e) {
...
}
```

Uau! Isso é muito trabalho só para publicar um simples serviço de RMI. Além de todos os passos requeridos, você deve ter notado que as RemoteExceptions e as MalformedUrlExceptions são fortemente lançadas, embora estas exceções geralmente indiquem um erro fatal, que não pode ser recuperado num bloco catch.

Claramente, muito código e trabalho manual são envolvidos para publicar um serviço RMI, sem o Spring.

COMO CONFIGURAR UM SERVIÇO DE RMI NO SPRING

Felizmente, o Spring oferece uma maneira mais fácil de publicarmos serviços RMI usando simples POJOs. Para começar, você precisará criar a interface de serviço:

```
public interface PaymentService {
    public String authorizeCreditCard(String cardNumber,
        String cardHolderName, int expireMonth, int expireYear,
        float amount) throws AuthorizationException;

    public void settlePayment(String authCode, int merchantNumber,
        float amount) throws SettlementException;
}
```

Pelo fato da interface de serviço não estender java.rmi.Remote e nenhum dos seus métodos lançarem uma java.rmi.RemoteException, isso tornará a interface um pouco mais baixo nível. No entanto, o mais importante: um cliente que tem acesso ao serviço de pagamento através desta interface, não terá que tratar exceções que eles provavelmente não poderão lidar.

Então, você precisará definir a classe de implementação de serviço. A listagem 6.2 mostra como este serviço pode ser implementado.

Listagem 6.2 O serviço de pagamento definido como um POJO

```
public class PaymentServiceImpl implements PaymentService {

    public PaymentServiceImpl() {}

    public String authorizeCreditCard(String creditCardNumber,
            String cardHolderName, int expirationMonth,
            int expirationYear, float amount)
            throws AuthorizationException {

        String authCode = ...;

        // implement authorization

        return authCode;
    }

    public void settlePayment(String authCode, int accountNumber,
            float amount) throws SettlementException {
        // implement settlement
    }
}
```

A próxima coisa que precisará fazer é configurar PaymentServiceImpl como um <bean>, no arquivo de configuração do Spring:

```
<bean id="paymentService"
    class="org.springframework.payment.PaymentServiceImpl">
...
</bean>
```

Note que não há nada sobre esta versão de PaymentServiceImpl, que seja intrinsecamente RMI. É somente um simples POJO adequado a declaração no arquivo de configuração do Spring. Na realidade, é completamente possível usar esta implementação de uma maneira não-remota, associando-a diretamente a um cliente.

Mas nós estamos interessados em usar este serviço remotamente. Então, a última coisa a fazer é exportar PaymentServiceImpl como um serviço RMI. Mas ao invés disso, gerar um esqueleto de servidor e um cliente stub, usando rmic e acrescentando-o manualmente ao registro RMI (como você faria em um RMI convencional), você poderá usar o RmiServiceExporter do Spring.

O RmiServiceExporter exporta qualquer bean gerenciado pelo Spring, como um serviço RMI. Isso se dá ao envolver o bean numa classe adaptadora. Esta classe adaptadora é ligada ao registro RMI e às requisições de proxy da classe de serviço — neste caso PaymentServiceImpl:

```
<bean class="org.springframework.remoting.rmi.RmiServiceExporter">
    <property name="service">
        <ref bean="paymentService"/>
    </property>
    <property name="serviceName">
        <value>PayService</value>
    </property>
    <property name="serviceInterface">
        <value>com.springinaction.payment.PaymentService</value>
    </property>
</bean>
```

Aqui, o bean paymentService é associado na propriedade service para indicar que RmiServiceExporter irá exportar o serviço de pagamento, como um serviço RMI. Da mesma forma com RmiProxyFactoryBean, descrito na seção 6.2.1, a propriedade serviceName nomeia o serviço RMI e a propriedade serviceInterface especifica a interface implementada pelo serviço.

O RMI é uma maneira excelente para comunicar-nos com os serviços remotos, mas tem suas limitações. Primeiro, o RMI tem dificuldade para funcionar com firewalls. Isso porque o RMI utiliza portas arbitrárias para a comunicação - algo que normalmente os firewalls não permitem. Num ambiente de intranet, isso normalmente não é uma preocupação, mas se você estiver trabalhando com a "malvada Internet", provavelmente terá dificuldades com RMI.

Embora o RMI ofereça suporte para fazer túneis, através de HTTP (o que normalmente é permitido por firewalls), estabelecer os túneis pode ser complicado.

Outra coisa a ser considerada é que o RMI é baseado em Java. Isso significa que tanto o cliente quanto o serviço devem ser criados em Java. Isso pode ou não ser um requisito para sua aplicação, mas é algo a ter em mente, quando da escolha do RMI para remoting.

A tecnologia Caucho (das mesmas pessoas que estão por trás do servidor de aplicação Resin) desenvolveu uma solução remota que endereça as limitações do RMI. Na verdade, eles trouxeram duas soluções: Hessian e Burlap.Vejamos como usar o Hessian e Burlap para funcionarem com serviços remotos no Spring.

6.3 REMOTING COM HESSIAN E BURLAP

Hessian e Burlap são duas soluções providas pela Caucho Tecnology (http://www.caucho.com), que possibilitam serviços remotos leves em HTTP. Ambos almejam simplificar os web services, a manter tanto sua API quanto seus protocolos de comunicação, tão simples quanto possível.

Você deve estar imaginando por que Caucho traz duas soluções para o mesmo problema. Na verdade, Hessian e Burlap são dois lados de uma mesma moeda, mas cada um serve a um propósito, um pouco diferente. O Hessian, assim como RMI, usa mensagens binárias para fazer a comunicação de clientes e seviços. Mas diferentemente de outras tecnologias de remoting binárias (como RMI), a mensagem binária é portátil a outras linguagens, além de Java. Na realidade, a Caucho desenvolveu uma implementação de Hessian para a linguagem de programação Python.

Burlap é uma tecnologia de remoting baseada em XML, que automaticamente torna-se portátil para qualquer linguagem que possa analisar XML. E pelo fato de ser XML, é mais fácil a sua leitura por humanos, do que o formato binário do Hessian. Mas, diferente de outras tecnologias baseadas em XML (como SOAP ou XML-RPC), a estrutura de mensagem do Burlap é tão simples quanto possível e não requer uma linguagem de definição externa (como WSDL ou IDL)[1].

Tanto Hessian quanto Burlap são leves considerando seu tamanho. Cada um cabe em um arquivo JAR de 84K sem outras dependências externas, além das bibliotecas de execução Java. Isso os torna ideais para serem usados em ambientes com pouca memória, como as applets Java ou dispositivos manuais.

---

[1] A simplicidade de Burlap é evidente, até mesmo em seu nome. A Caucho alega que eles escolheram o nome "Burlap" por uma simples razão: é entediante.

Você deve estar imaginando como escolher entre Hessian e Burlap. Para a maioria, eles são idênticos. A única diferença é que as mensagens de Hessian são binárias e as mensagens de Burlap são XML. Pelo fato das mensagens de Hessian serem binárias, elas são mais amigáveis. Mas, se a leitura humana for importante para você (para própositos de debug) ou se seu aplicativo estiver comunicando-se com uma linguagem para a qual não haja nenhuma implementação Hessian (qualquer outra que não seja Java ou Python), então as mensagens XML de Burlap deverão ser preferíveis.

Para demonstrar os serviços de Hessian e Burlap no Spring, revisitemos o problema do serviço de pagamento, que foi resolvido com o RMI, na seção 6.2. Desta vez, entretanto, nos ateremos em como resolver o problema, usando Hessian e Burlap como modelos de remoting.

6.3.1 Como acessar os serviços Hessian/Burlap

Como você recordará da seção 6.2.1, StudentServiceImpl não tem idéia de que o serviço de pagamento é um serviço RMI. Todos os detalhes RMI foram completamente contidos na configuração dos beans, no arquivo de configuração do Spring. A boa notícia é que por causa da ignorância do cliente da implementação do serviço, trocar de um cliente RMI a um cliente Hesse é extremamente fácil, não requerendo nenhuma mudança no código do cliente.

A má notícia é que se você realmente gostar de criar códigos, então esta seção deve ser um pouco decepcionante. Isso porque a única diferença entre conectar o lado do cliente de um serviço baseado em RMI, e conectar o lado do cliente de um serviço baseado em Hessian é que você usará HessianProxyFactoryBean do Spring, ao invés de RmiProxyFactoryBean. Um serviço de pagamento baseado em Hessian é declarado no código do cliente desta forma:

```
<bean id="paymentService" class="org.springframework.
    remoting.caucho.HessianProxyFactoryBean">
  <property name="serviceUrl">
    <value>http://${serverName}/${contextPath}/pay.service</value>
  </property>
  <property name="serviceInterface">
    <value>com.springinaction.payment.PaymentService</value>
  </property>
</bean>
```

Da mesma forma que ocorre com um serviço baseado em RMI, a propriedade serviceInterface especifica a interface que o serviço implementa. E assim como o RmiProxyFactoryBean, serviceUrl indica a URL do serviço. Uma vez que Hessian é baseado em HTTP, ele foi estabelecido para uma URL HTTP (você verá como esta URL é derivada na próxima seção).

Como mostramos, conectar um serviço Burlap é igualmente interessante. A única diferença é que você usará BurlapProxyFactoryBean, ao invés de HessianProxyFactoryBean:

```
<bean id=  "paymentService" class="org.springframework.
        ↪ remoting.caucho.BurlapProxyFactoryBean">
  <property name="serviceUrl">
    <value>http://${serverName}/${contextPath}/pay.service</value>
  </property>
  <property name="serviceInterface">
    <value>com.springinaction.payment.PaymentService</value>
  </property>
</bean>
```

Embora tenhamos deixado claro o quão desinteressante são as diferenças de configuração entre os serviços RMI, Hessian e Burlap, este tédio é, na realidate, um benefício. Significa que poderá alterar sem esforço entre as várias tecnologias de remoting suportadas por Spring, sem ter que aprender um modelo completamente novo. Uma vez que você configurou uma referência a um serviço RMI, será fácil reconfigurá-lo como um serviço Hessian ou Burlap.

Agora mudemos para o outro lado da conversação e vamos expor a funcionalidade de um bean gerenciado pelo Spring, tanto como um serviço Hessian ou Burlap.

6.3.2 Como expor a funcionalidade de um bean com Hessian/Burlap

Novamente, supomos que você tenha como tarefa implementar o serviço de pagamento e expor sua funcionalidade como um serviço remoto. Desta vez, entretanto, você irá expô-la como um serviço baseado em Hessian.

Mesmo sem o Spring, criar um serviço Hessian é bastante trivial. Você simplesmente cria sua classe de serviço com a extensão com.caucho.hessian.server.HessianServlet e assegura-se que seus métodos de serviço são do tipo public (todos os métodos públicos são considerados métodos de serviço no Hessian).

Pelo fato dos serviços Hessian já serem fáceis de implementar, o Spring não faz muito mais para simplificar o modelo Hessian. Entretanto, quando usado com o Spring, um serviço Hessian pode tirar grande vantagem do framework Spring, de maneira que um serviço Hessian puro não consegue. Isso inclui usar AOP do Spring, para aconselhar um serviço Hessian com serviços amplos, como transações declarativas.

Como exportar um serviço Hessian

Exportar um serviço Hessian no Spring é notavelmente semelhante a implementar um serviço RMI no Spring. Na realidade, se você seguiu o exemplo RMI na seção 6.2.2, você já fez a maioria do trabalho exigido para expor o serviço de pagamento, como um serviço Hessian.

Para expor o serviço de pagamento RMI, você configurou um bean RmiServiceExporter, no arquivo de configuração do Spring.

De uma forma bem parecida, para expor o serviço de pagamento como um serviço Hessian, você pecisará configurar um outro bean exportador. Desta vez, será um HessianServiceExporter:

```
<bean name="hessianPaymentService" class="org.springframework.
            ↝ remoting.caucho.HessianServiceExporter">
  <property name="service">
    <ref bean="paymentService"/>
  </property>
  <property name="serviceInterface">
    <value>com.springinaction.payment.PaymentService</value>
  </property>
</bean>
```

O HessianServiceExporter executa exatamente a mesma função para um serviço Hessian, que o RmiServiceExporter realiza em um serviço RMI. Isto é, ele expõe os métodos públicos de um bean, como sendo métodos de um serviço Hessian.

Da mesma forma que RmiServiceExporter, a propriedade service é associada com uma referência de um bean que implementa o serviço. Aqui, a propriedade service é associada com uma referência ao bean paymentService. A propriedade serviceInterface é estabelecida para indicar que PaymentService é a interface que o serviço implementa.

Diferentemente do RmiServiceExporter, entretanto, você não precisa estabelecer uma propriedade serviceName. Com RMI a propriedade serviceName é usada para registrar um serviço no registro RMI. O Hessian não tem um registro e, portanto, não há necessidade de nomear um serviço Hessian.

Como configurar o controlador Hessian

Uma outra diferença entre RmiServiceExporter e HessianServiceExporter é que, pelo fato do Hessian ser baseado em HTTP, este último é implementado como um Controller MVC do Spring. Isto significa que para usar serviços Hessian exportados, você precisará executar dois passos de configuração adicionais:

1. Configurar um controlador URL em seu arquivo de configuração Spring, para despachar URLs de serviços Hessian para beans apropriados de serviço Hessian.

2. Configurar um DispatcherServlet do Spring em web.xml e fazer deploy do seu aplicativo, como um aplicativo web.

Você verá em detalhes no capítulo 8, como os controladores URL do Spring e DispatcherServlet funcionam. Por enquanto, iremos somente lhe mostrar o suficiente para expor o serviço de pagamento Hessian.

Na seção 6.3.1, você configurou a propriedade serviceUrl ao lado do cliente, apontando para http://${serverName}/${contextPath}/pay.service. ${server- Name}e ${contextPath} são mecanismos de lugar que são configurados via PropertyPlaceholderConfigurer. A última parte da URL, /pay.service, é a parte na qual estamos interessados.

Este é o padrão URL para o qual você mapeará o serviço de pagamento Hessian.

Um controlador de URL mapeia um padrão URL para um Controller específico, que lidará com as requisições. No caso do serviço de pagamento Hessian, você quer mapear /pay.service para o bean hessianPaymentService, como segue, usando SimpleUrlHandlerMapping:

```
<bean id="urlMapping" class="org.springframework.web.
        ↝ servlet.handler.SimpleUrlHandlerMapping">
   <property name="mappings">
      <props>
         <prop key="/pay.service">hessianPaymentService</prop>
      </props>
   </property>
</bean>
```

Você aprenderá mais sobre SimpleUrlHandlerMapping no capítulo 8 (seção 8.2.2). Por enquanto, é suficiente dizer que a propriedade mappings leva um conjunto de propriedades cujas chaves são os padrões URL. Aqui foi determinada uma única propriedade com uma chave de /pay.service, que é o padrão URL para o serviço de pagamento. O valor da propriedade é o nome de um bean Controller do Spring, que irá controlar os pedidos ao padrão URL - neste caso: hessianPaymentService.

Pelo fato de HessianServiceExporter ser implementado como um controlador no MVC do Spring, você também deve configurar o DispatcherServlet do Spring no web.xml:

```
<servlet>
   <servlet-name>credit</servlet-name>
   <servlet-class>
      org.springframework.web.servlet.DispatcherServlet
   </servlet-class>
   <load-on-startup>1</load-on-startup>
</servlet>
```

O nome dado ao servlet é significativo porque ele é usado pelo DispatcherServlet para localizar o arquivo de configuração do Spring. Neste caso, pelo fato do servlet ser nomeado "credit", o arquivo de configuração deverá ser nomeado: "credit-servlet.xml".

Um último passo é requerido para expor o serviço Hessian, é estabelecer um mapeamento de servlet:

```
<servlet-mapping>
   <servlet-name>credit</servlet-name>
   <url-pattern>*.service</url-pattern>
</servlet-mapping>
```

Configurado deste modo, qualquer pedido cuja URL terminar em ".service", será dado ao DispatcherServlet, no qual dará em troca a requisição ao Controller, que é mapeado para a URL

Assim, as requisições para "/pay.service" serão controladas, no final das contas, pelo bean hessianPaymentService (que é realmente um proxy para PaymentServiceImpl).

COMO EXPORTAR UM SERVIÇO BURLAP

Como uma conclusão anticlímax para esta seção, pensamos que você talvez gostaria de ver também, como exportar um bean gerenciado pelo Spring, como um serviço Burlap. O BurlapServiceExporter do Spring é usado no lugar de HessianServiceExporter para executar esta tarefa. Por exemplo, a seguinte definição bean mostra como expor o serviço de pagamento, como sendo um serviço Burlap

```
<bean name="burlapPaymentService"class="org.springframework.
        ↪ remoting.caucho.BurlapServiceExporter">
   <property name="service">
      <ref bean="paymentService"/>
   </property>
   <property name="serviceInterface">
      <value>com.springinaction.payment.PaymentService</value>
   </property>
</bean>
```

Você notará que além do nome do bean (o que é puramente arbitrário) e o uso de BurlapServiceExporter, este bean é idêntico a hessianPaymentService. Configurar um serviço Burlap é de qualquer forma o mesmo que configurar um serviço Hessian. Isso inclui a necessidade de se estabelecer um controlador de URL e DispatcherServlet.

Hessiane e Burlap endereçam os problemas de firewall, que a RMI sofre. E ambos são leves o bastante para serem usados em ambientes limitados, onde a memória e o espaço são escassos, como applets e dispositivos de wireless.

Mas RMI bate tanto o Hessian quanto o Burlap, quando vai serializar objetos que são enviados em mensagens RPC. Enquanto ambos, Hessian e Burlap, usam um meacnismo de serialização próprio, o RMI usa o mecanismo de serialização do Spring. Se seus modelos de dados são complexos, o modelo de serialização Hessian/Burlap, talvez não possa ser suficiente.

Mas há uma solução do tipo "o-melhor-dos-dois-mundos". Demos uma olhada no invocador HTTP do Spring, que oferece RPC em cima do HTTP (como Hessian/Burlap), ao mesmo tempo que utiliza a serialização Java de objetos (como RMI).

6.4 COMO USAR O INVOCADOR HTTP

O time do Spring reconheceu um ponto negativo entre serviços de RMI e serviços baseados em HTTP, como Hessian e Burlap. De um lado, o RMI utiliza uma serialização de objetos padrão Java, mas é difícil usá-la contra firewalls.

Do outro lado, a dupla Hessian/Burlap funciona bem contra firewalls, mas utiliza um mecanismo de serialização de objetos próprio.

Assim nasceu o invocador HTTP do Spring. Este é um modelo novo de remoting, criado como parte do framework Spring, para executar remoting em HTTP (para deixar os firewalls felizes) e usar serialização Java (para deixar os programadores felizes).

Trabalhar com serviços baseados no invocador HTTP é bastante similar a trabalhar com serviços baseados em Hessian/Burlap. Para começar como o invocador HTTP, demos uma outra olhada no serviço de pagamento — desta vez implementado como um serviço de pagamento com invocador HTTP.

6.4.1 Como acessar serviços via HTTP

Para accessar um serviço RMI, você declara um RmiProxyFactoryBean, que apontou para o serviço. Para acessar um serviço Hessian, você declara um HessianProxyFactoryBean, e para acessar um serviço Burlap, você usou BurlapProxyFactoryBean. Carregando esta monotonia até o invocador HTTP, seria pouco surpreendente para você acessar um serviço de invocador HTTP; você precisaria usar HttpInvokerProxyFactoryBean.

Tendo o serviço de pagamento exposto como um serviço baseado no invocador HTTP, você poderá configurar um bean que faz proxy, utilizando um HttpInvokerProxyFactoryBean, como segue:

```
<bean id="paymentService" class= "org.springframework.remoting.
        httpinvoker.HttpInvokerProxyFactoryBean">
    <property name="serviceUrl">
        <value>http://${serverName}/${contextPath}/pay.service</value>
    </property>
    <property name="serviceInterface">
        <value>com.springinaction.payment.PaymentService</value>
    </property>
</bean>
```

Comparando esta definição bean com as das seções 6.2.1 e 6.3.1, você perceberá que pouco mudou. A propriedade serviceInterface ainda é usada para indicar a interface implementada pelo serviço de pagamento. E a propriedade serviceUrl ainda é usada para indicar o local do serviço de pagamento remoto. Pelo fato do invocador de HTTP ser baseado em HTTP como Hessian e Burlap, serviceUrl pode conter a mesma URL que as versões Hessian/Burlap do bean.

Passando para o outro lado de uma conversação do invocador HTTP, olhemos agora como exportar a funcionalidade de um bean, como um serviço baseado no invocador HTTP.

6.4.2 Como expor beans como serviços HTTP

Você já viu como expor a funcionalidade PaymentServiceImpl como um serviço RMI, como um serviço Hessian e como um serviço Burlap. Agora, vamos refazer o serviço de pagamento como um serviço invocador http, usando HttpInvokerServiceExporter do Spring para exportar o serviço de pagamento.

Sob o risco de soar como um disco quebrado, temos que lhe dizer que exportar os métodos de um bean como métodos remotos usando HttpInvokerServiceExporter é bastante parecido ao que você já viu, com os outros exportadores de serviços remotos. Na realidade, é virtualmente idêntico. Por exemplo, a seguinte definição de bean mostra como exportar o bean como um serviço baseado em um invocador HTTP remoto:

```
<bean id="httpPaymentService" class="org.springframework.remoting.
        httpinvoker.HttpInvokerServiceExporter">
  <property name="service">
    <ref bean="paymentService"/>
  </property>
  <property name="serviceInterface">
    <value>com.springinaction.payment.PaymentService</value>
  </property>
</bean>
```

Sentindo um estranho sentimento de "déjà vu"? Você está tendo dificuldade de encontrar a diferença entre esta declaração bean e aquelas da seção 6.3.2? No caso do texto em negrito não tê-lo ajudado a percebê-la, a única diferença é o uso de HttpInvokerServiceExporter. Fora isso, este exportador não tem diferença dos outros exportadores de serviço remoto.

Serviços baseados no invocador HTTP, como o próprio nome sugere, são baseados em HTTP, assim como os serviços Hessian e Burlap, e assim como HessianServiceExporter e BurlapServiceExporter, HttpInvokerServiceExporter é um controlador Spring. Isso significa que precisará estabelecer um controlador URL para mapear uma URL HTTP para o serviço:

```
<bean id="urlMapping" class="org.springframework.web.
        servlet.handler.SimpleUrlHandlerMapping">?
  <property name="mappings">
    <props>
      <prop key="/pay.service">httpPaymentService</prop>
    </props>
  </property>
</bean>
```

E você também terá que fazer deploy do serviço de pagamento num aplicativo web, com o DispatcherServlet do Spring configurado no web.xml:

```
<servlet>
  <servlet-name>credit</servlet-name>
```

```
<servlet-class>
    org.springframework.web.servlet.DispatcherServlet
  </servlet-class>
  <load-on-startup>1</load-on-startup>
</servlet>

<servlet-mapping>
  <servlet-name>credit</servlet-name>
  <url-pattern>*.service</url-pattern>
</servlet-mapping>
```

Configurado deste modo, o serviço de pagamento estará disponível em: /pay.service, a mesma URL de quando exposto como um serviço Hessian ou Burlap.

O invocador HTTP do Spring apresenta uma solução de remoting melhor-dos-dois-mundos, combinando a simplicidade da comunicação HTTP com a serialização de objetos embutida do Java. Isto faz dos serviços de invocação HTTP uma alternativa atraente a RMI ou Hessian/Burlap.

O invocador HTTP tem uma limitação significante que você deve ter em mente. Ele é uma solução de remoting só oferecida pelo framework do Spring. Isto significa que tanto o cliente quanto o serviço, devem ter aplicativos habilitados pelo Spring. E pelo menos por agora, isto também implica que tanto o cliente quanto o serviço devem ser baseados em Java[2].

De todas as tecnologias de remoting discutidas até agora, nenhuma recebeu tanta atenção quanto os JavaBeans, de Enterprise (EJBs). Na verdade, mais palavras provavelmente foram impressas sobre EJB, do que qualquer outra tecnologia de Java. Demos então uma olhada em como os EJBs podem se adequar a seus aplicativos Spring.

6.5 Como trabalhar com EJBs

Você deve estar surpreso em encontrar uma seção sobre como usar o Spring com EJBs neste livro. Muito deste livro, até agora, lhe tem mostrado como implementar aplicativos de classe do tipo enterprise, sem recorrer a EJBs. Uma seção sobre EJBs pode parecer um pouco justaposta. Então, por que afinal de contas estamos falando sobre EJBs agora?

O fato é que, embora o Spring ofereça bastante funcionalidade que dá aos POJOs o poder dos EJBs, você nem sempre pode ter o luxo de trabalhar num projeto que é completamente livre de EJB.

---

[2] A natureza "somente-Java" do invocador HTTP pode não ser um assunto. O time do Spring começou um novo projeto para aportar o framework Spring para Microsoft .NET. Isso pode abrir o invocador HTTP para ser usado com linguagens .NET, como o C# e o Visual Basic (apesar do fato dos objetos serializados em Java poderem ser deserializados em .NET).

Por um lado, você pode ter que lidar com outros sistemas que expõem suas funcionalidades, através de EJBs de sessão stateless. Por outro lado, você pode pegar um projeto no qual, por razões legitimamente técnicas (ou talvez políticas), precise criar os códigos EJB.

Se seu aplicativo é cliente de um EJB ou se tiver que criar o próprio EJB, você não tem que abandonar completamente todos os benefícios do Spring para trabalhar com EJBs. O Spring oferece suporte para EJBs, de dois modos:

- O Spring lhe premite declarar EJBs como beans dentro do seu arquivo de configuração Spring. Isso torna possível associar referências de EJB nas propriedades dos seus outros beans, como se o EJB fosse apenas um outro POJO.

- O Spring lhe permite criar EJBs, que agem como façade, em beans configurados pelo Spring.

Comecemos explorando as características abstratas do EJB do Spring, vendo como declarar EJBs como beans, dentro do arquivo de configuração do Spring.

6.5.1 Como acessar EJBs

Para ilustrar o suporte do Spring para acessar EJBs, retornemos ao serviço de pagamento. Desta vez, entretanto, suponha que o serviço de pagamento é implementado como um sistema legado, que expõe sua funcionalidade através de uma sessão EJB stateless[3].

Você deve lembrar de como acessar EJBs da maneira tardicional. Sabe que precisa procurar a interface home, através de JNDI. Talvez você crie algo parecido com isso para procurar a interface home do serviço de pagamento:

```
private PaymentServiceHome paymentServiceHome;
private PaymentServiceHome getPaymentServiceHome ()
    throws javax.naming.NamingException {

  if(paymentServiceHome != null)
    return paymentServiceHome;

  javax.naming.InitialContext ctx =
    new javax.naming.InitialContext();

  try {
    Object objHome = ctx.lookup("paymentService");

    PaymentServiceHome home =
      (PaymentServiceHome) javax.rmi.PortableRemoteObject.narrow(
        objHome, PaymentServiceHome.class);
```

---

[3] Não é interessante que estejamos nos referindo a um sistema baseado em EJB como um sistema legado? Como os tempos mudaram!

```
        return home;
    } finally {
        ctx.close();
    }
}
```

Uma vez que tenha uma referência à interface home, você precisará obter uma referência à interface remota (ou local) do EJB e chamar seu método business. Por exemplo, o seguinte código mostra como chamar o método authorizeCreditCard() do serviço de pagamento EJB:

```
try {
    PaymentServiceHome home = getPaymentServiceHome ();
    PaymentService paymentService = home.create();

    String authCode =
        paymentService.authorizeCreditCard(ccNumber, cardHolderName,
        expMonth, expYear, amount);
    } catch (javax.rmi.RemoteException e) {
        throw new CreditException();
    } catch (CreateException e) {
        throw new CreditException();
}
```

Uau, isso é muito código! O que incomoda é que apenas algumas linhas têm a ver com autorizar um cartão de crédito. A maioria está lá apenas para obter uma referência ao EJB. Parece muito trabalho apenas para fazer um simples chamado ao método authorizeCreditCard(), do EJB.

Espere. Ao longo deste livro você viu maneiras de injetar seus beans de aplicativo, com os serviços que eles precisavam. Beans não procuram outros beans... beans são dados a outros beans. Mas todo este exercício de procurar um EJB, via JNDI e sua interface home não parece se adequar ao resto da construção do aplicativo. Se for interagir com outros beans da maneira tradicional, irá "sujar" seu código com códigos de procura e irá, definitivamente, duplicar seu aplicativo com EJB. Não há uma forma melhor?

COMO FAZER PROXY EM EJBs

Como você provavelmente adivinhou, a partir das linhas acima: sim, há uma maneira melhor. Anteriormente, neste mesmo capítulo, vimos como configurar proxies para vários serviços remotos, incluindo RMI, Hesian, Burlap e servicos de chamados HTTP. Quase da mesma maneira, o Spring oferece dois proxy factory beans, que fazem proxy de acessos a EJBs.

- LocalStatelessSessionProxyFactoryBean — Usado para acessar EJBs locais (EJBs no mesmo container que seus clientes).

■ SimpleRemoteStatelessSessionProxyFactoryBean — Usado para acessar EJBs remotos (EJBs que estão num container separado dos seus clientes).

Para quebrar a monotonia das primeiras seções deste capítulo, você irá configurar estes proxy factory beans de forma diferente, da qual configurou aqueles para RMI, Hessian/Burlap e invocador HTTP. Vejamos como usar estes beans para acessar o serviço de pagamento EJB. Suponha, pelo mérito da simplicidade, que o EJB é um EJB local, com um nome JNDI de payService. O seguinte XML mostra como declarar o EJB, dentro do arquivo de configuração do Spring:

```
<bean    id="paymentService" class="org.springframework.ejb.
         ↪ access.LocalStatelessSessionProxyFactoryBean"?
         lazy-init="true">

    <property name="jndiName">
        <value>payService</value>
    </property>

    <property name="businessInterface">
        <value>com.springinaction.payment.PaymentService</value>
    </property>
</bean>
```

Pelo fato de ser um EJB local, LocalStatelessSessionProxyFactoryBean é a classe de proxy factory bean apropriada para ser usada. Você também estabelece a propriedade jndiName para paymentService, para que o proxy factory bean possa procurar a interface home de EJB.

Uma coisa importante a ser notada sobre esta declaração é o atributo lazy-init no elemento <bean>. Isto é importante quando qualquer um dos proxy factory beans é usado em um ApplicationContext. Isso acontece porque beans factories do tipo ApplicationContext, préiniciam beans singleton, uma vez que o arquivo de configuração do Spring é carregado. Isso geralmente é uma coisa boa, mas pode resultar nos proxy factory beans de EJB tentando procurar a interface home EJB, antes do EJB ser estabelecido no serviço de escolha de nomes. Ao estabelecer lazy-init como true, asseguramos que "paymentService" não tentará procurar a interface home, até que seja usado — o que deve ser tempo suficiente para o EJB ser ligado ao serviço de escolha de nomes.

A propriedade businessInterface é equivalente à propriedade serviceInterface, usada com os outros proxy factory beans, de serviço remoto. Novamente, ela é setada com com.springinaction.payment.PaymentService para indicar que o serviço adere à interface PaymentService.

COMO ASSOCIAR O EJB

Agora vamos conectar o serviço de pagamento EJB no bean studentService:

```
<bean id="studentService"
     class="com.springinaction.training.service.StudentServiceImpl">
...
   <property name="paymentService">
     <ref bean="paymentService"/>
   </property>
...
</bean>
```

Você viu isso? Conectar o serviço de pagamento EJB dentro do bean studentService não é diferente de associar um POJO. O bean paymentService (no qual só é um proxy em EJB) simplesmente é injetado na propriedade paymentService de studentService.

O bom sobre usar um proxy factory bean para acessar o serviço de pagamento EJB, é que você não tem que escrever seu próprio localizador ou código para delegar business. Na realidade, você não precisa escrever nenhum código JNDI, de qualquer espécie. Nem precisa lidar com interfaces home do EJB (ou interfaces home locais, neste caso).

Além disso, ao esconder tudo por trás da interface business PaymentService, o bean studentService não tem a menor consciência que está lidando com um EJB. Apenas achará que está colaborando com um POJO. Isso é importante porque significa que você está livre para trocar a implememtação EJB de PaymentService, por qualquer outra implementação (talvez, até, por uma implementação falsa, que é usada quando testamos a unidade). StudentServiceImpl).

O QUE ESTÁ ACONTECENDO?

Você deve está imaginado como toda esta mágica funciona. Como você conseguiu conectar um EJB como se ele fosse qualquer outro bean? Bem, há muitas coisas acontecendo por baixo dos panos de um LocalStatelessSessionProxyFactoryBean, que tornam isso possível.

Primeiro, durante sua iniciação, LocalStatelessSessionProxyFactoryBean usa o nome JNDI especificado pela propriedade jndiName, para procurar a interface home local de EJB, via JNDI. Ela pega essa interface para uso posterior, para que não tenha que fazer mais chamados JNDI.

Então, toda vez que um método é chamado na interface PaymentService, o proxy chama o método create() na interface home local para recuperar uma referência ao EJB. Finalmente, o proxy invoca o método correspondente no EJB.

Todo este skullduggery dá a ilusão de que o serviço de pagamento é um Simples POJO, quando na realidade há interação com um EJB. (Bastante esperto, ah?).

COMO ACCESSAR UM EJB REMOTO

Agora, você viu como conectar um EJB local em seu aplicativo Spring. Mas se fosse um aplicativo do mundo real, o serviço de pagamento EJB seria provavelmente um EJB remoto. Neste caso, você o declararia no arquivo de configuração do Spring usando: SimpleRemoteStatelessSessionProxyFactoryBean, como segue:

```
<bean id="paymentService" class="org.springframework.ejb.
    ➥ access.SimpleRemoteStatelessSessionProxyFactoryBean"?
    lazy-init="true">

  <property name="jndiName">
    <value>payService</value>
  </property>

  <property name="businessInterface">
    <value>com.springinaction.payment.PaymentService</value>
  </property>
</bean>
```

Note que a única diferença aqui, é a escolha de SimpleRemoteStatelessSession-ProxyFactoryBean. Diferente disso, o Spring faz a escolha entre os EJBs remotos e locais, transparente no código que usa o EJB.

Mas você, provavelmente, está desejando saber sobre java.rmi.RemoteException. Como pode a escolha entre EJBs locais e remotos ser completamente transparente, se a invocação a um método remoto EJB pode lançar uma RemoteException? Alguém não precisa pegar essa exceção?

Este é mais um benefício de usar o suporte do EJB do Spring para ter acesso a EJBs. Assim como com os serviços RMI, qualquer RemoteExceptions lançada a partir dos EJBs, será capturada e então relançada como uma org.springframework.remoting.RemoteAccess-Exception (que é uma exceção não-verificada). Isso torna a captura da execção opcional para o cliente EJB.

Agora que você viu como conectar EJBs em seu aplicativo Spring, vamos dar uma olhada em como o Spring dá suporte ao desenvolvimento EJB.

6.5.2 Como desenvolver EJBs habilitados por Spring

Embora o Spring ofereça muitas capacidades que tornam possíveis implementar aplicativos do tipo enterprise sem EJBs, você ainda pode precisar desenvolver seus componentes como EJBs.

Até este ponto, você viu como o Spring oferece suporte a remoting, ao prover classes exportadoras de serviço que, magicamente, exportam POJOS em serviços remotos.

Nós odiamos desapontá-lo, mas infelizmente, o Spring não oferece uma classe EjbServiceExporter que exporte POJOs como EJBs. (Mas nós concordamos que tal exportação seria ótima).

Não obstante, o Spring oferece quatro classes de suporte abstrato, para tornar o desenvolvimento de EJBs, um pouco mais fácil:

- AbstractMessageDrivenBean — Útil no desenvolvimento de beans condutores de mensagens que aceitem mensagens de outras fontes, além do JMS (assim como a especificação 2.1 do EJB)

- AbstractJmsMessageDrivenBean — Útil no desenvolvimento de beans condutores de mensagens que aceitem mensagens de fontes JMS

- AbstractStatefulSessionBean — Útil no desenvolvimento de EJBs de sessão stateful

- AbstractStatelessSessionBean — Útil no desenvolvimento de EJBs de sessão stateless

Estas classes abstratas simplificam o desenvolvimento EJB de dois modos:

- Elas oferecem implementações vazias padrão de métodos de ciclo de vida EJB (ex. ejbActivate(), ejbPassivate(), ejbRemove()). Estes métodos são requeridos pela especificação EJB, mas são, normalmente, implementados como métodos vazios.

- Elas oferecem acesso para um bean factory do Spring. Isto torna possível implementar um EJB como um façade, que delega responsabilidade pela lógica business para POJOs, configurados pelo Spring.

Por exemplo, suponha que você tivesse que expor a funcionalidade do bean de serviço do curso, como um EJB de sessão stateless. A listagem 6.3 lhe mostra como poderia implementar este EJB.

Listagem 6.3 Uma seção EJB stateless delega responsabilidade de lógica business para um POJO.

```
public class CourseServiceEjb extends AbstractStatelessSessionBean
     implements CourseService {

  private CourseService courseService;        ◄——— Declara o POJO

  protected void onEjbCreate() {              Consulta
    courseService =                           o serviço
      (CourseService) getBeanFactory().getBean("courseService");   course
  }

  public Course getCourse(Integer id) {
    return courseService.getCourse(id);   ◄——— Delega para o POJO
  }
}
```

```
public void createCourse(Course course) {
    courseService.createCourse(course);
}

public Set getAllCourses() {
    return courseService.getAllCourses();
}

public void enrollStudentInCourse(Course course, Student student)
        throws CourseException {
    courseService.enrollStudentInCourse(course, student);
}
}
```

Delega
para o
POJO

Delega para
o POJO

Quando CourseServiceEjb é criado, seu método onEjbCreate() recupera o bean courseService, a partir do bean factory do Spring. Então quando qualquer um dos seus métodos é chamado, eles delegam responsabilidade ao bean courseService.

A grande pergunta sem responta, com respeito ao EJB na listagem 6.3, é de onde vem o bean factory? De uma maneira tipica do J2EE, as classes EJB abstratas recuperam o bean factory a partir do JNDI. Por padrão, elas irão procurar o bean factory usando: java:comp/env/ ejb/BeanFactoryPath como o nome JNDI. Para procurar o bean factory por outro nome JNDI, estabeleça a propriedade beanFactoryLocatorKey, antes que o bean factory seja carregado (tanto no construtor, quanto no método setSessionContext()). Por exemplo:

```
public void setSessionContext(SessionContext sessionContext) {
    super.setSessionContext(sessionContext);

    setBeanFactoryLocatorKey("java:comp/env/ejb/MyBeanFactory");
}
```

Para o bem ou para o mal, os EJBs com certeza foram a conversação da comunidade de desenvolvimento Java por muitos anos. Mas os web services são tecnologias de remoting, que geraram um grande burburinho no meio, que transcende a fronteira da linguagem ou plataforma. Para finalizar este capítulo, vamos dar uma olhada em como o Spring dá suporte a web services via JAX-RPC.

6.6 Como usar web services JAX-RPC

JAX-RPC é a contração de "Java APIs for XML-based remote procedure call". É um bocado de palavras que simplesmente significam que JAX-RPC é um meio para os programas Java acessarem serviços remotos usando XML. Em particular, os serviços são web services que expõem sua funcionalidade usando Simple Object Access Protocol (SOAP).

Os prós e contras dos serviços baseados em JAX-RPC ou SOAP estão fora da extensão deste livro. Vamos presumir que você já está familiarizado com os princípios do SOAP e de JAX-RPC. Se precisar de um reforço em JAX-RPC ou SOAP, dê uma olhada em J2EE Web Services ("Web Services J2EE"), de Richard Monson-Haefel (Addison - Wesley, 2003).

Para ilustrar o suporte do Spring para o acesso a web services, através de JAX-RPC, poderíamos revisitar o serviço de pagamento, mas você provavelmente ficará bastante cansado desta monotonia (nós sabemos, pois nós estamos). Então, para JAX-RPC pensamos que talvez gostasse de uma pausa do exemplo: "serviço de pagamento". Em seu lugar, iremos trabalhar com um serviço "Peixe de Babel".

Se você leu alguma vez o Guia de Carona da Galáxia (The Hitchhiker's Guide to the Galaxy), provavelmente já sabe o que é um "Peixe de Babel". Para aqueles que não sabem sobre o que estamos falando, um Peixe de Babel é um peixinho amarelo que quando colocado na orelha, traduz uma língua falada para outra língua. Em resumo, ele habilita qualquer um, com o peixe na orelha, a entender qualquer coisa que é dita, em qualquer língua.

Reconhecemos que a maioria dos leitores, provavelmente, não tem acesso a um Peixe de Babel de verdade (e mesmo que tivesse, poderia achar horrível pôr um peixe em sua orelha). Mas há um serviço web que executa uma função semelhante. Na realidade, é denominado adequadamente de "BabelFishService". Você pode achar o arquivo da Linguagem de Definição do Serviço Web (WSDL), para o serviço web Peixe de Babel na seguinte URL: http://www.xmethods.com/ sd/2001/BabelFishService.wsdl.

6.6.1 Como referenciar um serviço web com JAX-RPC

Para usar o serviço web Peixe de Babel, você precisará criar uma interface que defina o serviço. Olhando para o WSDL, descobrirá que o serviço web Peixe de Babel tem uma operação única chamada BabelFish. Esta operação leva dois argumentos: Uma String que indica o modo de tradução (veja SIDEBAR) e outra String, que é o texto original sem tradução, que retorna uma String contendo o texto traduzido. BabelFishRemote.java (Listagem 6.4) mostra a interface remota que define este serviço.

Listagem 6.4 A interface remota para o serviço web Peixe de Babel

```
package com.springinaction.chapter06.babelfish;

import java.rmi.Remote;
import java.rmi.RemoteException;
```

```
public interface BabelFishRemote extends Remote {
   public String BabelFish(String translationMode,
      String sourceData) throws RemoteException;
}
```

Sidebar   O módulo de tradução é feito de dois códigos de idioma separados por um sublinhado (_). Alguns códigos de idioma válidos são: "en" para o Inglês, "fr" para o Francês, "dr" para o Alemão e "es" para o Espanhol. O código de idioma que precede o underline é o idioma que o texto fonte está. O código de idioma que está depois do underline é o idioma para o qual você quer que o texto seja traduzido. Por exemplo, um modo de tradução "de_en" traduzirá um texto em alemão para o inglês.

A interface BabelFishRemote contém o único método BabelFish(). Este nome de método vem do nome da operação no WSDL. Infelizmente, este serviço web começa com uma letra maiúscula "B," diferentemente das convenções Java, onde os nomes de método começam com letras minúsculas. O código seguinte mostra como você poderia obter uma referência para o serviço Peixe de Babel, usando JAX_RPC convencional (isto é, sem a ajuda do Spring):

```
String wsdlDocumentUrl =
   "http://www.xmethods.com/sd/2001/BabelFishService.wsdl";
String namespaceUri =
   "http://www.xmethods.net/sd/BabelFishService.wsdl";
String serviceName = "BabelFishService";
String portName = "BabelFishPort";
QName serviceQN = new QName(namespaceUri, serviceName);
QName portQN = new QName(namespaceUri, portName);

ServiceFactory sf = ServiceFactory.newInstance();
Service service =
   sf.createService(new URL(wsdlDocumentUrl), serviceQN);

BabelFishRemote babelFish = (BabelFishRemote)
   service.getPort(BabelFishRemote.class, portQN);
```

Com uma referência ao serviço em mãos, você pode usá-la para traduzir qualquer texto que quiser. Por exemplo, para traduzir "Hello world" do inglês (en) para o espanhol (es):

```
String translated = babelFish.BabelFish("en_es", "Hello World");););
```

Da mesma forma, você poderia traduzir do espanhol (es) para o francês (fr), usando o seguinte:

```
String translated = babelFish.BabelFish("es_fr", "Hola Mundo");
```

Ou do francês (fr) para o alemão (de):

```
String translated = babelFish.BabelFish("fr_de", "Bonjour Monde");
```

O serviço Peixe de Babel é muito divertido, mas um problema com a abordagem JAX-RPC padrão é que ela resulta em muito código, apenas para ser capaz de procurar o serviço de pagamento. Para torná-la um pouco mais curta, você poderia usar a abordagem recomendada pela JSR-109 (Implementing Enterprise Web Services) e usar JNDI para recuperar o serviço web:

```
Context ic = new InitialContext();
BabelFishService babelFishService =
    (BabelFishService) ic.lookup("java:comp/env/service/BabelFish");
BabelFishRemote babelFish =
    (BabelFishRemote) babelFishService.getBabelFishPort();
```

Mas, embora a versão JNDI seja mais concisa, ela ainda deixa o cliente responsável por obter sua própria referência ao serviço. Fazendo isso, não abraça o espírito da inversão de controle. Além do mais, ele passa o fardo de lidar com as RemoteExceptions para o cliente.

Agora que você viu a maneira tradicional de acessar web services usando JAX-RPC, vamos dar uma olhada na maneira Spring de fazer isso.

6.6.2 Como conectar um serviço web no Spring

Assim como em outras tecnologias de remoting discutidas neste capítulo, o Spring oferece um proxy factory bean, JaxRpcPortProxyFactoryBean, que lhe permite associar um serviço web como um colaborador de outro bean no aplicativo. Por baixo dos panos, JaxRpcPortProxyFactoryBean utiliza JAX-RPC para acessar os web services remotos.

O XML da listagem 6.5 mostra como declarar o serviço Peixe de Babel como um bean no arquivo de configuração do spring.

Listagem 6.5 O serviço Peixe de Babel como um bean no contexto do aplicativo Spring

```
<bean id="babelFish" class="org.springframework.remoting.
    ⇥ jaxrpc.JaxRpcPortProxyFactoryBean">?

    <property name="wsdlDocumentUrl">
        <value>http://www.xmethods.com/sd/2001/
            ⇥ BabelFishService.wsdl</value>
    </property>
```
❶

```
<property name="serviceInterface">
   <value>com.springinaction.chapter06.babelfish.
      ↳  BabelFishService</value>                        ❷
</property>

<property name="portInterface">
   <value>com.habuma.remoting.client.BabelFishRemote</value>  ❸
</property>

<property name="namespaceUri">
   <value>http://www.xmethods.net/sd/BabelFishService.wsdl</value>  ❹
</property>

<property name="serviceName">
   <value>BabelFishService</value>                       ❺
</property>

<property name="portName">
   <value>BabelFishPort</value>                           ❻
</property>

<property name="serviceFactoryClass">
   <value>org.apache.axis.client.ServiceFactory</value>   ❼
</property>
</bean>
```

A primeira propriedade seta neste JaxRpcPortProxyFactoryBean é wsdlDocumentUrl ❶. Isto diz ao proxy onde está o documento WSDL do serviço web.

A propriedade serviceInterface ❷ define a interface que o cliente do serviço Peixe de Babel usa para ter acesso ao serviço. Aqui, foi estabelecida para usar a interface BabelFishService, que é definida como segue:

```
public interface BabelFishService {
   public String BabelFish(String translationMode,
                           String sourceData);
}
```

A interface BabelFishService lembra bastante a interface remota, que é setada na propriedade portInterface ❸. A diferença é que a interface remota é considerada uma interface RMI que estende javax.rmi.Remote e o método BabelFish() lança uma javax.rmi.RemoteException. JaxRpcPortProxyFactoryBean usa a interface BabelFishRemote quando acessa o serviço remto, mas se qualquer RemoteExceptions for lançada, o proxy a pegará e a lançará de volta como (em tempo de execução) RemoteAccessExceptions, de forma que o cliente não terá que lidar com ela.

As próximas três propriedades são usadas para construir nomes qualificados (QNames) para o serviço Peixe de Babel e seu porto. A propriedade namespaceUri ❹ é usada com a propriedade serviceName ❺, para construir QName para o serviço e também é usada com a propriedade portName ❻, para construir o QName para o porto. Os valores de todos estes três campos podem ser descobertos ao examinar a definição WSDL para o serviço Peixe de Babel.

Por padrão, JaxRpcPortProxyFactoryBean usa javax.xml.rpc.ServiceFactory como sua factory de serviço. Mas você pode escolher usar uma outra factory de serviço, como a do Apache Axis, ao setar a propriedade serviceFactoryClass ❼.

Com o serviço Peixe de Babel configurado no arquivo de configuração do Spring, você pode usá-lo assim como usaria qualquer outro bean no contexto do aplicativo. Isso inclui recuperá-lo diretamente, a partir do contexto do aplicativo ou associá-lo com um colaborador numa propriedade ou um bean. Por exemplo, use isso para "puxar" diretamente o bean para fora do contexto do aplicativo:

```
ApplicationContext context =
   new FileSystemXmlApplicationContext("babelFish.xml");
BabelFishService babelFish =
   (BabelFishService) context.getBean(babelFish);
String translated = babelFish.BabelFish("en_es", "Hello World");
```

Quando o código acima estiver completo, a variável traduzida irá conter o texto "Hola Mundo", que é o jeito espanhol de dizer: "Hello World" ou "Olá Mundo."

DIVERSÃO COM O PEIXE DE BABEL - Para diversão, aqui estão algumas outras frases que você pode tentar traduzir usando o serviço Peixe de Babel:

- "Qui a couple le fromage" usando "fr_en" como módulo de tradução
- "Mi perro is muy feo" usando "es_en" como módulo de tradução
- "Ich habe eine socke voll der Zehen" usando "de_en" como módulo de tradução
- "No me gusto a comer los cocos" usando "es_en" como módulo de tradução
- "Mon volleyball est mon meilleur ami" usando "fr_en como módulo de tradução

6.7 Resumo

Trabalhar com serviços remotos é normalmente uma tarefa entediante. Mas o Spring oferece um suporte para remoting, que torna o trabalho com serviços remotos tão simples quanto trabalhar com qualquer JavaBean comum.

No lado do cliente, o Spring oferece proxy factory beans que lhe permitem configurar serviços remotos em seu aplicativo Spring. Independente se estiver usando RMI, Hessian, Burlap, invocador HTTP, EJB ou web services, você poderá associar serviços remotos em seu aplicativo como se eles fossem POJOS. O Spring até mesmo captura quaisquer RemoteExceptions que sejam lançadas e relança RemoteAccessExceptions de runtime em seu lugar, libertando seu código de lidar com uma exceção da qual, provavelmente, ele não poderá recuperar-se.

O suporte do Spring para o lado do serviço é variado. Para os serviços RMI, Hessian, Burlap e invocador HTTP, o Spring oferece exportadores remotos que expõem a funcionalidade dos seus beans gerenciados por Spring, como serviços remotos a serem consumidos por outro aplicativo. Embora o Spring não lhe permita exportar POJOs como EJB, ele oferece classes de suporte que tornam possível para seus EJBs, acessarem um contexto de aplicativo Spring.

Embora o Spring esconda muito dos detalhes dos serviços remotos, fazendo-os parecer como se fossem JavaBeans locais, você deve ter em mente as conseqüências dos serviços remotos. Os serviços remotos por sua natureza são, normalmente, menos eficientes do que serviços locais. Você deve levar isso em consideração quando estiver escrevendo um código que acesse serviços remotos, limitando chamadas remotas, para evitar performances afuniladas.

No próximo capítulo, você aprenderá a usar o suporte do Spring para vários serviços enterprise, incluindo JNDI, e-mail, agendamento e criação d

Capítulo 7

Como acessar
enterprise services

Este capítulo cobre:

- Accesso a recursos JNDI
- Envio e formatação de e-mail
- Como agendar Tarefas
- Integração com EJBs

Existem muitos enterprise services que o Spring não dá suporte diretamente. Ao invés disso, o Spring se apóia em outras APIs para fornecer os serviços, mas coloca-os abaixo de uma camada de abstração, tornando sua utilização mais amigável.

Você já viu algumas camadas de abstração do Spring? No capítulo 4, vimos como o Spring abstrai o JDBC e o Hibernate. Além de eliminar a necessidade de escrever código repetitivo, essas abstrações também eliminam a necessidade de controlar algumas exceções.

Neste capítulo, vamos nos aprofundar na direção das camadas de abstração que o Spring nos oferece, para muitos enterprise services, incluindo o suporte do Spring para:

- Java Naming and Directory Interface (JNDI)
- E-mail
- Agendamento (Scheduling)
- Java Message Service (JMS)

Começaremos pelo suporte do Spring ao JNDI, já que ele fornece a base para outras camadas de abstração.

7.1 Como receber objetos do JNDI

O JNDI fornece às aplicações um repositório central para armazenamento de objetos de aplicação. Por exemplo, uma aplicação tipica J2EE usa JNDI para armazenar e receber dados JDBC, além de gerenciar transações JTA.

Mas por que você iria configurar estes objetos no JNDI ao invés do Spring? Certamente, poderia configurar um objeto DataSource no arquivo de configuração do Spring, mas você pode configurá-lo num servidor de aplicação e tirar vantagem do connetion pooling do servidor. Igualmente, se suas exigências transacionais demandarem uma transação, você precisará ter um gerenciador de transações JTA do respositório JNDI, do servidor de aplicações.

A abstração JNDI do Sping torna possível declarar lookups JNDI no arquivo de configuração de sua aplicação. Então você pode associar esses objetos nas propriedades de outros beans, como se o JNDI fosse somente outro POJO. Vamos ver como usar a abstração de JNDI do Spring, para simplificar lookup de objetos em JNDI.

7.1.1 Como trabalhar com o JNDI convencional

Procurar objetos no JNDI pode ser uma tarefa tediosa. Por exemplo, suponha que você precise de um objeto javax.sql.DataSource do JNDI. Usando a API JNDI convencional, você pode escrever códigos que se pareçam com este:

```
InitialContext ctx = null;

try {

   ctx = new InitialContext();

   DataSource ds =

      (DataSource)ctx.lookup("java:comp/env/jdbc/myDatasource");

} catch (NamingException ne) {

   // Capturando a naming exception

   ...

} finally {

   if(ctx != null) {

      try {

         ctx.close();

      } catch (NamingException ne) {}
   }
}
```

À primeira vista, isto pode não parecer uma grande coisa. Mas dê uma olhada mais de perto. Há algumas coisas, nesse código, que o faz um pouco confuso:

■ Você tem que criar e fechar um contexto só para procurar um DataSource. Isto pode não parecer muito código extra, mas esse código não está diretamente alinhado com as metas da nossa aplicação.

■ Você tem de capturar ou pelo menos relançar um javax.naming.NamingException. Se você escolher capturar, é necessário gerenciar adequadamente as exceções. Se você escolher relançar, então o código de chamada será forçado a gerenciá-las. No final das contas, alguém terá que lidar com as exceções, em algum lugar.

■ O seu código é acoplado firmemente com um lookup do JNDI. Tudo o que você precisa é um DataSource. Não importa se vem do JNDI ou não. Mas se seu código contiver um código, como mostrado acima, você fica preso ao DataSource do JNDI.

■ O seu código é acoplado firmemente com um nome específico no JNDI, nesse caso: java:comp/env/jdbc/myDatasource. Claro que você poderia extrair este nome num arquivo de propriedades, entretanto, você terá que adicionar mais código para procurar o nome JNDI no arquivo de propriedades.

O problema com a técnica convencional para procurar objetos no JNDI é que isso é o oposto da injeção de dependência. Ao invés de ser dado um objeto ao código, o código tem que ir buscar o próprio objeto. Isto significa que o seu código está fazendo coisas que, na verdade, não é trabalho dele. Também significa que seu código está desnecessariamente acoplado ao JNDI.

Indiferentemente, isto não muda o fato de que, às vezes, você precisa procurar objetos no JNDI. Geralmente, os DataSources são configurados num servidor de aplicações, isso se deve ao fato de aproveitar o pool de conexões oferecido pelo servidor de aplicação, e então recebidos pelo código da aplicação para acessar o banco de dados. Como você pode adquirir todos os benefícios de JNDI, junto com todos os benefícios de injeção de dependência?

7.1.2 Proxying objetos JNDI

O JndiObjectFactoryBean do Spring proporciona a você o melhor de ambos os mundos. É um bean factory, isso significa que quando é associado a uma propriedade, na verdade criará algum outro tipo de objeto que fará essa associação. No caso do JndiObjectFactoryBean, associará um objeto recebido do JNDI.

Para ilustrar o funcionamento, veja um exemplo do capítulo 4 (seção 4.1.2). Lá você verá um JndiObjectFactoryBean, usado para receber um DataSource do JNDI:

```
<bean id="dataSource"
    class="org.springframework.jndi.JndiObjectFactoryBean"
    singleton="true">
  <property name="jndiName">
    <value>java:comp/env/jdbc/myDatasource</value>
  </property>
</bean>
```

A propriedade jndiName especifica o nome do objeto no JNDI. Aqui, o nome JNDI completo java:comp/env/jdbc/myDatasource é especificado. Porém, se o objeto for um recurso Java, você pode deixar java:comp/env/ de fora e especificar o nome mais concisamente. Por exemplo, a declaração seguinte da propriedade jndiName é equivalente à declaração anterior:

```
<property name="jndiName">
  <value>jdbc/myDatasource</value>
</property>
```

Com o bean dataSource declarado, você pode injetar isto na propriedade do DataSource. Por exemplo, você pode usar isto para configurar uma session factory do Hibernate, como é mostrado:

```
<bean id="sessionFactory" class="org.springframework.orm.
      ➦ hibernate.LocalSessionFactoryBean">
  <property name="dataSource">
```

```
        <ref bean="dataSource"/>
     </property>
  ...
</bean>
```

Quando o Spring associa um bean sessionFactory, ele injeta o objeto DataSource recebido do JNDI dentro da propriedade dataSource do session factory.

O lado bom de usar JndiObjectFactoryBean para procurar um objeto no JNDI é que a única parte do código que sabe que o DataSource está vindo do JNDI, é a declaração XML do bean dataSource. O Bean sessionFactory não sabe (ou não se importa) de onde o DataSource veio. Isso significa que se você decidir pegar o DataSource de um gerenciador de driver JDBC, tudo o que precisa fazer é redefinir o bean dataSource para ser um DriverManagerDataSource.

Veremos ainda mais usos do JNDI mais tarde, neste capítulo. Primeiro, vamos olhar outra abstração fornecida pelo framework do Spring: A camada de abstração de e-mail fornecida pelo Spring.

7.2 Como enviar e-mail

Suponha que a diretora da Spring Treinamentos pediu a você que lhe enviasse, diariamente, um e-mail com a situação do curso (número de matrículas novas, turmas que estão abrindo, número de alunos das turmas e etc). Ela gostaria que esse relatório fosse mandado por e-mail às 6 horas, todos os dias, para que ela pode lê-los de manhã, quando chegar ao trabalho. Usando esse relatório, ela vai agendar novos cursos ou então cancelar os cursos que não estão tendo procura. Como a preguiça é um atributo de todo grande programador, você decide automatizar o envio de e-mails, desta forma, não precisa enviá-los todos os dias, às 6 da manhã!

A primeira coisa a fazer é escrever o código que envia o e-mail (você vai fazer o agendamento diário de envio na seção 7.3).

Para inciar, você irá precisar de alguém que envie e-mails definido pela interface do Spring, chamada MailSender. Um mail sender é uma abstração de uma implementação específica de mail. Isso desagrega o código da aplicação da atual implementação de mail que está sendo usada. O Spring vem com duas implementações dessa interface:

---

[1] Os outros dois atributos de um programador são a impaciência e a hybris (termo grego que significa "orgulho excessivo"). Veja *Programming Perl, 3rd. Edition*, de Larry Wall et al. (O'Reilly & Associates, 2000).

- CosMailSenderImpl—Implementação simples de um SMTP mail sender, baseado na implementação COS de Jason Hunter (com.oreilly.servlet), do livro *Java Servlet Programming* (O'Rielly, 1998).

- JavaMailSenderImpl—Implementação de uma API baseada no JavaMail de um mail sender. Permite o envio de mensagens no formato MIME, como mensagens de e-mail não SMTP (como Lotus Notes).

Qualquer uma das duas implementações de MailSender é o suficiente para enviar e-mail com o relatório à diretora. Entretanto, nós escolhemos JavaMailSenderImpl já que é o mais versátil dos dois. Ele deve ser declarado no arquivo de configuração do Spring, assim:

```
<bean id="mailSender"
      class="org.springframework.mail.javamail.JavaMailSenderImpl">
  <property name="host">
    <value>mail.springtraining.com</value>
  </property>
</bean>
```

A propriedade host especifica o host name do sevidor de e-mail, nesse caso, será o SMTP Server da Spring Treinamentos. Por padrão, o mail sender assume que a porta que está escutando seja a 25 (porta default de SMTP), mas se o seu servidor estiver escutando em outra porta, você pode setar uma nova porta, usando a propriedade port do JavaMailSenderImpl.

A declaração do mailSender abaixo apresenta o nome explícito do servidor, que vai enviar os e-mails. Mas se tiver um javax.mail.MailSession no JNDI (talvez declarado lá pelo servidor de aplicações), você tem a opção de recebê-lo do JNDI. É só usar um JndiObjectFactoryBean (como descrito na seção 7.1) para pegar o mail session e então associá-lo a propriedade mailSession, como no exemplo:

```
<bean id="mailSession"
      class="org.springframework.jndi.JndiObjectFactoryBean">
  <property name="jndiName">
    <value>java:comp/env/mail/Session</value>
  </property>
</bean>

<bean id="mailSender"
      class="org.springrframework.mail.javamail.JavaMailSenderImpl">
  <property name="session"><ref bean="mailSession"/></property>
</bean>
```

Agora que o mail sender está setado, ele já está pronto para enviar e-mails. Mas talvez você queira antes, declarar um modelo de mensagem de e-mail:

```
<bean id="enrollmentMailMessage"
        class="org.springframework.mail.Simple-mailMessage">
   <property name="to">
      <value>coursedirector@springtraining.com</value>
   </property>
   <property name="from">
      <value>system@springtraining.com</value>
   </property>
   <property name="subject">
      <value>Course enrollment report</value>
   </property>
</bean>
```

Declarar um modelo de e-mail é opcional. Você também pode criar uma nova instância de Simple-mailMessage, a cada vez que for enviar um e-mail. Mas declarando um modelo no arquivo de configuração do Spring, você não precisará codificar o endereço ou assunto do e-mail no código Java.

O próximo passo é adicionar uma propriedade mailSender no CourseServiceImpl assim, CourseServiceImpl pode usá-lo para enviar e-mails. Da mesma maneira, se você declarar um modelo de e-mail, deverá adicionar uma propriedade message que conterá um Message Template Bean:

```
public class CourseServiceImpl implements CourseService {
...
   private MailSender mailSender;
   public void setMailSender(MailSender mailSender) {
      this.mailSender = mailSender;
   }

   private Simple-mailMessage mailMessage;
   public void setMailMessage(Simple-mailMessage mailMessage) {
      this.mailMessage = mailMessage;
   }
...
}
```

Agora que CourseServiceImpl tem um MailSender e uma cópia do e-mail template, você pode escrever o método sendCourseEnrollementReport() (listagem 7.1) que irá enviar o e-mail à diretora do curso. (Não esqueça de adicionar uma declaração de sendCourseEnrollmentReport() à interface CourseService).

Listagem 7.1 Como enviar o e-mail com relatório de matrículas

```
public void sendCourseEnrollmentReport() {
   Set courseList = courseDao.findAll();

   Simple-mailMessage message =                    Copia o modelo
      new Simple-mailMessage(this.mailMessage);    de e-mail
```

```
StringBuffer messageText = new StringBuffer();
messageText.append(
      "Current enrollment data is as follows:\n\n");

for(Iterator iter = courseList.iterator(); iter.hasNext(); ) {
   Course course = (Course) iter.next();
   messageText.append(course.getId() + "    ");
   messageText.append(course.getName() + "    ");
   int enrollment = courseDao.getEnrollment(course);
   messageText.append(enrollment);
}

message.setText(messageText.toString());   ◄──────── Seta o texto
                                                     do e-mail

try {
   mailSender.send(message);   ◄──────── Envia o e-mail
} catch (MailException e) {
   LOGGER.error(e.getMessage());
}
}
```

O sendCourseEnrollmentReport() começa recebendo todos os objetos course usando o CourseDao. Ele cria uma cópia do modelo de e-mail, assim o original fica intacto. Depois é feito o corpo do e-mail e setado o texto. Finalmente, o e-mail é enviado usando a propriedade mailSender.

O último passo é associar os beans mailSender e enrollmentMailMessage no bean courseService:

```
<bean id="courseService"
      class="com.springinaction.training.service.CourseServiceImpl">
...
   <property name="mailMessage">
      <ref bean="enrollmentMailMessage"/>
   </property>

   <property name="mailSender">
      <ref bean="mailSender"/>
   </property>
</bean>
```

Agora que o bean courseService tem tudo que precisa para enviar o relatório de matrículas, o trabalho já está meio caminho andado. A única coisa que falta é agendar o envio diário de e-mails para a diretora. Seria ótimo se o Spring tivesse como nos ajudar com essa tarefa de agendamento...

7.3 COMO AGENDAR TAREFAS

Nem tudo que acontece numa aplicação é resultado de uma ação do usuário. Às vezes, o próprio software inicializa uma ação nele mesmo.

O e-mail do relatório de matrículas, por exemplo, deve ser enviado à diretora diariamente. Para que isso aconteça, você tem duas opções: ou você acorda todos os dias de manhã e envia o e-mail manualmente ou você faz com que a aplicação envie o e-mail que será previamente agendado. (Bem, acho que sabemos qual delas você irá escolher).

Duas das APIs de agendamento mais populares são a classe Java Timer e o Quartz2 Scheduler, da OpenSymphony. Spring fornece uma camada de abstração para ambos, tornando as coisas mais amigáveis. Vamos ver as duas abstrações, começando com a mais simples: Timer.

7.3.1 Como agendar o Timer do Java

Iniciando com o Java 1.3, o Java SDK incluiu a funcionalidade de agendamento, através da classe java.util.Timer. Essa classe lhe permite agendar uma tarefa (definida pela subclasse java.util.TimerTask), para ser executada com alguma freqüência.

COMO CRIAR UMA TAREFA AGENDADA

O primeiro passo no agendamento do envio de e-mail, usando Timer do Java, é criar uma tarefa de e-mail que estende java.util.TimerTask, como é mostrado na listagem 7.2.

Listagem 7.2 Uma tarefa agendada para enviar o relatório de matrículas por e-mail

```
public class E-mailReportTask extends TimerTask {
   public E-mailReportTask() {}

   public void run() {
      courseService.sendCourseEnrollmentReport();  ◄———— Envia o relatório
   }

   private CourseService courseService;
   public void setCourseService(CourseService courseService) {   Injeta o
      this.courseService = courseService;                        CourseService
   }
}
```

---

[2] Quartz é um sistema de agendamento open source do projeto OpenSymphony. Você pode aprender mais sobre o Quartz em http://www.opensymphony.com/quartz/.

O método run() define o que fazer, quando a tarefa for executada. Nesse caso, ele chama o método sendCourseEnrollmentReport() da classe CourseService (veja a listagem7.1), para enviar o e-mail de matrículas. Para a EmailReportTask será injetada uma instância da classe CourseService, através da Injeção por Dependência.

Declare o EmailReportTask no arquivo de configuração do Spring, assim:

```
<bean id="reportTimerTask"
        class="com.springinaction.training.schedule.E-mailReportTask">
    <property name="courseService">
      <ref bean="courseService"/>
    </property>
</bean>
```

Sozinha, essa declaração simplesmente coloca o EmailReportTask dentro do application context e associa o bean courseService à propriedade courseService. Não acontecerá nada útil, até que você agende algo.

COMO AGENDAR UMA TAREFA

O ScheduledTimerTask do Spring define qual será a freqüência de execução de uma tarefa. Já que a diretora do curso quer um relatório de matrículas todos os dias, um ScheduledTimerTask deve ser associado, assim:

```
<bean id="scheduledReportTask"
        class="org.springframework.scheduling.timer.ScheduledTimerTask">
    <property name="timerTask">
      <ref bean="reportTimerTask"/>
    </property>
    <property name="period">
      <value>86400000</value>
    </property>
</bean>
```

A propriedade timerTask diz ao ScheduledTimerTask qual TimerTask executar. Aqui, ela é associada com uma referência para o bean reportTimerTask, que é o EmailReportTask. A propriedade period é a que diz ao ScheduledTimerTask a freqüência de execução do método run(), do TimerTask. Essa propriedade, especificada em milli-segundos, é setada em 86400000, para indicar que a tarefa deve ser rodada a cada 24 horas.

COMO INICIAR O TEMPORIZADOR

O passo final é inicar o temporizador. O TimerFactoryBean do Spring é responsável por inicar as tarefas agendadas. Declare-o no arquivo de configuração do Spring, assim:

```
<bean class="org.springframework.scheduling.timer.TimerFactoryBean">
    <property name="scheduledTimerTasks">
```

```
    <list>
        <ref bean="scheduledReportTask"/>
    </list>
</property>
</bean>
```

A propriedade scheduledTimerTasks recebe um array de tarefas agendadas, que devem ser executadas. Já que temos somente uma tarefa agendada no momento, a lista vai ter apenas uma referência para o bean scheduledReportTask.

Infelizmente, mesmo que a tarefa seja executada a cada 24 horas, não há como especificar a que horas do dia ela será executada. O ScheduledTimerTask tem uma propriedade delay que lhe permite dizer o quanto deve ser esperado, até que a tarefa seja executada pela primeira vez. Por exemplo, para agendar a primeira execução de EmailReportTask para 1 hora, a partir de agora, faça assim:

```
<bean id="scheduledReportTask"
      class="org.springframework.scheduling.timer.ScheduledTimerTask">
    <property name="timerTask">
        <ref bean="reportTimerTask"/>
    </property>
    <property name="period">
        <value>86400000</value>
    </property>
    <property name="delay">
        <value>3600000</value>
    </property>
</bean>
```

Mesmo com o delay, a hora que o EmailReportTask executará, será relativa a hora que o servidor de aplicações foi iniciado. Então, como você faria para agendar para às 6 da manhã, como a diretora do curso pediu (além de iniciar a aplicação às 5 da manhã)?

Infelizmente, essa é uma limitação de Timer do Java. Você pode especificar a freqüência de execução, mas não consegue especificar o horário exato de execução. Para conseguir especificar exatamente, quando o e-mail será enviado, você precisará usar o Quartz scheduler.

7.3.2 Como usar o Quartz scheduler

O Quartz scheduler fornece um ótimo suporte para o agendamento de tarefas. Da mesma maneira que o Timer do Java, você pode usar o Quartz a cada x milisegundos. Mas o Quartz vai além do Timer do Java, lhe permitindo executar uma tarefa numa hora ou dia específico.

Para mais informações sobre Quartz, visite a home page do Quartz em: http://www.opensymphony.com/quartz.

Vamos começar o trabalho com o Quartz, definindo uma tarefa que envia o e-mail com o relatório.

COMO CRIAR UMA TAREFA

O primeiro passo na definição de uma tarefa no Quartz é criar a classe que define a tarefa. Para isso, você só precisa estender a classe QuartzJobBean do Spring, como mostrado na listagem 7.3.

Listagem 7.3 Como definir uma tarefa no Quartz

```
public class E-mailReportJob extends QuartzJobBean {

    public E-mailReportJob() {}

    protected void executeInternal(JobExecutionContext context)
         throws JobExecutionException {

        courseService.sendCourseEnrollmentReport();       ◄—————— Envia o relatório
    }

    private CourseService courseService;
    public void setCourseService(CourseService courseService) {   Injeta o
        this.courseService = courseService;                       CourseService
    }
}
```

Um QuartzJobBean é uma classe do Quartz equivalente ao TimerTask do Java. Ela é uma implementação da interface org.quartz.Job. O método executeInternal() define as ações que a tarefa faz, quando sua hora chegar. Aqui, igual a EmailReportTask, você simplemente chama o método sendCourseEnrollmentReport() da propriedade courseService.

Declare a tarefa no arquivo de configuração do Spring, assim:

```
<bean id="reportJob"
        class="org.springframework.scheduling.quartz.JobDetailBean">
    <property name="jobClass">
        <value>com.springinaction.training.
           ↪ schedule.E-mailReportJob</value>
    </property>
    <property name="jobDataAsMap">
        <map>
            <entry key="courseService">
                <ref bean="courseService"/>
            </entry>
        </map>
    </property>
</bean>
```

Note que você não declara um bean EmailReportJob diretamente. Ao invés disso, você declara um JobDetailBean. Isso é uma característica do trabalho com o Quartz.

JobDetailBean é uma subclasse de org.quartz.JobDetail do Quartz, que requer que o objeto Job seja setado através da propriedade jobClass.

Outra característica do trabalho com o JobDetail do Quartz é que a propriedade courseService de EmailReportJob é setada indiretamente. jobDataAsMap de JobDetail recebe um java.util.Map que contém propriedades que devem ser setadas em jobClass. Aqui, o map contém as referências para o bean courseService, com a chave de courseService. Quando o JobDetailBean for instanciado, será injetado um bean courseService, dentro da propriedade courseService de EmailReportJob.

COMO AGENDAR UMA TAREFA

Agora que a tarefa está definida, você vai ter que agendá-la. A classe org.quartz.Trigger de Quartz decide a freqüência e horário que uma terfa Quartz será executada. O Spring vem com duas triggers, SimpleTriggerBean e CronTriggerBean. Qual trigger você deve usar? Vamos dar uma olhada nas duas, começando por SimpleTriggerBean.

SimpleTriggerBean é parecida com ScheduledTimerTask. Ao usá-la, você poderá definir a freqüência que uma tarefa deve ser executada e (opcionalmente), o quanto esperar para executar a tarefa pela primeira vez. Por exemplo, para agendar uma tarefa relatório para ser executada, a cada 24 horas, começando a execução daqui a uma hora, faça o seguinte:

```
<bean id="simpleReportTrigger"
        class="org.springframework.scheduling.quartz.SimpleTriggerBean">
    <property name="jobDetail">
        <ref bean="reportJob"/>
    </property>
    <property name="startDelay">
        <value>3600000</value>
    </property>
    <property name="repeatInterval">
        <value>86400000</value>
    </property>
</bean>
```

A propriedade jobDetail é associada à tarefa que deve se agendada, nesse caso, o bean reportJob. A propriedade repeatInterval diz para a trigger a freqüência de execução da tarefa (em millisegundos). Aqui, nós setamos para 86400000, assim será executada a cada 24 horas e a propriedade startDelay pode ser usada (opcionalmente) para setar um tempo de espera, para a primeira execução da tarefa. Nós a setamos em 3600000, assim ela irá esperar uma hora antes de ser executada pela primeira vez.

Como agendar uma tarefa cron

Embora você possa pensar em muitas aplicações onde o SimpleTriggerBean seja perfeito, ele não é o suficiente para mandar o e-mail com o relatório de matrículas. Com ScheduledTimerTask, você consegue apenas especificar a freqüência de execução da tarefa — não extamente quando. Por isso uma SimpleTriggerBean não pode ser usada para enviar um e-mail, todos os dias, às 6 da manhã.

CronTriggerBean, por outro lado, nos dá um controle mais preciso sobre quando a tarefa vai executar. Se estiver familiarizado com a ferramenta cron do Unix, então se sentirá em casa com CronTriggerBean. Ao invés de declarar a freqüência de execução da tarefa, você tem que especificar as datas e horas da execução. Por exemplo, para executar a tarefa do relatório, todos os dias, às 6 da manhã, declare um CronTriggerBean, assim:

```
<bean id="cronReportTrigger"
      class="org.springframework.scheduling.quartz.CronTriggerBean">
  <property name="jobDetail">
    <ref bean="reportJob"/>
  </property>
  <property name="cronExpression">
    <value>0 0 6 * * ?</value>
  </property>
</bean>
```

Igualmente a SimpleTriggerBean, a propriedade jobDetail fala para a trigger qual tarefa deve ser agendada. De novo, associamos isso com uma referência ao bean reportJob. A propriedade cronExpression diz quando devemos começar. Se não estiver familiarizado com cron, essa propriedade pode parecer meio obscura, por isso, vamos examiná-la mais de perto.

Uma expressão cron tem pelo menos 6 (e opcionalmente 7) elementos de tempo, separados por espaços. Da esquerda para direita, os elementos são definidos assim, respectivamente:

1   Segundos (0–59)

2   Minutos (0–59)

3   Horas (0–23)

4   Dia do mês (1–31)

5   Mês (1–12 or JAN–DEC)

6   Dia da semana (1–7 or SUN–SAT)

7   Ano (1970–2099)

Cada um desses elementos pode ser especificado com um valor explícito (ex: 6), uma faixa de valores (ex: 9–12), uma lista (ex: 9,11,13) ou um coringa (ex: *). Os elementos dia do mês e dia da semana são mutuamente exclusivos, entretanto, se quiser indicar qual desses campos você não quer setar, utilize o ponto de interrogação (?). A tabela 7.1 mostra alguns exemplos.

Table 7.1 Alguns exemplos de expressões cron

Expressão	O que significa
0 0 10,14,16 * * ?	Diariamente às 10h, 14h e 16h.
0 0,15,30,45 * 1–10 * ?	A cada 15 minutos, nos primeiros 10 dias de cada mês
30 0 0 1 1 ? 2012	30 segundos depois da meia noite, de 1 de janeiro de 2012
0 0 8-5 ? * MON–FRI	A cada hora do horário de trabalho de dias úteis

No caso de cronReportTrigger, nós setamos cronExpression para 0 0 6 * * ? Você pode ler isso como: "aos zeros segundos e zero minutos das 6 horas de qualquer dia do mês de qualquer mês (sem considerar o dia da semana), dispare a tarefa". Em outras palavras, a tarefa é disparda às 6h, todos os dias.

Usando CronTriggerBean, você consegue satisfazer as expectativas da diretora do curso. Agora, tudo o que falta é iniciar a tarefa.

Como inicializar a tarefa

O SchedulerFactoryBean do Spring é um equivalente ao TimerFactoryBean do Quartz.

Declare-o no arquivo de configuração do Spring, assim:

```
<bean class="org.springframework.scheduling.
     ↳ quartz.SchedulerFactoryBean">
  <property name="triggers">
    <list>
      <ref bean="cronReportTrigger"/>
    </list>
  </property>
</bean>
```

A propriedade triggers recebe um array de triggers. Já que você só tem um triger até o momento, só precisa associá-la a uma lista contendo apenas uma referêcia para um bean cronReportTrigger.

Nesse ponto, você acertou tudo para conseguir agendar um e-mail com o relatório de matrículas diárias. Mas fazendo assim, você teve um pouco mais de trabalho. Antes de continuar, daremos uma olhada numa maneira mais fácil de agendar o relatória via e-mail.

7.3.3 Como invocar métodos através do scheduler

Para agendar o envio do relatório por e-mail, você teve de escrever o bean EmailReportJob (ou EmailReportTask, no caso de timer tasks). Mas esse bean faz um pouco mais do que só chamar o método sendCourseEnrollmentReport(), de CourseService.

Nesse ponto, ambos EmailReportTask e EmailReportJob parecem ser um tanto supérfluos. Não seria bom se você pudesse especificar que o método sendCourseEnrollmentReport() seja chamado, sem ter que escrever uma classe extra?

Boa notícia! Você pode agendar chamadas a métodos, sem ter que escrever uma classe TimerTask ou QuartzJobBean separada. Para conseguir isso, o Spring fornece MethodInvokingTimerTaskFactoryBean e MethodInvokingJobDetailFactoryBean para agendar chamadas aos métodos, através de Java timer e Quartz scheduler, respectivamente.

Por exemplo, para agendar uma chamada a sendCourseEnrollmentReport() usando o serviço do Java timer, redeclare o bean scheduledReportTask, desta maneira:

```
<bean id="scheduledReportTask"
      class="org.springframework.scheduling.timer.
        MethodInvokingTimerTaskFactoryBean">
  <property name="targetObject">
    <ref bean="courseService"/>
  </property>
  <property name="targetMethod">
    <value>sendCourseEnrollmentReport</value>
  </property>
</bean>
```

Por baixo do panos, MethodInvokingTimerTaskFactoryBean cria um TimerTask que chama o método especificando pela propriedade targetMethod, no objeto especificado pela propriedade targetObject. Praticamente, isso é o mesmo que EmailReportTask.

Com scheduledReportTask declarado desta maneira, você pode agora eliminar a classe EmailReportTask e sua declaração no bean reportTimerTask.

MethodInvokingTimerTaskFactoryBean é bom para fazer chamadas simples de um método, quando você está usando um ScheduledTimerTask. Mas como você está usando um CronTriggerBean de Quartz, então, o relatório será enviado todos os dias, às 6 da manhã. Ao invés de usar MethodInvokingTimerTaskFactoryBean, você vai redeclarar o bean reportJob, desta maneira:

```
<bean id="courseServiceInvokingJobDetail"
      class="org.springframework.scheduling.quartz.
          MethodInvokingJobDetailFactoryBean">
  <property name="targetObject">
    <ref bean="courseService"/>
  </property>
  <property name="targetMethod">
    <value>sendCourseEnrollmentReport</value>
  </property>
</bean>
```

MethodInvokingJobDetailFactoryBean é o equivalente a MethodInvokingTimerTask FactoryBean do Quartz. Por baixo dos panos, ele cria um objeto Quartz JobDetail, que faz uma chamada simples ao método especificado nas propriedades targetObject e targetMethod.

Usando MethodInvokingJobDetailFactoryBean dessa maneira, você pode eliminar a classe EmailReportJob.

7.4 COMO ENVIAR MENSAGENS COM JMS

A maioria das operações que ocorrem num software são executadas de forma síncrona. Em outras palavras, quando uma rotina é chamada, o fluxo de execução é entregue a essa rotina para poder executar sua função. Ao final, o controle é retornado à rotina que a chamou, e o programa continua executando. A Figura 7.1 ilustra isso.

Mas, às vezes, não é necessário (e nem aconselhável) esperar a rotina que foi chamada, acabar seu trabalho. Por exemplo, se for uma rotina lenta, talvez seja melhor enviar uma mensagem para a rotina, e assumir que ela irá processar essa mensagem ou verificar o progresso da execução depois.

Quando você envia uma mensangem para uma rotina e não espera pelo resultado, chamamos de assíncrono. O Fluxo de programas assíncronos é ilustrado na figura 7.2.

O Java Messaging Service (JMS) é uma API JAVA para processamento assíncrono. JMS suporta dois tipos de mensagens: point-to-point (ponto a ponto) e publish-subscribe (editor-assinante).

Uma mensagem ponto a ponto é colocada numa *fila* pelo produtor da mensagem e tirada da fila, mais tarde, pelo consumidor da mensagem. Uma vez que a mensagem tenha sido tirada da fila, ela não estará mais disponível para nenhum outro consumidor. Isso significa que embora tenha muitos consumidores esperando pela fila, cada consumidor poderá consumir 111111apenas uma mensagem point-to-point.

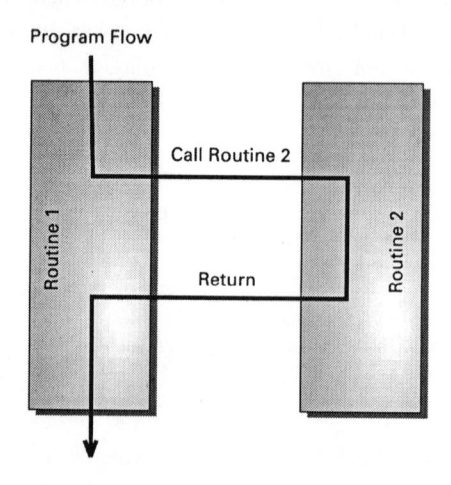

Figura 7.1 - *Fluxo de um programa síncrono*

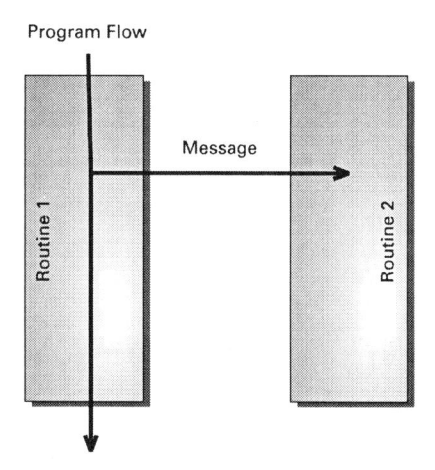

Figure 7.2 - *Fluxo de um programa assíncrono*

Uma analogia para explicar o modelo publish-subscribe, seria uma situação onde o editor de uma revista envia cópias para seus múltiplos assinantes. Muitos consumidores podem fazer uma assinatura de um *tópico* de mensagem. Quando um produtor produzir uma mensagem com aquele tópico, todos os assinantes receberão aquela mensagem e terão a chance de processá-la.

O Spring fornece uma abstração para o JMS, o que deixa mais fácil acessar uma fila de mensagens ou um tópico (abstratamente chamada de *destino*), e publica as mensagens para o destino. Além disso, o Spring libera sua aplicação do controle de javax.jms.JMSException, relançando qualquer exececão JMS, como se fossem uma org.springframework.jms.JmsExceptions.

Vamos ver como funciona a abstração JMS do Spring.

7.4.1 Como enviar mensagens com templates JMS

No capítulo 6 você aprendeu a usar o suporte remoto do Spring, para pedir uma autorização de pagamento, com cartão de crédito. Agora, você está pronto para criar a conta corrente para receber o pagamento.

Para autorizar um pagamento, é necessário esperar a resposta da central de crédito, pois você precisa saber se o banco vai autorizar o pagamento. Mas agora essa autorização foi garantida, o pagamento pode ser executado de forma assíncrona. Não há necessidade esperar por uma resposta — você pode assegurar-se que o pagamento será executado.

O sistema de processamento do cartão de crédito recebe uma mensagem assíncrona enviada por JMS. A mensagem que ele recebe é uma javax.jms.MapMessage, contendo os seguinte campos:

- authCode — O código de autorização recebido de processador do cartão de crédito.

- creditCardNumber — O número do cartão de crédito

- customerName — O nome do dono do cartão de crédito

- expirationMonth — O mês em que o cartão expira

- expirationYear — O ano em que o cartão expira

O Spring tem um mecanismo de callback para coordenar as mensagens JMS. O callback é remanescente do callback do JDBC, descrito no capítulo 4. O callback é constituído por duas partes: um criador de mensagens que constrói uma mensagem JMS (javax.jms.Message) e um template JMS que envia a mensagem.

COMO USAR O TEMPLATE

A primeira coisa a fazer é equipar a classe PaymentServiceImpl com uma propriedade JmsTemplate:

```
private JmsTemplate jmsTemplate;
public void setJmsTemplate(JmsTemplate jmsTemplate) {
   this.jmsTemplate = jmsTemplate;
}
```

A propriedade jmsTemplate será associada a uma instância de org.springframework.jms.core.JmsTemplate, através de injeção por dependência. Vamos mostrar como fazer essa associação um pouco mais tarde. Primeiro, iremos implementar o método de serviço, que enviará a messagem.

PaymentServiceImpl precisará de um método sendSettlementMessage() para enviar a messagem para o processador do cartão de crédito. A Listagem 7.4 mostra como sendSettlementMessage() usa JmsTemplate para enviar a messagem. (O argumento PaySettlement é um JavaBean que contém os campos necessários para essa messagem).

Listagem 7.4 Como enviar um aviso de pagamento via callback JMS

```
public void sendSettlementMessage(final PaySettlement settlement) {
    jmsTemplate.send(         ◄─────────── Envia a mensagem

      new MessageCreator() {  ◄─────────── Define o criador da mensagem
        public Message createMessage(Session session)
           throws JMSException {
```

```
        MapMessage message = session.createMapMessage();
        message.setString("authCode",
            settlement.getAuthCode());
        message.setString("customerName",
            settlement.getCustomerName());
        message.setString("creditCardNumber",
            settlement.getCreditCardNumber());
        message.setInt("expirationMonth",
            settlement.getExpirationMonth());
        message.setInt("expirationYear",
            settlement.getExpirationYear());

        return message;
      }
    }
  );
}
```

Constrói a mensagem

O método sendSettlementMessage() usa o método send() da classe JmsTemplate para enviar uma mensagem. Esse método recebe uma instância de org.springframe work.jms.core.MessageCreator, aqui definido como uma inner classe anônima, que constrói o Message, que será enviado. Nesse caso, a mensagem é uma javax.jms.MapMessage. Para construir a mensagem, MessageCreator recebe os valores das propriedades do bean PaySettlement e as utiliza para setar os campos de MapMessage.

Como associar o template

Agora você deve associar um JmsTemplate, a um PaymentServiceImpl. Abaixo, está o XML, que deve ser inserido no XML de configuração do Spring.

```
<bean id="paymentService"
        class="com.springinaction.training.service.PaymentServiceImpl">
...
   <property name="jmsTemplate">
      <ref bean="jmsTemplate"/>
   </property>
<bean>
```

A declaração do bean jmsTemplate é dessa maneira:

```
<bean id="jmsTemplate"
        class="org.springframework.jms.core.JmsTemplate">
   <property name="connectionFactory">
      <ref bean="jmsConnectionFactory"/>
   </property>
   <property name="defaultDestination">
      <ref bean="destination"/>
```

```
    </property>
</bean>
```

Note que o bean jmsTemplate está associado a um JMS connection factory e um destino default. A propriedade connectionFactory é mandatoria, porque é como JmsTemplate consegue a conexão para um provedor JMS. No caso da aplicação da Spring Treinamentos, um connection factory é recebido do JNDI, como é mostrado na declaração do bean connectionFactory :

```
<bean id="jmsConnectionFactory"
        class="org.springframework.jndi.JndiObjectFactoryBean">
    <property name="jndiName">
        <value>connectionFactory</value>
    </property>
</bean>
```

Ao associar desta maneira, o Spring usará JndiObjectFactoryBean (veja a seção 7.1), para procurar um connection factory no JNDI, usando o nome java:comp/env/connectionFactory. (Claro que assumindo que você tenha uma implementação de JMS, com uma instância de JMSConnectionFactory registrada no JNDI).

A propriedade defaultDestination define o destino default JMS (uma instância de javax.jms.Destination) para a qual a mensagem será publicada. Aqui, é associado a uma referência do bean destination. Bem, como o bean connectionFactory, o bean destination será entregue pelo JNDI, usando um JndiObjectFactoryBean:

```
<bean id="destination"
        class="org.springframework.jndi.JndiObjectFactoryBean">
    <property name="jndiName">
        <value>creditCardQueue</value>
    </property>
</bean>
```

A propriedade defaultDestination é opcional. Mas como há somente um destino JMS para mensagens de cartão de crédito, será setado apenas por conveniência. Se você não setar o destino default, vai precisar passar uma instância de Destination ou o nome JNDI de um Destination quando chamar o método send(), da classe JmsTemplate. Por exemplo, você usuaria isso para especificar o nome JNDI do destino JMS, na chamda do método send():

```
jmsTemplate.send(
    "creditCardQueue", new MessageCreator() { ... });
```

COMO TRABALHAR COM JMS 1.0.2

Até agora, o bean jmsTemplate tem sido uma instância de JmsTemplate. Embora não seja muito aparente, isso implica que a implementação do JMS provider suporta a versão 1.1, da especificação JMS. Se o seu JMS provider é suportado pela versão 1.0.2 e não pela versão 1.1, você precisará usar JmsTemplate102, ao invés do JmsTemplate.

A grande diferença entre JmsTemplate e JmsTemplate102 é que JmsTemplate102 precisa saber se você está usando mensagens point-to-point ou publish-subscribe. Por default, JmsTemplate102 assume que você usará mensagens point-to-point, mas você pode especificar publish-subscribe, setando a proriedade pubSubDomain como true:

```
<bean id="jmsTemplate"
       class="org.springframework.jms.core.JmsTemplate">
...
   <property name="pubSubDomain">
     <value>true</value>
   </property>
</bean>
```

No caso de JmsTemplate102, você usaria da mesma maneira que JmsTemplate.

COMO CAPTURAR EXCEÇÕES JMS

Um coisa importante sobre o uso do JmsTemplate, é que você não é forçado a capturar as exceções javax.jms.JMSException. Muitos métodos de JmsTemplate (incluindo send()) capturam qualquer JMSException que é lançada e a converte numa exceção runtime org.springframework.jms.JmsException.

7.4.2 Como consumir mensagens

Imagine agora, que você está escrevendo o código para finalização do processo de pagamento. Você vai ter que receber uma mensagem, convertê-la para um objeto PaySettlement e então mandá-la para o processamento. Felizmente, JmsTemplate pode ser usada, tanto para receber quanto para enviar mensagens.

A Listagem 7.5 demonstra como você pode usar um JmsTemplate, para receber mensagens.

Listagem 7.5 Como receber uma mensagem PaySettlement

```
public PaySettlement processSettlementMessages() {
   Message msg = jmsTemplate.receive("creditCardQueue");    Recebe a mensagem
```

```
try {
    MapMessage mapMessage = (MapMessage) msg;
    PaySettlement paySettlement = new PaySettlement();

    paySettlement.setAuthCode(mapMessage.getString("authCode"));
    paySettlement.setCreditCardNumber(
        mapMessage.getString("creditCardNumber"));
    paySettlement.setCustomerName(
        mapMessage.getString("customerName"));
    paySettlement.setExpirationMonth(
        mapMessage.getInt("expirationMonth"));

    paySettlement.setExpirationYear(
        mapMessage.getInt("expirationYear"));

    return paySettlement;
} catch (JMSException e) {
    throw JmsUtils.convertJmsAccessException(e);
}
}
```

Mapeia a mensagem para um PaySettlement

O método receive() de JmsTemplate tenta receber uma mensagem de um Destination especificado. Como usado anteriormente, receive() tentará receber uma mensagem de um Destination, que tenha um nome JNDI de creditCardQueue.

Uma vez que a mensagem for recebida, ela é jogada em um MapMessage e um objeto PaySettlement será inicializado com valores dos campos de MapMessage.

Por default, receive() esperará indefinidamente pela mensagem. Não é muito saudável ter um bloqueio na aplicação, enquando ela espera uma mensagem. Seria melhor se você pudesse setar um período de timeout, assim receive() irá desistir depois de algum tempo de espera.

Felizmente, você pode especificar um timeout setando a propriedade receiveTimeout no bean jmsTemplate. Por exemplo:

```xml
<bean id="jmsTemplate"
        class="org.springframework.jms.core.JmsTemplate">
    <property name="receiveTimeout">
        <value>10000</value>
    </property>
</bean>
```

Na propriedade receiveTimeout, é colocado um valor em milliseconds, que deve esperar por uma mensagem. Setando a propriedade com 10000, indica que o método receive() vai desistir, depois de 10 segundos. Se nenhuma mensagem for recebida em 10 segundos, JmsTemplate lançará uma JmsException (que você pode escolher tratar ou ignorar).

7.4.3 Como converter mensagens

Na listagem 7.4, a instância de MessageCreator foi responsável pelo mapeamento de propriedades de PaySettlement, nos campos do MapMessage. A mensagem processSettlement() na listagem 7.5 executa o mapeamento reverso do Message para um objeto PaySettlement. Isso funciona bem, mas resulta em muito código, que pode acabar repetido, toda vez que você precisar enviar ou receber uma mensagem PaySettlement.

Para evitar repetições e manter o código limpo, talvez seja melhor colocar o código de mapeamento, num objeto separado.

COMO CONVERTER MENSAGENS PAYSETTLEMENT

Embora você possa escrever seu próprio objeto para dar conta da conversão de mensagens, a org.springframework.jms.support.converter.MessageConverter do Spring é uma interface que define um mecanismo comum para conversão de objetos, "de" e "para" Messages do JMS.

Para ilustrar, PaySettlementConverter (listagem 7.6) implementa MessageConverter para uma conversão tranqüila de objetos PaySettlement, em objetos Message do JMS e vice-versa.

Listagem 7.6 Como converter um PaySettlement em um Message do JMS e vice-versa.

```
public class PaySettlementConverter implements MessageConverter {
    public PaySettlementConverter() {}

    public Object fromMessage(Message message)
            throws MessageConversionException {
        MapMessage mapMessage = (MapMessage) message;
    PaySettlement settlement = new PaySettlement();

    try {
        settlement.setAuthCode(mapMessage.getString("authCode"));
        settlement.setCreditCardNumber(
            mapMessage.getString("creditCardNumber"));
        settlement.setCustomerName(
            mapMessage.getString("customerName"));
        settlement.setExpirationMonth(
            mapMessage.getInt("expirationMonth"));          Converte
        settlement.setExpirationYear(                        Message para
            mapMessage.getInt("expirationYear"));            PaySettlement
    } catch (JMSException e) {
        throw new MessageConversionException(e.getMessage());
    }                                                        Relança uma
                                                             exceção runtime
    return settlement;
}
```

```
public Message toMessage(Object object, Session session)
    throws JMSException, MessageConversionException {

    PaySettlement settlement = (PaySettlement) object;
    MapMessage message = session.createMapMessage();
    message.setString("authCode", settlement.getAuthCode());
    message.setString("customerName",
        settlement.getCustomerName());
    message.setString("creditCardNumber",
        settlement.getCreditCardNumber());
    message.setInt("expirationMonth",
        settlement.getExpirationMonth());
    message.setInt("expirationYear",
        settlement.getExpirationYear());

    return message;
}
}
```

Converte PaySettlement para Message

Como o nome diz, o método fromMessage() serve para pegar um objeto Message e convertê-lo em algum outro objeto. Nesse caso, Message é convertido num objeto PaySettlement, pegando os campos de MapMessage e setando as propriedades respectivas no objeto PaySettlement.

A conversão é executada em modo reverso pelo método toMessage(). Esse método recebe um Object (nesse caso, um bean PaySettlement) e seta os elementos no MapMessage, com as propridades Object.

COMO ASSOCIAR UM CONVERSOR DE MENSAGEM

Para usar conversores de mensagem, primeiro você deve declará-lo como um bean nas aconfigurações do Spring:

```
<bean id="settlementConverter" class="com.springinaction.
    ⟶ training.service.PaySettlementConverter">¥'
...
</bean>
```

Depois, JmsTemplate precisa estar ciente do conversor de mensagem. Você deve informá-lo a respeito de PaySettlementConverter; para isso, basta fazer a associação com a propriedade messageConverter do JmsTemplate:

```
<bean id="jmsTemplate"
    class="org.springframework.jms.core.JmsTemplate">
...
    <property name="messageConverter">
        <ref bean="settlementConverter"/>
    </property>
</bean>
```

Agora que JmsTemplate conhece PaySettlementConverter, você está pronto para enviar mensagens a serem convertidas.

COMO ENVIAR E RECEBER MENSAGENS CONVERTIDAS

Com as mensagem a serem convertidas associadas ao PayServiceImpl, a implementação de sendSettlementMessage() torna-se muito simples:

```
public void sendSettlementMessage(PaySettlement settlement) {
    jmsTemplate.convertAndSend(settlement);
}
```

Ao invés de chamar o método send() de JmsTemplate e usar um MessageCreator para construir o objeto Message, você simplesmente chama o método convertAndSend(), de JmsTemplate passando o objeto PaySettlement. Por baixo do panos, o método convertAndSend() cria a sua própria instância de MessageCreator, que usa um PaySettlementConverter para criar um objeto Message, a partir de um objeto PaySettlement.

Da mesma maneira, para receber mensagens convertidas, você chama o método receiveAndConvert() de JmsTemplate (ao invés de receive()), passando o nome da fila de mensagens JMS:

```
PaySettlement settlement = (PaySettlement)
    jmsTemplate.receiveAndConvert("creditCardQueue");
```

Com exceção da conversão automática de objetos Message, a semântica de receiveAndConvert() é a mesma de receive().

COMO USAR SIMPLEMESSAGECONVERTER

O Spring vem com uma implementação da interface MessageConverter pré-empacotada. SimpleMessageConverter converte MapMessages, TextMessages e ByteMessages em coleções java.util.Map, Strings e arrays de bytes, respectivamente (e vice-versa respectivamente).

Para usar SimpleMessageConverter para converter objetos PaySettlement em Messages do JMS, substitua a declaração de bean settlementConverter pela seguinte declaração:

```
<bean id="settlementConverter" class="org.springframework.jms.
    support.converter.SimpleMessageConverter">
...
</bean>
```

Embora essa função de conversão pareça extremamente simples, ela se mostra bem útil, quando suas mensagens são simples e não correspondem, diretamente, a um objeto no domínio de sua aplicação.

7.5 RESUMO

Embora o Spring forneça funcionalidades que eliminam muita necessidade de usar EJBs, ainda existem muitos enterprise services que o Spring não fornece funções, que possam substituí-las. Nestes casos, o Spring fornece camadas de abstração que deixam mais fácil o trabalho de conexão com esses serviços, em aplicações que suportam o Spring.

Nesse capítulo, você viu como obter refrências para objetos que são mantidos pelo JNDI. Essas refrências podem ser associadas às propriedades do bean, como se eles fossem beans definidos localmente. Isso se mostrou ser muito útil ao longo do capítulo, com o uso da camada de abstração JNDI do Spring, onde foi possível procurar algumas coisas como mail sessions e JMS connection factories.

Você viu também como enviar e-mails usando a camada de abstração de e-mail do Spring, e como agendar tarefas usando Timer do Java e OpenSymphony Quartz scheduler.

Finalmente, você viu como enviar e receber mensagens assíncronas, usando a camada de abstração de JMS do Spring.

No próximo capítulo, colocaremos nosso foco na camada de apresentação da nossa aplicação, usando o framework MVC do Spring, para desenvolver aplicações web.

Parte 3

Spring na camada da web

Agora que você construiu a camada de negócios de sua aplicação usando o Spring, é hora de dar uma face a ela.

No capítulo 8, "Como construir a camada web", você aprenderá os fundamentos do uso do MVC do Spring, um framework web construído dentro do framework Spring. Você descobrirá como o Spring pode ligar de forma transparente parâmetros web aos seus objetos de negócios e fornecer controle de erros e validação ao mesmo tempo. Você também verá o quanto é fácil acrescentar funcionalidade às suas aplicações web usando interceptors do Spring.

Desenvolvendo sobre o fundamento do MVC do Spring, o capítulo 9, "Camadas de visualização alternativas", mostra como prosseguir além de JavaServer Pages e usar outras linguagens template, tais como Velocity e FreeMaker. Além disso, você verá como usar o MVC do Spring para produzir dinamicamente conteúdo binário, tais como PDF e documentos do Excel.

Embora o MVC do Spring seja um fantástico framework web, você pode já investir em outro framework. No capítulo 10, "Como trabalhar com outros frameworks web", você verá como integrar o Spring em diversos dos populares frameworks web, tais como Struts, Tapestry e JavaServer Faces.

Após aprender a usar o Spring para desenvolver uma aplicação web, é hora de assegurá-la. No capítulo 11, "Como assegurar aplicações Spring", você aprenderá a usar o Acegi Security System para fornecer autenticação às suas aplicações web. Além disso, você verá como integrar o Acegi com seus objetos de negócios para aplicar segurança em nível de método também.

Capítulo 8

Como construir
a camada web

Este capítulo cobre:

- Como mapear requisições para o Controlador do Spring
- A ligação transparente de parâmetros de formulários
- Como validar a submissão de formulários
- A adição de funcionalidade através de interceptors

Como um desenvolvedor J2EE, provavelmente você já desenvolveu uma aplicação baseado em web. Na realidade, para muitos desenvolvedores Java as aplicações baseadas em web são seu foco primário. Se tiver este tipo de experiência, você está bem ciente dos desafios que existem com estes sistemas. Especificamente, o gerenciamento de estado, o fluxo de trabalho e a validação são características importantes, que precisam ser endereçadas. Nenhum destes é de fácil gerenciamento, dada as suas naturezas stateless do protocolo HTTP.

O framework web do Spring é projetado para lhe ajudar a endereçar estes assuntos. Usando o Spring, você pode leverage seu framework web para popularizar, automaticamente, os seus objetos modelo, a partir de parâmetros de pedidos entrantes, enquanto provê a validação e controle de erros. Você também pode confiar no framework para ajudar a gerenciar o estado de um objeto, que está sendo criado por seus usuários, através de formulários web.

Além destas características, você descobrirá que o framework inteiro é muito modular. Cada conjunto de componentes possui papéis específicos e completamente independentes do resto do framework. Isto lhe permite desenvolver o front end de sua aplicação web, de uma maneira bastante conectada.

Com isso em mente, daremos uma olhada em como o framework Spring é reagrupado.

8.1 Como começar com o MVC do Spring

Você já ouviu falar do jogo de fliperama Pinball? É um jogo no qual a meta é jogar uma bolinha de aço em uma série de diferntes obstáculos, sem deixar que ela caia no buraco principal. A bola passa por diversos tipos de obstáculos, dependendo da máquina, desde rolar por uma rampa até pular em uma gangorra[1] ou girar em uma roda gigante miniatura e, até mesmo, ser chutada para fora de um balde, por uma bota de borracha.

À primeira vista, você pode pensar que o framework de MVC do Spring é muito parecido com este jogo. Ao invés de mover uma bola através de rampas, gangorras e rodas, o Spring move pedidos entre um servlet despachante, mapeamentos de manipuladores, controladores e solucionadores de visualização.

Mas não trace uma comparação muito boa entre o MVC do Spring e este simples jogo de fliperama. Cada um dos componentes do MVC do Spring realiza um objetivo específico. Comecemos a exploração do MVC do Spring, examinando o ciclo de vida de um pedido típico (comum).

---

[1] Realmente, nós achamos que este livro precisava de mais uma referência, como uma gangorra (vide capítulo 5).

8.1.1 Um dia na vida de um pedido

A partir do momento em que o Spring recebe um pedido até a hora em que uma resposta é retornada ao cliente, muitas partes do MVC do Spring são envolvidas. A figura 8 mostra o ciclo de vida de um pedido, do início ao fim.

O processo começa quando um cliente (normalmente, um browser) envia um pedido ①. O primeiro componente a receber o pedido é o DispatcherServlet do Spring. Como a maioria dos frameworks de MVC baseados em Java, o MVC do Spring afunila os pedidos através de um único servlet *front controller*. Um front controller é um modelo de aplicação web comum, onde um único servlet delega responsabilidade de um pedido para outros componentes de uma aplicação, para executar o processo atual. No caso do MVC do Spring, o DispatcherServlet é o front controller.

O componente MVC do Spring que é responsável por controlar o pedido é um Controller. Para descobrir qual controlador deve cuidar do pedido, o DispatcherServlet começa examinando um ou mais HandlerMappings ②. Um HandlerMapping, normalmente, executa seu trabalho mapeando modelos de URL a objetos Controller.

Uma vez que o DispatcherServlet tem um objeto Controller, ele despacha o pedido ao Controller para executar qualquer lógica de negócio, que ele seja designado a fazer ③. (Na verdade, um Controller bem projetado executa pouca ou nenhuma lógica de negócio, ao contrário, delega responsabilidade pela lógica de negócio, para um ou mais objetos de serviço).

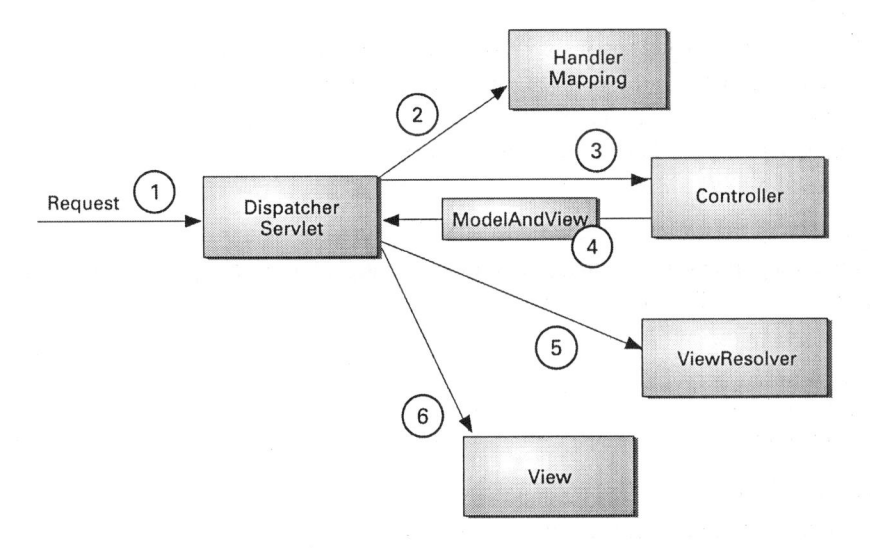

Figura 8.1 *- O ciclo de vida de um pedido no MVC do Spring.*

Da conclusão da lógica de negócios, o Controller devolve um objeto ModelAndView ④ para o DispatcherServlet. O ModelAndView pode conter um objeto View ou um nome lógico deste mesmo objeto (View).

Se o objeto ModelAndView contiver o nome lógico de um View, o Dispatcher- Servlet examina um ViewResolver ⑤ para observar o objeto View, que fará a resposta. Finalmente, o DispatcherServlet despacha o pedido ao objeto View ⑥, que será indicado pelo objeto ModelAndView. O objeto View é responsável por retornar uma resposta ao cliente.

Discutiremos cada um destes passos, em detalhes, ao longo deste capítulo. Comecemos, então, pelo início — você precisará configurar o DispatcherServlet para usar o MVC do Spring.

8.1.2 Como configurar o DispatcherServlet

No coração do MVC do Spring está o DispatcherServlet, um servlet que funciona como o controlador de frente do MVC do Spring. Como qualquer servlet, o DispatcherServlet deve ser configurado no arquivo web.xml de sua aplicação web. Coloque a seguinte declaração <servlet> no arquivo web.xml de sua aplicação:

```
<servlet>
  <servlet-name>training</servlet-name>
  <servlet-class>org.springframework.web.servlet.DispatcherServlet
  </servlet-class>
  <load-on-startup>1</load-on-startup>
</servlet>
```

O <servlet-name> dado ao servlet é significante. Por padrão, quando o DispatcherServlet é carregado, ele também irá carregar o contexto de aplicação Spring, a partir de um arquivo XML, cujo nome está baseado no nome do servlet. Neste caso, pelo fato do servlet ser denominado training, o DispatcherServlet tentará carregar o contexto de aplicação, a partir de um arquivo denominado training-servlet.xml.

Logo, você tem que indicar quais URLs serão controladas pelo DispatcherServlet. Adicione o seguinte <servlet-mapping> ao web.xml, para permitir que o DispatcherServlet controle todos os URLs que terminem em ".htm":

```
<servlet-mapping>
  <servlet-name>training</servlet-name>
  <url-pattern>*.htm</url-pattern>
</servlet-mapping>
```

Provavelmente, você está querendo saber por que escolhemos este padrão específico de URL. Poderia ser porque todo o conteúdo produzido por nossa aplicação é HTML. Também poderia ser porque queremos enganar nossos amigos, fazendo-os pensar que nossa aplicação inteira é composta por arquivos HTML estáticos. E também porque achamos que ".do" é uma extensão simples demais.

Mas a verdade sobre o assunto é que o padrão de URL é um pouco arbitrário e que poderíamos ter escolhido qualquer modelo de URL, para o DispatcherServlet. Nossa razão principal ao escolher "*.htm" é que este modelo é o usado, por convenção, na maioria das aplicações MVC do Spring, que produzem conteúdo HTML.

Agora que o DispatcherServlet é configurado em web.xml e recebe um mapeamento URL, você está pronto para criar a camada web de sua aplicação. Porém, há mais uma coisa que recomendamos que você acrescente ao web.xml.

Como dividir o contexto da aplicação

Como mencionamos anteriormente, o DispatcherServlet carregará o contexto da aplicação Spring, a partir de um único arquivo XML, cujo nome é baseado em seu <servlet-name>. Mas isto não significa que você não possa dividir seu contexto de aplicação por arquivos XML múltiplos. Na realidade, recomendamos que você divida seu contexto de aplicação em camadas de aplicações, como mostrado na figura 8.2.

Quando configurado, o DispatcherServlet já carrega o training-servlet.xml. Você poria todas as suas definições de aplicações <bean> em training-servlet.xml, mas no final das contas, estes arquivos tornariam-se de difícil controle. Dividindo-os em partes lógicas, ao longo de camadas de aplicações, você poderia tornar a sua manutenção bem mais fácil, ao manter cada um dos arquivos de configuração do Spring focalizados numa única camada da aplicação. Isso também facilitaria a troca de uma configuração de camada, sem afetar outras camadas (por exemplo, a troca de um arquivo training-data.xml que usa o Hibernate por outro que use o iBATIS).

Pelo fato do arquivo de configuração DispatcherServlet ser training-servlet.xml, faz sentido que este arquivo contenha definições <bean> pertencentes aos controladores e outros componentes MVC do Spring. Assim como os beans das camadas de serviço e dados, gostaríamos que estes beans fossem colocados em training-service.xml e training-data.xml, respectivamente.

Para assegurar que todos estes arquivos de configuração sejam carregados, você irá precisará configurar um carregador de contexto em seu arquivo web.xml. Um carregador de contexto carrega arquivos de configuração de contexto, além

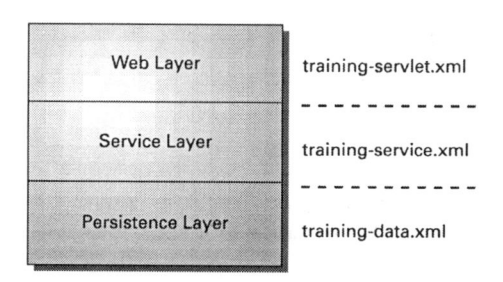

Figura 8.2 - *Dividindo arquivos de configuração do Spring entre camadas de aplicações de fácil manutenção.*

daquele que o DispatcherServlet carrega. Dependendo de como fizer deployment de sua aplicação, você terá dois carregadores de contexto para escolher: o ContextLoaderListener e o ContextLoaderServlet.

Provavelmente, você fará o deployment de um container web, que dá suporte à especificação de Servlet 2.3 (ou mais) e inicializa os listeners servlet, antes dos servlets em si. Se for o caso, você irá querer configurar o ContextLoaderListener em seu arquivo web.xml, como segue:

```
<listener>
    <listener-class>org.springframework.
    ➥ web.context.ContextLoaderListener</listener-class>?
</listener>
```

Mas se sua aplicação for instalada em um container web mais antigo, que implemente o Servlet 2.2 ou se o container web é um container de Servlet 2.3, que não inicia os listeners antes dos servlets, [2] você precisará configurar o ContextLoaderServlet em web.xml, desta forma:

```
<servlet>
    <servlet-name>context</servlet-name>
    <servlet-class>org.springframework.
    ➥ web.context.ContextLoaderServlet</servlet-class>?
    <load-on-startup>1</load-on-startup>
</servlet>
```

Não importa qual o carregador de contexto que utilize, você irá precisar informar a ele a localização do(s) arquivo(s) de configuração Spring a serem carregados. Se não for especificado de outra forma, o carregador de contexto irá procurar um arquivo de configuração Spring no /WEB-INF/application- Context.xml. Mas este local não permite separar o contexto de aplicação por camadas de aplicações; assim, você precisará anular este modelo.

Você pode especificar um ou mais arquivos de configuração Spring para o carregador de contexto carregar, ao estabelecer o parâmetro contextConfigLocation no contexto servlet:

```
<context-param>
    <param-name>contextConfigLocation</param-name>
    <param-value>/WEB-INF/training-service.xml,
    ➥ /WEB-INF/training-data.xml</param-value>?
</context-param>
```

---

[2] Até onde sabemos, os containers Oracle OC4J 9.0.3 e BEA WebLogic até a versão 8.1 e IBM Web- Sphere 5.x, são os únicos containers de Servlet 2.3 que não iniciam os listeners antes dos servlets. Para qualquer outro container, o ContextLoaderListener cumprirá essa tarefa.

O parâmetro contextConfigLocation é especificado como uma lista de caminhos, separados por vírgula (relativo à raiz da aplicação web). Como configurado aqui, o carregador de contexto usará o contextConfigLocation para carregar dois arquivos de configuração de contexto — um para a camada de serviço e um para a camada de dados.

O DispatcherServlet está, agora, configurado e pronto para despachar pedidos à camada web de sua aplicação. Mas a camada web ainda não foi construída! Sem problemas. Isso é o que faremos a seguir. Começaremos construindo objetos controladores que executem a lógica de aplicação.

8.1.3 MVC do Spring em um nutshell

Como uma rápida introdução para as porcas e parafusos do MVC do Spring, construiremos a homepage para a aplicação do Spring Training. Para manter o foco no MVC do Spring, manteremos a homepage tão simples quanto possível. Por enquanto, ela não fará nada além de mostrar uma simples mensagem de saudação.

A seguinte lista de passos define o mínimo que você deve fazer para construir a homepage no MVC do Spring:

1   Crie a classe de controlador que execute a lógica por trás da homepage.

2   Configure o controlador no arquivo de configuração de contexto do DispatcherServlet (training-servlet.xml).

3   Configure um determinador de view para ligar o controlador ao JSP.

4   Crie o JSP que fará a homepage ao usuário.

COMO CONSTRUIR O CONTROLADOR

O primeiro passo é construir um objeto de controlador que irá controlar o pedido de homepage. O HomeController (item 8.1)mostra tal controlador.

Listagem 8.1 Um controlador simples para exibir a homepage do Spring Training

```
public class HomeController implements Controller {
    public ModelAndView handleRequest(HttpServletRequest request,
        HttpServletResponse response) throws Exception {
      return new ModelAndView("home", "message", greeting);
    }

    private String greeting;
    public void setGreeting(String greeting) {
       this.greeting = greeting;
    }
}
```

No MVC do Spring, um controlador é uma classe responsável por controlar um pedido e executar algum processo no mesmo. Com respeito a isso, um controlador não é muito diferente de um HttpServlet ou um Action de Struts. Na realidade, você pode achar a assinatura do handleRequest() um tanto familiar, uma vez que ela é bem parecida com a assinatura de um método service(), de um servlet.

Um controlador MVC Spring difere-se de um servlet ou de uma Action de Struts, por ser configurado como qualquer outro JavaBean, no contexto de aplicação do Spring. Isto significa que você pode tirar proveito da injeção de dependência e da AOP do Spring, com uma classe de controlador, da mesma maneira que qualquer outro bean. No caso do HomeController, a injeção de dependência é usada para configurar a saudação que será exibida na homepage. Num controlador mais complexo, você poderia conectar beans de camada de serviço dentro do controlador, de forma que o controlador pudesse delegar responsabilidade por lógica bussiness, a um bean de camada de serviço.

A última coisa que o handleRequest() faz (na realidade, a única coisa que ele faz no caso do HomeController) é devolver um objeto ModelAndView. Um ModelAndView é um objeto que carrega tanta informações de visualização (view information), quanto model data, que serão usados ao fazer a informação. Todos os controladores do Spring devolvem um objeto ModelAndView, a partir dos seus métodos de execução. Neste caso, o ModelAndView retornado informa o DispatcherServlet para levar ao usuário a view, cujo nome é home, e colocar o objeto de saudação no campo "mensagem" dos dados-modelo.

COMO CONFIGURAR O BEAN CONTROLADOR

Agora que o HomeController foi criado, você tem que configurá-lo no arquivo de configuração de contexto do DispatcherServlet (que é o training-servlet.xml na aplicação de Spring Training). O trecho seguinte de XML declara o HomeController:

```
<bean name="/home.htm"
  class="com.springinaction.training.mvc.HomeController">
  <property name="greeting">
    <value>Welcome to Spring Training!</value>
  </property>
</bean>
```

Como mencionado anteriormente, a propriedade greeting (saudação) deve ser conectada com uma mensagem que será exibida na homepage. Aqui, mantivemos a saudação simples com um: "Bem-vindo ao Spring Training!"

Uma coisa que pode lhe causar estranhamento é que ao invés de especificar um id de bean para o bean HomeController, nós especificamos um nome. E para tornar as coisas ainda mais estranhas, ao invés de dar um nome real, fornecemos um modelo de URL de: "/home.htm." Aqui, o atributo do nome realiza dois papéis, servindo tanto como o nome do bean, quanto modelo de URL, para pedidos que deveriam ser controlados por este controlador. Pelo fato do modelo de URL ter caracteres especiais, que não são válidos num atributo id, de XML id — especificamente, o caractere barra (/) — o atributo name (nome) teve que ser usado, ao invés do id.

Quando um pedido vem ao DispatcherServlet com uma URL, que termine em "/home. htm", o DispatcherServlet despachará o pedido ao HomeController, para que lide com o mesmo. Porém, note que a única razão para que o atributo de nome do bean seja usado como o modelo de URL é porque nós não configuramos um bean mapeador controlador. O mapeador controlador padrão usado pelo DispatcherServlet é o BeanNameUrlHandlerMapping, que usa o nome base como o padrão de URL. Mais além (na seção 8.2), você verá como usar alguns dos outros mapeadores controladores do Spring, que lhe permitem desagrupar o nome do bean de um controlador, de seu modelo de URL.

COMO DECLARAR UM DETERMINADOR DE VISUALIZAÇÃO

Um outro bean que você irá precisar declarar no training-servlet.xml é um bean determinador de visualização. O trabalho de um determinador de visualização é levar o nome de visualização devolvido no ModelAndView e mapeá-lo a uma visualização. No caso do HomeController, precisamos de um determinador de visualização para determinar a "home" a um arquivo JSP, que faz a home page.

Como você verá na seção 8.4, o MVC do Spring vem com vários determinadores de visualização para escolher. Mas para as visualizações que serão feitas por JSP, não há nenhuma mais simples do que a InternalResourceViewResolver:

```
<bean id="viewResolver" class="org.springframework.web.
        ↪ servlet.view.InternalResourceViewResolver">?
    <property name="prefix">
        <value>/WEB-INF/jsp/</value>
    </property>
    <property name="suffix">
        <value>.jsp</value>
    </property>
</bean>
```

A InternalResourceViewResolver estabelece um prefixo ao nome de visualização retornado no ModelAndView, com valor de sua propriedade prefix e coloca um sufixo com o valor de sua propriedade suffix. Uma vez que o HomeController retorna um nome de visualização de home no ModelAndView, o InternalResourceViewResolver achará a visualização em /WEB-INF/jsp / home.jsp.

COMO CRIAR O JSP

A única coisa que resta a fazer é criar o JSP, que faz a informação. O JSP simples que segue, será suficiente por enquanto:

```
<html>
   <head><title>Spring Training, Inc.</title></head>
   <body>
      <h2>${message}</h2>
   </body>
</html>
```

Não esqueça de nomear este JSP como "home.jsp" e colocá-lo na pasta /WEB-INF/jsp, dentro de sua aplicação web. É onde o InternalResource-ViewResolver tentará achá-lo.

COMO REUNIR TUDO

Agora, a homepage está completa. Você criou um controlador para lidar com os pedidos da homepage, configurou-o para basear-se em BeanNameUrlHandlerMapping, a fim de ter um modelo de URL "/home.htm"; criou um JSP simples que representa a homepage, e configurou um determinador de visualização para achar o JSP. E agora, como tudo isso irá funcionar em conjunto?

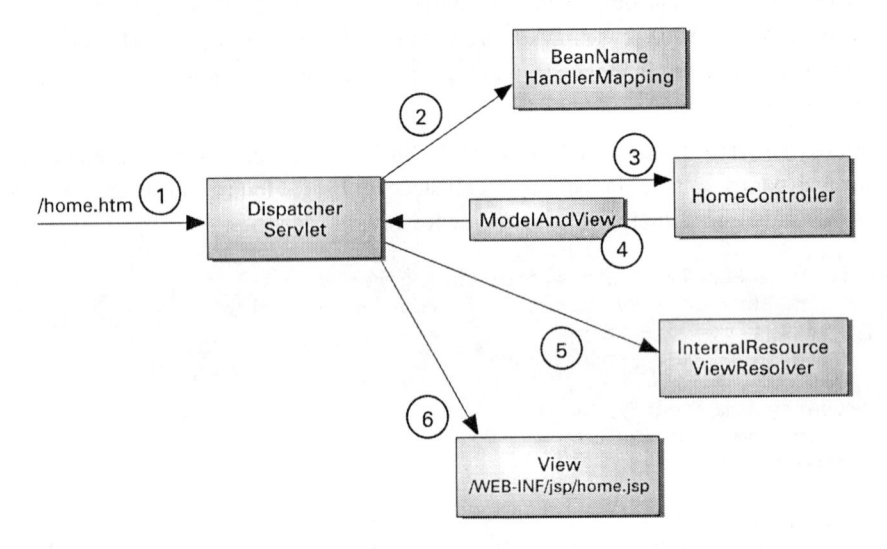

Figura 8.3 - Como processar um pedido para "/home.htm"

A figure 8.3 mostra os passos pelos quais um pedido irá passar para "/home.htm", dado o trabalho feito até agora.

Para recapitular este processo:

1 O DispatcherServlet recebe um pedido, cujo modelo de URL é "/home.htm".

2 O DispatcherServlet consulta o BeanNameUrlHandlerMapping para descobrir um controlador, cujo nome de bean é "/home.htm", descobrindo o bean HomeController.

3 O DispatcherServlet despacha o pedido ao HomeController para ser processado.

4 O HomeController retorna um objeto ModelAndView com um nome de visualização lógico home.

5 O DispatcherServlet consulta seu determinador de visualização (configurado como InternalResourceViewResolver) para achar uma visualização, cujo nome lógico é home. O Internal- ResourceViewResolver retoma o caminho para o /WEB-INF/jsp/home.jsp.

6 O DispatcherServlet direciona o pedido ao JSP, no /WEB-INF/jsp/home.jsp, a fim de fazer a homepage para o usuário.

Agora que você viu, de forma mais ampla, o MVC do Spring, daremos uma olhada melhor em cada uma das partes móveis, envolvidas num pedido de serviço. Começaremos pelos mapeadores de controladores.

8.2 COMO MAPEAR PEDIDOS AOS CONTROLADORES

Ao associar um pedido com um controlador específico, o DispatcherServlet consulta um bean mapeador controlador. Os mapeadores controladores, normalmente, mapeiam um bean controlador específico a um modelo URL.[3] Isto é semelhante as URLS, que são mapeadas aos servlets usando um <servlet-mapping> em um web.xml, de uma aplicação web ou como as Actions no Jajarta Struts são mapeadas por URLs, que usam o atributo path (caminho) no struts-config.xml.

Na seção anterior, baseamos no fato de que o DispatcherServlet, por padrão, utiliza o BeanNameUrlHandlerMapping. O BeanNameUrlHandlerMapping serviu para começarmos, mas talvez não seja adequado para todos os casos. Felizmente, o MVC do Spring oferece diversas implementações de mapeadores controladores para escolhermos.

Todos os mapeadores controladores do MVC do Spring implementam a interface org.springframework.web.servlet.HandlerMapping. O Spring vem pré-embalado por três implementações úteis, para HandlerMapping:

- BeanNameUrlHandlerMapping — Mapeia controladores para URLs que são baseadas no nome do bean do controlador.

- SimpleUrlHandlerMapping — Mapeia controladores para URLs que usam uma coleção de propriedades definida no arquivo de configuração de contexto.

---

[3] Apesar das implementações pré-embaladas de HandlerMapping mapearem pedidos aos controladores usando modelos de URL, a interface HandlerMapping é, na verdade, muito mais flexível que isso. Se você estiver disposto, é possível criar uma implementação padrão de HandlerMapping, que escolhe os seus mapeamentos baseados em valores de cookie, estado da seção ou outros valores contidos dentro de um objeto HttpServletRequest.

■ CommonsPathMapHandlerMapping — Mapeia controladores para URLs que usam meta-dados, em nível posicionados no código do controlador.

Daremos uma olhada em como usar cada um destes mapeadores controladores, a começar pelo BeanNameUrlHandlerMapping.

8.2.1 Como mapear URLs para nomes de bean

Uma abordagem simples para mapear um controlador para uma URL é baseando o modelo de URL, no nome do bean do controlador. O BeanNameUrlHandlerMapping executará este tipo de mapeamento.

Por exemplo, suponha que você queira que o bean ListCoursesController lide com pedidos a URLs, do tipo "http://server-name/training/listCourses.htm". Para estabelecer o mapeamento do nome do bean, você deverá declarar um bean em seu arquivo de configuração de contexto, da seguinte forma:

```
<bean id="beanNameUrlMapping" class="org.springframework.web.
    servlet.handler.BeanNameUrlHandlerMapping"/>?
```

Você irá precisar nomear seus beans controladores com o modelo de URL que eles terão que controlar. O modelo de URL para o ListCoursesController é "listCourses.htm"; assim, você deve declarar o controlador no arquivo de configuração de contexto, como segue:

```
<bean name="/listCourses.htm"
        class="com.springinaction.training.mvc.ListCoursesController">
    <property name="courseService">
      <ref bean="courseService"/>
    </property>
</bean>
```

Sempre que um BeanNameUrlHandlerMapping tiver que determinar um mapeamento para "/list - CoursesController.htm", ele irá polir o contexto da aplicação para um bean, cujo nome se adequa ao modelo de URL, achando o ListCoursesController.

O BeanNameUrlHandlerMapping é o controlador de mapeamneto padrão usado pelo DispatcherServlet. Você não precisa declará-lo explicitamente em seu arquivo de configuração de contexto, mas poderá escolher um caminho que seja óbvio, qual controlador de mapeamento está sendo usado. Você, também poderá declará-lo explicitamente, se você estiver usando múltiplos controladores de mapeamento e precisar especificar o pedido (ver seção 8.3.4).

Embora o BeanNameUrlHandlerMapping seja bastante simples, ele cria um agrupamento entre URLs de camadas de apresentação e seus nomes de controladores. Ao fazer isso, ele também faz com que seus nomes de controladores fiquem estranhos. Assim, não recomendamos usar o Bean- NameUrlHandlerMapping, exceto em aplicativos extremamente simples, com somente uma parcela de controladores. Na maioria dos casos, você é encorajado a considerar um dos outros controladores de mapeamento, como o SimpleUrlHandlerMapping.

8.2.2 Como usar o SimpleUrlHandlerMapping

Provavelmente, o impleUrlHandlerMapping é um dos controladores de mapeamento mais diretos do Spring. Ele permite que você mapeie modelos de URL diretamente aos controladores, sem ter que nomear seus beans de um modo especial.

Por exemplo, considere a seguinte declaração de SimpleUrl-HandlerMapping, que associa vários dos controladores de aplicação do Spring Training, com seus modelos de URL:

```
<bean id="simpleUrlMapping" class=
    "org.springframework.web.servlet.handler.SimpleUrlHandlerMapping">
  <property name="mappings">
    <props>
      <prop key="/listCourses.htm">listCoursesController</prop>
      <prop key="/register.htm">registerStudentController</prop>
      <prop key="/displayCourse.htm">displayCourseController</prop>
      <prop key="/login.htm">loginController</prop>
      <prop key="/enroll.htm">enrollController</prop>
    </props>
  </property>
</bean>
```

A propriedade de mapeamento do SimpleUrlHandlerMapping é conectada com um java.util.Properties usando <props>. O atributo key de cada elemento <prop> é um modelo de URL. Da mesma maneira que no BeanNameUrlHandlerMapping, todos os modelos de URL são relativos ao <servlet-mapping> URL, do DispatcherServlet. O valor de cada <prop> é o nome do bean de um controlador, que irá controlar pedidos ao padrão de URL.

8.2.3 Como usar metadados para mapear controladores

O último controlador de mapeamento que veremos é o CommonsPathMapHandlerMapping. Este controlador de mapeamento considera metadados em nível de fonte, colocados no código de fonte de um controlador, a fim de determinar o mapeamento da URL. Particularmente, espera-se que os metadados sejam atributos do tipo: org.springframework.web.servlet.handler.commonsattributes.PathMap compilador, dentro do controlador usando o compilador do Jakarta Commons Attributes.

Para usar o CommonsPathMapHandlerMapping, simplesmente declare-o com um <bean> em seu arquivo de configuração de contexto, como segue:

```
<bean id="urlMapping" class="org.springframework.web.
  ➥ servlet.handler.metadata.CommonsPathMapHandlerMapping"/>?
```

Etiquete cada um de seus controladores, com um atributo PathMap, para declarar o modelo de URL para o controlador. Por exemplo, para mapear o DisplayCourseController para o "/dis- playCourse.htm", insira DisplayCourseController, como segue:

```
/**
 * @@org.springframework.web.servlet.handler.
   ↪ commonsattributes.PathMap("/displayCourse.htm")?
 */
public class DisplayCourseController
    extends AbstractCommandController {
…
}
```

Finalmente, você irá precisar estabelecer que sua construção inclua o compilador Common Attributes, para que os atributos sejam compilados dentro do seu código de apliactivo. Veja o capítulo 5, seção 5.5.2 para maiores detalhes, em como adicionar o compilador de atributos à sua construção.

8.2.4 Como trabalhar com múltiplos controladores de mapeamento

Como você viu, o Spring vem com vários controladores de mapeamento bastante úteis. Mas e se você não puder (ou não quiser) estabelecer um único controlador de mapeamento? Por exemplo, suponha que sua aplicação seja simples e que você esteja usando o BeanNameUrlHandlerMapping. Mas ele está começando a crescer e você gostaria de começar a usar o SimpleUrl-HandlerMapping, de agora em diante. Como você poderá juntar e fazer uma conexão, entre diferentes controladores de mapeamento, durante a transição?

Como se mostra, todas as classes de controladores de mapeamento implementam a interface Ordered do Spring. Isso significa que você pode declarar múltiplos controladores de mapeamento em sua aplicação e estabelecer suas propriedades ordered, para indicar qual possui precedência, com relação aos outros.

Por exemplo, suponha que você queira usar ambos, o BeanNameUrl-HandlerMapping e o SimpleUrlHandlerMapping, um ao lado do outro na mesma aplicação. Você precisaria declarar os beans do controlador de mapeamento, como segue:

```
<bean id="beanNameUrlMapping" class="org.springframework.web.
    ↪ servlet.handler.BeanNameUrlHandlerMapping">?
    <property name="order"><value>1</value></property>
</bean>
<bean id="simpleUrlMapping" class="org.springframework.web.
    ↪ servlet.handler.SimpleUrlHandlerMapping">?
    <property name="order"><value>0</value></property>
    <property name="mappings">
…
    </property>
</bean>
```

Note que quanto mais baixo o valor da propriedade order, mais alta será a prioridade. Neste caso, a order do SimpleUrlHandlerMapping é mais baixa do que aquela de BeanNameUrlHandlerMapping. Isto significa que o DispatcherServlet irá consultará primeiro, o SimpleUrlHandlerMapping, ao tentar mapear um URL a um controlador. O BeanNameUrlHandlerMapping só será consultado se o SimpleUrlHandlerMapping não der nenhum resultado.

Os controladores de mapeamento mapeiam pedidos baseados nos modelos de URL, destes mesmos pedidos. Mas esse é só o começo da história. Agora, vejamos como criar controladores — o próximo passo na vida de um pedido.

8.3 COMO GERENCIAR PEDIDOS COM CONTROLADORES

Se o DispatcherServlet for o coração do MVC do Spring, então os controladores são o seu cérebro. Ao implementar o comportamento de sua aplicação MVC do Spring, você estenderá uma das classes de controlador do Spring. O controlador recebe pedidos a partir do DispatcherServlet e executa algumas funcionalidades de negócio, em nome do usuário.

Se você estiver familiarizado com outros frameworks de web, como o Struts ou o WebWork, você pode reconhecer os controladores como sendo, "a grosso modo", equivalentes com o propósito de uma ação do Struts ou do WebWork. Uma diferença enorme entre os controladores do Spring e as ações de Struts/WebWork, entretanto, é que o Spring oferece uma vasta hierarquia dos controladores (como é mostrado na figura 8.4), em contraste com a hierarquia de ação bastante plana de Struts ou WebWork.

À primeira vista, a figura 8.4 pode parecer um pouco assustadora. Realmente, quando comparada a outros framework de MVC, como o Jakarta Struts ou o WebWork, há muito mais para engolir com a hierarquia dos controladores do Spring. Mas esta complexidade percebida é, na realidade, bastante simples e flexível.

No topo da hierarquia de controladores está a interface Controller. Qualquer classe que implemente esta interface pode ser usada para controlar pedidos, através do framework MVC do Spring. Para coroar seu próprio controlador, tudo o que você precisa fazer é criar uma classe que implemente esta interface.

Enquanto você puder criar uma classe que implemente, diretamente, a interface Controller, você poderá estender, mais facilmente, uma das classes para baixo da hierarquia. Enquanto a interface Controller define o contrato básico entre um controlador e o MVC do Spring, as várias classes de controladores oferecem uma funcionalidade adicional, além do básico.

A ampla seleção de classes de controladores é tanto uma benção quanto uma maldição. Diferentemente de outros frameworks, que nos forçam a trabalhar com um único tipo de objeto controlador (como a classe Action do Struts), o Spring lhe permite escolher o controlador que é mais apropriado para as suas necessidades. No entanto, com tantas classes de controladores

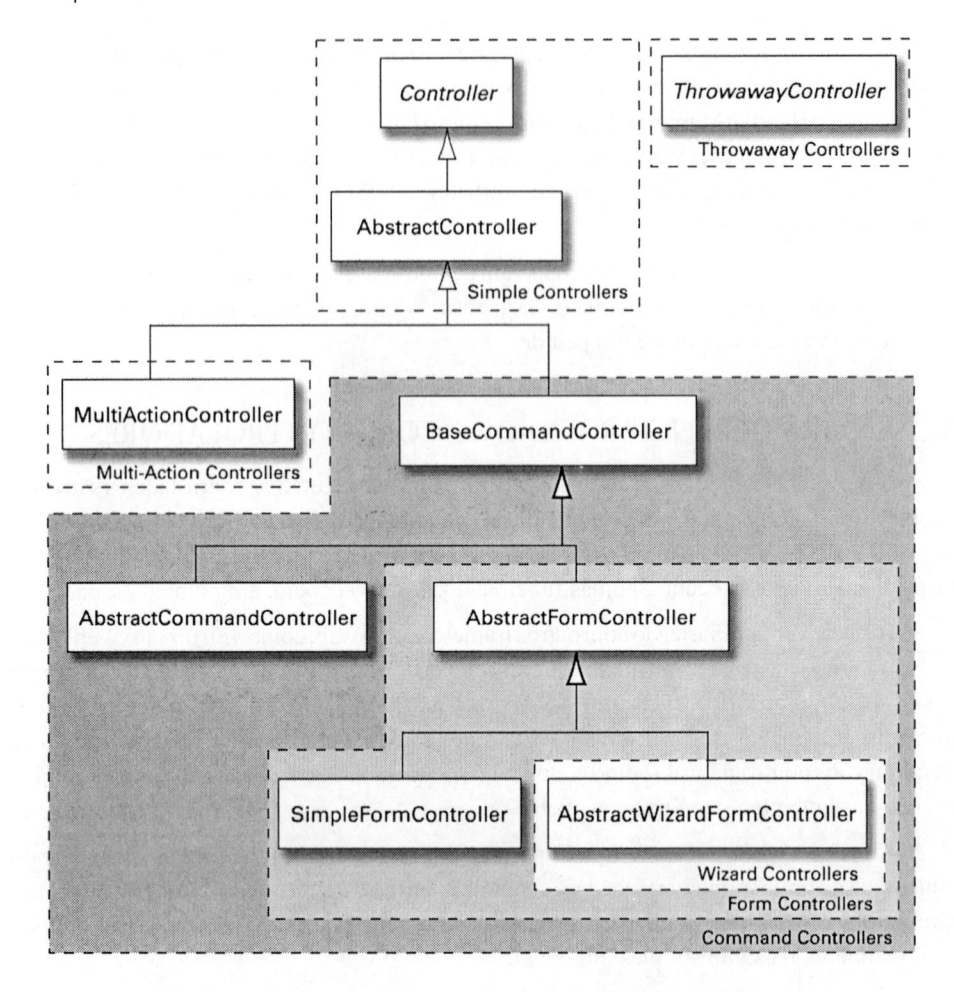

Figura 8.4 - O Spring vem com vários controladores para escolher.

para serem escolhidas, muitos desenvolvedores se mostram subjugados a não conseguir escolher.

Para ajudá-lo a decidir qual a classe de controlador que você deve estender a seus controladores de aplicação, considere o item 8.1. Como pode notar, as classes de controladores do Spring podem ser agrupadas em seis categorias, que oferecem mais funcionalidade (e introduzem mais complexidade) à medida que descemos pelo item. Você também poderá notar a partir da figura 8.4 que, (com exceção do ThrowawayController), à medida que desce pela hierarquia de controle, cada controlador se constrói a partir da funcionalidade de controlador acima.

Table 8.1 Spring MVC's selection of controller classes

Tipos de Control.	Classes	Útil quando...
Simple	Controller (interface) AbstractController	Seu controlador é extremamente simples, requerendo apenas um pouco mais de funcionalidade do que é oferecida pelos servletes Java básicos.
Throwaway	ThrowawayController	Você quer uma maneira simples de administrar pedidos como comandos (de maneira a similar às ações do WebWork).
Multi-Action	MultiActionController	Sua aplicação possui diversas ações que realizam lógicas similares ou relacionadas.
Command	BaseCommandController AbstractCommandController	Seu controlador aceita um ou mais parâmetros de pedido e pode conectá-los a um objeto. Também é capaz de realizar validação de parâmetros.
Form	AbstractFormController SimpleFormController	Você precisar mostrar um formulário de entrada ao usuário, além de processar os dados entrados no formulário.
Wizard	AbstractWizardFormController	Você quer conduzir seu usuário através de um formulário de entrada complexo e multi-pagina do que, no final das contas, seja processado como um formulário único.

Nas seções que seguem, nós construiremos diversos controladores que definem a camada web da aplicação de Treinamento do Spring, ao estender várias das classes de controladores, na figura 8.4. Comecemos, então, criando um controlador simples, baseado na classe AbstractController.

8.3.1 Como criar um controlador simples

Muitas vezes você precisará implementar uma classe de controlador simples, que não leva nenhum (ou poucos) parâmetros e apenas realiza alguma lógica, e oferece dados modelo para serem exibidos na visualização. Considere um controlador da aplicação de Treinnamento do Spring, por exemplo, que liste todos os cursos disponíveis oferecidos. Pelo fato deste controlador sempre listar todos os cursos disponíveis, não há a necessidade de contribuição externa. Ele, simplesmente, irá recuperar uma lista de cursos e tornarará o curso disponível, para que o visualizador o exiba.

Quando controlar pedidos for assim, tão direto, você poderá implementar seu controlador como uma subclasse de org.springframework.web.serv- let.mvc.AbstractController. O item 8.2 mostra o ListCoursesController, um controlador que é usado para exibir a lista de cursos.

Listagem 8.2 ListCoursesController é um controlador extremamente simples.

```
public class ListCoursesController extends AbstractController {
    public ModelAndView handleRequestInternal(                    Adm. O
        HttpServletRequest request, HttpServletResponse response)  pedido
        throws Exception {

        Set courses = courseService.getAllCourses();   Recuperaa lista
                                                        de cursos

        return new ModelAndView("courseList", "courses", courses);  Retorna a
    }                                                               lista de
                                                                    cursos ao
    private CourseService courseService;                            visualizador
    public void setCourseService(CourseService courseService) {  Injeta o
        this.courseService = courseService;                      CourseService
    }
}
```

O método handleRequestInternal() é o método principal de execução em um AbstractController. Anule este método para implementar a funcionalidade do controlador. Como você pode ver, leva apenas um HttpServletRequest e um HttpServletResponse como parâmetros, mas, normalmente, você não precisará usá-los. No caso do ListCourses-Controller, os cursos são recuperados ao usar um CourseService (recebido via injeção de compositor). A lista de cursos é devolvida, então, à visualização, belamente embrulhada num objeto ModelAndView

COMO INTRODUZIR O MODELANDVIEW

A classe ModelAndView representa um conceito importante no MVC do Spring. Na realidade, todo método de execução de controlador tem que devolver um ModelAndView. Assim, levemos um momento para entender como esta importante classe funciona.

Um objeto ModelAndView, como insinua seu nome, encapsula, completamente, a visualização e os dados modelo que serão exibidos pela visualização. No caso de ListCoursesController, o objeto ModelAndView é construído, como segue:

```
new ModelAndView("courseList", "courses", courses);
```

O primeiro parâmetro deste construtor ModelAndView é o nome lógico de um compo-nente de visualização, que será usado para exibir a informação deste controlador. Aqui, o nome lógico da visualização é courseList. Um determinador de visualização usará este nome para observar o objeto View atual (você aprenderá mais sobre Views e determinadores de visualização, mais adiante, na seção 8.4).

Os próximos dois parâmetros representam o objeto modelo que será passado à visualização. Estes dois parâmetros agem como um par de nomes-valor. O segundo parâmetro é o nome do objeto modelo dado como o terceiro parâmetro. Neste caso, a lista de cursos na variável courses será passada à visualização, com um nome de courses.

COMO CONECTAR (WIRING) O CONTROLADOR

Agora que você criou o ListCoursesController, precisará configurá-lo no arquivo de configuração de contexto. Lembre-se que, uma vez que ele é um componente do MVC do Spring, você terá que colocá-lo no arquivo training-servlet.xml. O ListCoursesController é configurado usando a seguinte definição <bean>:

```
<bean id="ListCoursesController"
        class="com.springinaction.training.mvc.ListCoursesController">
  <property name="courseService">
    <ref bean="courseService"/>
  </property>
</bean>
```

Note que a propriedade courseService é injetada com uma referência ao objeto courseService (que é declarado no arquivo training-service.xml).

Ao basear seu controlador em AbstractController, este será adequado quando você não precisar de muito poder. Mas a maioria dos controladores será mais interessante, levando parâmentros e a validação de pedidos destes parâmetros. Nessas circunstâncias, daremos um passo abaixo na hierarquia dos controladores e vejamos como trabalhar com controladores de comando.

8.3.2 Como processar comandos

Não é incomum para um pedido web levar um ou mais parâmetros que ajudem a determinar os resultados. Por exemplo, após visualizar uma lista de cursos disponíveis, você pode visualizar mais detalhes sobre o curso. O controlador que exibe informações do curso precisará levar o ID do curso, como um parâmetro.

Claro que você poderia estender o AbstractController e recuperar os parâmetros que seu controlador precisa, a partir do HttpServletRequest. Mas também teria que criar a lógica que liga os parâmetros a objetos de negócio, além de pôr a lógica de validação no próprio controlador. A ligação e a validação da lógica, realmente, não existem no controlador.

No caso do seu controlador executar um trabalho baseado em parâmetros, sua classe de controlador deveria estender uma classe de controlador de comando, como a org.springframework.web.servlet.mvc.AbstractCommand-Controller. Este controlador irá, automaticamente, ligar os parâmetros a um objeto de comando e prover (oferecer) ganchos para você conectar "validadores", a fim de assegurar que os parâmetros são válidos.

O item 8.3 mostra o DisplayCourseController, um controlador de comando que é usado para exibir uma página de detalhes, para um curso específico.

Listagem 8.3 Um controlador para exibir detalhes de um único curso

```java
public class DisplayCourseController
    extends AbstractCommandController {

    public DisplayCourseController() {          | Estabeleça uma
        setCommandClass(DisplayCourseCommand.class);  | classe de comando
    }

    protected ModelAndView handle(HttpServletRequest request,   | Adm. o
        HttpServletResponse response, Object command,           | pedido
        BindException errors) throws Exception {

        DisplayCourseCommand displayCommand =
            (DisplayCourseCommand) command;             | Recuperar o curso

        Course course = courseService.getCourse(displayCommand.getId());

        return new ModelAndView("courseDetail", "course", course);
    }

    private CourseService courseService;
    public void setCourseService(CourseService courseService) {
        this.courseService = courseService;
    }
}
```

Como com o ListCoursesController, você também precisará registrar o DisplayCourse-Controller, no training-servlet.xml:

```xml
<bean id="displayCourseController"
    class="com.springinaction.training.mvc.DisplayCourseController">
    <property name="courseService">
        <ref bean="courseService"/>
    </property>
</bean>
```

O método handle() do DisplayCourseController é o método de execução principal para o AbstractCommandController. Este método é um pouco mais interessante que o método handleRequestInternal()do Abstract-Controller. Além de um HttpServletRequest e um HttpServletRequest, o handle() leva um Object que é o comando do controlador.

Um objeto de comando é um bean que serve para carregar parâmetros para acessos fáceis. Se você estiver familiarizado com o Jakarta Struts, poderá reconhecer um objeto de comando, como sendo similar a uma ActionForm do Struts.*Como gerenciar pedidos com controladores* 289

Diferentemente de um bean de formulário Struts, que deve estender uma ActionForm, um objeto de comando em Spring é um POJO que não precisa estender qualquer classe específica do Spring.

Neste caso, o objeto de comando é um exemplo de DisplayCourse-Command, como o estebelecido no construtor do controlador. O Display -CourseCommand é um JavaBean simples com uma única propriedade, como segue:

```
public class DisplayCourseCommand {
  public DisplayCourseCommand() {}

  private Integer id;
  public void setId(Integer id) {
    this.id = id;
  }

  public Integer getId() {
    return id;
  }
}
```

Antes do método handle ser chamado, o Spring tentará adequar qualquer parâmetro passado no pedido às propriedades no objeto de comando. Uma vez que o DisplayCourseCommand possui apenas uma propriedade id, significa que, se o pedido tiver um parâmetro cujo nome é id, então o seu valor será fixado à propriedade id do objeto de comando. O método handle()do DisplayCourseController utiliza a propriedade id do DisplayCourse-Command ao observar detalhes do curso.

Controladores de comando facilitam o controle dos pedidos com parâmetros de pedido, ao ligarem os parâmetros de pedido a objetos de comando. Os parâmetros de pedido poderiam ser dados, tanto como parâmetros de URL (como é, provavelmente, o caso com o DisplayCourseController) quanto como campos a partir de um formulário web-based (baseado em web).

8.3.3 Como processar submissões de formulários

Numa típica aplicação baseada em web, é provável que você encontre, ao menos, um formulário para preencher. Quando submeter este formulário, os dados que você colocar serão enviados ao servidor para serem processados e, uma vez que o processamento esteja completo, você será apresentado à página pretendida, ou à página do formulário com erros de sua submissão, que terá que corrigir.

Por exemplo, considere o que poderia acontecer na aplicação de Spring Training, quando um aluno novo for se registrar. Para começar, os alunos serão apresentados a um formulário a ser preenchido, onde eles terão que colocar os seus dados, como: nome, endereço, telefone, etc. Quando os alunos submeterem este formulário, os dados que eles entraram serão enviados ao servidor, para realizarem a tarefa de registrá-los no banco de dados do Spring Training.

Se tudo der certo, eles receberão uma página indicando que estão inscritos (registrados) e podem começam a se matricular nos cursos. Mas se um aluno inserir dados errados (talvez o número do telefone esteja num formato inválido), então o formulário será exibido novamente e o aluno terá que corrigir o erro, antes de reenviar o formulário.

Ao implementar o processo de inscrição, você poderia escolher estender um AbstractController, para exibir o formulário e estender o AbstractCommand-Controller, para processar este formulário. Certamente, isso iria funcionar, mas seria mais difícil. Você teria que manter dois controladores diferentes, que trabalhassem em conjunto, a fim de processar o registro dos alunos. Não seria mais fácil ter um único controlador gerenciando tanto a exibição do formulário, quanto o processamento?

O que você irá precisar, neste caso, é de um controlador de formuário. Controladores de formulário levam o conceito dos controladores de comando a um passo adiante, ao adicionarem uma funcionalidade para exibirem um formulário, quando um pedido HTTP GET for recebido; e processarem este formulário, quando um HTTP POST for recebido. Além do mais, se ocorrer algum erro no processamento do formulário, o controlador saberá reexibí-lo de forma que o usuário possa corrigir o erro e enviá-lo novamente.

Para ilustrar como os controladores de formulários funcionam, considere o RegisterStudentController, do item 8.4.

Listagem 8.4 Registro dos alunos através do SimpleFormController

```
public class RegisterStudentController
     extends SimpleFormController {
  public RegisterStudentController() {        Estabeleça uma
    setCommandClass(Student.class);           classe de comando
  }

  protected void doSubmitAction(Object command)
     throws Exception {
                                                Processe
                                                o pedido
     Student student = (Student) command;
     studentService.enrollStudent(student);
  }

  private StudentService studentService;
  public void setStudentService(StudentService studentService) {
     this.studentService = studentService;
  }
}
```

Embora não seja muito óbvio, o RegisterStudentController é responsável tanto por exibir uma inscrição de um aluno, quanto processar os resultados do seu formulário.

O método doSubmitAction()controla a submissão de um formulário (um pedido de HTTP POST) ao passar o objeto de comando (que é um objeto de domínio Student), para o método enrollStudent() da referência Student-Service injetada.

O que não está claro a partir do item 8.4, é como este controlador sabe exibir o formulário de inscrição. Também não está claro para onde o usuário será levado, caso a inscrição seja bem-sucedida. Na realidade, o método doSubmitAction() nem mesmo retorna um objeto Model-AndView.

O SimpleFormController é projetado para manter detalhes de visualização fora do código Java do controlador, tanto quanto possível. Ao invés de codificar amplamente um objeto ModelAndView, você configura seu controlador no arquivo de configuração de contexto, como segue:

```
<bean id="registerStudentController" class="com.springinaction.
    training.mvc.RegisterStudentController">?
    <property name="studentService">
      <ref bean="studentService"/>
    </property>
    <property name="formView">
      <value>newStudentForm</value>
    </property>
    <property name="successView">
      <value>studentWelcome</value>
    </property>
</bean>
```

Da mesma maneira que com os outros controladores, o bean registerStudentController é conectado com qualquer serviço que ele possa precisar (por exemplo, o studentService). Mas aqui você também especifica uma propriedade formView e uma propriedade successView. A propriedade formView é o nome lógico de uma visualização a ser exibida, quando o controlador receber um pedido HTTP GET ou quando qualquer erro for encontrado. Da mesma forma, o successView é o nome lógico de uma visualização a ser exibida, quando o formulário for submetido com êxito. Um determinador de visualização (vide seção 8.4) usará estes valores para localizar o objeto View, que fará a apresentação ao usuário.

Você pode ter notado uma pequena limitação ao usar o método doSubmitAction(). Como ele o poupa de devolver um objeto ModelAndView, também torna impossível enviar qualquer dado modelo à visualização. Isto pode ou não ser um problema para você, dependendo se precisar ou não exibir dados modelo na visualização.

Se precisar enviar dados a serem exibidos pela visualização, você deve anular o método onSubmit(), ao invés do: doSubmitAction(). Por exemplo, suponha que após matricular o novo aluno, você queira enviar o usuário a uma página onde são exibidas as informações do aluno. Você irá precisar enviar o objeto Student, à visualização. Para fazer isso, reposicione o doSubmitAction(), do item 8.4, com o seguinte método onSubmit():

```
protected ModelAndView onSubmit(Object command,
    BindException errors) throws Exception {

  Student student = (Student) command;
  studentService.enrollStudent(student);

  return new ModelAndView(getSuccessView(),"student", student);
}
```

O método onSubmit() é um pouco mais complexo do que o doSubmitAction(), mas é o único caminho a seguir, se precisar enviar dados modelo à visualização, num controlador de formulário. Como os métodos de gerenciamento dos outros controladores, o onSubmit() retorna um objeto ModelAndView. Mas para que você ainda possa configurar sua visualização prosperamente no arquivo de configuração de contexto, você deverá chamar o getSuccessView(), ao estabelecer o nome lógico da visualização.

Por causa de sua simplicidade, você deve favorecer o método doSubmitAction(), ao invés do método onSubmit(), a menos que precise construir seu próprio objeto ModelAndView, para passar dados modelo à visualização.

COMO VALIDAR DADOS DE FORMULÁRIO

Quando o RegisterStudentController chamar o enrollStudent, é importante assegurar que todos os dados no comando Student sejam válidos e completos, pois você não quer que os alunos entrem com informações parciais ao se registrarem. Você também não irá querer que eles se inscrevam com um endereço de email ou telefone inválidos.

A interface org.springframework.validation.Validator acomoda uma validação para o MVC do Spring. Ela é definida como segue:

```
public interface Validator {
    void validate(Object obj, Errors errors);
    boolean supports(Class clazz);
}
```

As implementações desta interface devem examinar os campos do objeto passados para o método validate() e rejeitar qualquer valor inválido, via objeto Errors. Os método supports() são usados para ajudar o Spring a determinar se o validador pode ou não ser usado para uma determinada classe.

O StudentValidator (item 8.5) é uma implementação Validator usada para validar um objeto Student.

Listagem 8.5 Como validar um aluno

```
public class StudentValidator implements Validator {
    public boolean supports(Class clazz) {
        return clazz.equals(Student.class);
    }
```

```java
public void validate(Object command, Errors errors) {
    Student student = (Student) command;
    ValidationUtils.rejectIfEmpty(
        errors, "login", "required.login", "Login is required");
    ValidationUtils.rejectIfEmpty(
        errors, "password", "required.password",
        "Password is required");
    ValidationUtils.rejectIfEmpty(
        errors, "firstName", "required.firstName",
        "First name is required");
    ValidationUtils.rejectIfEmpty(
        errors, "lastName", "required.lastName",
        "Last name is required");
    ValidationUtils.rejectIfEmpty(
        errors, "address1", "required.address",
        "Address is required");
    ValidationUtils.rejectIfEmpty(
        errors, "city", "required.city", "City is required.");
    ValidationUtils.rejectIfEmpty(
        errors, "state", "required.state", "State is required");
    ValidationUtils.rejectIfEmpty(
        errors, "zip", "required.zip", "Zip is required");
}
```

A validação requer campos

```java
private static final String PHONE_REGEXP =
"/(\\({0,1})(\\d{3})(\\)){0,1})(\\s|-)*(\\d{3})(\\s|-)*(\\d{4})/";

private void validatePhone(String phone, Errors errors) {
    ValidationUtils.rejectIfEmpty(
        errors, "phone", "required.phone", "Phone is required");

    Perl5Util perl5Util = new Perl5Util();
    if(!perl5Util.match(PHONE_REGEXP, phone)) {
        errors.reject("invalid.phone", "Phone number is invalid");
    }
}
```

Verifique o formato do telefone

Valide os campos requeridos

```java
private static final String EMAIL_REGEXP =
    "/^[a-z0-9]+([_\\.-][a-z0-9]+)*@([a-z0-9]+([\\.-][a-z0-9]+)*)
    +\\.[a-z]{2,}$/i";?

private void validateEmail(String email, Errors errors) {
    ValidationUtils.rejectIfEmpty(
        errors, "email", "required.email", "E-mail is required");

    Perl5Util perl5Util = new Perl5Util();
    if(!perl5Util.match(EMAIL_REGEXP, email)) {
        errors.reject("invalid.email", "E-mail is invalid");
    }
}
}
```

Verifique o formato de e-mail

A única outra coisa a fazer é usar o StudentValidator com o Register-StudentController. Você pode fazer isso conectando (wiring) um bean StudentValidator, no bean RegisterStudentController:

```
<bean id="registerStudentController" class=
    "com.springinaction.training.mvc.RegisterStudentController">
...
    <property name="validator">
        <bean class="com.springinaction.training.mvc.StudentValidator"/>
    </property>
</bean>
```

Quando um aluno se inscreve, se todas as propriedades exigidas estão preenchidas e o e-mail e número de telefone são válidos, então o doSubmit-Action() do RegisterStudentController será chamado e o estudante estará inscrito (registrado). Porém, se o StudentValidator rejeitar quaisquer campos, então o usuário deve ser remetido, novamente, à visualização do formulário, a fim de corrigir os erros.

Uma suposição básica com o SimpleFormController é que um formulário é uma única página. Isso pode ser bom, quando criarmos algo simples, como registar um aluno, mas e se os seus formulários forem complexos, exigindo que o usuário responda a dezenas de perguntas? Neste caso, pode ser útil "quebrar" o formulário em várias subseções e passá-los por um wizard. Vejamos como o MVC do Spring pode lhe ajudar a construir formulários wizard.

8.3.4 Como processar formulários complexos com wizards

Imagine que o Spring Training queira conduzir uma pesquisa de qualidade entre seus alunos, depois que eles completassem um curso. Entre os tipos de questões perguntadas estão aquelas relativas à qualidade dos materiais do curso, a efetividade do instrutor e a qualidade das instalações, nas quais o treinamento foi realizado. Esta avaliação será usada para melhorar os futuros cursos oferecidos. Seu trabalho é implementar esta pesquisa, como um formulário a ser completado online, quando os alunos completarem seus cursos.

Uma abordagem a ser realizada é lançar todas as perguntas num único JSP e estender o SimpleFormController, a fim de processar e salvar os dados. Entretanto, pode haver mais de 40 questões na pesquisa e colocá-las todas em uma única página iria requerer que os usuários se increvessem em seus browsers, para completar tudo. Se for difícil de usar, os alunos não estarão muito dispostos a completarem a pesquisa.

Ao invés de criar um grande formulário de pesquisa, vamos quebrar a pesquisa em várias subseções e conduzir o aluno pelo formulário, usando um wizard. Suponha que você tivesse que dividir as questões da pesquisa em quatro categorias:

- Perguntas gerais, incluindo o nome do curso e (opcionalmente) informações de contato com o aluno.

- Perguntas a respeito da efetividade do instrutor, incluindo uma avaliação do conhecimento da matéria por parte do instrutor e sua disposição em responder as perguntas dos alunos.

- Perguntas relativas ao conteúdo do curso e o material.

- Perguntas relativas à qualidade e limpeza das instalações, onde o treinamento foi realizado.

Quebrando-o desta maneira, você poderá conduzir o estudante por quatro páginas, bem definidas no seu propósito, compreendendo um formulário completo de pesquisa.

Felizmente, o MVC do Spring oferece um org.springframe-work.web.servlet.mvc. AbstractWizardFormController para ajudá-lo. O AbstractWizardFormController é o controlador mais poderoso do Spring. É um tipo especial de controlador de formulário, que facilita o trabalho de processar formulários, que se estendem por muitas páginas.

COMO CONSTRUIR UM CONTROLADOR WIZARD BÁSICO

Para construir um controlador wizard, você deverá estender a classe AbstractWizardFormController. O FeedbackWizardController (item 8.6) mostrará um controlador wizard mínimo (básico), para uma pesquisa de opinião.

Listagem 8.6 Como receber o feedback de um aluno, usando um controlador wizard

```
public class FeedbackWizardController
    extends AbstractWizardFormController {

  public FeedbackWizardController() {
    setCommandClass(FeedbackSurvey.class);     | Estabeleça a classe de comando
  }

  protected ModelAndView processFinish(HttpServletRequest request,
      HttpServletResponse response, Object command,      Finalize o
      BindException errors) throws Exception {           formulário

    FeedbackSurvey feedback = (FeedbackSurvey) command;

    feedbackService.submitFeedback(feedback);     | Submeta os dados da avaliação

    return new ModelAndView("thankyou");     | Vá para a página de agradecimento
  }

  private FeedbackService feedbackService;
  public void setFeedbackService(FeedbackService feedbackService)
```

```
      this.feedbackService = feedbackService;
   }
}
```

Da mesma maneira que qualquer controlador de comando, você terá que estabelecer a classe de comando, ao usar um controlador wizard. Aqui, o FeedbackWizardController foi estabelecido para usar o FeedbackSurvey como a classe de comando. O FeedbackSurvey é, somente, um JavaBean simples, que ccomporta dados de pesquisa.

O único método compulsório do AbstractWizardFormController é o process-Finish(). Este método é chamado para finalizar o formulário, quando o usuário terminar de completá-lo (presumivelmente clicando um botão de Fim). No FeedbackWizard- Controller, o processFinish()envia os dados do objeto FeedbackSurvey para o submitFeedback(), no objeto injetado FeedbackService.

Note, entretanto, que não há nada em FeedbackWizardController que lhe diga sobre as páginas compostas pelo formulário ou em que ordem aparecem estas páginas. Isso acontece porque o AbstractWizardFormController controla a maioria do trabalho envolvido para gerenciar o fluxo de trabalho do wizard, "por debaixo dos panos". Mas como o AbstractWizardFormController sabe quais páginas compõem o formulário?

Isso pode se tornar mais aparente quando você observar como o FeedbackWizardController é declarado no training-servlet.xml:

```
<bean id="feedbackController" class="com.springinaction.
   ➥ training.mvc.FeedbackWizardController">?
   <property name="feedbackService">
      <ref bean="feedbackService"/>
   </property>
  <property name="pages">
      <list>
         <value>general</value>
         <value>instructor</value>
         <value>course</value>
         <value>facilities</value>
         </list>
   </property>
</bean>
```

Para que o wizard saiba quais páginas compõem o formulário, uma lista de nomes de visualização lógicos é dada à propriedade pages. Estes nomes serão solucionados, no final das contas, num objeto View através de um determinador de visualização (vide seção 8.4). Mas, por enquanto, podemos presumir que estes nomes serão solucionados, dentro do nome de arquivo (filename) básico de um JSP (por exemplo, o general é solucionado dentro do general.jsp).

Isto explica como o FeedbackWizardController sabe quais páginas exibir, mas não nos explica como ele sabe qual a ordem de sua exibição.

COMO PERCORRER AS PÁGINAS DO FORMULÁRIO

A primeira página a ser mostrada, em qualquer controlador wizard, será a primeira página na lista dada à propriedade pages (embora isto possa ser anulado, ao anular o método). No caso do wizard da pesquisa de opinião, a primeira página mostrada será a página geral.

Para determinar qual página será a próxima, o AbstractWizardFormController consulta seu método getTargetPage(). Este método retorna um int, que é um índice na lista baseada em zero, das páginas dadas à propriedade pages.

A implementação padrão de getTargetPage() determina qual página será a próxima a entrar, baseada num parâmetro no pedido cujo nome começa "_target" e termina com um número. O getTargetPage() remove o prefixo "_target" do parâmetro e utiliza o número remanescente como um índice na lista pages. Por exemplo, se o pedido tem um parâmetro cujo nome é "_target2", então, o usuário será levado à página "course".

Saber como o getTargetPage() funciona, ajuda a saber como construir seus botões Próximo (Next) e Voltar (Back) nas páginas HTML, de seu wizard. Por exemplo, suponha que o seu usuário está na página "course" (index = 2). Para criar um botão Próximo e um Voltar na página, tudo o que você precisa fazer é criar botões de "submit" que sejam, apropriadamente, nomeados com o prefixo "_target" :

```
<form method="POST" action="feedback.htm">
…
    <input type="submit" value="Back" name="_target1"> |
    <input type="submit" value="Next" name="_target3">
</form>
```

Quando o botão Voltar é clicado, um parâmetro com seu nome, "_target1", é colocado no pedido atrás do FeedbackWizardController. O método getTargetPage() processará o nome deste parâmetro e enviará o usuário à página "instrutor" (índice = 1). Da mesma forma, se o botão Próximo for clicado, o getTargetPage() processará um parâmetro denominado "_target3" e decidirá enviar o usuário para a página "instalações" (índice = 3).

O comportamento padrão do getTargetPage()será suficiente para a maioria dos projetos. Porém, se quiser definir um fluxo de trabalho (workflow) padrão para seu wizard, você poderá anular este método.

COMO TERMINAR O WIZARD

Isso explica como voltar atrás e seguir adiante através de um formulário wizard. Mas como você poderá informar ao controlador, que acabou e que o método processFinish() pode ser chamado?

Há um outro parâmetro de pedido especial chamado "_finish", que indica ao AbstractWizardFormController, que o usuário terminou de preencher o formulário e quer enviar (submeter) as informações a serem processadas. Assim como acontece com os parâmetros "_targetX", o "_finish" pode ser usado para criar um botão Fim na página:

```
<form method="POST" action="feedback.htm">
...
    <input type="submit" value="Finish" name="_finish">
</form>
```

Quando o AbstractWizardFormController vê o parâmetro "_finish" no pedido, ele passará o controle ao método processFinish(), para um processamento final do formulário.

COMO CANCELAR O WIZARD

E se o seu usuário estiver no meio da pesquisa e decidir que ele não quer completá-la naquele momento? Como ele poderá abandonar sua contribuição, sem finalizar o formulário?

Além da resposta óbvia, — fechando seu browser — você também poderia acrescentar um botão Cancelar ao formulário:

```
<form method="POST" action="feedback.htm">
...
    <input type="submit" value="Cancel" name="_cancel">
</form>
```

Como você pode notar, um botão Cancelar deveria ter "_cancel", como seu nome, de forma que quando clicado, o browser colocará um parâmetro no pedido chamado: "_cancel." Quando o AbstractWizardFormController receber este parâmetro, ele passará o controle ao método processCancel().

Por padrão, o processCancel() lança uma exceção indicando que a operação de cancelamento, não é suportada. Então, você precisará anular este método de forma que ele (no mínimo) envie o usuário para qualquer página que você gostaria que ele fosse, quando ele clicar Cancelar. A seguinte implementação de processCancel(), envia o usuário à home page:

```
protected ModelAndView processCancel(HttpServletRequest request,
        HttpServletResponse response, Object command,
        BindException bindException) throws Exception {

    return new ModelAndView("home");
}
```

Se houver qualquer trabalho de limpeza a ser realizado num cancelamento, você poderá colocar este código no método processCancel(), antes do ModelAndView ser retornado.

COMO VALIDAR UM FORMULÁRIO WIZARD UMA PÁGINA POR VEZ

Como com qualquer controlador de comando, os dados num objeto de comando de um controlador wizard, podem ser validados usando um objeto Validator. Porém, há uma pequena distorção.

Com os outros controladores de comando, o objeto de comando é, completamente, popularizado. Com os controladores wizard, o objeto de comando é popularizado um pouco de cada vez, à medida que o usuário percorre as páginas do mesmo. Com um wizard, não faz muito sentido validar tudo de uma vez, porque se você validar muito cedo, provavelmente achará problemas de validação que se originam do usuário não ter terminado com o wizard. Reciprocamente, será muito tarde validar quando o botão Fim for clicado, porque qualquer erro achado poderá medir várias páginas (para qual página de formulário o usuário deveria voltar?).

Ao invés de validar o objeto de comando de uma só vez, os controladores wizard validam o objeto de comando, uma página de cada vez. Isto é feito sempre que uma transição de página acontece, ao chamar o método validatePage(). A implementaçõa padrão de validatePage() está vazia (por exemplo: nenhuma validação), mas você pode anulá-la para fazer sua licitação.

Para ilustrar isso, suponha que na página "geral", você peça ao usuário o seu endereço de e-mail. Este campo é opcional, mas se for entrado, deverá ter um formato de endereço de e-mail válido. O seguinte método validatePage() mostra como validar o endereço de e-mail, quando as transições de usuário, estiverem fora da página "geral" :

```
protected void validatePage(Object command, Errors errors,
    int page) {

    FeedbackSurvey feedback = (FeedbackSurvey) command;
    FeedbackValidator validator =
      (FeedbackValidator) getValidator();

    if(page == 0) {
        validator.validateEmail(feedback.getEmail(), errors);
    }
}
```

Quanto às transições de usuário da página "geral" (índice = 0), o método validatePage() será chamado com o 0, passado para a página de argumento. A primeira coisa que o validatePage() fará, é pegar uma referência ao objeto de comando FeedbackSurvey e uma referência ao objeto FeedbackValidator. Por não haver necessidade de validação do e-mail e de nenhuma outra página, o validatePage() verifica se o usuário está partindo da página 0.

Neste momento, você poderá realizar a validação do e-mail, diretamente no método validatePage(). Porém, um wizard típico terá diversos campos que precisarão ser validados. Como tal, o método validatePage() poderá ficar de difícil controle. Recomendamos que você delegue responsabalidade de validação a um método de validação de bom nível de campo, no objeto de validação do controlador, como fizemos aqui, com o chamado ao método: validateEmail()do FeedbackValidator.

Tudo isso implica em estabelecer a propriedade validator, quando você configurar o controlador:

```
<bean id="feedbackController" class="com.springinaction.
        ↪ training.mvc.FeedbackWizardController">?

   <property name="pages">
      <list>
         <value>general</value>
         <value>instructor</value>
         <value>course</value>
         <value>facilities</value>
      </list>
   </property>
   <property name="feedbackService">
      <ref bean="feedbackServices"/>
   </property>
   <property name="validator">
      <bean class="com.springinaction.training.mvc.
              ↪ FeedbackValidator"/>
   </property>
</bean>
```

Uma coisa importante para se estar atento é que, diferentemente dos outros controladores de comando, os controladores wizard nunca chamam o método padrão validate() de seu objeto Validator. Isso porque o método validate() valida o objeto de comando inteiro como um todo, entendendo-se que os objetos de comando num wizard serão validados uma página por vez.

Se por alguma razão, você precisar executar uma validação por inteiro do objeto de comando, antes do método processFinish() ser chamado (ou qualquer outra validação anterior ao chamado de processFinish(), para esse propósito), você deverá implementar a versão alternada de validatePage(), como segue:

```
protected void validatePage(Object command, Errors errors,
     int page, boolean isFinish) {

  FeedbackSurvey feedback = (FeedbackSurvey) command;
  FeedbackValidator validator =
     (FeedbackValidator) getValidator();

  if(page == 0) {
     validator.validateEmail(feedback.getEmail(), errors);
  }
```

```
if(isFinish) {
    validator.validate(command, errors);
    }
}
```

Esta versão de validatePage()leva um argumento adicional de boolean, que é estabelecido como boolean, se o usuário indicar que terminou com o wizard. (A implementação padrão desta versão de validatePage(), simplesmente chama a outra versão).

8.3.5 Como gerenciar múltiplas ações em um controlador

Os controladores que você viu, até agora, executam todos uma única tarefa. Isto pode não parecer muito incomum a você, uma vez que é desta maneira que as classes de controladores funcionam, em muitos dos frameworks. Mas uma ação por controlador parece um pouco limitador e você acabaria repetindo muitos códigos entre controladores, que executam uma funcionalidade parecida ou relacionada.

O MultiActionController é um tipo especial de controlador, que é capaz de executar múltiplas ações, e cada ação sendo despachada a um método diferente. Por exemplo, suponha que você precise revisitar o ListCourses-Controller do ítem 8.2, para retornar a lista de cursos, por ordem de data, de início ou nome do curso.

Uma maneira de retornar a ListCoursesController por ordem de lista de cursos é reimplementá-la como um MultiActionController , como é mostrado no ítem 8.7.

Listagem 8.7 O controlador de multi-ações oferece três maneiras de visualizar uma lista de cursos

```
public class ListCoursesController extends MultiActionController {
    public ListCoursesController() {}

    public ModelAndView coursesUnsorted(HttpServletRequest request,
        HttpServletResponse response) {           Exiba lista de cursos
                                                   desordenada
        Set courses = courseService.getAllCourses();
        return new ModelAndView("courseList", "courses", courses);
    }
                                                   Exiba uma lista de cursos
    public ModelAndView coursesSortedByStartDate( ordenada por data
        HttpServletRequest request, HttpServletResponse response) {

        List courses = new ArrayList(courseService.getAllCourses());
        Collections.sort(courses, new ByNameComparator());

        return new ModelAndView("courseList", "courses", courses);
    }
```

```
public ModelAndView coursesSortedByName(

    HttpServletRequest request, HttpServletResponse response) {

    List courses = new ArrayList(courseService.getAllCourses());
    Collections.sort(courses, new ByNameComparator());

    return new ModelAndView("courseList", "courses", courses);
}
private CourseService courseService;
public void setCourseService(CourseService courseService) {
    this.courseService = courseService;
}

public class ByDateComparator implements Comparator {
    public int compare(Object o1, Object o2) {
        Course c1 = (Course) o1; Course c2 = (Course) o2;

        return c1.getStartDate().compareTo(c2.getStartDate());
    }
}

public class ByNameComparator implements Comparator {
    public int compare(Object o1, Object o2) {
        Course c1 = (Course) o1; Course c2 = (Course) o2;

        return c1.getName().compareTo(c2.getName());
    }
}
}
```

Exiba lista de cursos ordenada por nome

Cada um dos três métodos de listagem de cursos — o coursesUnsorted(), o coursesSortedByDate() e o coursesSortedByName()— executam funcionalidades muito parecidas. Mas cada um produz a lista de cursos em uma ordem diferente. Cada um destes métodos representa uma ação individual, que pode ser executada por um único controlador.

Por padrão, o método escolhido é baseado numa porção de nome de arquivo (filename) do URL. Por exemplo, se um ListCoursesController émapeado a um modelo de URL, de "/ courses*.htm", então:

- o "http://.../coursesUnsorted.htm" será gerenciado por coursesUnsorted().
- o "http://.../coursesSortByDate.htm" será gerenciado por coursesSortByDate().
- o "http://.../coursesSortByName.htm" será gerenciado por coursesSortByName().

Apesar de ser bastante direto, não é, necessariamente, a melhor maneira de escolher qual método irá gerenciar um pedido. Você, provavelmente, não irá querer agrupar a URL, diretamente ao nome do método.

Como solucionar nomes de método

Felizmente, você não está preso a essa abordagem de resolução de nome de método. A MultiActionController determina nomes de método, baseados em um determinador de nome de método. O determinador de nome de método padrão é o InternalPathMethodNameResolver, que determina nomes de método baseado em padrões de URL, como mostardo anteriormente. Mas o Spring vem com outros dois determinadores de nome de método:

- ParameterMethodNameResolver — Determina o nome do método de execução, baseado em um parâmetro do pedido

- PropertiesMethodNameResolver — Determina o nome do método de execução, consultando uma lista de pares chave / de valor.

Independente de qual determinador de nome de método escolher, precisará associá-lo a propriedade methodNameResolver do MultiActionController, para anular o padrão:

```
<bean id="multiactionController"
    class="com.springinaction.training.mvc.ListCoursesController">
  <property name="methodNameResolver">
    <ref bean="methodNameResolver"/>
  </property>
</bean>
```

Agora, qual determinador de nome de método você deveria escolher?

Se já usou o DispatchAction do Struts, você gostará do ParameterMethodNameResolver. Ele irá configurar seu MultiActionContro-ller para comportar-se como um DispatchAction, escolhendo qual método chamar, baseado em um parâmetro passado ao pedido. Configure o ParameterMethodNameResolver, como segue:

```
<bean id="methodNameResolver" class="org.springframework.web.
    ↪ servlet.mvc.multiaction.ParameterMethodNameResolver">?
  <property name="paramName">
    <value>action</value>
  </property>
</bean>
```

A propriedade paramName indica o nome do parâmetro do pedido que conterá o nome do método de execução a ser escolhido. Neste caso, foi estabelacido como action. Como tal, se o ListCoursesController for mapeado a um modelo de URL de "list- Courses.htm", então:

- o "http://.../listCourses.htm?action=coursesUnsorted" será gerenciado por coursesUnsorted().

- o "http://.../listCourses.htm?action=coursesSortByDate" será gerenciado por coursesSortByDate().

- o "http://.../listCourses.htm?action=coursesSortByName" será gerenciado por coursesSortByName().

Da mesma forma, será possível apresentar a escolha ao usuário usando um formulário HTML. Por exemplo:

```
<form action="listCourses.htm">
...
Sort by:  <select name="action">
    <option value="coursesUnsorted">Unsorted</option>
    <option value="coursesSortByDate">Date</option>
    <option value="coursesSortByName">Name</option>
  </select>
...
</form>
```

Outra abordagem para resolução de nome de método é mapear padrões de URL, a nomes de método. Você poderá fazer isso usando PropertiesMethod-NameResolver:

```
<bean id="methodNameResolver" class="org.springframework.web.
      ➥ servlet.mvc.multiaction.PropertiesMethodNameResolver">?
  <property name="mappings">
    <props>
      <prop key="/courseList.htm">coursesUnsorted</prop>
      <prop key="/coursesByDate.htm">coursesSortByDate</prop>
      <prop key="/coursesByName.htm">coursesSortByName</prop>
    </props>
  </property>
</bean>
```

O uso do PropertiesMethodNameResolver é bem parecido com o uso do SimpleUrlHandlerMapping, exceto pelo fato de mapear um padrão de URL para um controlador específico. O PropertiesMethodNameResolver segue um passo adiante, ao mapear a URL a um método no controlador multi-ação. O PropertiesMethodNameResolver também é o mais sofisticado determinador de nomes de método, pois ele desagrupa, completamente, o nome do método de execução de seu visualizador.

Os controladores que você viu até agora, são todos parte da mesma hierarquia, que está enraizada na interface Controller. Apesar dos controladores se tornarem um pouco mais complexos (e mais poderosos) à medida que você desce pela hierarquia, todos os controladores que implememtam a interface Controller são, de certa forma, parecidos. Mas antes de terminarmos nossa discussão sobre controladores, daremos uma olhada num outro controlador, que é bastante diferente dos outros — o controaldor throwaway.

8.3.6 Como trabalhar com controladores throwaway

Um último controlador que você pode achar útil é um *controlador throwaway*. Apesar do nome duvidoso, os controladores throwaway podem ser bastante úteis e fáceis de usar. Eles são mais simples do que os outros controladores, como comprovado pela interface Throwaway-Controller:

```
public interface ThrowawayController {
   ModelAndView execute() throws Exception;
}
```

Para criar seu próprio controlador throwaway, tudo o que você precisa é implementar esta interface e posicionar a lógica do programa no método execute(). Bastante simples, não?

Mas espere. Como os parâmetros são passados ao controlador? Os métodos de execução dos outros controladores são determinados como sendo HttpServletRequest e os objetos de comando a puxar os parâmetros, a partir de então. O método execute() não leva nenhum argumento. Então como o seu usuário do processo de controlador poderá contribuir com opiniões?

Você deve ter notado na figura 8.4, que a interface ThrowawayController nem mesmo é da mesma hierarquia que a interface Controller. Em vez de ganharem parâmetros, através de um HttpServletRequest ou de um objeto de comando, os controladores throwaway agem como seu próprio objeto de comando. Se você já trabalhou, alguma vez, com o WebWork, isto pode parecer bastante natural, porque as ações do WebWork se comportam de uma maneira bem parecida.

Como a ilustração, vamos reescrever o DisplayCourseController do ítem 8.3, para ser um controlador throwaway. O novo DisplayCourseController throwaway é mostrado no ítem 8.8.

Listagem 8.8 Como exibir as informações de cursos, usando um controlador throwaway

```
public class DisplayCourseController
      implements ThrowawayController {

   private Integer id;
   public void setId(Integer id) { this.id = id; }    │ Estabeleça id

   public ModelAndView execute() throws Exception {
      Course course = courseService.getCourse(id);          │ Carregue
                                                             │ informações
      return new ModelAndView("courseDetail", "course", course);  │ de cursos
   }

   private CourseService courseService;
   public void setCourseService(CourseService courseService) {
```

```
    this.courseService = courseService;
  }
}
```

Antes que este novo DisplayCourseController controle o pedido, o Spring chamará o método setId(), passando o valor do parâmetro do pedido id. Uma vez no método execute(), o DisplayCourseController, simplesmente, passa o id para o courseService.getCourse(). Uma coisa que permanece igual aos outros controladores é que o método execute() deverá retornar um objeto ModelAndView, quando ele terminar.

Você também terá que declarar os controladores throwaway, no arquivo de configuração de contexto do DispatcherServlet. Existe apenas uma pequena diferença, como mostrado aqui, onde o DisplayCourse-Controller é configurado:

```
<bean id="displayCourseController"
      class="com.springinaction.training.mvc.DisplayCourseController"
      singleton="false">
  <property name="courseService">
    <ref bean="courseService"/>
  </property>
</bean>
```

Note que o atributo singleton foi estabelecido como false. É neste lugar que os controladores throwaway adquirem seus nomes. Por padrão, todos os beans são singletons, então, a menos que você fixe o singleton como false, o DisplayCourseController acabará reciclado entre os pedidos. Isto significa que suas propriedades (que deveriam refletir os valores dos parâmetros dos pedidos) também podem ser reutilizadas. Estabelecendo o singleton como false fará com que o Spring jogue fora o controlador, após ter sido utilizado e inicie um novo modelo a cada pedido.

Há mais uma coisa que você precisa saber, a fim de usar os controladores throwaway. O DispatcherServlet sabe como despachar pedidos aos controladores usando um *handler adapter*. O conceito de adaptadores de gerenciamento é algo com que você, normalmente, não precisa se preocupar porque o DispatcherServlet utiliza um adaptador de gerenciamento padrão que despacha aos controladores na hierarquia da interface Controller.

Mas, pelo fato do ThrowawayController não estar na mesma hierarquia que o Controller, você deverá informar ao DispatcherServlet que use um adaptador de gerenciamento diferente. Especificamente, você deverá configurar o ThrowawayControllerHandlerAdapter , como segue:

```
<bean id="throwawayHandler" class="org.springframework.web.
  ➥ servlet.mvc.throwaway.ThrowawayControllerHandlerAdapter"/>?
```

Ao declarar este bean, você estará informando ao DispatcherServlet que reposicione seu adaptador de gerenciamento padrão, com o ThrowawayControllerHandlerAdapter. Mas, uma vez que você use ambos os controladores throwaway e os controladores regulares simultaneamente, na mesma aplicação, você ainda precisará do DispatcherServlet, para usar seu adaptador de gerenciamento padrão. Você também precisará declarar o SimpleController-HandlerAdapter , como segue:

```
<bean id="simpleHandler" class="org.springframework.web.
   servlet.mvc.SimpleControllerHandlerAdapter"/>?
```

Ao declarar ambos adapatadores de gerenciamento, você conseguirá misturar ambos os tipos de controladores, na mesma aplicação.

Independente de qual funcionalidade seus controladores executem, no final das contas, eles terão que retornar aguns resultados ao usuário. Por exemplo, se um aluno passar pela URL que é mapeada ao ListCoursesController, ele esperará encontrar uma lista de cursos em seu browser, quando o controlador terminar de processar o pedido.

8.4 COMO SOLUCIONAR VISUALIZAÇÕES

Como você viu na seção anterior, a maioria dos controladores MVC do Spring retornam objetos ModelAndView, a partir do seu método de execução principal. Você viu como objetos modelo são passados a visualização, através do objeto ModelAndView, mas adiamos a discussão de como o nome lógico de visualização é usado para determinar qual visualização exibirá os resultados ao usuário.

No MVC do Spring, uma visualização é um bean que exibe resultados ao usuário. Como ele irá realizar essa exibição, dependerá do tipo de visualização que você usará. Provavelmente, irá querer usar JavaServer Pages (JSP) para exibir os resultados, de forma que é o que usaremos neste capítulo. No capítulo 9, você verá como usar visualizações alternadas com o MVC do Spring, como as templates Velocity e FreeMarker ou, até mesmo, visualizações que produzam PDF e documentos Microsoft Excel.

A grande pergunta, neste momento, é como um nome lógico de visualização dado a objeto ModelAndView é solucionado em um bean View, que exibirá o resultado ao usuário. Eis onde entram em jogo os determinadores de visualização.

Um determinador de visão é qualquer bean que implemente: org.springframework.web.servlet.ViewResolver. O MVC do Spring considera estes beans especiais e os consulta ao tentar determinar qual bean View será usado.

O Spring vem com quatro implementações de ViewResolver:

- InternalResourceViewResolver — Determina nomes lógicos de visualização em objetos View, que são exibidos usando recursos de arquivos template (como templates JSPs e Velocity)

- BeanNameViewResolver — Determina nomes lógicos de visualização em beans View no contexto de aplicação do DispatcherServlet

- ResourceBundleViewResolver — Determina nomes lógicos de visualização em objetos View contidos em um ResourceBundle

- XmlViewResolver — Determina nomes lógicos de visualização em beans View, a partir de um arquivo XML que está separado do contexto de aplicação do DispatcherServlet

Daremos uma olhada em cada um destes determinadores de visualização, começando com o que você usará: o InternalResource-ViewResolver.

8.4.1 Como usar visualizações template

Objetos estranhos são bons, pois na maioria das vezes, seus controladores não exibirão sua informação como resultado de um objeto View padrão. Ao contrário, você usará um template (JSP, Velocity, FreeMarker, etc.) para definir como os resultados serão apresentados a seu usuário.

Por exemplo, suponha que após a finalização do DisplayCourseController, você queira exibir informação sobre o curso, usando o seguinte JSP:

```
<%@ page contentType="text/html; charset=UTF-8" %>
<%@ taglib uri="http://java.sun.com/jsp/jstl/core" prefix="c" %>
<%@ taglib uri="http://java.sun.com/jsp/jstl/fmt" prefix="fmt" %>
<html>
    <head>
        <title>Course: ${course.id}/${course.name}</title>
    </head>

    <body>
        <h2>${course.name}</h2>
        <b>ID: </b>
            <fmt:formatNumber value="${course.id}" pattern="000000"/><br>
        <b>Instructor: </b>
            ${course.instructor.firstName} ${course.instructor.lastName}
            <br>
        <b>Starts: </b>
            <fmt:formatDate value="${course.startDate}" type="date"
                dateStyle="full"/><br>
        <b>Ends: </b>
            <fmt:formatDate value="${course.endDate}" type="date"
                dateStyle="full"/><br>
        <br>
        ${course.description}
        <br>
        <br>
        <a href="enroll.htm?courseId=${course.id}">
            Enroll in course
        </a><br>
```

```
    <a href="listCourses.htm">Return to course list</a>
  </body>
</html>
```

Sabendo que o DisplayCourseController conclui com o seguinte retorno...

```
return new ModelAndView("courseDetail", "course", course);
```

... como você poderá informar o MVC do Spring, que o nome lógico de visualização courseDetail significa que deve usar a página JSP acima, para exibir os resultados?

O InternalResourceViewResolver determina um nome lógico de visualização em um objeto view, que delega a responsabilidade de exibição a um template, localizado no contexto de aplicatico web. Ele realiza isso levando o nome lógico de visualização devolvido em um objeto ModelAndView e cercando-o com um prefixo e um sufixo para chegar ao caminho de um template, dentro da aplicação web.

Digamos que você colocou todos os JSPs da aplicação de Spring Training, no diretório /WEB-INF/jsp/. Dado este arranjo, você precisará configurar um bean InternalResourceViewResolver, dentro de training-servlet.xml, como segue:

```
<bean id="viewResolver" class="org.springframework.web.
    ➥ servlet.view.InternalResourceViewResolver">?
  <property name="prefix"><value>/WEB-INF/jsp/</value></property>
  <property name="suffix"><value>.jsp</value></property>
</bean>
```

Quando o InternalResourceViewResolver é pedido para determinar uma visualização, ele pega o nome lógico da visualização, prefixa-o com "/WEB-INF/jsp/", e sufixa-o com ".jsp" para chegar no caminho do JSP, que exibirá as informações inseridas. Então, ele coloca este caminho em objeto View, que despachará o pedido a JSP.

Quando o DisplayCourseController retorna um objeto Model-AndView com courseDetail, como o nome lógico da visualização, ele acaba determinando este nome de visualização no caminho de um JSP:

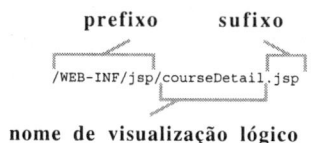

O InternalResourceViewResolver carrega um objeto View, como o atlho de JSP. Isso implica que o detalhe JSP do curso deverá ser denominado: "courseDetail.jsp".

Por padrão, o objeto View é um InternalResourceView, que despacha o pedido para JSP, para esta realizar a verdadeira exibição. Uma vez que o courseDetail.jsp usa "etiquetas" JSTL, você escolherá substituir o InternalResourceView pelo JstlView, estabelecendo a propriedade viewClass do InternalResourceView-Resolver, como segue:

```
<bean id="viewResolver" class="org.springframework.web.
     servlet.view.InternalResourceViewResolver">?
  <property name="viewClass">
     <value>org.springframework.web.servlet.view.JstlView</value>
  </property>
  <property name="prefix"><value>/WEB-INF/jsp/</value></property>
  <property name="suffix"><value>.jsp</value></property>
</bean>
```

O JstlView despacha o pedido a um JSP, como o InternalResourceView. Porém, ele também expõe atributos de pedidos específicos JSTL, de forma que você possa tirar proveito do suporte de internacionalização JSTL.

Embora, o InternalResourceViewResolver seja fácil de usar, ele pode não ser a visualização mais apropriada para todas as circunstâncias. Ele presume que sua visualização está definida num arquivo de template, dentro da aplicação web. Esse pode ser o caso na maioria das situações, mas não sempre. Olharemos algumas outras maneiras de determinar visualizações.

8.4.2 Como solucionar beans de visualização

Como você recordará do item 8.2, o ListCoursesController recupera uma lista de cursos disponíveis, usando CourseService injetado. Uma vez finalizado, ele envia a lista de cursos à visualização para ser exibida, retornando o seguinte objeto ModelAndView:

```
new ModelAndView("courseList", "courses", courses);
```

Quando você olhou, pela primeira vez, para o item 8.2, pode ter achado que a visualização courseList seria exibida por um JSP. Entretanto, não há nada sobre o ListCoursesController que implique numa visualização JSP. E se, ao invés de fazer uma página em HTML usando JSP, você quisesse listar todos os cursos disponíveis, num documento PDF?

No capítulo 9, você aprenderá a estender o AbstractPdfView para produzir documentos em PDF. Mas, por enquanto, vamos fingir que você já criou o CourseListPdfView, uma extensão do AbstractPdfView que produz uma listagem em PDF dos cursos disponíneis. Por agora, finja que você já escreveu para CourseListPdfView, uma extensão de AbstractPdfView que produz um PDF, que lista os cursos disponíveis.

Uma vez que a lista de cursos não está representada por um JSP (ou qualquer outro recurso) na aplicação web, o InternalResourceViewResolver não será de grande ajuda. Ao contrário, você terá que escolher um dos outros detreminadores de visualização do Spring. O BeanNameViewResolver é um determinador de visualização que adequa os nomes lógicos de visualização com os nomes de beans no contexto de aplicação. Para usar o BeanNameViewResolver, simplesmente declare-o como um <bean>, no arquivo de configuração de contexto:

```
<bean id="beanNameViewResolver" class=
    "org.springframework.web.servlet.view.BeanNameViewResolver"/>
```

Agora, quando um controlador retornar um ModelAndView com um nome lógico de visualização de courseList, BeanNameViewResolver, irá procurar um bean denominado courseList. Isto significa que você tem que registrar o CourseListPdfView, no arquivo de configuração de contexto, como segue:

```
bean id="courseList" class=
    "com.springinaction.training.mvc.CourseListPdfView"/>
```

COMO DECLARAR BEANS DE VISUALIZAÇÃO EM UM ARQUIVO XML SEPARADO

Uma outra maneira de determinar objetos View por seus nomes de bean é usar o XmlFileViewResolver. Ele funciona de forma bem parecida com o BeanNameViewResolver, mas ao invés de procurar beans View no contexto de aplicação principal, ele consulta um arquivo XML separado. Para usar o XmlFileViewResolver, adicione o seguinte XML, ao seu arquivo de configuração de contexto:

```
<bean id="xmlFileViewResolver" class="org.springframework.web.
    ➥ servlet.view.XmlFileViewResolver">?
    <property name="location">
        <value>/WEB-INF/training-views.xml</value>
    </property>
</bean>
```

Por padrão, o XmlFileViewResolver procura definições View no /WEB-INF/ views.xml, mas aqui, estabelecemos a propriedade location para anular o padrão com: "/ Web-INF/training-views.xml."

O XmlFileViewResolver é útil se você declarar mais do que uma parcela de beans View, no arquivo de configuração de contexto do DispatcherServlet. Para manter o arquivo de contexto principal limpo e arrumado, você deverá separar as declarações View, do resto dos beans.

COMO SOLUCIONAR VISUALIZAÇÕES DE PACOTES DE RECURSOS

Existe ainda uma outra forma de determinar Views por nome, é usar o ResourceBundleViewResolver. Diferentemente do BeanNameViewResolver e do XmlFileViewResolver, o ResourceBundleViewResolver gerencia definições de visualização num arquivo de propriedades, ao invés do XML.

Ao empregar arquivos de propriedades, o ResourceBundleViewResolver tem uma vantagem sobre os outros determinadores de visualização, com respeito à internacionalização. Enquanto os outros determinadores de visualização sempre determinaram um nome lógico de visualização a uma única implementação View, o ResourceBundleViewResolver poderia retornar uma implementação View diferente para o mesmo nome lógico de visualização, baseado no Locale do usuário.

Por exemplo, suponha que a empresa de Spring Training Training, Inc. começasse a oferecer cursos em Paris, na França, Berlim e na Alemanha, além de sua seleção atual de cursos oferecidos nos Estados Unidos.

Para complicar, os franceses preferem receber suas listas de cursos no Microsoft Excel, enquanto que os alemães preferem suas listas de cursos no simples HTML. No entanto, os alunos americanos preferem listas de cursos em PDF.

Felizmente, o ResourceBundleViewResolver pode ajudar a manter todos felizes. Para começar, configure-o em training-servlet.xml, como segue:

```
<bean id="bundleViewResolver" class="org.springframework.web.
    ➥ servlet.view.ResourceBundleViewResolver">?
    <property name="basename">
      <value>views</value>
    </property>
</bean>
```

A propriedade basename é usada para informar o ResourceBundleViewResolver, como construir os nomes dos arquivos de propriedades que contêm definições View. Aqui, ele foi estabelecido como views, que significa que as definições view poderiam estar em: views.properties (por padrão), views_en_US.properties (para estudantes que falam a língua inglesa, nos Estados Unidos), views_fr_FR.properties (para estudantes franceses) ou views_de_DE. propriedades (para estudantes alemães).

O próximo passo será estabelecer os arquivos de propriedades para cada local. Começando com o padrão, assumamos que a maioria dos alunos estará nos Estados Unidos e irá preferir a lista de cursos em PDF. Coloque a seguinte linha em ambos views.properties e views_en_US.properties:

```
courseList.class=com.springinaction.training.mvc.CourseListPdfView
```

O nome desta propriedade pode ser dividida em duas partes. A primeira parte é a courseList, que é o nome lógico da visualização como é retornado no ModelAndView. A segunda parte, class, indica que você está estabelecendo o nome da classe da implementação View, que deverá exibir a informação para a visualização courseList (neste caso, CourseListPdfView).

Para nossos alunos franceses, que preferm listas de cursos em páginas do excel, você deverá acrescentar o seguinte, a views_fr_FR.properties

```
courseList.class=com.springinaction.training.mvc.CourseListExcelView
```

Novamente, esta propriedade informa ao ResourceBundleViewResolver que CourseListExcelView é a implementação de visualização a ser usada ao exibir a informação para a visualização course- List.

Finalmente, para os estudantes alemães, você precisará estabelecer views_de_DE.properties para usar uma visualização (View) baseada em JSP, como segue:

```
courseList.class=org.springframework.web.servlet.view.JstlView
courseList.url=/WEB-INF/jsp/courseList.jsp
```

Aqui, a propriedade de courseList.class foi estabelecida para usar um JstlView. O JstlView., assim como o como InternalResourceView, utiliza um JSP contido na aplicação web para exibir a informação ao usuário. Mas o JstlView. também acrescenta um suporte para internacionalização, ao tirar vantagem do suporte de internacionalização do JSTL.

Note que, além do courseList.class, você também deve estabelecer o course- List.url. Isso, efetivamente, chama o método setUrl()do JstlView para especificar a localização do arquivo JSP (isso não seria necessário com o CourseListExcelView ou o CourseListPdfView, porque essas visualizações não são dirigidas por template).

O ResourceBundleViewResolver oferece uma maneira poderosa de determinar visualizações baseadas em local. Em vez de retornar a mesma visualização para todos os usuários, o ResourceBundle- ViewResolver torna possível uma visualização diferente da mesma informação, baseada no idioma e localização do usuário.

Agora que você viu quatro determinadores de visualização diferentes que vêm com o Spring, qual escolher? Daremos uma olhada em algumas diretrizes que podem ajudá-lo a decidir.

8.4.3 Como escolher um determinador de visualização

Muitos projetos baseiam-se em JSP (ou em alguma outra linguagem template) para exibirem os resultados de visualização. Assumindo que sua aplicação não é internacionalizada ou que você não precisará exibir uma visualização completamente diferente, baseada na localização de um usuário, recomendamos o nternalResourceViewResolver, pelo fato dele ser definido de maneira simples e de forma sintetizada (ao contrário dos outros determinadores de visualização que lhe exigem que defina cada visualização explicitamente).

Entretanto, caso suas visualizações sejam exibidas usando uma implementação View padrão (ex., PDF, Excel, images, etc.), você deverá considerar um dos outros determinadores de visualização. Nós preferimos o BeanNameViewResolver e o XmlFileViewResolver sobre o Resource- BundleViewResolver, pois eles lhe permitem definir seus beans View em um arquivo de configuração de contexto XML do Spring.

Dada a escolha entre o BeanNameViewResolver e o XmlFileViewResolver, nós usaríamos o BeanNameViewResolver, somente quando tivéssemos uma parcela de beans View que não aumentassem, significantemente, o tamanho do arquivo de contexto do DispatcherServlet. Se o determinador de visualização estiver gerenciando um grande número de objetos View, nós escolheríamos o XmlFileViewResolver para separar as definições de bean View, num arquivo separado.

No raro caso de precisar fazer uma visualização completamente diferente, dependendo da localidade do usuário, você terá escolha, a não ser que use o ResourceBundleViewResolver.

COMO USAR MÚLTIPLOS DETERMINADORES DE VISUALIZAÇÃO

Considere o caso onde a maioria das visualizações de uma aplicação são baseadas em JSP, mas somente uma parcela requer um dos outros determinadores de visualização? Por exemplo, a maioria das aplicações do Spring Training usará o JSP para exibir sua informação, mas (como você verá no capítulo 9), algumas respostas usarão o PDF e o Excel para exibirem suas informações. Você terá que escolher um BeanNameViewResolver ou um XmlFileViewResolver e declarar, explicitamente, todas as suas visualizações somente para gerenciar casos excepcionais em PDF e Excel?

Felizmente, você não está limitado a escolher somente um determinador de visualização para sua aplicação. Para usar múltiplos determinadores de visualização, simplesmente declare todos os beans determinadores de visualização que precisar, em seu arquivo de configuração de contexto. Por exemplo, para usar ambos o InternalResourceViewResolver (para seus JSPs) e o XmlFileViewResolver (para o resto) juntos, declare-os, como segue:

```
<bean id="viewResolver" class=
     "org.springframework.web.servlet.view.InternalResourceViewResolver">
   <property name="prefix"><value>/WEB-INF/jsp/</value></property>
   <property name="suffix"><value>.jsp</value></property>
   <property name="order"><value>1</value></property>
</bean>
<bean id="xmlFileViewResolver" class=
     "org.springframework.web.servlet.view.XmlFileViewResolver">
   <property name="location">
      <value>/WEB-INF/views.xml</value>
   </property>
   <property name="order"><value>2</value></property>
</bean>
```

Pelo fato de ser bastante possível que mais de um determinador de visualização possa determinar o nome lógico da visualização, você deverá estabelecer a propriedade order em cada um de seus determinadores de visualização, para ajudar o Spring a determinar qual determinador tem prioridade sobre os outros, quando um nome lógico de visualização for ambíguo em mais de um determinador. Como mostrado aqui, o InternalResourceViewResolver tem uma ordem mais baixa que o XmlFile-ViewResolver, então, no caso de ambigüidade, o InternalResourceView-Resolver ganha.

8.5 COMO USAR A ETIQUETA DE FITA DO SPRING

Agora que já está controlando pedidos e os enviando a JSPs, você precisará acessar os dados modelo para exibi-los na página. Felizmente, o spring fornece uma biblioteca de "etiquetas" para fazer exatamente isso. Essa variedade lhe permitirá, não somente ver os seus objetos de comando e todas as suas propriedades, como qualquer mensagem de erro associada a elas.

Para tirar proveito desta biblioteca de etiquetas, você deve registrá-la em sua aplicação. O Spring vem com um arquivo descritor de biblioteca de etiqueta (TLD ou TBE) denominado spring.tld. Coloque este arquivo abaixo do diretório WEB-INF, em sua aplicação web. Em seguida, registre a biblioteca de etiquetas em seu arquivo web.xml:

```
<taglib>
  <taglib-uri>/spring</taglib-uri>
  <taglib-location>/WEB-INF/spring.tld</taglib-location>
</taglib>
```

Agora, a biblioteca de etiquetas do Spring está pronta para ser usada em seus JSPs. A etiqueta <spring-bind> é o que você usará para acessar objetos de comando e qualquer erro de mensagens associado a eles. Esta etiqueta tem somente um atributo — path — que indica o bean ou propriedade de bean que está sendo usada. Por exemplo, para acessar a propriedade firstName de um objeto Student , você estabeleceria o atributo path como student.firstName. Isso se torna possível através de um objeto org.springframe-work.web.servlet.support. BindStatus, que é colocado numa extensão page com o nome status . Este objeto possui três propriedades que lhe serão úteis, numa página JSP:

- expression — A expressão usada para recuperar a propriedade. Por exemplo, se você estiver usando esta etiqueta para acessar a propriedade firstName de um Student, a expressão propriedade teria um valor de firstName.

- value — O valor como um String da propriedade. Se a propriedade não for um String, ela será convertida pelo PropertyEditor, associado com a propriedade.

- errorMessaages — Uma ordem de Strings, que são as mensagens de erro associadas com essa propriedade.

O item 8.9 mostra como você usaria esta etiqueta num formulário para registrar um aluno.

Listagem 8.9 Como preencher um formulário usando a etiqueta **<spring-bind>**

```
<%@ taglib prefix="c" uri="http://java.sun.com/jstl/core" %>
<%@ taglib prefix="spring" uri="/spring" %>
...
<form method="POST" action="/registerStudent.htm">
<spring:bind path="student.firstName">      Conecte a propriedade
First name:                                  firstName
<input type="text"                                        Estabeleça o novo nome
    ➥ name="<c:out value="${status.expression}"/>"?      à expressão status
    ➥ value="<c:out value="${status.value}"/>"?    Conecte o novo valor
</spring:bind>                                   ao valor status
...
</form>
...
```

Neste exemplo, usamos ambas as propriedades expression e value, do objeto de estado. Note que usamos o valor expression para estabelecer o nome de nossa etiqueta de contribuição do formulário. Desta forma, permitiremos ao Spring mapear o campo de contribuição do formulário de nosso objeto Student, quando o formulário for submetido.

Usar a propriedade value como o valor do elemento formulário, também tem seus benefícios. Esta propriedade exibirá o valor atual do campo, que, provavelmente, será o valor desta mesma propriedade. Entretanto, ele também poderia ser um valor rejeitado de uma submissão de formulário anterior, como uma data formatada de forma imprópria. Isso pode ser extremamente útil para que você possa exibir valores rejeitados ao usuário, para que vejam o que fizeram de errado e corrijam o erro.

Como, exatamente, os usuários saberão o que eles fizeram de errado? É onde entra em cena a propriedade errorMessages. Como dissemos anteriormente, esta é uma ordem Strings que são as mensagens de erro para uma propriedade específica. Mas talvez mostrar uma mensagem de erro para cada propriedade, seja um tanto refinado demais. Você também tem a possibilidade de ligar com os objetos de comando usados e exibir todas as mensagens de erro associadas com este objeto, incluindo qualquer erro associado a uma propriedade específica. O item 8.10 mostra como você poderá fazer isso:

Listagem 8.10 Como exibir uma mensagem de erro usando a tag **<spring-bind>**

```
<%@ taglib prefix="c" uri="http://java.sun.com/jstl/core" %>
<%@ taglib prefix="spring" uri="http://www.springframework.org/tags" %>
...
<form method="POST" action="/registerStudent.htm">
<spring:bind path="student">          ◀───────── Conecte à "Student"
<c:forEach items="${status.errorMessages}" ◀─────── Percorra sobre
      ↝ var="errorMessage">?                          mensagens de erro
   <font class="error">
      <c:out value="${errorMessage}"/><br>  │ Mostre mensagem
   </font>                                   │ de erro
</c:forEach>   ◀──────── Percorra sobre
</spring:bind>           mensagens de erro
...
</form>
...
```

Agora, ao invés de ligar a uma propriedade específica, estaremos ligando diretamente a nosso objeto de comando. Deste modo, podemos iterar sobre qualquer mensagem de erro, associada com nosso objeto Student. Isso é importante, pois nem toda mensagem de erro tem que ser associada a uma propriedade específica.

Assim, você tem uma maneira de acessar seus objetos modelo, a partir de seu JSP usando o MVC do Spring. Então, daremos uma olhada no que fazer quando as coisas derem errado.

8.6 Como gerenciar exceções

Há um adesivo de pára-choque que diz: "O fracasso não é uma opção: ele vem com o software". Por trás do humor desta mensagem está uma verdade universal. As coisas nem sempre dão certo em software. Quando um erro acontece (e acontecerá, inevitavelmente), você quer que os usuários de sua aplicação, vejam um sinal de bug ou uma mensagem mais amigável? Como você poderá comunicar, com gentileza, o erro a seus usuários?

O SimpleMappingExceptionResolver vem resgatá-lo, quando uma exceção é lançada por um controlador. Use a seguinte definição <bean> para configurar o SimpleMappingException Resolver, a fim de gerenciar gentilmente qualquer java.lang.Exeptions lançado pelos controladores MVC do Springs:

```
<bean id="exceptionResolver" class="org.springframework.web.
        ➥ servlet.handler.SimpleMappingExceptionResolver">?
    <property name="exceptionMappings">
        <props>
            <prop key="java.lang.Exception">friendlyError</prop>
        </props>
    </property>
</bean>
```

A propriedade exceptionMappings leva um java.util.Properties, que contém um mapeamento entre nomes de classe de exceção, completamente qualificados, e nomes lógicos de visualização. Neste caso, a classe Exception básica é mapeada View, cujo nome lógico é friendlyError, de forma que se algum erro for lançado, os usuários não terão que ver um antipático sinal de bug em seus browsers.

Quando um controlador lançar uma Exception, o SimpleMappingException-Resolver direcionará esta exceção a um friendlyError que, em troca, será direcionado a uma View, usando qualquer determinador de visualização configurado. Se o InternalResourceViewResolver da seção 8.4.1, for configurado, talvez o usuário seja enviado para a página definida em: /WEB-INF/jsp/friendlyError.jsp.

8.7 Resumo

O Spring vem com um framework web poderoso e flexível, que é baseado nas doutrinas do Spring de agrupamento-solto, inversão de controle e extensibi-lidade. Neste capítulo, você foi levado a uma excursão vendaval sobre todas as partes móveis, que compõem camada web de uma aplicação MVC do Spring.

No começo de um pedido, o Spring oferece uma variedade de mapeadores de gerenciamento, lhe que ajudam a escolher um controlador para processar o pedido. Você poderá escolher entre mapear URLs, para controladores baseados no nome do bean controlador, um simples mapeamento URL/ controlador ou metadados em nível de recursos.

Para processar um pedido, o Spring oferece uma ampla seleção de classes de controladores, com uma complexidade que varia da mais simples interface Controller até o mais poderoso controlador wizard e diversas camadas complexas entre eles, permitindo-lhe escolher um controlador com uma quantidade apropriada de poder (e não mais complexo do que o necessário). Isto separa o Spring dos outros frameworks web MVC como o Struts e o Webwork, onde suas escolhas são limitadas a somente uma ou duas classes Action.

No caminho de retorno ao cliente, os determinadores de visualização do MVC do Spring, lhe permitem escolher uma View para exibir os resultados do pedido, como informações para o usuário. Assim como o mapeador de gerenciamento do MVC do Spring, você tem disponíveis diversos determinadores de visualização, cada qual oferecendo um esquema diferente para escolher uma View, incluindo a procura de visualizações através do nome do bean View, a partir do diretório de recursos da aplicação web ou de um ResourceBundle.

Ao todo, o MVC do Spring mantém um agrupamento solto entre, como um controlador é escolhido para gerenciar um pedido e como uma visualização é escolhida para exibir informações. Este é um conceito poderoso, que lhe permitirá misturar diferentes partes do MVC do Spring, a fim de construir a camada web mais apropriada para sua aplicação.

No próximo capítulo, construiremos no MVC do Spring, ao levar a camada de visualização, além do JSP. Aprenderá a usar linguagem alternada de templates como: Velocity e FreeMarker. Você também verá como produzir, dinamicamente, informações binárias, incluindo documentos em PDF, planilhas eletrônicas no excel e imagens.

Capítulo 9

Camadas de visualização alternativas

Este capítulo cobre:

- Uso de templates Velocity
- Integração com o FreeMarker
- Trabalho com Jakarta Tiles
- Geração de arquivos PDF e Excel

Em outubro de 1908, Henry Ford lançou o "carro popular": o Ford Modelo-T. O preço: $950. Para acelerar a montagem, todos os Modelos-T foram pintados de preto, pois preto secava mais rápido. A história conta que Henry Ford disse: "Qualquer cliente pode ter um carro pintado da cor que quiser, contanto que essa cor seja preto."[1]

Os automóveis já estão entre nós, desde 1908. Além da estonteante coleção de estilos de carroceria, você ainda pode escolher os opcionais, incluindo o tipo de rádio, tranca das portas e vidros elétricos ou não, estofamento de couro ou tecido. Hoje em dia, qualquer cliente pode comprar o carro com a cor que quiser, incluindo preto!

No capítulo 8, nós mostramos como usar o MVC do Spring e o JSP para construir a camada web da sua aplicação. Certamente, o MVC do Spring com JSP é uma combinação forte e poderosa onde você pode apoiar a construção de suas aplicações. Mas seria essa a única opção oferecida aos desenvolvedores do Spring?

Embora JSP seja de uso comum para produzir a camada view de uma aplicação web, baseada em Java, JSP não é a única opção para isso. De volta a infância do JSP, muitos desenvolvedores se voltaram para as soluções alternativas, tais como Jakarta Velocity e FreeMarker, pois o JSP não supria suas expectativas. Embora o JSP tenha crescido nos últimos anos, tendo suporte a tag libraries e eliminado virtualmente o uso de scriptlets no meio do código HTML, muitos dos que evitaram o JSP no início, ainda preferem soluções alternativas.

O JSP também tem suas limitações. Foi desenvolvido com a intenção de produzir saídas HTML e XML para aplicações web. Velocity e FreeMarker, por ourto lado, são flexíveis com respeito ao conteúdo de produção, ou seja, é virtualmente possível gerar qualquer tipo de arquivo texto. O JSP é incapaz de produzir código binário como uma planilha Excel, um PDF do Adobe ou imagens.

Mesmo que goste de JSP, você vai querer colocar suas páginas JSP num framework de layout tipo o Jakarta Tiles, para fazer sua aplicação parecer mais atrativa, esteticamente falando.

Como resultado, o MVC do Spring é bem flexível com respeito ao que será produzido. Se você não é um grande fã do JSP, está convidado a aprender que o Spring vem com view resolvers, que lhe permitem usar Velocity ou FreeMarker. Se você precisa produzir conteúdo binário dinamicamente, o Spring oferece suporte para geração de planilhas Excel e documentos PDF, dentro do MVC do Spring.

Nesse capítulo, lhe mostraremos como configurar o MVC do Spring para:

---

[1] Embora essa frase tenha sido historicamente atribuída a Henry Ford, há dúvidas se ele realmente falou isso ou não. A respeito da veracidade da história, considere uma outra fase de Henry Ford: "A História é meio sem sentido".

- Usar templates Velocity ou FreeMarker, ao invés de JSP

- Usar Jakarta Tiles para fazer o layout das páginas de sua aplicação

- Produzir dinamicamente arquivos binários, como planilhas Excel, documentos PDF e imagens

Começaremos olhando em como trocar os JSPs por camadas view alternativas, e em primeira instância, veremos o funcionamento do Velocity.

9.1 Como usar templates Velocity

Velocity é uma linguagem de template para aplicações JAVA, fácil de usar. Os templates Velocity não contém código Java, sendo assim mais fácil de entender por não-desenvolvedores, além de desenvolvedores. Do guia de usuário Velocity: "O Velocity separa o código Java das páginas web, fazendo com que o web site seja de fácil manutenção, ao longo de sua vida e assim provendo uma alternativa viável ao JavaServer Pages".

Velocity é provavelmente a linguagem template mais popular para aplicações web. Nesse caso, é provável que você queira desenvolver sua aplicação baseada no Spring, usando Velocity como camada de visualização. Felizmente, o Spring suporta o Velocity como linguagem de camada de visualização para o MVC do Spring.

Vejamos como usar o Velocity com o MVC do Spring, implementando novamente a camada view da aplicação Spring Treinamentos, para ser baseada em Velocity.

9.1.1 Como definir a view com Velocity

Vamos supor que você tenha escolhido usar Velocity, ao invés de JSP para produzir a view da aplicação Spring Treinamentos. Uma das páginas que vai precisar fazer com Velocity é a página que mostra uma lista de cursos disponíveis. A Listagem 9.1 mostra courseList.vm, o equivalente Velocity de courseList.jsp usado para mostrar a lista de cursos.

Listagem 9.1 Uma listagem de cursos bareada em Velocity

```
<html>
  <head>
    <title>Course List</title>
  </head>

  <body>
    <h2>COURSE LIST</h2>

    <table width="600" border="1" cellspacing="1" cellpadding="1">
      <tr bgcolor="#999999">
        <td>Course ID</td>
```

```
            <td>Name</td>
            <td>Instructor</td>
            <td>Start</td>
            <td>End</td>
        </tr>
#foreach($course in $courses)  ◄————————— Itera todos os cursos
        <tr>
            <td>
                <a href="displayCourse.htm?id=${course.id}">
                    ${course.id}  ◄————————— Exibe o ID do curso
                </a>
            </td>
            <td>${course.name}</td>           Exibe o nome do curso
            <td>${course.instructor.lastName}</td>  e do instrutor
            <td>${course.startDate}</td>
            <td>${course.endDate}</td>       Exibe as datas
        </tr>
#end  ◄———————— Itera todos os cursos
    </table>
  </body>
</html>
```

A primeira coisa que você deve ter notado nesse template, é que não há tags. Isso ocorre porque o Velocity não é baseado em tags como o JSP. Ao invés disso, Velocity aplica sua própria linguagem —conhecida como Velocity Template Language (VTL)— para o controle de fluxo e outras diretivas. No courseList.vm, a diretiva #foreach é usada para fazer o looping na lista de cursos, mostrando os detalhes de cada iteração.

Além dessa grande diferença entre Velocity e JSP, você vai ver que as expressões de linguagem Velocity lembram o JSP. Na verdade, o JSP seguiu os passos do Velocity, quando usou a notação ${} nas suas expressões.

Esse template demonstra somente uma fração do que pode ser feito com o Velocity. Para aprender mais, visite a home page do Velocity em http://jakarta.apache.org/velocity.

Agora que o template foi criado, você vai precisar configurar o Spring para usá-lo como camada de visualização em seu MVC.

9.1.2 Como configurar o engine do Velocity

A primeira coisa a configurar é o engine do Velocity. Para isso, declare um bean VelocityConfigurer no arquivo de configuração do Spring, como no exemplo:

```
<bean id="velocityConfigurer" class="org.springframework.
   ➥ web.servlet.view.velocity.VelocityConfigurer">
   <property name="resourceLoaderPath">
      <value>WEB-INF/velocity/</value>
   </property>
</bean>
```

VelocityConfigurer configura o engine do Velocity no Spring. Até aqui, dissemos ao Velocity onde encontrar os templates, setando a propriedade resourceLoaderPath. Recomendamos colocar os templates num diretório abaixo de WEB-INF, assim eles não poderão ser acessados diretamente.

Você também pode setar outras configurações no Velocity, apenas setando a propriedade velocityProperties. Por exemplo, considere a seguinte declaração de VelocityConfigurer:

```
<bean id="velocityConfigurer" class="org.springframework.
     web.servlet.view.velocity.VelocityConfigurer">
  <property name="resourceLoaderPath">
    <value>WEB-INF/velocity/</value>
  </property>
  <property name="velocityProperties">
    <props>
      <prop key="directive.foreach.counter.name">loopCounter</prop>
      <prop key="directive.foreach.counter.initial.value">0</prop>
    </props>
  </property>
</bean>
```

Perceba que velocityProperties possuí um elemento <props> que serve para setar múltiplas propriedades. As propriedades setadas são as mesmas que seriam setadas, normalmente, no arquivo "velocity.properties", se fosse uma aplicação típica Velocity.

Por default, a diretiva #foreach mantém uma variável contadora chamada $velocityCount, que inicia com valor 1, na primeira iteração. Mas aqui nós setamos a propriedade directive.foreach.counter.name para loopCounter, então o contador pode ser referenciado como $loopCounter. Também fizemos um contador que inicia em zero, setando a propriedade directive.foreach.counter.initial.value para 0. (Para ter mais informações sobre a configuração das propriedades do Velocity, visite o guia do desenvolvedor Velocity, em http://jakarta.apache.org/velocity/developer-guide.html).

9.1.3 Como resolver as views Velocity

A última coisa a fazer para usar os templates Velocity template, é configurar um view resolver. Declare um bean VelocityViewResolver no arquivo de configuração de contexto, como mostrado abaixo:

```
<bean id="viewResolver" class="org.springframework.
    web.servlet.view.velocity.VelocityViewResolver">
  <property name="suffix"><value>.vm</value></property>
</bean>
```

VelocityViewResolver está para o Velocity, assim como InternalResourceViewResolver está para JSP. Da mesma maneira que InternalResourceViewResolver, ele tem as propriedades prefix e suffix que são usadas com o nome lógico da view para construir um path até o template.

Nesse caso, somente a propriedade suffix é setada com a extensão ".vm". O prefix não é obrigatório, pois o path para o diretório de template já foi setado, através da propriedade resourceLoaderPath do VelocityConfigurer.

Nota   Aqui o ID do bean é setado para viewResolver. Isso é significativo quando DispatcherServlet não for configuado para detectar todos os view resolvers. Se você estiver usando múltiplos view resolvers, então provavelmente, precisará trocar o ID para algo mais apropriado (e único), tal como velocityViewResolver.

Nesse ponto, sua aplicação está pronta para aceitar views, usando templates Velocity. Tudo que você precisa fazer é retornar um objeto ModelAndView que referencia à view pelo seu nome lógico. No caso de ListCourseController, não há nada a fazer, pois já é retornado um ModelAndView, como mostrado:

```
return new ModelAndView("courseList", "courses", allCourses);
```

O nome lógico da view é "courseList". Quando a view é resolvida, "courseList" terá um sufixo ".vm", ficando "courseList.vm". VelocityViewResolver encontrará esse template no caminho WEB-INF/velocity/ .

Com respeito ao objeto model "courses", será exposta no template Velocity como uma propriedade Velocity. Na listagem 9.1, é a collection usada na diretiva #foreach .

9.1.4 Como formatar datas e números

Embora a aplicação esteja pronta para renderizar views Velocity, ainda temos alguns pontos para acertar. Se comparar courseList.vm da listagem 9.1, com courseList.jsp, perceberá que courseList.vm não aplica o mesmo formato para o ID do curso, nem para suas datas de início e fim, como é feito em courseList.jsp. Na courseList.jsp, o ID do curso é mostrado como número de seis dígitos e as datas são mostradas em formato completo. Para a courseList.vm estar completa, é necessário formatar as datas e o ID.

O VTL não suporta diretamente, formatação de datas e números. Todavia, o Velocity contém uma ferramenta de formatação para datas e números. Para usar essas ferramentas você vai que de dizer ao VelocityViewResolver o nome desses atributos. Essea atributos são especificados nas propriedades dateToolAttribute e numberToolAttribute do VelocityViewResolver:

```
<bean id="viewResolver" class="org.springframework.
   ➥ web.servlet.view.velocity.VelocityViewResolver">
...
```

```
<property name="dateToolAttribute">
   <value>dateTool</value>
</property>
<property name="numberToolAttribute">
   <value>numberTool</value>
</property>
</bean>
```

Aqui, o número da ferramenta é colocado num atributo numberTool, no Velocity. Então, para formatar o ID do curso, tudo o que você precisa fazer é referenciar o ID do curso, através da função format(), como no exemplo:

```
$numberTool.format("000000", course.id)
```

O primeiro parâmetro de format() é uma string padrão. Aqui, nós especificamos que o ID do curso será apresentado com seis dígitos, com zeros na frente, se for necessário. A string padrão usa a mesma sintaxe de java.text.DecimalFormat. Para ter mais informações sobre essa ferramenta, veja a documentação do Velocity a respeito de NumberTool.

Da mesma maneira, a api de datas será colocada no atributo dateTool, para formatar as datas de início e fim do curso, você irá precisar usar a função format():

```
$dateTool.format("FULL", course.startDate)
$dateTool.format("FULL", course.endDate)
```

Igualmente, a função format() da ferramenta de números, o primeiro parâmetro é a string padrão. Essa string tem a mesma sintaxe de java.text.SimpleDateFormat. Além disso, você pode especificar um padrão do java.text.DateFormat, setando a string padrão para FULL, LONG, MEDIUM, SHORT ou DEFAULT. Aqui, nós setamos como FULL para indicar o formato de data completo. Para mais informações você pode consultar a documentação do Velocity, para DateTool.

9.1.5 Como expor atributos request e session

Embora a maioria dos dados que precisam ser mostrados em um template Velocity possam ser passados para a view, através de um model Map dado ao objeto ModelAndView, há momentos em que você quer exibir na tela atributos que estão no resquest ou na session do servlet. Por exemplo, se um usuário está logado na aplicação, as informações desse usuário podem ser colocadas na session do servlet.

Seria ruim copiar os atributos do request ou session para dentro do model Map, em cada controlador. Felizmente, VelocityViewResolver consegue copiar os atributos para dentro da model por você. As propriedades exposeRequestAttributes e exposeSessionAttributes dizem ao VelocityViewResolver, se ele deve fazer isso ou não. Por exemplo:

```
<bean id="viewResolver" class="org.springframework.
    ➥ web.servlet.view.velocity.VelocityViewResolver">?
...
    <property name="exposeRequestAttributes">
        <value>true</value>
    </property>
    <property name="exposeSessionAttributes">
        <value>true</value>
    </property>
</bean>
```

Por default, ambas as propriedades são false, mas aqui nós setamos para true, assim ambos os atributos de request e session serão copiados para dentro da model, sendo visíveis no template Velocity.

9.1.6 Como ligar campos de formulário no Velocity

No capítulo 8, você viu como usar a tag JSP <spring:bind> do Spring para ligar campos à propriedade de um objeto. Essa tag também foi útil para apresentar erros relacionados aos campos para o usuário.

Felizmente, você não precisa abrir mão dessa funcionalidade, se for usar o Velocity ao invés de JSP. O Spring vem com algumas macros Velocity, que tem a mesma função da tag <spring:bind>.

Por exemplo, suponha que o formulário de registro de estudantes da aplicação Spring Treinamentos é escrito usando templates Velocity. A Listagem 9.2 mostra um pedaço de registerStudent.vm onde é demonstrado o uso da macro #springBind.

Listagem 9.2 Como usar #springBind em um template Velocity

```
#springBind("command.phone")  ◀───────── Liga a variável status
phone: <input type="text"
    name="${status.expression}" ◀──────── Nome do campo do formulário
    value="$!status.value"> ◀────────── Exibe o valor

<font color="#FF0000">${status.errorMessage}</font><br>    Exibe mensagens de erro, se houver

#springBind("command.email")  ◀───────── Liga a variável status
email: <input type="text"
    name="${status.expression}" ◀──────── Nome do campo do formulário
    value="$!status.value"> ◀────────── Exibe o valor     Exibe mensagens
<font color="#FF0000">${status.errorMessage}</font><br>    de erro, se houver
```

A macro #springBind recebe o caminho do campo a ser ligado. Ela seta uma variável status no template, que contém o nome do campo, o valor e as mensagens de erro, se houver algum erro (talvez no validador do form).

Se duas mensagens de erro tiverem caracteres com alguma tag HTML (ex., <, >, &), você talvez possa querer identificá-los, assim eles podem ser mostrados corretamente no browser. Se esse é o caso, então vai ser preciso o uso da macro #springBindEscaped, ao invés de #springBind:

```
#springBindEscaped("command.email", true)
```

Além do caminho do campo, #springBindEscaped recebe um argumento boolean que indica se deve ou não identificar tais caracteres. Se esse argumento for true, então a macro pulará os caracteres especiais HTML, nas mensagens de erro. Se esse argumento for false, então #springBindEscaped se comporta exatamente como #springBind, deixando de "pular" os caracteres especiais HTML.

Para conseguir usar as macros do Spring em templates, você precisará habilitar o uso delas, usando a propriedade exposeSpringMacroHelpers do VelocityViewResolver:

```
<bean id="viewResolver" class="org.springframework.
    ➥ web.servlet.view.velocity.VelocityViewResolver">
...
    <property name="exposeSpringMacroHelpers">
      <value>true</value>
    </property>
</bean>
```

Setando a propriedade exposeSpringMacroHelpers para true, você faz com que seus templates Velocity tenham acesso as macros #springBind e #springBindEscaped.

Embora o Velocity seja uma grande alternativa ao JSP, não é a única. O FreeMarker é outra linguagem de template bem conhecida por substituir o JSP, em aplicações MVC. Vamos ver como conectar o FreeMarker, na nossa aplicação MVC.

9.2 Como trabalhar com o FreeMarker

O FreeMarker é um tanto mais complexo do que o Velocity, mas com resultados um pouco melhores também. O FreeMarker vem com implementaçõs de suporte a muitas tarefas úteis, tais como formatação de números, data e remoção de espaços em branco. Essas ferramentas estão disponíveis no Velocity, no entanto, não são nativas, são necessárias ferramentas adicionais.

Você logo verá que usar o FreeMarker com o MVC do Spring, não é muito diferente de usar o Velocity. Mas primeiramente, vamos ver como escrever um template FreeMaker para nossa aplicação Spring Treinamentos.

9.2.1 Como construir uma view FreeMarker

Imagine que depois de muito pensar, você decida que o FreeMarker é melhor para você do que o Velocity. Então, ao invés de desenvovler uma camada view para a aplicação Spring Treinamentos usando Velocity, você irá querer colocar o FreeMarker para funcionar no MVC do Spring. Voltando a página de listagem dos cursos, você tem a courseList.ftl (listagem 9.3), a página que mostra todos os cursos que estão sendo oferecidos.

Listagem 9.3 Como listar cursos usando a linguagem de template FreeMarker

```
<html>
    <head>
        <title>Course List</title>
    </head>

    <body>
        <h2>COURSE LIST</h2>

        <table width="600" border="1" cellspacing="1" cellpadding="1">
            <tr bgcolor="#999999">
                <td>Course ID</td>
                <td>Name</td>
                <td>Instructor</td>
                <td>Start</td>
                <td>End</td>
            </tr>
<#list courses as course>
            <tr>
                <td>
                <a href="displayCourse.htm?id=${course.id}">
                    ${course.id?string("000000")}
                </a>
                </td>
                <td>${course.name}</td>
                <td>${course.instructor.lastName}</td>
                <td>${course.startDate?string.long}</td>
                <td>${course.endDate?string.long}</td>
            </tr>
</#list>
        </table>
    </body>
</html>
```

Você perceberá que a versão do FreeMarker da listagem de cursos é muito diferente da versão Velocity, da listagem 9.1. Igualmente ao Velocity (ou JSP), a notação ${ } é usada em linguagem de expressões, para mostrar o valor dos atributos.

Mas você pode notar também que o ID do curso e as datas possuem argumentos extras, usados para formatar os campos. O FreeMarker, ao contrário do Velocity, tem suporte nativo para a fomatação de números e datas.

O template courseList.ftl mal explora o potencial do FreeMaker. Para mais informações sobre o FreeMarker, visite o endereço http://freemarker.sourceforge.net.

9.2.2 Como configurar o engine do FreeMarker

Assim como o Velocity, o engine do FreeMarker deve ser configurado para o MVC do Spring fazer uso de templates FreeMaker. Declare um FreeMarkerConfigurer no arquivo de configuração de contexto, desta maneira:

```
<bean id="freemarkerConfig" class="org.springframework.
    ➥ web.servlet.view.freemarker.FreeMarkerConfigurer">
  <property name="templateLoaderPath">
    <value>WEB-INF/freemarker/</value>
  </property>
</bean>
```

FreeMarkerConfigurer está para o FreeMarker assim como VelocityConfigurer está para o Velocity. Você usa isso para configurar o engine do FreeMarker. Você deve dizer ao FreeMarker onde encontrar os templates. Para isso, é necessário setar a propriedade: templateLoaderPath.

Você pode configurar funções adicionais do FreeMarker setando-as como propriedades, através da propriedade freemarkerSettings. Por exemplo, o FreeMarker recarrega e faz um reprocessamento nos templates a cada 5 segundos (por default), após a última atualização do template. Mas checar mudanças no template pode consumir tempo. Se sua aplicação está em produção e o template não mudará com muita freqüência, você pode esticar esse período para uma hora ou mais.

Para fazer isso, sete template_update_delay do FreeMarker, através da propriedade freemarkerSettings. Por exemplo:

```
<bean id="freemarkerConfig" class="org.springframework.
    ➥ web.servlet.view.freemarker.FreeMarkerConfigurer">
...
  <property name="freemarkerSettings">
    <props>
      <prop key="template_update_delay">3600</prop>
    </props>
  </property>
</bean>
```

Note que igual a propriedade velocityProperties do VelocityConfigurer, a propriedade freemarkerSettings recebe um elemento <props>.

Setando template_update_delay para 3600 (segundos), fará com que a freqüência de checagem para updates dos templates, seja de uma hora.

9.2.3 Como resolver views FreeMarker

O próximo passo que você precisa dar é declarar um view resolver para o FreeMarker:

```
<bean id="viewResolver" class="org.springframework.
  ➥ web.servlet.view.freemarker.FreeMarkerViewResolver">
  <property name="suffix"><value>.ftl</value></property>
</bean>
```

FreeMarkerViewResolver funciona igual a VelocityViewResolver ou InternalResourceViewResolver. Os templates são resolvidos prefixando o nome lógico da view, com o valor da propriedade prefix e são sufixados com o valor da propriedade suffix. Exatamente como VelocityViewResolver, nós só setamos a propriedade suffix, pois o caminho dos templates, já está definido na propriedade templateLoaderPath do FreeMarkerConfigurer.

Como expor atributos request e session

Na seção 9.1.3, você viu como dizer ao VelocityViewResolver para copiar atributos request e/ou session para o model map, assim ficam disponíveis como variáveis no template. Você pode fazer a mesma coisa com o FreeMarkerViewResolver para expor atributos request e session, como variáveis no template FreeMarker. Para isso, sete o valor das propriedades exposeRequestAttributes ou exposeSessionAttributes como true (ou ambas):

```
<bean id="viewResolver" class="org.springframework.
      web.servlet.view.freemarker.FreeMarkerViewResolver">
  ...
  <property name="exposeRequestAttributes">
     <value>true</value>
  </property>
  <property name="exposeSessionAttributes">
     <value>true</value>
  </property>
</bean>
```

Aqui, ambas propriedades foram setadas como true. Como resultado, os atributos request e session serão copiados para o conjunto de atributos do template e ficarão disponíveis para a apresentação, usando o FreeMarker.

9.2.4 Como associar campos do formulário no FreeMarker

Uma última coisa que você precisa fazer é associar os campos do formulário às propriedades de um objeto. No capítulo 8, você usou a tag <spring:bind> do JSP e na seção 9.1.6, usou a macro Velocity #springBind, para conseguir isso.

De maneira similar, o Spring fornece um conjunto de macros FreeMarker para fazer essa associação.

As macros FreeMarker equivalentes são <@spring.bind> e <@spring.bind-Escaped>. Por exemplo, a listagem 9.4 mostra um pedaço de código de registerStudent.ftl que usa a diretiva <@spring.bind> para ligar informações do status ao form.

Listagem 9.4 Como usar <@spring.bind> em um template FreeMarker

```
<@spring.bind "command.phone" />  ◄──────── Liga a variável status
phone: <input type="text"
   name="${spring.status.expression}"  ◄──────── Nome do campo do formulário
   value="${spring.status.value}">  ◄──────── Exibe o valor
<font color="#FF0000">${spring.status.errorMessage}</font><br>   Exibe mensagens de erro, se houver

<@spring.bind "command.email" />  ◄──────── Liga a variável status
   email: <input type="text"
   name="${spring.status.expression}"  ◄──────── Nome do campo do formulário
   value="${spring.status.value}">  ◄──────── Exibe o valor
<font color="#FF0000">${spring.status.errorMessage}</font><br>   Exibe mensagens de erro, se houver
```

Você deve ter notado que a listagem 9.4 é muito parecida com a listagem 9.2. Mas são duas listagens diferentes. Ao invés de usar a macro Velocity #springBind, a versão FreeMarker usa a diretiva <@spring.bind>. Também, <@spring.bind> liga a informação do status à ${spring.status}, ao invés de ${status}.

Igualmente aos macros Velocity, para usar macros FreeMaker, você precisa habilitá-las setando a propriedade exposeMacroHelpers de FreeMarkerViewResolver para true:

```
<bean id="viewResolver" class="org.springframework.
   ➥ web.servlet.view.freemarker.FreeMarkerViewResolver">
...
   <property name="exposeSpringMacroHelpers">
      <value>true</value>
   </property>
</bean>
```

Finalmente, só há mais uma coisa a fazer. Adicione a seguinte linha no topo dos templates FreeMarker, que irão usar as macros <@spring.bind> ou <@spring.bindEscaped>:

```
<#import "/spring.ftl" as spring />
```

Esta linha vai importar as macros Spring do FreeMarker, para dentro do template.

9.3 COMO MODELAR O LAYOUT DE PÁGINA COM TILES

Até agora, mantivemos o "look and feel" da aplicação Spring Treinamentos bem genérico. Focamos em como escrever aplicações web com o uso do Spring, com pouca preocupação referente à estética. Mas como a aparência, freqüentemente, a leva ao sucesso ou ao fracasso, para fazer a aplicação Spring Treinamentos com apelo visual, é necessário ter páginas atrativas aos olhos das pessoas.

O framework Jakarta Tiles coloca pedaços de uma página em um template completo. Embora, criado originalmente como parte do Struts, Tiles pode ser usado com ou sem Struts. Nós vamos usar o Tiles junto com framework MVC do Spring.

Daremos uma pequena explicação de como trabalhar com Tiles, por isso, recomendamos a leitura do capítulo 11 do Struts em Ação (Manning, 2002), para aprender mais sobre como usar o Tiles.

9.3.1 Views Tile

O template para a aplicação Spring Treinamentos será simples. Terá um header onde o logotipo da companhia será mostrado, um rodapé onde as informações para contato e direitos autorais serão mostrados, e uma área no meio onde o conteúdo principal será mostrado. A Figura 9.1 mostra como o template será.

O template, mainTemplate.jsp (listagem 9.5), define esse layout. Ele usa HTML para definir a parte básica do layout da página, e usa as tags <tiles:getAsString> e <tiles:insert> para reservar o lugar do conteúdo para cada página individualmente.

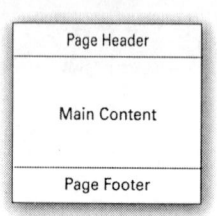

Figura 9.1 - O layout do template da aplicação Spring Treinamentos

Listagem 9.5 mainTemplate.jsp, o template da Spring Treinamentos

```
<%@ taglib prefix="tiles"
       uri="http://jakarta.apache.org/struts/tags-tiles" %>

<html>
    <head>
        <title><tiles:getAsString name="title"/></title>   Exibe o título da página
    </head>
    <body>
        <table width="100%" border="0">
```

```
     <tr>
        <td><tiles:insert name="header"/></td>
     </tr>
     <tr>
        <td valign="top" align="left">
           <tiles:insert name="content"/>        Exibe os componentes tiles
        </td>
     </tr>
     <tr>
        <td>
           <tiles:insert name="footer"/>
        </td>
     </tr>
   </table>
 </body>
</html>
```

Com o template pronto, o próximo passo é criar o arquivo de definição do Tiles. Um arquivo de definição Tiles é um XML, que descreve como preencher o template. Esse arquivo pode ter o nome que você quiser, mas para os propósitos da Spring Treinamentos, "training-defs.xml" ficará mais apropriado.

O trecho abaixo de training-defs.xml mostra o template principal (chamado "template"), com todos os seus componentes preenchidos com alguns valores default:

```
<tiles-definitions>
   <definition name="template" page="/tiles/mainTemplate.jsp">
      <put name="title" value="Default title"/>
      <put name="header" value="/tiles/header.jsp"/>
      <put name="content" value="/tiles/defaultContentPage.jsp"/>
      <put name="footer" value="/tiles/footer.jsp"/>
   </definition>
...
</tiles-definitions>
```

Aqui, os componentes header e footer, fornecem o path dos arquivos JSP, que definem o visual do cabeçalho e rodapé. Quando o Tiles constrói uma página, ele substitui as tags <tiles:insert> nomeadas como header e footer, com a saída de header.jsp e footer.jsp, respectivamente.

Igualmente aos componentes title e content, eles têm apenas valores fictícios, pois é apenas um template, você nunca verá a página template diretamente. Quando você visualizar outra página, que é baseada no template, os valores fictícios de title e content serão substituídos por valores reais.

A página de detalhes do curso é um exemplo típico de página da aplicação, que serão baseadas no template. A definição de training-defs.xml fica assim:

```
<definition name="courseDetail" extends="template">
   <put name="title" value="Course Detail" />
   <put name="content" value="/tiles/courseDetail.jsp"/>
</definition>
```

Estender template assegura que a página courseDetail herdará todas as definições do seu componente, todavia o componente de template title será substituído por CourseDetail; desta forma, a página terá um título apropriado na barra de titulo do browser e o conteúdo principal é definido por courseDetail.jsp. Assim, o componente content é substituído por /tiles/courseDetail.jsp.

Até aqui essa é uma aplicação típica, baseada em Tiles. Você não viu nada específico do Spring ainda. Mas agora é hora de integrar o Tiles dentro do MVC do Spring, para isso, siga os próximos dois passos:

- Configure um TilesConfigurer para carregar o arquivo de definições do Tiles
- Declare um view resolver do MVC do Spring para resolver os nomes lógicos das views, em definições Tiles .

COMO CONFIGURAR O TILES

O primeiro passo para integrar o Tiles no MVC do Spring é dizer ao Spring para carregar o(s) arquivo(s) de configuração do Tiles. O Spring vem com TilesConfigurer, um bean que carrega os arquivos de configuração do Tiles e torna-os disponíveis para a renderização de view Tiles. Para carregar a configuração do Tiles dentro do Spring, declare uma instância de TilesConfigurer:

```
<bean id="tilesConfigurer" class="org.springframework.
     ➥ web.servlet.view.tiles.TilesConfigurer">

   <property name="definitions">
      <list>
         <value>/WEB-INF/tiledefs/training-defs.xml</value>
      </list>
   </property>
</bean>
```

À propriedade definitions recebe uma lista de arquivos de definição do Tiles para carregar. Mas no caso da aplicação Spring Treinamentos, há somente um arquivo de definição: training-defs.xml.

COMO RESOLVER VIEWS TILES

O último passo para integrar o Tiles no MVC do Spring é configurar um view resolver, que mostrará ao usuário a página definida pelo Tiles. InternalResourceViewResolver fará o serviço:

```
<bean id="viewResolver" class="org.springframework.
     ↪ web.servlet.view.InternalResourceViewResolver">
  <property name="viewClass">
    <value>org.springframework.web.
     ↪ servlet.view.tiles.TilesView</value>
  </property>
</bean>
```

Normalmente, InternalResourceViewResolver resolve views lógicas, a partir de recursos (tipicamente JSPs) na aplicação web. Mas para o Tiles, você irá precisar que ele resolva as views, conforme definido em um arquivo de definição do Tiles. Para isso, a propriedade viewClass foi setada para usar um TilesView.

Existem, na verdade, duas classes view para escolher, quando for trabalhar com Tiles: TilesView e TilesJstlView. A diferença é que TilesJstlView coloca as informações sobre a localização na requisição para páginas JSTL. Embora estejamos usando JSTL, não vamos tirar vantagem do suporte a JSTL para a internacionalização. Por isso, escolhemos TilesView.

Quando InternalResourceViewResolver estiver configurado com TilesView (ou TilesJstlView), ela tentará resolver as views, procurando por uma definição nos arquivos de definiçao do Tiles, cujo nome deve ser igual ao nome lógico da view. Por exemplo, imagine o que acontece com DisplayCourseController. Quando pronto, esse controller retorna a seguinte ModelAndView:

```
return new ModelAndView("courseDetail", "course", course);
```

O nome lógico da view é courseDetail, então TilesView vai procurar pela definição da view na configuração do Tiles. Nesse caso ele encontrará <definition> com o nome de courseDetail. Já que courseDetail é baseado em um template, a página HTML resultante sera estruturada como mainTemplate.jsp (listagem 9.5), mas terá seu title setado como Course Detail e seu content virá do JSP em /tiles/courseDetail.jsp.

Nada nas classes controller precisará ser mudado para suportar o Tiles. Isso só é possivel porque as definições de página em training-defs.xml tem nomes iguais aos nomes lógicos das views, retornados pelos controllers.

9.3.2 Controladores do Tile

Imagine que você gostaria de fazer com que a aplicação Spring Treinamentos fosse um pouco mais "pessoal", inserindo mensagens no cabeçalho para os usuários logados. As mensagens serão personalizadas com o nome dos alunos e o número de cursos que ele já fez.

Uma maneira de fazer isso é colocar o código abaixo em cada um dos controllers:

```
Student student =
(Student) request.getSession().getAttribute("student");
if(student != null) {
    int courseCount =
        studentService.getCompletedCourses(student).size();

    modelMap.add("courseCount", courseCount);
    modelMap.add("studentName", student.getFirstName());
}
```

Isso colocaria o nome do estudante e o contador de cursos na requisição, dessa maneira, eles serão exibidos no header.jsp, assim:

```
Hello ${studentName}, you have completed ${courseCount} courses.
```

Mas para isso funcionar em todas páginas, você precisaria repetir o código de busca de estudante em todas as classes controladoras da aplicação. Existem opções para eliminar o código redundante, como colocar o código de busca do estudante, numa classe controladora ou em uma classe utilitária. Todas essas opções adicionam complexidade ao código, o que queremos evitar.

Uma característica única do Tiles é que cada componenete em uma página pode ter o seu próprio controlador. Este controller específico do Tiles não deve ser confundido com o controller do MVC do Spring. Os controllers dos componentes podem ser associados com os componentes do Tiles, assim, cada componente pode ter uma funcionalidade específica para aquele componente.

Para incluir uma mensagem pessoal em cada página da aplicação Spring Treinamentos, você precisará construir um controller para o componente header. HeaderTilesController (listagem 9.6) recebe o número de cursos que um estudante fez e insere essa informação no componente do contexto, a fim de mostrar no banner.

Listagem 9.6 Como pegar o contador de cursos usando um controller Tiles

```
public class HeaderTileController
        extends ComponentControllerSupport {
    protected void doPerform(ComponentContext componentContext,
        HttpServletRequest request, HttpServletResponse response)
        throws Exception {

    ApplicationContext context = getApplicationContext();      ◁ Pega o contexto de aplicação do Spring

    StudentService studentService =
        (StudentService) context.getBean("studentService");   ◁ Recupera o service bean student

    Student student =
        (Student) request.getSession().getAttribute("student");
```

```
int courseCount =
    studentService.getCompletedCourses(student).size();    Obtém o contador
                                                           de curso

componentContext.putAttribute("courseCount",
    new Integer(courseCount));
componentContext.putAttribute("studentname",
    student.getFirstName());
  }
}
```

HeaderTileController estende ComponentControllerSupport, uma extensão específica do Spring da classe ControllerSupport do Tiles. ComponentControllerSupport deixa o application context do Spring disponível, através do método getApplicationContext().

HeaderTileController faz uma chamada à getApplicationContext() e usa o application context para procurar uma referência do bean studentService, assim ele pode saber quantos cursos o estudante já fez. Uma vez que tenha a informação, ela é colocada nos componentes de contexto do Tiles, assim o componente header a apresenta na tela.

A única coisa que resta a fazer é associar este componente controller ao componente header. No arquivo training-defs.xml, extraia a definição do cabeçalho e sete o atributo controllerClass para apontar para o HeaderTileController:

```
<definition name=".header" page="/tiles/header.jsp"
      controllerClass="com.springinaction.training.
             ➥ tiles.HeaderTileController"/>
<definition name="template" page="/tiles/mainTemplate.jsp">
   <put name="title" value="Default title"/>
   <put name="header" value=".header"/>
   <put name="content" value="/tiles/defaultContentPage.jsp"/>
   <put name="footer" value="/tiles/footer.jsp"/>
</definition>
```

Agora como a página está construída, o Tiles usará HeaderTileController para setar a ordem de apresentação do componente header, no component context.

9.4 COMO GERAR UMA SAÍDA NÃO-HTML

Até agora, as views produzidas pela camada web da aplicação Spring Treinamentos foram baseadas em HTML. De fato, HTML é uma forma tradicional de apresentar informações na Web, mas HTML nem sempre se adequa tão bem à informação que está sendo apresentada.

Por exemplo, se os dados que você está apresentando têm um formato tabular, é preferível apresentá-los em forma de planilha de cálculo. Planilhas de cálculo também são bem úteis, se deseja permitir aos usuários manipular os dados que estão sendo apresentados.

Ou talvez você queira um controle preciso sobre como um documento é formatado. Formatar documentos HTML é virtualmente impossível, especialmente quando serão vistos em muitos browser diferentes. Mas o Portable Document Format (PDF) da Adobe tornou-se um padrão de produção de documentos de formatação preciso, que pode ser vistos em diferentes plataformas.

Planilhas de cálculo e PDFs são normalmente arquivos estáticos. Mas o Spring fornece classes view que permitem a criação dinâmica de planilhas e PDFs, baseadas em dados da aplicação.

Vamos explorar o suporte do Spring a views não HTML, começando pela geração dinâmica de planilhas Excel.

9.4.1 Como produzir planilhas Excel

Digamos que a diretora de cursos da Spring Treinamentos tenha lhe pedido para produzir um relatório em forma de planilha, que contenha todos os cursos, incluindo os números de alunos matriculados em cada curso. Isso vai acabar sendo um relatório que eles pedirão com freqüência. Então você decide automatizar a geração e colocar disponível na Web, assim eles podem ter os relatórios a qualquer hora que desejar.

Como você deve lembrar, nós já construímos um ListCourseController (listagem 8.1), que recebe uma lista de cursos e a envia para a view com o nome de courseList, para apresentação. No capítulo 8, assumimos que a view courseList era um JSP. Mas na verdade, não há nada na ListCourseController que associe um courseList com um JSP. Isso significa que tudo o que precisamos fazer é associar courseList com uma view que produza planilhas Excel.

Você está com sorte. O Spring vem com org.springframework.web.servlet.view.document.AbstractExcelView, uma implementação abstrata de View, que tem a finalidade de gerar planilhas Excel como views, no MVC do Spring. Tudo o que você precisa fazer é estender AbstractExcelView e implementar o método buildExcelDocument(). A Listagem 9.7 mostra CourseListExcelView, uma subclasse de AbstractExcelView, que gera uma lista de cursos em forma de planilha Excel.

Listagem 9.7 Uma view quer gerar uma lista de cursos em forma de planilha

```
public class CourseListExcelView extends AbstractExcelView {
    protected void buildExcelDocument(Map model, HSSFWorkbook wb,
        HttpServletRequest request, HttpServletResponse response)
        throws Exception {
```

```
Set courses = (Set) model.get("courses");   ◄──────  Obtém curses da model

HSSFSheet sheet = wb.createSheet("Courses");
HSSFRow header = sheet.createRow(0);
header.createCell((short)0).setCellValue("ID");
header.createCell((short)1).setCellValue("Name");
header.createCell((short)2).setCellValue("Instructor");
header.createCell((short)3).setCellValue("Start Date");
header.createCell((short)4).setCellValue("End Date");
header.createCell((short)5).setCellValue("Students");

HSSFCellStyle cellStyle = wb.createCellStyle();
cellStyle.setDataFormat(
   HSSFDataFormat.getBuiltinFormat("m/d/yy h:mm"));

int rowNum = 1;
for (Iterator iter = courses.iterator(); iter.hasNext();) {
   Course course = (Course) iter.next();

HSSFRow row = sheet.createRow(rowNum++);
row.createCell((short)0).setCellValue(
   course.getId().toString());
row.createCell((short)1).setCellValue(course.getName());
row.createCell((short)2).setCellValue(
   course.getInstructor().getLastName());
row.createCell((short)3).setCellValue(course.getStartDate());
row.getCell((short)3).setCellStyle(cellStyle);
row.createCell((short)4).setCellValue(course.getEndDate());
row.getCell((short)4).setCellStyle(cellStyle);
row.createCell((short)5).setCellValue(
   course.getStudents().size());
}

HSSFRow row = sheet.createRow(rowNum);
row.createCell((short)0).setCellValue("TOTAL:");
String formula = "SUM(F2:F"+rowNum+")";
row.createCell((short)5).setCellFormula(formula);
   }
}
```

AbstractExcelView é baseada no Jakarta POI (http://jakarta.apache.org/poi), uma API para geração de documentos suportados pelo Microsoft Office, incluindo planilhas Excel. O método buildExcelDocument() recebe um java.util.Map, que contém quaisquer objetos model necessários para construir a view e um HSSFWorkbook[2] vazio para colocar a planilha dentro.

---

[2] No caso de perguntar-se o significado de "HSSF" no nome da classe da POI, significa: "Horrible SpreadSheet Format".

CourseListExcelView começa recebendo um Set de objetos course do Map da model. Então, usa dados para construir a planilha.

Se você já usou servlets ou frameworks baseados em servlets para gerar planilhas (ou qualquer conteúdo não HTML), sabe que tem que setar o content type do response, assim, o browser saberá como apresentar o documento. Para planilhas Excel, você deve fazer assim:

```
response.setContentType("application/vnd.ms-excel");
```

Mas usando CourseListExcelView você não precisa se preocupar com isso. O construtor default de CourseListExcelView cuida disso por você.

A única coisa que falta fazer é associar CourseListExcelView com o nome lógico da view de courseList. A maneira mais simples de fazer isso é usar um BeanNameViewResolver (veja a seção 8.4.2) e declare o bean CourseListExcelView como tendo um courseList como seu id:

```
<bean id="courseList"
    class="com.springinaction.training.mvc.CourseListExcelView"/>
```

Outra maneira é usar um ResourceBundleViewResolver. Nesse caso, você deve associar CourseListExcelView com o nome lógico de courseList, colocando a seguinte linha no arquivo views.properties:

```
courseList.class=com.springinaction.training.mvc.CourseListExcelView
```

Lembre que não há nada em ListCourseController que especifique a geração de planilhas. O objeto View é inteiramente reponsável pela determinação do tipo de documento produzido. A Classe controller está completamente separada do mecanismo da view, que será usada para apresentar a saída. Isso é importante, pois significa que você poderia plugar um obejto View diferente, para gerar um tipo diferente de documento. Na verdade é isso que vamos fazer em seguida—associar uma View diferente a ListCourseController para gerar uma lista de cursos em PDF.

9.4.2 Como gerar documentos PDF

Suponha que ao invés de uma planilha Excel, você precise gerar arquivos PDF com a lista de cursos. Similar ao que você fez para gerar planilhas, a primeira coisa que precisa fazer é criar uma implementação de View que gere documentos PDF.

A classe org.springframework.web.servlet.view.document.AbstractPdfView do Spring é uma implementação abstrata de View, que suporta criação de arquivos PDF como views no MVC do Spring. Igualmente a AbstractExcelView, você vai ter que estender a classe AbstractPdfView e implementar o método buildPdfDocument().

CourseListPdfView (listagem 9.8) é uma subclasse de AbstractPdfView que gera um documento PDF, que possui uma tabela com a lista de cursos.

Listagem 9.8 Como gerar uma view de documento PDF

```
public class CourseListPdfView extends AbstractPdfView {
    protected void buildPdfDocument(Map model, Document pdfDoc,
            PdfWriter writer, HttpServletRequest request,
            HttpServletResponse response) throws Exception {

        Set courseList = (Set) model.get("courses");  ◄──── Obtém a lista de cursos

        Table courseTable = new Table(5);
        CourseTable.setWidth(90);
        courseTable.setBorderWidth(1);

        courseTable.addCell("ID");
        courseTable.addCell("Name");
        courseTable.addCell("Instructor");
        courseTable.addCell("Start Date");
        courseTable.addCell("EndDate");

        for (Iterator iter = courseList.iterator(); iter.hasNext();) {
            Course course = (Course) iter.next();

            courseTable.addCell(course.getId().toString());
            courseTable.addCell(course.getName());
            courseTable.addCell(course.getInstructor().getLastName());
            courseTable.addCell(course.getStartDate().toString());
            courseTable.addCell(course.getEndDate().toString());
        }

        pdfDoc.add(courseTable);  ◄───────── Adiciona uma tabela ao documento
    }
}
```

O método buildPdfDocument() é onde o documento PDF é criado. Dentre outros parâmetros, esse método recebe um java.util.Map e um com.lowagie.text.Document. Igualmente a buildExcelDocument() em AbstractExcelView, o Map passado para buildPdfDocument() contém dados que podem ser usados para gerar a view.

AbstractPdfView é baseada em iText, uma API para manipulação de documentos PDF. O objeto Document passado para buildPdfDocument() é um documento iText vazio, pronto para ser preenchido com conteúdo. (Para mais informações sobre o iText, visite a página do iText, http://www.lowagie.com/iText.)

Na classe CourseListPdfView, o método buildPdfDocument() inicia recuperando os cursos do Map da model. Então ela constrói uma tabela com um curso por linha. Um vez que a tabela esteja pronta, ela é adicionada a Document.

Da mesma maneira que AbstractExcelView, AbstractPdfView manipula a configuração do content type para você (nesse caso, o content type será setado para application/pdf).

Depois disso, você deve associar CourseListPdfView com um nome lógico da view de courseList. Da mesma forma que CourseListExcelView, você tem duas opções. A mais fácil seria usar um BeanNameViewResolver e declarar um bean CourseListPdfView no arquivo de configuração de contexto, como no exemplo:

```
<bean id="courseList"
   class="com.springinaction.training.mvc.CourseListPdfView"/>
```

Ou você poderia usar um ResourceBundleViewResolver, declarando a view em views.properties, como no exemplo:

```
courseList.class=com.springinaction.training.mvc.CourseListPdfView
```

COMO ALTERAR O TAMANDO DE PÁGINA

Por default, o objeto Document que é passado para o método buildPdfDocument() é configurado para o tamanho A4 (210 x 297mm), com orientação retrato. Mas você pode ter que mudar o tamanho e a orientação da página. Para isso, você deve reescrever o método getDocument() de AbstractPdfView para retornar um objeto Document a seu gosto.

Por exemplo, essa implementação de getDocument() retorna um objeto Document que tem um tamanho redefindo de página (216 x 356mm):

```
protected Document getDocument() {
    return new Document(PageSize.LEGAL);
}
```

Para trocar a orientação de página de retrato para paisagem, tudo o que você precisa fazer é chamar o método rotate() do objeto PageSize. Por exemplo, o seguinte código troca a orientação, de retrato para paisagem:

```
protected Document getDocument() {
    return new Document(PageSize.LEGAL.rotate());
}
```

Agora, você já sabe produzir documentos Excel e PDF com as ferramentas que vem com o Spring. Mas e se a aplicação precisar de um tipo diferente de arquivo, que não é suportado pelo Spring?

9.4.3 Como gerar arquivos não-HTML

Ambas AbstractExcelView e AbstractPdfView implementam a interface View. Mas se a planilha ou o PDF não é o que você precisa, nesse caso, você pode criar a sua própria implementação da interface View.

A interface View obriga que seja implementado um método, render(). Esse método tem a seguinte assinatura:

```
void render(Map model,
HttpServletRequest request,
  HttpServletResponse response) throws Exception;
```

Vamos supor que a sua aplicação produza, dinamicamente, gráficos no formato JPEG. Já que você vai criar muitos JPEGs diferentes, seria inteligente criar uma implementação abstrata de View, que encapsule todo o código comum, a todos que forem usar a views de renderização JPEG. A listagem 9.9 mostra AbstractJpegView, uma View abstrata de renderização JPEG que segue o mesmo estilo de AbstractPdfView e AbstractExcelView.

Listagem 9.9 Uma view abstrata para renderizar imagens JPEG

```
public abstract class AbstractJpegView implements View {
  public AbstractJpegView() {}

  public int getImageWidth() { return 100; }

  public int getImageHeight() { return 100; }

  protected int getImageType() {
    return BufferedImage.TYPE_INT_RGB;
  }

  public void render(Map model, HttpServletRequest request,
      HttpServletResponse response) throws Exception {

    response.setContentType("image/jpeg");     ◄────── Configura o content type

    BufferedImage image = new BufferedImage(   ◄────── Cria um buffer
      getImageWidth(), getImageHeight(), getImageType());    para a imagem

    buildImage(model, image, request, response); ◄────── Desenha a imagem

    ServletOutputStream out = response.getOutputStream();
    JPEGImageEncoder encoder = new JPEGImageEncoderImpl(out);   Encode
    encoder.encode(image);                                      JPEG
    out.flush();
  }
```

```
protected abstract void buildImage(Map model, BufferedImage image,
    HttpServletRequest request, HttpServletResponse response)
    throws Exception;
}
```

Para usar uma AbstractJpegView, você precisa estendê-la e implementar o método buildImage(). Por exemplo, se você quer apenas desenhar um círculo, então CircleJpegView (listagem 9.10) fará o serviço.

Listagem 9.10 Uma view para desenhar um círculo

```
public class CircleJpegView extends AbstractJpegView {
    public CircleJpegView() {}

    protected void buildImage(Map model, BufferedImage image,
        HttpServletRequest request, HttpServletResponse response)
        throws Exception {

        Graphics g = image.getGraphics();
        g.drawOval(0,0,getImageWidth(), getImageHeight());   ◀—— Desenha
    }                                                              um círculo
}
```

Deixaremos para você encontrar as imagens interessantes, a fim de serem desenhadas, estendendo AbstractJpegView. Talvez CircleJpegView possa lhe dar um bom empurrão, caso haja a necessidade de desenhar um gráfico do tipo pizza.

9.5 RESUMO

Embora JSP seja a escolha mais provável para gerar views numa aplicação MVC do Spring, não é a única opção. Ao trocar os view resolvers e implementações de view, sua aplicação pode produzir páginas web usando tecnologias de camadas de visualização alternativas, mesmo que a saída não seja HTML.

Nesse capítulo, você aprendeu como susbtituir o JSP pelo Velocity ou pelo FreeMarker nas suas aplicações MVC, usando Spring. De forma similar, você viu como integrar o Jakarta Tiles na sua aplicação Spring MVC, para deixar a apresentação da aplicação visualmente mais agradável.

Por fim, você viu como criar uma implementação customizada de view, para produzir dinamicamente arquivos binários, como: planilhas Excel, documentos PDF e imagens.

Esse capítulo ofereceu muitas opções para a camada de visualização da sua aplicação, todavia, tudo o que você viu funciona dentro do MVC do Spring. Mas e quanto aos outros frameworks MVC ? No próximo capítulo, vamos aumentar nosso conjunto de opções para incluir outro frameworks MVC, assim você pode usar o Spring com o framework MVC de sua preferência.

Capítulo 10

Como trabalhar com outros frameworks

Este capítulo cobre:

- Uso do Spring com Jakarta Struts
- Integração com Tapestry
- Como trabalhar com JavaServer Faces
- Integração com WebWork

Até agora partimos do princípio que você usará o MVC do Spring para gerenciar a camada web de sua aplicação. Enquanto acreditamos que o MVC do Spring é uma boa escolha, pode haver razões para que você prefira outro framework. Talvez já tenha investido bastante em outro framework MVC e não esteja preparado para abandonar esse framework com o qual já está familiarizado. Entetanto, você pode querer usar o Spring nas outras camadas, que não a MVC de sua aplicação, para tirar proveito de seu suporte para transações declarativas - AOP, e da sua inversão de controle - IoC.

Se não estiver bem preparado para converter-se para o MVC do Spring, então certamente terá uma grande seleção de outros frameworks para escolher. Além de você postar sua dúvida no fórum do JavaFree.org na parte de Arquitetura e Frameworks, há um blog[1] que lista mais de 50 outros frameworks! Nós não temos nem espaço, nem a inclinação de mostrar-lhes como integrar o Spring com todos eles. Mas lhe mostraremos como integrar o Spring em alguns dos frameworks de MVC mais populares, incluindo o Tapestry e o JavaServer Faces. Comecemos então, com um dos mais populares frameworks MVC, o Jakarta Struts.

10.1 COMO TRABALHAR COM O JAKARTA STRUTS

Apesar da infinidade de opções de frameworks MVC (baseados em Java), o Jakarta Struts é ainda o mais popular de todos. Tudo começou em maio de 2000, quando Craig McClanahan lançou o projeto para criar um framework MVC padrão para a comunidade Java. Em julho de 2001, o Struts 1.0 foi lançado e estabeleceu uma etapa no desenvolvimento web em Java, para milhares de projetos.

Suponha que você tenha criado a aplicação Spring Training usando Struts na camada web. Se esse fosse o caso, você teria criado ListCourseAction (listagem 10.1), ao invés de ListCourseController.

Listagem 10.1 Uma action do Struts que lista cursos

```
public class ListCourseAction extends Action {
    private CourseService courseService;

    public ActionForward execute(
    ActionMapping mapping,
    ActionForm form,
    HttpServletRequest request,
    HttpServletResponse response) throws Exception {

    Set allCourses = courseService.getAllCourses();
```

---

[1] http://www.manageability.org/blog/stuff/how-many-java-web-frameworks/view

```
    request.setAttribute("courses", allCourses);

    return mapping.findForward("courseList");
  }
}
```

Da mesma maneira que ListCourseController, esta action usa um CourseService para obter uma lista de todos os cursos. O que está faltando na listagem 10.1 é a parte que informa de onde vem CourseService. Como uma ação do Struts pode obter referências a beans, que estão contidos num contexto do Spring?

O Spring oferece dois tipos de integração com o Struts, que respondem esta pergunta:

1   A criação de actions do Struts que estendem uma classe relacionada com Spring.

2   A delegação de requisições para actions do Struts que são gerenciadas como beans do Spring.

Você aprenderá a usar cada uma destas estratégias de integração com o Struts, nas seções seguintes. Mas, independente de qual abordagem você utilizar, haverá um pouco de configuração que você precisará fazer: informar ao Struts sobre seu contexto do Spring.

10.1.1 Como registrar o plug-in do Spring

Para que o Struts tenha acesso aos beans gerenciados pelo Spring, você precisará registrar um plug-in do Struts que esteja relacionado com o contexto de aplicação do Spring. Acrescente o seguinte código ao seu struts-config.xml, para registrar o plug-in:

```
<plug-in
    className="org.springframework.web.struts.ContextLoaderPlugIn">
  <set-property property="contextConfigLocation"
    value="/WEB-INF/training-servlet.xml,/WEB-INF/..."/>
</plug-in>
```

ContextLoaderPlugIn carrega um contexto de aplicação do Spring (um WebApplicationContext, para ser mais específico), usando os arquivos de configuração de contexto listados (separados por vírgula) em sua propriedade: contextConfigLocation.

Agora que o plug-in está no lugar certo, você já pode escolher uma estratégia de integração. Vejamos primeiro como criar actions do Struts, que estejam relacionadas com o contexto de aplicação do Spring.

10.1.2 Como implementar actions do Struts relacionadas com o Spring

Uma maneira de integrar o Struts e o Spring é criar todas as suas classes actions do Struts, de forma que estendam uma classe básica comum, que tenha acesso ao contexto de aplicação do Spring.

A boa notícia é que você não terá que criar esta classe action básica relacionada com o Spring, porque o Spring já vem com org.springframework.web.struts.ActionSupport, uma implementação abstrata de org.apache.struts.action.Action que sobrescreve o método setServlet() para recuperar WebApplicationContext, a partir de ContextLoaderPlugIn. Então, sempre que sua action precisar acessar um bean do contexto de aplicação do Spring, ele só precisa chamar o método getBean().

Por exemplo, considere a versão atualizada de ListCourseAction, na listagem 10.2. Esta versão estende ActionSupport de forma que ela tenha acesso ao contexto de aplicação do Spring.

Listagem 10.2 Uma action Struts que lista cursos

```
public class ListCourseAction extends ActionSupport {
    public ActionForward execute(
            ActionMapping mapping,
            ActionForm form,
            HttpServletRequest request,
            HttpServletResponse response) throws Exception {

        ApplicationContext context =
            getWebApplicationContext();     ◄─── Obtém o contexto do Spring

        CourseService courseService =                    Obtém o bean
            (CourseService) context.getBean("courseService");   courseService

        Set allCourses = courseService.getAllCourses();

        request.setAttribute("courses", allCourses);

        return mapping.findForward("courseList");
    }
}
```

Quando ListCourseAction precisar de um CourseService, ele começará chamando getWebApplicationContext() para obter uma referência ao contexto de aplicação do Spring. Então, ele chama o método getBean() para recuperar uma referência ao bean courseService, gerenciado pelo Spring.

O bom de usar esta abordagem na integração do Struts com o Spring, é que é ela muito intuitiva. Além de poder estender ActionSupport e recuperar beans do contexto da aplicação, você poderá criar e configurar suas actions do Struts de uma forma bastante parecida como a que faria numa aplicação Struts, sem o Spring.

Mas esta abordagem também tem seu lado negativo. Mais especificamente, suas classes actions usarão diretamente classes específicas do Spring. Isso acoplará fortemente seu código das actions do Struts com o Spring, o que pode não ser desejável.

Também, a classe action é responsável por procurar referências a beans gerenciadas pelo Spring. Esta é uma oposição direta à noção da inversão de controle (IoC).

Por essaÿ razões, há uma outra maneira de integrar o Struts com o Spring, que lhe permitirá criar classes actions do Struts, que não estão cientes da sua integração com o Spring. Você poderá usar o suporte da IoC do Spring para injetar beans de serviço em suas actions, de forma que eles não tenham que observarem a si mesmos.

10.1.3 Como delegar actions

Outra abordagem para a integração do Struts com o Spring é a criação de uma action do Struts, que não seja nada além de um proxy para a action do Struts real que está contida no contexto de aplicação do Spring. A action proxy irá recuperar o contexto de aplicação do ContextLoaderPlugIn, procurar as actions reais do Struts a partir deste contexto e então, delegar responsabilidade à action real do Struts.

Uma coisa agradável sobre esta abordagem é que a única action que faz algo específico do Spring é a action proxy. As actions reais podem ser criadas como simples subclasses de org.apache.struts.Action. A listagem 10.3 mostra ainda uma outra versão de ListCourseAction, que é implementada como uma simples action do Struts, não ciente do Spring.

Listagam 10.3 Uma action do Struts que lista cursos

```
public class ListCourseAction extends Action {
        public ActionForward execute(
        ActionMapping mapping,
        ActionForm form,
        HttpServletRequest request,
        HttpServletResponse response) throws Exception {

    Set allCourses = courseService.getAllCourses();

    request.setAttribute("courses", allCourses);

    return mapping.findForward("courseList");
    }

    private CourseService courseService;
    public void setCourseService(CourseService courseService) {      Injeta
        this.courseService = courseService;                          CourseService

    }
}
```

Neste momento, você registraria esta action do Struts, em struts-config.xml. Mas ao invés disso, vamos registrar a action proxy. Felizmente, você não terá que criar a action proxy, pois o Spring lhe proverá uma para você na classe org.springframework.web.struts. DelegatingActionProxy. Tudo o que você precisar fazer é setar esta action no struts-config.xml::

```
<action path="/listCourses"
    type="org.springframework.web.struts.DelegatingActionProxy"/>
```

Mas e ListCourseAction? Onde ele é registrado?

COMO ASSOCIAR ACTIONS COMO BEANS DO SPRING

Estranhamente, você não precisa registrar ListCourseAction no struts-config.xml. Ao contrário, você o registrará como um bean em seu arquivo de configuração de contexto do Spring:

```
<bean name="/listCourses"
        class="com.springinaction.training.struts.ListCourseAction">
    <property name="courseService">
        <ref bean="courseService"/>
    </property>
</bean>
```

Aqui, o bean é nomeado ao usar o atributo name, ao invés do atributo id. Isso é devido o XML colocar restrições, em qual caractere poderá aparecer em um atributo id e a barra (/) é inválida. O valor do atributo name é muito importante. Tem que se adequar, exatamente, ao atributo path de <action> no struts-config.xml. Isso porque DelegatingActionProxy usará o valor do atrituto path para localizar a action real no contexto do Spring. (Isto é reminiscente de como você nomearia beans usando BeanNameUrlHandlerMapping; vide capítulo 8).

Você deve ter notado que ListCourseAction obtém uma referência a um CourseService, através de uma injeção por setter. Até onde se sabe do Spring, ele é somente um outro bean. Portanto, você pode usar a IoC do Spring para associar beans de serviço, na action do Struts.

O benefício de usar DelegatingActionProxy é que você poderá criar actions do Struts que não utilizem nenhuma classe específica do Spring. Além disso, suas actions do Struts poderão tirar proveito da IoC, para obterem referências a seus objetos colaboradores.

A única coisa ruim sobre esta abordagem é que ela não é inteiramente intuitiva. Um olhar rápido sobre o arquivo struts-config.xml poderá confundir alguém, que não está acostumado a esta abordagem, pois parecerá que todos os caminhos são mapeados para a mesma classe action (na realidade, eles são).

COMO UTILIZAR DELEGAÇÃO DE REQUISIÇÕES

Para tornar a delegação de uma action levemente mais intuiva, o Spring oferece DelegatingRequestProcessor , um processador de requisições substituto para o Spring. Para usá-lo, coloque o seguinte em seu struts-config.xml:

```
<controller processorClass=
    "org.springframework.web.struts.DelegatingRequestProcessor"/>
```

Ou, se você estiver usando o Tiles com o Struts:

```
<controller processorClass="org.springframework.web.
    struts.DelegatingTilesRequestProcessor"/>
```

DelegatingRequestProcessor (ou o DelegatingTilesRequestProcessor) informa ao Struts para delegar, automaticamente, requisições a actions para as actions do struts, num contexto do Spring. Isto lhe permitirá declarar suas actions do Struts no struts-config.xml, com seus tipos reais. Por exemplo:

```
<action path="/listCourses"
    type="com.springinaction.training.struts.ListCourseAction"/>
```

Quando uma requisição é recebida para /listCourses, DelegatingRequestProcessor irá automaticamente referir-se ao contexto de aplicação do Spring, procurando por um bean denominado /listCourses (que é uma classe action do Struts).

Como se mostra, o atributo type é completamente ignorado. Isso significa que você pode declarar suas actions do Struts, como segue:

```
<action path="/listCourses"/>
```

Embora seja opcional, você ainda pode escolher setar o atributo type de forma que fique claro, qual ação está sendo mapeada no caminho.

O Struts estava entre os primeiros frameworks MVC para Java, e estabeleceu a etapa para muitos dos frameworks que o seguiram. Mas, foi só o começo.

10.2 COMO TRABALHAR COM O TAPESTRY

Tapestry é um outro framework MVC para a plataforma Java, que se une a muitos que virão. Uma das características mais atraentes do Tapestry, é que ele utiliza HTML simples como sua linguagem de template.

Enquanto isso, pode parecer peculiar que Tapestry utilize uma linguagem de marcação estática, a fim de conduzir um conteúdo criado dinamicamente; isso é de fato uma abordagem muito prática. Os componentes do Tapestry são posicionados dentro de uma página HTML, usando qualquer tag HTML que quiser. (<span> é frequentemente a tag escolhida para componentes Tapestry). É dado a tag HTML um atributo jwcid, que referencia uma definição de componente Tapestry. Por exemplo, considere a página Tapestry seguinte:

```html
<html>
  <head><title>Simple page</title></head>
  <body>
    <h2><span jwcid="simpleHeader">Simple header</span></h2>
  </body>
</html>
```

Quando o Tapestry observar o atributo jwcid, ele substituirá a tag <span> (e seu conteúdo) com o HTML produzido pelo componente simpleHeader. O bom dessa abordagem é que os designers de página e os desenvolvedores Tapestry poderão, facilmente, entender este modelo HTML. E até mesmo sem ser processado pelo engine do Tapestry, ele carregará este modelo para dentro de qualquer ferramenta de design de HMTL ou browser.

Nesta seção, iremos substituir o engine padrão do Tapestry por um engine relacionado com o Spring, de forma que as páginas e componentes do Tapestry tenham acesso a beans de serviço, que são gerenciados pelo Spring. Partiremos do princípio que você já está familiarizado com o Tapestry. Caso precise aprender um pouco mais sobre o Tapestry, recomendamos o livro *Tapestry in Action*, de Howard Lewis Ship (o criador do Tapestry).

10.2.1 Como substituir o engine do Tapestry

O engine do Tapestry mantém um objeto (conhecido como global), que é um container simples para qualquer objeto que você queira compartilhar, entre todas as sessões do Tapestry. Ele é um java.util.HashMap, por padrão.

A estratégia fundamental por trás da integração do Tapestry com o Spring, está em carregar um contexto de aplicação do Spring no objeto global do Tapestry. Uma vez em global, todas as páginas poderão ter acesso aos beans gerenciados pelo Spring, recuperando o contexto a partir de global e chamando getBean().

Para carregar um contexto de aplicação do Spring no objeto global do Tapestry, você precisará substituir o engine padrão do Tapestry (org.apache.tapestry.engine.BaseEngine) por um engine customizado. Infelizmente, a versão mais recente do Spring que estava disponível enquanto escrevíamos este livro, não vem com um engine do Tapestry para substituição. Isto fica a seu critério criá-lo (embora isso seja virtualmente o mesmo, para qualquer aplicação hibrida Spring/Tapestry).

SpringTapestryEngine (listagem 10.4) estende BaseEngine para carregar um contexto de aplicação do Spring na propriedade global do Tapestry.

Listagem 10.4 Um engine de substituição do Tapestry que carrega um contexto Spring em global

```java
package com.springinaction.tapestry;

import javax.servlet.ServletContext;
import org.apache.tapestry.engine.BaseEngine;
import org.apache.tapestry.request.RequestContext;
```

```
import org.springframework.context.ApplicationContext;
import org.springframework.web.context.support.
        ↪ WebApplicationContextUtils;

public class SpringTapestryEngine extends BaseEngine {
    private static final String SPRING_CONTEXT_KEY = "springContext";

protected void setupForRequest(RequestContext context) {
    super.setupForRequest(context);

    Map global = (Map) getGlobal();

    ApplicationContext appContext =
        (ApplicationContext)
        global.get(SPRING_CONTEXT_KEY);     ◄──── Verifica o contexto do Spring

    if (appContext == null) {
        ServletContext servletContext =
            context.getServlet().getServletContext();
        appContext = WebApplicationContextUtils.         Carrega o
            getWebApplicationContext(servletContext);    contexto

        global.put(SPRING_CONTEXT_KEY, appContext);
    }
  }
}
```

Primeiro, o SpringTapestryEngine confere global para ver se o contexto do Spring já foi carregado. Nesse caso, não há nada a fazer. Mas se global ainda não tem uma referência ao contexto de aplicação do Spring, ele usará WebApplicationContextUtils para recuperar um contexto de aplicação web. Então ele coloca o contexto de aplicação em global, para uso posterior.

Pelo fato de SpringTapestryEngine usar WebApplicationContextUtils para procurar pelo contexto de aplicação, você precisará assegurar-se de carregar esse contexto no contexto servlet de sua aplicação web, usando tanto ContextLoaderServlet quanto ContextLoaderListener. O seguinte bloco <listener> em web.xml usa ContextLoaderListener para carregar o contexto de aplicação:

```
<listener>
    <listener-class>org.springframework.web.
        ↪ context.ContextLoaderListener</listener-class>
</listener>
```

Note que há uma limitação de SpringTapestryEngine, quando ele é utilizado. Ele assume que o objeto global é um objeto java.util.Map.

Isso geralmente não é um problema, à medida que o objeto global padrão do Tapestry já é por definição, um java.util.HashMap. Mas se sua aplicação mudar isso, setando a propriedade org.apache.tapestry.globalclass, SpringTapestryEngine também precisará mudar para adaptar-se a ela.

A última coisa a fazer é substituir o engine padrão do Tapestry por SpringTapestryEngine. Isto é realizado configurando o atributo engine-class de sua aplicação Tapestry:

```
<application name="Spring Training"
    engine-class="com.springinaction.tapestry.SpringTapestryEngine">
...
</application>
```

Neste ponto, o contexto de aplicação do Spring está disponível no objeto global do Tapestry, pronto para ser usado e dispensar beans de serviço gerenciados pelo Spring. Daremos uma olhada em como associar estes beans de serviço, numa especificação de página do Tapestry.

10.2.2 Como carregar beans do Spring em páginas do Tapestry

Suponha que você está implementando a página de detalhes de cursos, do Spring Training, como uma página do Tapestry. Ao fazer isso, você criaria um arquivo de especificação de página, para a página de detalhes de cursos e uma classe de especificação de página, que execute a lógica por trás da página.

A classe de especificação de página precisará recuperar informações dos cursos, usando o bean courseService do Spring. A listagem 10.5 mostra um exemplo de CourseDetailPage.

Listagem 10.5 Uma página de detelhaes de curso, à la Tapestry

```
public abstract class CourseDetailPage extends BasePage {
    public abstract CourseService getCourseService();

    private Course course;
    public Course getCourse() { return course; }

    public void displayCourse(int courseId, IRequestCycle cycle) {
        CourseService courseService = getCourseService();

        course = courseService.getCourse(courseId);   ◀——— Procura o curso

        cycle.activate(this);   ◀——— Torna a página corrente

    }
}
```

Quando o método displayCourse() é chamado (talvez como o resultado de clicar num link da página de listagem de cursos), ele chama primeiro o método getCourseService() para recuperar uma referência ao bean courseService. Então, ele utiliza o objeto CourseService para recuperar um objeto Course.

A grande questão é, de onde vem CourseService? O método getCourseService() é abstract, então, algo deve implementar este método. Mas como isso acontece?

O arquivo de especificação da página esclarece um pouco isso:

```
<page-specification
    class="com.springinaction.training.tapestry.CourseDetailPage">
    <property-specification name="courseService"
        type="com.springinaction.training.service.CourseService">
    global.springContext.getBean("courseService")
    </property-specification>
...
</page-specification>
```

Aqui o elemento <property-specification> executa um tipo de injeção. Quando o Tapestry carrega a aplicação, ele estenderá CourseDetailPage, implementando o método getCourseService() para recuperar o bean courseService do contexto de aplicação do Spring (que foi colocado no objeto global do Tapestry por SpringTapestryEngine).

Para completar a história da página de detalhes de cursos, o exemplo seguinte de courseDetail.html mostra como o template utiliza a Object Graph Navigation Language (OGNL), para exibir informações de cursos a partir do objeto Course:

```
<h2><span jwcid="@Insert" value="ognl:course.name">
    Some Course
</span></h2>
<b>ID: </b>
    <span jwcid="@Insert" value="ognl:course.id">00000</span>
<br>
<b>Instructor: </b>
    <span jwcid="@Insert"
    value="ognl:course.instructor.firstName + ' ' +
                course.instructor.lastName">
    Jim Smith
    </span><br>
<b>Starts: </b>
    <span jwcid="@Insert" value="ognl:course.startDate">
    Start Date
    </span><br>
<b>Ends: </b>
    <span jwcid="@Insert" value="ognl:course.endDate">
    End Date
    </span><br><br>
<span jwcid="@Insert" value="ognl:course.description">
    Description
</span>
```

Embora este exemplo mostre como usar beans do Spring, a partir de uma especificação de página do Tapestry, a mesma técnica pode ser aplicada a uma especificação de componente do Tapestry.

O Tapestry agrupa uma imensa seqüência, em grande parte devido ao uso do HTML como uma linguagem de template e sua abordagem dirigida a evento, para gerenciar a interação entre a interface de usuário e a aplicação. Uma outra abordagem para MVC dirigida ao evento é encontrada na especificação JavaServer Faces. O último framework MVC que integraremos como o Spring, será o JavaSever Faces.

10.3 Como integrar com JavaServer Faces

JavaServes Faces (JSF) pode ser um "calouro" no mundo dos frameworks web Java, mas ele tem uma longa história. Anunciado pela primeira vez no JavaOne, em 2001, a especificação JSF fez grandes promessas de estender a natureza dirigida a componente das interfaces de usuário Swing e AWT, para frameworks web. O time JSF não produziu virtualmente nenhum resultado por um bom tempo, levando alguns (nos incluímos) a acreditar que era só fogo de palha. Então em 2002, Craig McClanahan (o criador original do Jakarta Struts) juntou-se ao time JSF, como lider de especificação e tudo mudou desde então.

Após uma longa espera, a especificação 1.0 do JSF foi lançada em fevereiro de 2004, sendo rapidamente seguida pela especificação de manutenção 1.1, em maio de 2004. Neste período, o JSF já havia passado por muitos momentos e já chamava a atenção dos desenvolvedores Java.

Em resumo, a integração do JSF com o Spring torna os beans gerenciados pelo Spring visíveis como variáveis para o JSF (como se os beans do Spring fossem configurados como beans gerenciados pelo JSP). Partiremos do princípio que você já está familiarizado com o JSF. Se você quiser saber mais sobre o JSF, recomendamos que dêem uma olhada no *JavaServer Faces em Ação,* de Kito D. Mann (Manning, 2004).

10.3.1 Como resolver variáveis

Imagine que muito tempo, antes de você ouvir falar do Spring, você já tivesse desenvolvido a aplicação Spring Treinamentos, usando JSF para desenvolver a camada web. Como parte da aplicação, você criou um formulário que é usado para inscrever alunos novos.

O exemplo seguinte JSF do arquivo registerStudent.jsp mostra como o JSF liga um objeto Student aos campos, no formulário:

```
<h:form>
    <h2>Create Student</h2>
    <h:panelGrid columns="2">
        <f:verbatim><b>Login:</b></f:verbatim>
        <h:inputText value="#{student.login}" required="true"/>
```

```
<f:verbatim><b>Password:</b></f:verbatim>
<h:inputText value="#{student.password}" required="true"/>

<f:verbatim><b>First Name:</b></f:verbatim>
<h:inputText value="#{student.firstName}" required="true"/>

<f:verbatim><b>Last Name:</b></f:verbatim>
<h:inputText value="#{student.lastName}" required="true"/>
...
  </h:panelGrid>
  <h:commandButton id="submit" action="#{student.enroll}"
      value="Enroll Student"/>
</h:form>
```

Note que o parâmetro action do <h:commandButton> é setado para #{student.enroll}. Ao contrário de muitos outros frameworks MVC (incluindo o MVC do Spring), o JSF não utiliza um objeto controlador separado para processar submissões de formulário. Ao invés disso, o JSF passa o controle a um método no bean modelo. Neste caso, quando o formulário for submetido, o JSF chamará o método enroll() do bean student para processá-lo. O método enroll() é definido como segue:

```
public String enroll() {
   try {
      studentService.enrollStudent(this);
   } catch (Exception e) {
      return "error";
   }

   return "success";
}
```

Para manter o bean Student o mais simples possível, o método enroll(), simplesmente, delega a responsabilidade ao método enrollStudent() de um bean StudentService. Então, onde a propriedade StudentService é setada?

Para descobrir a resposta a esta pergunta, considere a seguinte declaração do bean student, em face-config.xml:

```
<managed-bean>
   <managed-bean-name>student</managed-bean-name>
   <managed-bean-class>
      com.springinaction.training.model.Student
   </managed-bean-class>
   <managed-bean-scope>request</managed-bean-scope>
   <managed-property>
      <property-name>studentService</property-name>
      <value>#{studentService}</value>
   </managed-property>
</managed-bean>
```

Aqui, o bean student é declarado como um bean gerenciado pelo JSF no escopo de requisição. Mas note o elemento <managed-property>. O JSF fornece suporte a uma implementação simples de injeção por setter. #{studentService} indica que a propriedade studentService está recebendo uma referência de um bean denominado studentService.

Assim, como o bean studentService, você irá declará-lo como um bean gerenciado pelo JSF, como segue:

```
<managed-bean>
   <managed-bean-name>studentService</managed-bean-name>
   <managed-bean-class>
      com.springinaction.training.service.StudentServiceImpl
   </managed-bean-class>
   <managed-bean-scope>session</managed-bean-scope>
   <managed-property>
      <property-name>studentDao</property-name>
      <value>#{studentDao}</value>
   </managed-property>
</managed-bean>
```

A injeção de dependência é empregada novamente no bean studentService, associando um bean studentDao à propriedade studentDao de studentService. E se você tivesse que examinar a declaração do bean studentDao, descobriria que ela é injetada com um javax.sql.DataSource, que também é declarado como um bean gerenciado pelo JSF.

Vendo como o JSF oferece suporte à injeção de dependência, você pode se perguntar por que desejaria integrar o Spring em sua aplicação JSF. É verdade que o suporte do JSF para injeção por setter não é muito diferente daquela do Spring. Mas, lembre-se que o Spring oferece mais do que uma simples IoC. Particularmente, o suporte de transação declarativo do Spring pode vir a ser muito útil, com o bean studentService.

Além disso, apesar do JSF ser um framework da camada de apresentação, você estará declarando componentes das camadas de serviço e acesso de dados, em seu arquivo de configuração. Isto parece um pouco impróprio e seria melhor separar as camadas, permitindo ao JSF, controlar os assuntos da apresentação e ao Spring, controlar o resto.

COMO RESOLVER BEANS DO SPRING

O JSF utiliza um resolvedor de variável para localizar beans que são gerenciados dentro da aplicação JSF. O projeto JSF-Spring (um projeto separado do Spring) oferece um substituto para o resolvedor de variável, FacesSpringVariableResolver, que resolve variáveis tanto de faces-config.xml quanto de um contexto de aplicação do Spring. Você pode fazer o download do pacote de integração do Spring com JSF, a partir do site do projeto http://jsf-spring.souceforge.net. Nós usaremos a versão 2.5 de JSF-Spring, para desenvolver a versão JSF da aplicação Spring Treinamentos.

Para substituir o resolvedor de variável padrão por FacesSpringVariableResolver, coloque o seguinte elemento <variable-resolver> no bloco <application> de face-config.xml, como segue:

```
<application>
    ...
    <variable-resolver>
        de.mindmatters.faces.spring.FacesSpringVariableResolver
    </variable-resolver>
</application>
```

Para FacesSpringVariableResolver solucionar beans gerenciados pelo Spring, ele também precisará de um ContextLoaderListener configurado no arquivo web.xml de sua aplicação, para carregar o contexto de aplicação do Spring:

```
<listener>
    <listener-class>org.springframework.web.
    ➥ context.ContextLoaderListener</listener-class>
</listener>
```

Por padrão, ContextLoaderListener irá carregar o arquivo de configuração de contexto do Spring, a partir de /WEB-INF/applicationContext.xml. Se você tiver seu contexto Spring definido num arquivo diferente, talvez /WEB-INF/applicationContext-hibernate.xml, então desejará acrescentar o seguinte parâmetro de contexto servlet, ao web.xml:

```
<context-param>
    <param-name>contextConfigLocation</param-name>
    <param-value>/WEB-INF/applicationContext-hibernate.xml</param-value>
</context-param>
```

Com FacesSpringVariableResolver no lugar e o contexto da aplicação carregado, você está pronto para associar seus beans da camada de acesso de dados e de serviço no Spring.

COMO UTILIZAR BEANS DO SPRING

FacesSpringVariableResolver torna a declaração de beans gerenciados pelo Spring transparente no JSF. Para ilustrar isso, lembre-se que o bean student é injetado com uma referência ao bean studentService, com a seguinte declaração <managed-property> em faces-config.xml:

```
<managed-property>
    <property-name>studentService</property-name>
    <value>#{studentService}</value>
</managed-property>
```

Embora o bean studentService vá residir em um contexto do Spring, nada precisará ser mudado, sobre a declaração existente do bean student.

Quando chegar a hora de injetar a propriedade studentService do bean student, será pedido para FacesSpringVariableResolver a referência para o bean studentService. FacesSpringVariableResolver procurará primeiramente pelo bean, na configuração JSF. Quando não conseguir achá-lo, aí sim, ele irá procurá-lo no contexto de aplicação do Spring.

Mas ele achará somente o bean studentService no contexto do Spring, se declará-lo lá. Então, em vez de registrá-lo como um <managed-bean> em faces-config.xml, coloque-o no arquivo de definição de contexto do Spring, como segue:

```
<bean id="studentService"
    class="com.springinaction.training.service.StudentServiceImpl">
    <constructor-arg><ref bean="studentDao"/></constructor-arg>
</bean>
```

Note que esta declaração studentService não é diferente de como seria declarada em uma aplicação que use o MVC do Spring. Na realidade, da camada de serviço para a camada de acesso a dados, você irá declarar seus beans de aplicação no contexto de aplicação do Spring, exatamente da mesma forma que os declararia, caso sua aplicação fosse cliente usando o MVC do Spring. FacesSpringVariableResolver os achará como se eles fossem parte da configuração do JSF.

Resolver beans do Spring como variáveis do JSF é a parte fundamental da integração do JSF com o Spring.

10.3.2 Como publicar request handled events

Às vezes é necessário para sua aplicação, saber quando uma requisição servlet foi tratada. Talvez algum pós-processamento precise acontecer ou você tenha que realizar alguma limpeza quando a requisição estiver completa.

Numa aplicação MVC do Spring, DispatcherServlet publica um RequestHandledEvent, depois que a requisição foi tratada. Qualquer bean que implemente a interface ApplicationListener terá uma chance de reagir a este evento.

Por exemplo, uma destas migalhas de informações contidas em um RequestHandledEvent é o tempo que leva para o pedido ser processado (em milisegundos). O Spring vem com PerformanceMonitorListener, um bean que escuta o RequestHandledEvent e loga o tempo de processamento da requisição.

```
<bean id="performanceListener" class="org.springframework.
    web.context.support.PerformanceMonitorListener"/>
```

Sua aplicação também pode ter beans customizados que implementem ActionListener. Eles, também receberão um RequestHandledEvent, sempre que uma requisição servlet for completada.

Mas isso é o que acontece caso a camada web de sua aplicação esteja baseada no MVC, do Spring. Se você estiver usando o JSF, a implementação do JSF não saberá fazer uso do RequestHandledEvent.

Como poderá ter certeza que um RequestHandledEvent foi publicado, se sua aplicação utilizar o JSF?

O projeto JSF-Spring vem com um RequestHandledFilter, um filtro servlet que publica um RequestHandledEvent por você, uma vez que a requisição for completada. Tudo o que você precisa fazer é registrar esse filtro em web.xml:

```
<filter>
  <filter-name>RequestHandledFilter</filter-name>
  <filter-class>de.mindmatters.faces.
    ↦ spring.RequestHandledFilter</filter-class>?
</filter>
<filter-mapping>
  <filter-name>RequestHandledFilter</filter-name>
  <servlet-name>FacesServlet</servlet-name>
</filter-mapping>
```

Aqui, o <filter-mapping> é configurado para filtrar todas as requisições para

FacesServlet (presumindo ser o servlet do JSF), de forma que todas as requisições do JSF terminem com um RequestHandledEvent sendo publicado. Você poderá escolher configurar um filtro com um <url-pattern>, ao invés de <servlet-name>. Por exemplo:

```
<filter-mapping>
  <filter-name>RequestHandledFilter</filter-name>
  <url-pattern>/faces/registerStudent.jsp</url-pattern>
</filter-mapping>
```

Aqui, o foco do filtro é apertado para uma requisição em particular. Somente as requisições à página de inscrição dos alunos lançarão um RequestHandledEvent.

Você deveria notar que a maioria das aplicações não irá requerer uma notificação dos RequestHandledEvents. À menos que a sua aplicação inclua beans que sejam ApplicationListeners e estejam interessados no RequestHandledEvent, você não precisará acrescentar RequestHandledFilter à web.xml.

10.4 Como integrar com o WebWork

O WebWork é um framework web open source da Open Symphony e está sendo considerado um dos mais populares. Apesar do seu nome, o WebWork é na verdade um framework de invocação de serviço, que não é específico só às aplicações web. Em sua forma mais simples, o WebWork é baseado em actions de propósitos gerais. Essas actions processam requisições e então retornam um String, que indica o próximo passo no processo da requisição. Este poderia ser uma outra action ou uma view. Entretanto, nada disso é específico de web.

Porém, para nossos propósitos, iremos discutir sobre o WebWork, no contexto das aplicações web. Na verdade, discutiremos duas versões diferentes do WebWork — o WebWork 1 e o Webwork 2.

Pelo fato das APIs serem tão diferentes quanto a integração do Spring, para ambas as versões, nós as abordaremos separadamente. Começaremos olhando no Webwork 1.

10.4.1 WebWork 1

Como indicamos acima, você cria uma action do WebWork que será responsável por controlar uma requisição web. No caso do WebWork 1, esta será uma implementação da interface webwork.action.Action. Essa interface possui um método: execute(). Uma implementação típica faria uma subclasse webwork.action.ActionSupport, como essa:

```
public class HelloAction extends webwork.action.ActionSupport {
    public String doExecute() throws Exception {
        // handle request
        return SUCCESS;
    }
}
```

O framework WebWork obtém instâncias destas Actions, a partir de uma subclasse de webwork.action.factory.ActionFactory. Para integrar o WebWork 1 e Spring, você usará uma instância de webwork.action.factory.SpringActionFactory. Entretanto, essa classe não está incluída na maioria dos releases atuais (1.4) do WebWork 1. Ao contrário, você terá que fazer o download desta classe e de webwork.action.factory.SpringActionFactoryProxy, a partir do CVS do WebWork localizados em cvs.sourceforge.net/cvsroot/opensymphony ou em http://cvs.sourceforge.net/viewcvs.py/opensymphony/webwork/.

A partir daí, configure a propriedade webwork.action.factory no arquivo webwork.properties para utilizar SpringActionFactory:

```
webwork.action.factory=webwork.action.factory.SpringActionFactory
```

Depois, carregue o contexto de aplicação do Spring, usando ContextLoaderServlet ou ContextLoaderListener;

```
<listener>
    <listener-class>org.springframework.web.
    ➥  context.ContextLoaderListener</listener-class>?
    </listener-class>
</listener>
```

Finalmente, declare as suas actions no arquivo de configuração do Spring, associando as propriedades como faria com qualquer outro bean do Spring:

```
<bean id="someAction" class="com.foo.Action">
    <property name="fooService"><ref bean="fooService"/></property>
</bean>
```

Tchã-ram! Agora o WebWork irá procurar por suas actions, primeiramente, no contexto de aplicação do Spring. Se elas não forem encontradas lá, o WebWork irá voltar a seu comportamento padrão e iniciar uma nova instância da Action.

Agora, vejamos como integrar o Spring e o WebWork 2.

10.4.2 XWork/WebWork2

As APIs para o WebWork 1 e o WebWork 2, realmente, não são tão diferentes em relação às actions. Na realidade, a assinatura da interaface Action é exatamente a mesma. Porém, ela é agora, parte de um outro framework de comando, do qual depende o WebWork 2 — o XWork. A interface action que usará com o WebWork 2 é a com.opensymphony.xwork.Action.

E mais uma vez, as classes que você precisa para a integração com o Spring não estão incluídas no último lançamento do WebWork (2.1.6). Desta vez, você precisará fazer o download do JAR de integração XWork/Spring, a partir de http://www.ryandaigle.com/pebble/images/webwork2-spring.jar.

O próximo passo é configurar o arquivo de configuração do XWork, o xwork.xml. Aqui, você notará uma diferença importante entre a integração com o WebWork1 e a integração com o WebWork2. Com o WebWork 1, nós definimos nossas actions no arquivo de configuração do Spring. Com o WebWork 2, nós definimos nossas actions no xwork.xml, da mesma forma que faríamos com uma action que não é do Spring:

```
<action name="myAction"
     class="com.foo.Action">
  <external-ref name="someDao">someDao></external-ref>
  <result name="success" type="dispatcher">
     <param name="location">/success.jsp</param>
  </result>
</action>
```

Note o elemento external-ref. Ele está, na verdade, referenciando um bean do Spring denominado someDao. O resto das configurações que abordaremos são o que tornam esta "mágica" possível. O próximo passo é informar ao WebWork, como resolver referências externas do Spring:

```
<package name="default" extends="webwork-default"
   externalReferenceResolver="com.atlassian.xwork.ext.
   ⮡ SpringServletContextReferenceResolver"/>
```

Agora, temos um resolvedor de recursos capaz de resolver beans externos ao nosso contexto de aplicação do Spring. A última parte da configuração para o arquivo xwork.xml será o acréscimo de um interceptor, que permitirá resolver qualquer referência como um recurso externo:

```
<interceptors>
  <interceptor name="reference-resolver" class="com.opensymphony.
     ⮡ xwork.interceptor.ExtenalReferenceInterceptor">
```

```
    <interceptor-ref name="defaultStack">
    <interceptor-ref name="reference-resolver"/>
  </interceptor>
</interceptors>
<default-interceptor-ref name="myDefaultWebStack"/>
```

O último passo deste processo será configurar nosso arquivo web.xml. Igual ao WebWork 1, configuramos um ContextLoaderListener ou um ContextLoaderServlet.. Mas também precisaremos configurar um com.atlassian.xwork.ext.ResolverSetupServletContextListener. Ele é a "ponte" entre o WebWork 2 e o Spring, recuperando o contexto de aplicação do Spring, em nome do WebWork:

```
<listener>
  <listener-class>org.springframework.web.
    ⇥ context.ContextLoaderListener</listener-class>
</listener>
<listener>
  <listener-class>com.atlassian.xwork.ext.
    ⇥ ResolverSetupServletContextListener</listener-class>?
</listener>
```

E aí está. O WebWork 2 agora será capaz de resolver referências a beans com seu contexto de aplicação do Spring, quando ele criar suas actions.

10.5 Resumo

O MVC do Spring é um framework MVC excelente para o desenvolvimento de aplicações web. Entretanto, você poderá descobrir um outro framework que lhe agrade mais. Felizmente, escolher o Spring em suas camadas de serviço e acesso de dados, não impedirá o uso de um framework MVC diferente do Spring.

Neste capítulo, você viu como integrar o Spring com vários frameworks MVC prevalecentes, incluindo o Jakarta Struts, o JavaServer Faces, o Tapestry e o WebWork. Cada um destes frameworks oferece uma estratégia diferente para integração.

Com o Struts, você tem duas escolhas. Primeiro, você pode ter suas actions do Struts declaradas no Spring, o que oferecerá uma solução direta, mas acoplará suas actions com o Spring. Alternativamente, você pode fazer com que o Struts delegue o controle das actions aos beans do Spring, dando-lhe uma solução de baixo acoplamento, mas talvez, uma configuração do Struts mais complexa.

O Tapestry vem, convenientemente, com plugins embutidos para a integração com outros frameworks. Para integar o Spring, simplesmente substituímos o engine padrão do tapestry por um SpringTapestryEngine e então, estamos prontos.

O JSF oferece um plugin semelhante. Para permitir que o JSF integre-se com o Spring, damos a ele um FacesSpringVariableResolver, que lhe permitirá resolver beans tanto, a partir de sua própria configuraçõa interna, quanto do contexto de aplicação do Spring.

O WebWork provê duas soluções, dependendo de qual versão você estiver usando. Com o WebWork 1, você simplesmente inclui Actions do WebWork em seu arquivo de configuração do Spring, como faria com qualquer outro bean. Com o WebWork 2, você dá ao WebWork a habilidade de associar beans, que são configurados externamente em seu arquivo de configuração do Spring.

Desta forma, você saberá desenvolver aplicações web de diversas maneiras. Você poderá usar o framework MVC do Spring ou usar um framework web de terceiros, de sua escolha, para controlar requisições. Também poderá integrar com diversas tecnologias de visualização diferentes. Mas, independente de qual tecnologia você escolher, precisará assegurar sua aplicação web. No próximo capítulo, você descobrirá como fazer isso usando o Acegi Security System.

Capítulo 11

Como assegurar aplicações Spring

Este capítulo cobre:

- Introdução ao Acegi Security System
- Uso de filtros servlet para segurança de aplicações web
- Autenticação em banco de dados e LDAP
- Seguraça transparente em chamadas de métodos

Você já notou como a maioria das pessoas, nas séries de televisão, nunca tranca as portas de suas casas? Isso acontece o tempo inteiro. Em Seinfeld, Kramer freqüentemente entra no apartamento de Jerry para pegar coisas na geladeira. Em Friends, eles sempre entram uns nos apartamentos dos outros, sem bater ou avisar. Uma vez, quando estavam em Londres, Ross entrou do quarto do Chandler e por pouco não o pegou em uma situação comprometedora com sua irmã, Mônica.

Hoje em dia, não é usual que as pessoas deixem suas portas destrancadas. Parece loucura que no momento em que todos nos preocupamos com nossa segurança e privacidade, os personagens da TV entrem, deliberadamente, na casa ou nos apartamentos dos outros.

Da mesma maneira, quando falamos de sistemas de software, seria muita ingenuidade dar acesso a qualquer um as informações privadas. Usuários têm que se identificarem, assim, a aplicação pode conceder ou negar o acesso à informações restritas. Seja qual for a sua aplicação, a segurança é sempre um dos aspectos mais importantes.

Não foi por acidente que escolhemos a palavras "aspecto" quando descrevemos segurança de aplicação. Segurança é uma preocupação que transcende a funcionalidade de uma aplicação. Na maioria das vezes, uma aplicação não deveria ter nada a ver com sua própria segurança. Embora você possa implementar funcionalidades de segurança diretamente no código da sua aplicação (e isso não é incomum), é melhor deixar as preocupações de segurança separada dos objetivos da aplicação.

Se você está pensando que isso se parece com as técnicas de segurança orientada a aspectos, então você está no caminho certo. Neste capítulo, apresentaremos a você o Acegi Security System e exploraremos maneiras de fazer a segurança de suas aplicações usando ambos, Spring AOP e filtros servlet[1].

11.1 COMO INTRODUZIR O ACEGI SECURITY SYSTEM

O Acegi é um framework de segurança que fornece segurança declarativa para suas aplicações baseadas no Spring. Ele provê uma coleção de beans que são configurados dentro de um contexto de aplicação do Spring, tirando proveito do suporte à injeção de dependência e da programação orientada a aspectos do Spring.

Na segurança de aplicações web, o Acegi usa filtros servlet que interceptam as requisições para realizar a autenticação e reforçar a segurança.

---

[1] Provavelmente, receberemos muitos e-mails sobre isso, mas temos que dizer mesmo assim: filtros servlet são uma forma primitiva de AOP. Okay! está dito; agora estamos nos sentindo bem.

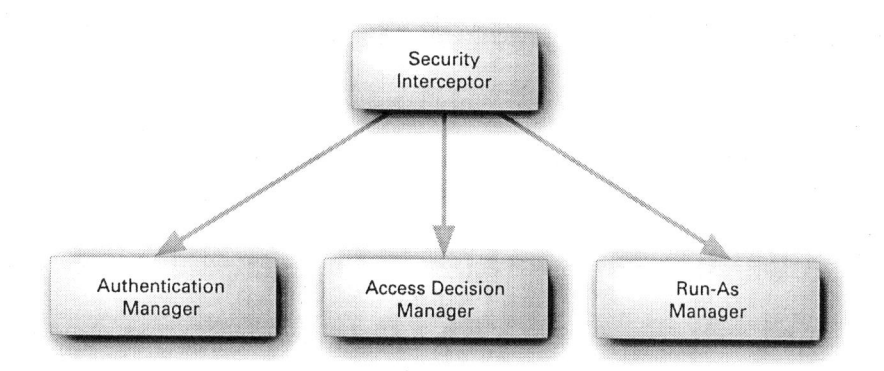

Figura 11.1 - Os Elementos fundamentais de segurança do Acegi.

Como você verá na seção 11.4.1, o Acegi utiliza um mecanismo único para declaração de filtros servlet, que lhe permitem injetá-los com suas dependências, usando a Inversão de Controle (IoC) do Spring.

O Acegi também pode fazer a segurança num nível baixo, ao assegurar chamadas de métodos. Usando a AOP do Spring, o Acegi faz um proxy de objetos, aplicando aspectos que asseguram que um usuário tem a permissão de chamar os métodos que estão segurados.

Sem levar em consideração se está assegurando uma aplicação web ou segurança em nível de método, o Acegi aplica segurança usando quatros componentes principais, como mostrado na figura 11.1.

Ao longo deste capítulo, veremos os detalhes de cada um desses componentes. Mas antes de entrar nos detalhes da segurança do Acegi, daremos uma olhada em alto nível, dos papéis de cada um desses componentes.

11.1.1 Interceptadores de segurança

Em ordem para liberar uma fechadura e abrir uma porta, você deve colocar a chave certa na fechadura. Se o corte da chave estiver incorreto, a fechadura não vai ser destrancada e a porta não poderá ser aberta. Mas se você tiver a chave certa, a fechadura aceitará sua chave e você poderá abrir a porta.

No Acegi, um interceptador de segurança pode ser entendido como se fosse uma fechadura, que evita o acesso aos recursos assegurados de sua aplicação. Para abrir a fechadura e passar pelo interceptador de segurança, você precisa entrar com a sua "chave" (tipicamente um nome de usuário e senha) no sistema. A chave tentará abrir a "fechadura" do interceptador, para permitir o acesso ao recurso assegurado.

11.1.2 Gerenciadores de autenticação

O primeiro dos interceptadores de segurança a serem "destrancados" é o *authentication manager*. O gerenciador de autenticação é responsável por determinar quem é você. Ele faz isso considerando sua identificação (tipicamente um nome de usuário) e sua credencial (tipicamente uma senha).

Sua indetificação define quem você é, e suas credenciais comprovam sua identidade. Se sua credencial é boa o suficiente para convencer o gerenciador de autenticação que sua identificação lhe identifica, então o Acegi saberá com quem está lidando.

11.1.3 Gerenciadores de decisão de acesso

Uma vez que o Acegi determinou quem você é, ele deve decidir se está autorizado a acessar o recurso assegurado. Um *gerenciador de decisão de acesso* é a segunda fechadura do Acegi, que deve ser destrancada. O gerenciador de decisão de acesso realiza a autorização, decidindo se permite ou não a você o acesso, ao considerar suas informações de autenticação e os atributos de segurança que foram associados com o recurso assegurado.

Por exemplo, as regras de segurança poderiam dizer que apenas supervisores têm acesso a um recurso assegurado. Se tiver privilégios de supervisor, então, a segunda e última tranca, o gerenciador de decisão de acesso será aberto e o interceptador de segurança sairá do seu caminho, dando-lhe total acesso ao recurso assegurado.

11.1.4 Gerenciadores run-as

Se você passou pelo gerenciador de autenticação e pelo gerenciador de decisão de acesso, então, o interceptador de segurança será destrancado e a porta estará pronta para ser aberta. Mas antes que você gire a maçaneta e entre, há mais uma coisa que o interceptador de segurança pode fazer.

Embora você tenha passado pela autenticação e garantido o acesso a um recurso, haverá mais restrições de segurança atrás da porta. Por exemplo, você pode ter permissão para ver a página, mas os objetos que são usados para criar essa página podem ter diferentes regras de segurança. Um gerenciador run-as pode ser usado para substituir sua autenticação por uma autenticação que lhe permita o acesso a objetos assegurados, que estão nas profundezas da sua aplicação.

A utilidade dos gerenciadores run-as é limitada na maioria das aplicações. Felizmente, você não precisa usar ou entender completamente os gerenciadores run-as, para conseguir assegurar sua aplicação com o Acegi.

Então, vamos considerar os gerenciadores run-as como tópicos avançados e pular qualquer discussão sobre eles, nesse momento.

Agora que você teve uma idéia de segurança do Acegi, vamos voltar e aprender como configurar cada uma dessas peças de segurança do Acegi, começando com o gerenciador de autenticação.

11.2 COMO GERENCIAR AUTENTICAÇÃO

O primeiro passo para determinar se um usuário deve ganhar acesso a um recurso assegurado é determinar a identidade do usuário. Na maioria das aplicações isso se dá quando o usuário informa seu *nome de usuário* e *senha* na tela de login. O nome de usuário diz a aplicação quem o usuário se diz ser. Para comprovar que realmente é quem se diz ser, o usuário também deve fornecer uma senha (ou credenciais). Se o mecanismo de segurança da aplicação confirmar que a senha é válida, então assumirá que o usuário é quem ele se diz ser.

No Acegi, o gerenciador de autenticação assume a tarefa de estabelecer a identidade dos usuários. Um gerenciador de autenticação é definido pela interface net.sf.acegisecurity.AuthenticationManager:

```
public interface AuthenticationManager {
   public Authentication authenticate(Authentication authentication)
      throws AuthenticationException;
}
```

Ao método authenticate() é dado um objeto net.sf.acegisecurity.Authentication (que só pode carregar uma identificação e credenciais) e tenta autenticar o usuário. Se bem sucedido, o método authenticate() retorna um objeto Authentication completo, incluindo informações sobre as permissões do usuário (que serão consideradas pelo gerenciador de autorização). Se a autenticação falhar, uma exceção do tipo AuthenticationException será lançada.

Como você pode ver, a interface AuthenticationManager é bem simples e você poderia facilmente implementar seu próprio AuthenticationManager. Mas o Acegi vem com ProviderManager, uma implementação de AuthenticationManager que é apropriada para a maioria das situações. Então, ao invés de fazer nosso próprio gerenciador de autenticação, vamos dar uma olhada em como usar ProviderManager.

11.2.1 Como configurar um provider manager

ProviderManager é uma implementação do gerenciador de autenticação que delega responsabilidades de autenticação para um ou mais provedores de autenticação, como mostrado na figura 11.2.

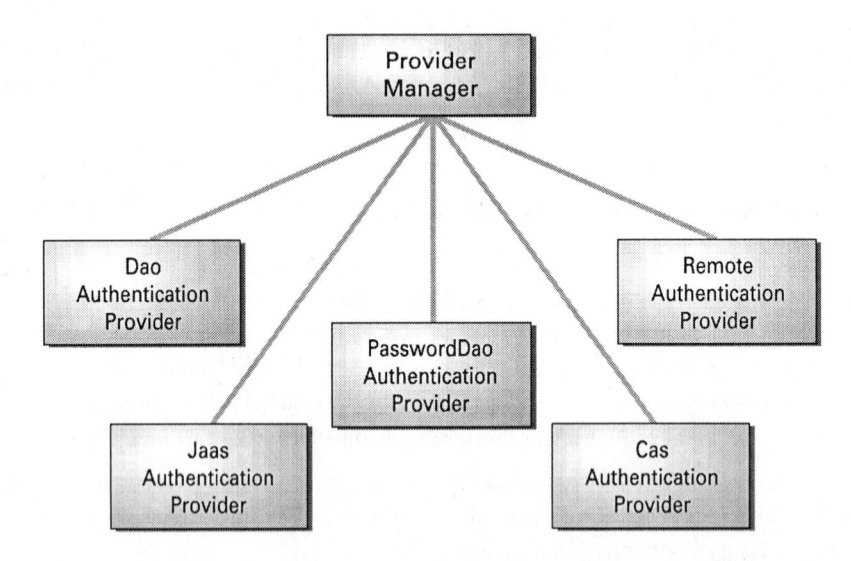

Figura 11.2 - *Um ProviderManager delega responsabilidades de autenticação para um ou mais provedores de autenticação.*

A idéia de um ProviderManager é lhe permitir autenticar usuários em recursos, que requerem autenticação múltipla. Ao invés de fazer a múltipla autenticação, o ProviderManager itera uma coleção de provedores de autenticação, até que um deles faça a autenticação do usuário (ou até que acabe os provedores).

Você pode configurar um ProviderManager no arquivo de configurações do Spring, assim:

```
<bean id="authenticationManager"
    class="net.sf.acegisecurity.providers.ProviderManager">
  <property name="providers">
    <list>
      <ref bean="daoAuthenticationProvider"/>
      <ref bean="passwordDaoProvider"/>
    </list>
  </property>
</bean>
```

Ao ProviderManager é dado uma lista de provedores de autenticação, através da propriedade providers. Tipicamente, você precisará de somente um provedor de autenticação, mas em alguns casos, pode ser útil fornecer uma lista de vários, assim se a autenticação falhar com um deles, outro provedor ainda poderá tentar. Um provedor de autenticação é definido pela interface net.sf.acegisecurity.provider.AuthenticationProvider. O Spring vem com várias implementações úteis de AuthenticationProvider, tais como as listadas na tabela 11.1.

Tabela 11.1 Seleção de provedores de autenticação do Acegi

Provedor de Autenticação	Propósito
net.sf.acegisecurity.adapters.AuthByAdapterProvider	Autenticação usando container adapters.
net.sf.acegisecurity.providers.cas.CasAuthenticationProvider	Autenticação com Yale Central Authentication Service (CAS).
net.sf.acegisecurity.providers.dao.DaoAuthenticationProvider	Recupera informações de usuário, incluindo nome de usuário e senha, a partir do banco de dados.
net.sf.acegisecurity.providers.jaas.JaasAuthenticationProvider	Recupera informações de login de usuário usando JAAS.
net.sf.acegisecurity.providers.dao.PasswordDaoAuthenticationProvider	Recupera informações de usuário de uma base de dados, mas deixa o datastore realizar a autenticação.
net.sf.acegisecurity.providers.rcp.RemoteAuthenticationProvider	Autenticação em um serviço remoto.
net.sf.acegisecurity.runas.RunAsImplAuthenticationProvider	Autenticação de usuário que teve sua identidade substituída por um gerenciador run-as.
net.sf.acegisecurity.providers.TestingAuthenticationProvider	Teste unitário. Automaticamente considera um Testing AuthenticationToken como válido. Não deve ser usado em produção.

Você pode pensar em um AuthenticationProvider como um subordinado a AuthenticationManager. Na verdade, a interface AuthenticationProvider tem um método authenticate() com a mesma assinatura do método authenticate(), do AuthenticationManager.

Nessa seção, focaremos em três dos provedores de autenticação mais usados, listados na tabela 11.1, começamos por uma autenticação simples em um banco de dados, usando um DaoAuthenticationProvider.

11.2.2 Como autenticar em um banco de dados

Muitas aplicações armazenam informações do usuário, incluindo nome de usuário e senha, no banco de dados. Se esse é o seu caso, então o Acegi tem dois provedores de autenticação que podem ser úteis:

- DaoAuthenticationProvider
- PasswordDaoAuthenticationProvider

Ambos provedores de autenticação lhe permitem verificar a identidade do usuário, comparando seu nome de usuário e senha no banco de dados. A diferença entre eles é onde a autenticação acontece.

Um DaoAuthenticationProvider usa seu DAO para recuperar o nome de usuário e senha, e utiliza-os para autenticar o usuário. PasswordDaoAuthenticationProvider empurra a responsabilidade de autenticação para fora do DAO. Essa distinção é muito importante e se tornará mais clara quando discutirmos PasswordDaoAuthenticationProvider, na seção 11.2.3.

Nesta seção, veremos como usar um DaoAuthenticationProvider para fazer uma autenticação simples com as informações de usuário contidas em um datastore (tipicamente uma base de dados relacional). Na próxima seção, você verá como usar PasswordDaoAuthenticationProvider para autenticar um usuário em um repositório de usuários LDAP (Lightweight Directory Access Protocol).

COMO DECLARAR UM PROVEDOR DE AUTENTICAÇÃO DAO

Um DaoAuthenticationProvider é um provedor de autenticação simples que usa um DAO para recuperar as informações de usuário (incluindo a senha do usuário), a partir de uma base de dados.

Com o nome de usuário e senha em mãos, DaoAuthenticationProvider realiza a autenticação comparando o nome de usuário e senha recebidos da base de dados, com os dados passados pelo usuário em um objeto Authentication do gerenciador de autenticação (veja a figura 11.3). Se o nome de usuário e a senha combinarem, então o usuário será autenticado e um objeto Authentication totalmente popularizado será retornado para o gerenciador de autenticação. Caso contrário, uma exceção do tipo AuthenticationException será lançada e a autenticação falhará.

Configurar um DaoAuthenticationProvider não poderia ser mais simples. O segmento XML abaixo, mostra como declarar um bean DaoAuthenticationProvider e associá-lo a uma referência do seu DAO.

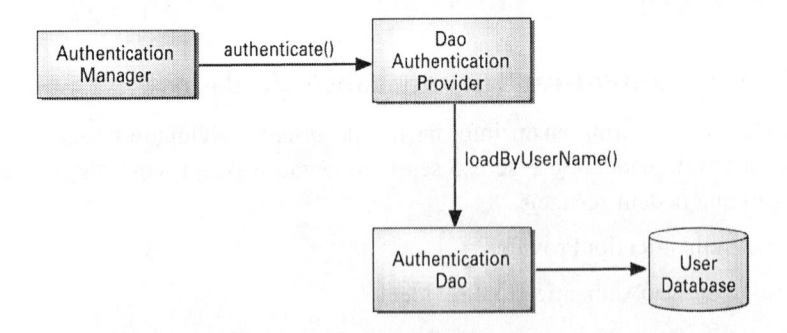

Figura 11.3 *- Um DaoAuthenticationManager autentica usuários pegando as informações de cada usuário da base de dados.*

```
<bean id="authenticationProvider" class="net.sf.acegisecurity.
    ↝ providers.dao.DaoAuthenticationProvider">
  <property name="authenticationDao">
    <ref bean="authenticationDao"/>
  </property>
</bean>
```

A propriedade authenticationDao é usada para identificar o bean que será usado para recuperar as informações do usuário da base de dados. Essa propriedade espera uma instância de net.sf.acegisecurity.providers.dao.AuthenticationDao. A questão que permanece é como o bean authenticationDao é configurado.

O Acegi vem com duas implementações de AuthenticationDao, que podem ser escolhidas: InMemoryDaoImpl e JdbcDaoImpl. Começaremos configurando um InMemoryDaoImpl, como o bean authenticationDao e então vamos substituí-lo por um mais útil, JdbcDaoImpl.

Como usar um DAO in-memory

Embora possa parecer natural assumir que um objeto AuthenticationDao sempre buscará informações numa base de dados relacional, isso não necessariamente precisa acontecer. Se as necessidades de autenticação de sua aplicação forem triviais ou apenas em tempo de desenvolvimento, pode ser mais simples configurar suas informações de usuário, diretamente no arquivo de configurações do Spring.

Para esse propósito, o Acegi vem com InMemoryDaoImpl, um AuthenticationDao que busca as informações de usuário do arquivo de configuração do Spring. Você pode configurar um InMemoryDaoImpl no arquivo de configuração do Spring, como segue:

```
<bean id="authenticationDao" class="net.sf.acegisecurity.
    ↝ providers.dao.memory.InMemoryDaoImpl">
  <property name="userMap">
    <value>
      palmerd=4moreyears,ROLE_PRESIDENT
      bauerj=ineedsleep,ROLE_FIELD_OPS,ROLE_DIRECTOR
      myersn=traitor,disabled,ROLE_FIELD_OPS
    </value>
  </property>
</bean>
```

A propriedade userMap recebe um objeto net.sf.acegisecurity.providers. dao.memory.UserMap que define um conjunto de nomes de usuários, senhas e privilégios. Felizmente, você não precisa se preocupar com a construção de uma instância de UserMap na associação de InMemoryDaoImpl, pois há um editor de propriedade que controla a conversão de uma String em um objeto UserMap para você.

Cada linha da String userMap é um par nome-valor, onde o nome é o nome de usuário e o valor é listado separado por virgulas, que inicia com a senha do usuário e é seguido por um ou mais nomes, que são os privilégios a serem permitidos ao usuário.

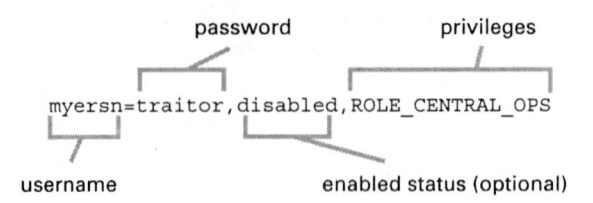

Na declaração de authenticationDao acima, três usuários são definidos: palmerd, bauerj e myersn. Respectivamente, suas senhas são 4moreyears, ineedsleep e traitor. O usuário palmerd é difinindo como tendo privilégios de ROLE_PRESIDENT, ao bauerj foram dados os privilégios de ROLE_FIELD_OPS e ROLE_DIRECTOR, e ao myersn foram dados os privilégios de ROLE_CENTRAL_OPS.

Note que myersn tem um disabled, depois da senha. Essa flag indica que o usuário está desabilitado.

Obviamente, InMemoryDaoImpl tem limitações. Primeiramente, para administrar a segurança é necessário que você edite o arquivo de configuração do Spring e dê um redeploy na sua aplicação. Enquanto isso pode ser bem aceitável (e talvez útil) no ambiente de desenvolvimento, pode ser ruim para o uso em produção. Por isso, não recomendamos o uso do InMemoryDaoImpl em produção. Ao invés disso, pode-se usar JdbcDaoImpl.

Como declarar um DAO JDBC

JdbcDaoImpl é um simples, mas ainda flexível, DAO de autenticação. Na sua forma mais simples, tudo o que ele precisa é de uma referência para um javax.sql.DataSource e pode ser declarado no arquivo de configurações do Spring, assim:

```
<bean id="authenticationDao"
    class="net.sf.acegisecurity.providers.dao.jdbc.JdbcDaoImpl">
  <property name="dataSource">
    <ref bean="dataSource"/>
  </property>
</bean>
```

O JdbcDaoImpl pressume que você tenha algumas tabelas configuradas no seu banco de dados, que armazenam as informações dos usuários. Mais especificamente, ele espera uma tabela "Users" e uma tabela "Authorities", como ilustrado na figura 11.4.

Quando JdbcDaoImpl procura as informações de usuário, ele usará a seguinte query "SELECT username, password, enabled FROM users WHERE username = ?".

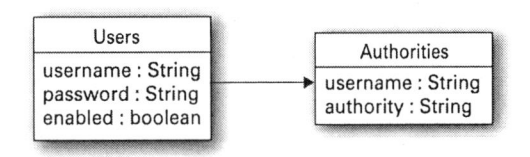

Figura 11.4 - Tabelas da base de dados assumidas por JdbcDaoImpl.

Da mesma forma, quando procurar pelos privilégios, ele usuará "SELECT username, authority FROM authorities WHERE username = ?".

Enquanto as estruturas das tabelas assumidas por JdbcDaoImpl sejam claras, elas provavelmente não combinam com a mesma estrutura que você têm em sua aplicação. Por exemplo, na aplicação Spring Treinamentos, a tabela Student contém o nome de usuário (na coluna login) e a senha. Isso significa que você não pode usar JdbcDaoImpl para autenticar os alunos, na aplicação Spring Treinamentos?

De maneira alguma. Mas você deve dizer a JdbcDaoImpl como encontrar as informações do usuário, setando o usersByUserNameQuery. O seguinte ajuste no bean authenticationDao deixa as coisas mais apropriadas para a aplicação Spring Treinamentos:

```
<bean id="authenticationDao"
      class="net.sf.acegisecurity.providers.dao.jdbc.JdbcDaoImpl">
    <property name="dataSource">
       <ref bean="dataSource"/>
    </property>
    <property name="usersByUserNameQuery">
       <value>SELECT login, password
          FROM student WHERE login=?</value>
    </property>
</bean>
```

Agora JdbcDaoImpl sabe onde procurar as informações do aluno para a autenticação. Mas ainda está faltando algo. A tabela Student não sabe se um usuário está habilitado ou desabilitado. De fato, nós assumimos todo o tempo que os alunos estavam habilitados. Como podemos dizer a JdbcDaoImpl, para fazer a mesma coisa?

JdbcDaoImpl também tem uma propriedade usersByUserNameMapping que recebe uma referência para uma instância de MappingSqlQuery. Como você deve lembrar do capítulo 4, o método mapRow() de MappingSqlQuery mapeia os campos de um ResultSet em um objeto de domínio. No caso de JdbcDaoImpl, o MappingSqlQuery recebido em usersByUserNameMapping deve converter um ResultSet (resultado da query de um usuário), em um objeto net.sf.acegisecurity.UserDetails.

UsersByUsernameMapping (listagem 11.1) mostra uma implementação de MappingSqlQuery apropriada para mapear os resultados de uma query de usuário em um objeto UserDetails. Ele pega o nome de usuário e senha de um ResultSet, mas sempre seta a propriedade enabled como true.

Listagem 11.1 Como mapear resultados de uma query de alunos em um objeto UserDetails

```
public class UsersByUsernameMapping extends MappingSqlQuery {
    protected UsersByUsernameMapping(DataSource dataSource) {
        super(dataSource, usersByUsernameQuery);
        declareParameter(new SqlParameter(Types.VARCHAR));
        compile();
    }

    protected Object mapRow(ResultSet rs, int rownum)
            throws SQLException {
        String username = rs.getString(1);        Pega os dados do
        String password = rs.getString(2);        ResultSet

        UserDetails user = new User(username, password, true,   Sempre habilita
            new GrantedAuthority[]                               o usuário
                {new GrantedAuthorityImpl("HOLDER")});

        return user;
    }
}
```

A única coisa a fazer é declarar um bean UsersByUsernameMapping e associá-lo na propriedade usersByUserNameMapping. A declaração do bean authenticationDao que segue, associa a propriedade usersByUserNameMapping com um bean interno para usar nosso novo mapeamento de usuário:

```
<bean id="authenticationDao"
      class="net.sf.acegisecurity.providers.dao.jdbc.JdbcDaoImpl">
    <property name="dataSource">
        <ref bean="dataSource"/>
    </property>
    <property name="usersByUserNameQuery">
        <value>SELECT login, password
            FROM student WHERE login=?</value>
    </property>
    <property name="usersByUserNameMapping">
        <bean class=
            "com.springinaction.training.security.UsersByUsernameMapping"/>
    </property>
</bean>
```

Você também pode mudar a maneira com que JdbcDaoImpl busca os previlégios de cada usuário. Da mesma maneira que as propriedades usersByUserNameQuery e usersByUserNameMapping definem como JdbcDaoImpl procura as informações de autenticação, as propriedades authoritiesByUserNameQuery e authoritiesByUserNameMapping dizem como buscar os privilégios de um usuário. Por exemplo, você pode usuar esse código para procurar pelos privilégios em uma tabela chamada user_privileges:

```
<bean id="authenticationDao"
     class="net.sf.acegisecurity.providers.dao.jdbc.JdbcDaoImpl">
   <property name="dataSource">
     <ref bean="dataSource"/>
   </property>
   <property name="usersByUserNameQuery">
     <value>SELECT login, password
         FROM student WHERE login=?</value>
   </property>
   <property name="usersByUserNameMapping">
     <bean class="com.springinaction.training.
        security.UsersByUsernameMapping"/>
   </property>
   <property name="authoritiesByUserNameQuery">
     <value>SELECT login, privilege
         FROM user_privileges where login=?</value>
   </property>
</bean>
```

Você também poderia setar um MappingSqlQuery adptado para a propriedade authoritiesByUserNameMapping para personalizar o modo com que o resultado de uma consulta de privilégios é mapeada num objeto net.sf.acegisecurity.GrantedAuthority. Mas já que o MappingSqlQuery padrão é suficiente para nós, deixaremos assim.

COMO TRABALHAR COM SENHAS CRIPTOGRAFADAS

Por default, DaoAuthenticationProvider assume que a senha de um usuário é armazenada em texto puro (não criptografado). Mas as senhas não criptografadas podem usar um codificador de senha para codificar a senha entrada pelo usuário, antes de serem comparadas com a senha recuperada do banco de dados. O Acegi vem com três codificadores de senha:

- PlaintextPasswordEncoder (default)—Não aplica nenhuma codificador na senha, retorna inalterada.

- Md5PasswordEncoder— Aplica o codificador Message Digest (MD5) na senha.

- ShaPasswordEncoder—Aplica o codificador Secure Hash Algorithm na senha.

Você pode alterar o codificador de password do DaoAuthenticationProvider setando a propriedade passwordEncoder. Por exemplo, para usar o codificador MD5, utilize o seguinte código:

```
<property name="passwordEncoder">
    <bean class=
        "net.sf.acegisecurity.providers.encoding.Md5PasswordEncoder"/>
</property>
```

Você também precisará setar uma *salt source* para o codificador. Uma salt source fornece a chave de criptografia para o codificador. O Acegi oferece dois salt source:

- ReflectionSaltSource — Usa uma propriedade especificada do objeto User para recuperar o salt

- SystemWideSaltSource — Usa o mesmo salt para todos os usuários

SystemWideSaltSource é adequado para a maioria das situações. O seguinte XML associa um SystemWideSaltSource com a propriedade saltSource de DaoAuthenticationProvider:

```
<property name="saltSource">
    <bean class=
        "net.sf.acegisecurity.providers.dao.SystemWideSaltSource">
        <property name="systemWideSalt">
            <value>123XYZ</value>
        </property>
    </bean>
</property>
```

Um ReflectionSaltSource utiliza alguma propriedade específica do usuário como o salt para a senha de Users. É mais seguro porque significa que cada senha de usuário será codificada diferentemente. Para associar um ReflectionSaltSource, associe-o na propriedade saltSource da seguinte forma:

```
<property name="saltSource">
    <bean class="net.sf.acegisecurity.
    ➤ providers.dao.ReflectionSaltSource">
        <property name="userPropertyToUse">
            <value>userName</value>
        </property>
    </bean>
</property>
```

Aqui, a propriedade userName do usuário é usada como o salt para criptografar a senha do usuário. É importante que o salt seja estático e nunca mude, caso contrário, será impossível autenticar o usuário.

Como fazer cache das informações de usuário

Toda vez que uma requisição é feita a um recurso seguro, o gerenciador de autenticação é solicitado para recuperar as informações de segurança do usuário. Mas se a recuperação das informações do usuário envolver a execução de uma pesquisa no banco de dados, pesquisar pelos mesmos dados toda vez que forem solicitados, pode resultar em problemas de desempenho. Sabendo que as informações de um usuário não mudarão, freqüentemente, pode ser melhor fazer um cache dos dados do usuário, na primeira pesquisa e recuperá-los do cache a cada requisição subseqüente.

DaoAuthenticationProvider suporta cache de informações de usuário através de implementações da interface net.sf.acegisecurity.providers.dao.UserCache:

```
public interface UserCache {
    public UserDetails getUserFromCache(String username);
    public void putUserInCache(UserDetails user);
    public void removeUserFromCache(String username);
}
```

Os métodos no UserCache são bastante auto-explicativos, oferecendo a capacidade para inserir, recuperar ou remover detalhes do usuário do cache. Seria bastante simples para você criar sua própria implementação de UserCache. Porém, o Acegi já oferece duas implementações convenientes que você deveria considerar, antes de desenvolver a sua própria:

- net.sf.acegisecurity.providers.dao.cache.NullUserCache

- net.sf.acegisecurity.providers.dao.cache.EhCacheBasedUserCache

NullUserCache na realidade não executa nenhum cache. Ao contrário, ele sempre retorna nulo de seu método getUserFromCache(). Este é o UserCache padrão usado por DaoAuthenticationProvider.

EhCacheBasedUserCache é uma implementação de cache mais útil. Como seu nome já insinua, ele é baseado no projeto open source *ehcache*. O ehcache é uma simples e rápida solução de cache para Java e é o cache padrão utilizado e recomendado pelo Hibernate. (Para maiores informações sobre o ehcache, visite o site do ehcache em http:// ehcache.sourceforge.net.)

Usar ehcache com DaoAuthenticationProvider é simples. Simplesmente declare um bean EhCacheBasedUserCache:

```
<bean id="userCache" class="net.sf.acegisecurity.
    ↪ providers.dao.cache.EhCacheBasedUserCache">
    <property name="minutesToIdle">15</property>
</bean>
```

A propriedade minutesToIdle informa ao cache quanto tempo (em minutos) as informações do usuário devem permanecer em cache, sem serem acessadas. Aqui, informamos ao cache que removesse as informações de usuário do cache, depois de 15 minutos de inatividade.

Com o bean userCache declarado, a única coisa que resta a fazer é associá-lo na propriedade userCache ʀo DaoAuthenticationProvider:

```
<bean id="authenticationProvider" class="net.sf.acegisecurity.
     ⁓ providers.dao.DaoAuthenticationProvider">
  <property name="userCache">
    <ref bean="userCache"/>
  </property>
</bean>
```

11.2.3 Como autenticar contra um repositório de LDAP

DaoAuthenticationProvider trabalha recuperando a identificação e as credenciais do usuário, a partir de um banco de dados e comparando-os com a identidade e as credenciais fornecidas pelo usuário, durante seu login. Isto funcionará bem, caso queira que o provedor de autenticação seja, no final das contas, responsável por decisões de autenticação. Mas pode ser que você prefira delegar a responsabilidade de autenticação a um sistema de terceiros.

Por exemplo, é bastante comum a autenticação contra um servidor LDAP. Nesta situação é o próprio servidor LDAP que executa a autenticação no lugar da aplicação. A própria aplicação nunca vê nem mesmo as credenciais armazenadas do usuário.

PasswordDaoAuthenticationProvider é semelhante em propósito a DaoAuthenticationProvider, a não ser pelo fato que seu único trabalho é recuperar detalhes do usuário. A autenticação atual é delegada ao seu DAO e como você verá, no caso do LDAP, o DAO delegará mais além, a autenticação ao servidor LDAP.

Para usar PasswordDaoAuthenticationProvider, você precisará declará-lo em sua configuração do Spring, como segue:

```
<bean id="authenticationProvider" class="net.sf.acegisecurity.
     ⁓ providers.dao.PasswordDaoAuthenticationProvider">
  <property name="passwordAuthenticationDao">
    <ref bean="passwordAuthenticationDao"/>
  </property>
</bean>
```

A propriedade passwordAuthenticationDao é associada com uma referência a um bean de mesmo nome. O bean associado nesta propriedade é o DAO, que executará a autenticação e recuperará as informações do usuário. Ele deverá implementar a interface net.sf.acegisecurity.providers.dao.PasswordAuthenticationDao:

```
public interface PasswordAuthenticationDao {
   public UserDetails loadUserByUsernameAndPassword(String username,
      String password) throws DataAccessException,
      BadCredentialsException;
}
```

Esta interface é semelhante à interface AuthenticationDao, exceto pelo fato de ser esperado que o DAO execute a autenticação, além de recuperar detalhes do usuário, seu método loadUserByUsernameAndPassword() leva uma String contendo a senha como um argumento e poderá, potencialmente, lançar uma BadCredentialsException se a autenticação falhar.

Ao contrário de muitas outras interfaces do Acegi que você verá neste capítulo, a versão mais recente do Acegi (versão 0.6.1) não vem com nenhuma implementação útil da interface PasswordAuthenticationDao. Mas você não precisará ir muito longe para encontrar uma. Enquanto escrevíamos este capítulo, o sandbox do Acegi no CVS[2] continha LdapPasswordAuthenticationDao, uma implementação de PasswordAuthenticationDao que fornece autenticação LDAP. Ainda não é uma parte oficial do Acegi, mas se quiser extraí-la do sandbox e experimentá-la, tudo o que precisará fazer é redeclarar o bean passwordAuthenticationDao, como segue:

```
<bean id="passwordAuthenticationDao" class="net.sf.acegisecurity.
          providers.dao.ldap.LdapPasswordAuthenticationDao">
   <property name="host">
     <value>security.springinaction.com</value>
   </property>
   <property name="port">
     <value>389</value>
   </property>
   <property name="rootContext">
     <value>DC=springtraining,DC=com</value>
   </property>
   <property name="userContext">
     <value>CN=user</value>
   </property>
   <property name="rolesAttributes">
     <list>
        <value>memberOf</value>
        <value>roles</value>
     </list>
   </property>
</bean>
```

LdapPasswordAuthenticationDao possui várias propriedades que nos guia na execução de autenticação contra um servidor LDAP. A única propriedade exigida é a propriedade host, que estabece o hostname do servidor LDAP. Mas você, provavelmente, irá querer ajustar uma ou mais das outras propriedades.

---

[2] cvs.sourceforge.net:/cvs/acegisecurity

A propriedade port indica a porta em que o servidor LDAP está "escutando". Como padrão, já é utilizado 389 (a famosa porta para LDAP), mas o setamos para 389, em nível de ilustração.

O rootContext indica a raiz do contexto LDAP. Ela é vazia por padrão, assim, você irá querer sobrepô-la. O seguinte diagrama ilustra como a propriedade rootContext é usada (juntamente com as propriedades host e port) para construir a URL do provedor para o servidor LDAP:

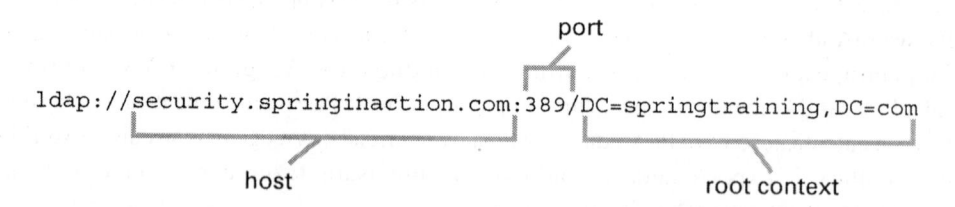

A propriedade userContext especifica o contexto LDAP, onde as informações do usuário são mantidas. Ela é por padrão CN=Users, mas nós a anulamos aqui e utilizamos CN=user. Tanto RootContext quanto userContext são utilizadas juntamente com o nome do usuário, a fim de construir a identificação do usuário:

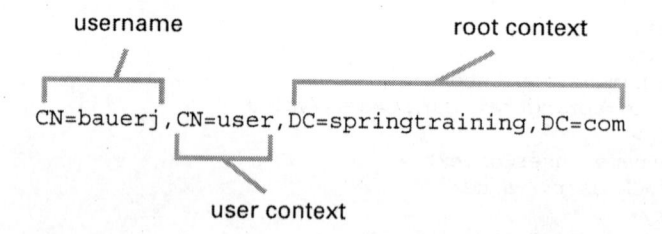

Finalmente, a propriedade rolesAttributes lhe permite listar um ou mais atributos que serão associados com uma entrada no LDAP, onde os papéis de um usuário são mantidos. Por padrão, esta lista tem uma única entrada de memberOf, mas nós acrescentamos roles à lista.

Uma coisa importante a ser notada sobre os atributos roles é que quando LdapPasswordAuthenticationDao recupera os atributos, a partir do LDAP, ele irá automaticamente prefixá-los com ROLE_. Você verá como este prefixo é útil mais além, na seção 11.3.2, quando discutirmos a autorização que utiliza os eleitores de papel.

11.2.4 Como habilitar Sign-On Único com o Acegi e o Yale CAS

Quantas senhas você tem? Se você for como a maioria das pessoas, provavelmente precisa digitar uma dezena ou mais de senhas para os diversos sistemas que acessa diariamente. Manter na memória todas essas senhas é um desafio e tanto, ser forçado a fazer log-in em vários sistemas é bastante incômodo.

Seria melhor se fosse possível fazer o login sóe uma vez, e que esse login lhe autenticasse, automaticamente, em todos os sistemas que você utiliza.

O Sign-On Único (SSO) é um tópico de segurança máxima. O nome diz tudo: uma vez logado, acessa tudo. A Universidade de Tecnologia de Yale e o grupo de Planejamento criaram uma excelente solução de SSO, conhecida como Central Authentication Service (CAS), que funciona bem com o Acegi.

Os detalhes de configuração e a utilização do CAS vão bem além do escopo deste livro. Entretanto, discutiremos os principais fundamentos de autenticação empregado pelo CAS e exploraremos como usar o Acegi juntamente com o CAS. Para maiores informações sobre o CAS, lhe recomendamos uma visita a homepage do CAS em http://tp.its.yale.edu/tiki/tiki-index.php?page=CentralAuthenticationService.

Para entender onde Acegi se ajusta numa aplicação autenticada pelo CAS é importante entender como funciona um típico cenário de autenticação pelo CAS. Considere o fluxo de uma requisição a um serviço assegurado, como é mostrado na figura 11.5.

Quando o browser requisitar um serviço (1), o serviço irá procurar por um ticket CAS na requisição, para determinar se o usuário está autenticado. Se o ticket não for achado, então significa que o usuário não foi autenticado. Como resultado, o usuário é redirecionado a uma página de login do CAS (2).

A partir da página de login do CAS, o usuário insere seu nome de usuário e senha. Se o CAS autenticar o usuário com sucesso, então um ticket é criado e associado com o serviço requisitado. O servidor CAS redirecionará o usuário ao serviço originalmente pedido (desta vez, com o ticket na requisição) (3).

Novamente, o serviço irá procurar pelo ticket na requisição. Desta vez, ele achará o ticket e contatará o servidor CAS para verificar que o ticket é válido. Se o CAS responder indicando que o ticket é válido para o serviço pedido, então o usuário ganhará acesso à aplicação.

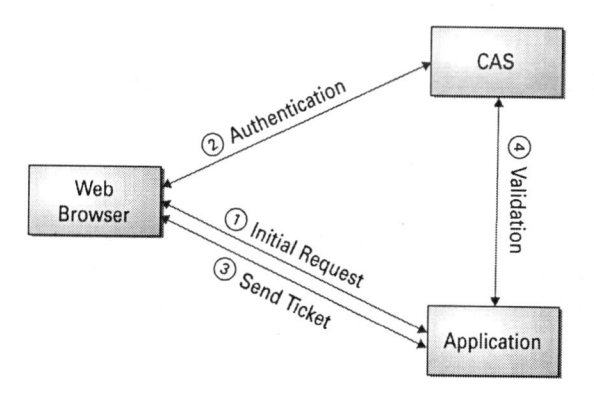

Figura 11.5 - Como assegurar uma aplicação utilizando o CAS de Yale

Mais além, quando o usuário requisitar acesso a outra aplicação habilitada pelo CAS, essa aplicação irá contatar o CAS, novamente. Pelo fato do usuário já ter feito login anteriormente, o CAS irá responder com um ticket de serviço para a nova aplicação, sem solicitar ao usuário o login novamente.

Um dos conceitos fundamentais que você deve entender sobre o CAS é que a aplicação segura nunca controla as credenciais do usuário. Quando os usuários são solicitados a fazer login na aplicação, eles estão na realidade fazendo login no servidor CAS. A própria aplicação nunca vê as credenciais de um usuário. A única ação de segurança que a aplicação realiza é verificar se o ticket do usuário é válido, consultando o servidor CAS. Esta é uma coisa boa, pois significa que só uma aplicação (CAS) será responsável por controlar a autenticação do usuário.

Ao usar o Acegi com o CAS, o Acegi assume a tarefa de verificar um ticket CAS, no lugar da aplicação. Isto livra a própria aplicação de ser envolvida no processo de autenticação CAS.

Ele realiza isso utilizando CasAuthenticationProvider, um provedor de autenticação que não se preocupa com nomes de usuário ou senhas. Ao contrário, ele aceita um ticket CAS como credenciais. Você configura um bean CasAuthenticationProvider no arquivo de configuração de Spring:

```
<bean id="casAuthenticationProvider" class="net.sf.acegisecurity.
        ➥ providers.cas.CasAuthenticationProvider">
  <property name="ticketValidator">
    <ref bean="ticketValidator"/>
  </property>
  <property name="casProxyDecider">
    <ref bean="casProxyDecider"/>
  </property>
  <property name="statelessTicketCache">
    <ref bean="statelessTicketCache"/>
  </property>
  <property name="casAuthoritiesPopulator">
    <ref bean="casAuthoritiesPopulator"/>
  </property>
  <property name="key">
    <value>some_unique_key</value>
  </property>
</bean>
```

Como você pode ver, CasAuthenticationProvider realiza seu trabalho ao colaborar com diversos outros beans. O primeiro deles é o bean ticketValidator, que é associado na propriedade ticketValidator. Ele é declarado no arquivo de configuração de Spring, como segue:

```
<bean id=ticketValidator " classificam=" net.sf.acegisecurity.
        providers.cas.ticketvalidator.CasProxyTicketValidator " >
```

```
<property name="casValidate">
   <value>https://localhost:8443/cas/proxyValidate</value>
</property>
<property name="serviceProperties">
   <ref bean="serviceProperties"/>
</property>
</bean>
```

CasProxyTicketValidator validará o ticket de serviço CAS contatando o servidor CAS. A propriedade casValidate especificará a URL, na qual o servidor CAS processará pedidos de validação.

O bean serviceProperties é um bean que carrega importantes informações de configuração para beans relacionados ao CAS:

```
<bean id="serviceProperties"
      class="net.sf.acegisecurity.ui.cas.ServiceProperties">
   <property name="service">
      <value>https://localhost:8443/training/
         ↪ j_acegi_cas_security_check</value>
   </property>
</bean>
```

A propriedade service especifica uma URL, na qual o CAS deverá enviar o usuário, depois de fazer o login. Mais além, na seção 11.4.3, você verá como funciona esta URL.

De volta ao bean casAuthenticationProvider, a propriedade casProxyDecider é associada a referência de bean casProxyDecider, que recebe uma referência de um bean do tipo net.sf.acegisecurity.providers.cas.CasProxyDecider. Para entender o papel da propriedade casProxyDecider, você tem que entender como o CAS suporta serviços de proxy.

O CAS suporta serviços proxy que autenticam um usuário em nome de outra aplicação. Um exemplo típico de um serviço proxy é um portal que autentica o usuário para as aplicações portlets que ele apresenta. Quando um usuário faz login em um portal, o portal assegura que o usuário também está inserido em suas aplicações, utilizando tickets de proxy.

A maneira com que o CAS lida com tickets de proxy é um tópico avançado. Nós lhe recomendamos a documentação do CAS (http://tp.its.yale.edu/tiki/tiki-index.php?page= CasTwoOverview) para maiores detalhes sobre tickets de proxy. Será suficiente dizer que um CasProxyDecider decide quando aceitar ou não tickets de proxy. O Acegi vem com três implementações de CasProxyDecider:

- AcceptAnyCasProxy — Aceita pedidos de proxy de qualquer serviço

- NamedCasProxyDecider — Aceita pedidos de proxy dos serviços da lista de serviços

- RejectProxyTickets — Rejeita todos os pedidos de proxy

Em favor da simplicidade, iremos assumir que sua aplicação não envolve serviços proxy. Isto faz de RejectProxyTickets, o CasProxyDecider mais apropriado para o bean casProxyDecider:

```
<bean id="casProxyDecider" class="net.sf.acegisecurity.
    ➥ providers.cas.proxy.RejectProxyTickets"/>
```

A propriedade statelessTicketCache existe para ajudar a dar suporte aos clientes stateless (como clientes de serviços remotos), que não podem armazenar tickets CAS em HttpSession. Infelizmente, mesmo se os clientes stateless não acessarem sua aplicação, a propriedade statelessTicketCache é requerida. O Acegi vem só com uma implementação, então declarar um bean statelessTicketCache é bastante simples:

```
<bean id="statelessTicketCache" class="net.sf.acegisecurity.
    ➥ providers.cas.cache.EhCacheBasedTicketCache">
    <property name="minutesToIdle"><value>20</value></property>
</bean>
```

O bean final com o qual CasAuthenticationProvider colabora é o bean casAuthoritiesPopulator. Como uma implementação de SSO, o CAS executa somente autenticação — ele não participa do processo de deseginar privilégios aos usuários. Para fazer a diferença, você precisará de um bean net.sf.acegisecurity.providers.cas. CasAuthoritiesPopulator.

O Acegi vem só com uma implementação de CasAuthoritiesPopulator. O DaoCasAuthoritiesPopulator carrega os detalhes de usuário, a partir de um banco de dados, utilizando uma autenticação DAO (conforme discutido na seção 11.2.2). Declare o bean casAuthoritiesPopulator da seguinte forma:

```
<bean id="casAuthoritiesPopulator" class="net.sf.acegisecurity.
        ➥ providers.cas.populator.DaoCasAuthoritiesPopulator">
    <property name="authenticationDao">
      <ref bean="inMemoryDaoImpl"/>
    </property>
</bean>
```

Finalmente, a propriedade key de CasAuthenticationManager especifica um valor String que o gerenciador de autenticação usará para identificar tokens que foram previamente autenticados. Você pode atribuir a ele qualquer valor arbitrário.

Há um pouco mais sobre o SSO com o CAS e o Acegi do que somente CasAuthenticationManager. Nós discutimos como um CasAuthenticationProvider executa a autenticação. Na seção 11.4.3, você verá como um usuário é enviado à tela de login do CAS, quando CasAuthenticationManager não autenticar um usuário.

Mas, por enquanto, olharemos como o Acegi determina se um usuário autenticado tem ou não o privilégio apropriado para acessar um recurso seguro.

11.3 COMO CONTROLAR O ACESSO

A autenticação é só o primeiro passo em relação à segurança no Acegi. Uma vez que o Acegi sabe quem o usuário é, ele tem que decidir se deve conceder ou não acesso aos recursos assegurados. Aí é onde entram os gerenciadores de decisão de acesso.

Da mesma maneira que um gerenciador de autenticação é responsável por estabelecer a identidade de um usuário, um gerenciador de decisão de acesso é responsável por decidir se o usuário possui os privilégios apropriados para ter acesso aos recursos seguros. Um gerenciador de decisão de acesso é definido pela interface net.sf.acegisecurity.AccessDecisionManager:

```
public interface AccessDecisionManager {
   public void decide(Authentication authentication, Object object,
     ConfigAttributeDefinition config)
     throws AccessDeniedException;
   public boolean supports(ConfigAttribute attribute);
   public boolean supports(Class clazz);
}
```

Os métodos supports() consideram o tipo de classe do recurso assegurado e seus atributos de configuração (as exigências de acesso do recurso seguro) para determinar se o gerenciador de decisão de acesso é capaz de tomar decisões de acesso para o recurso. A decisão final é tomada no método decide(). Se ele retornar sem lançar um AccessDeniedException, então é concedido o acesso ao recurso seguro. Caso contrário, o acesso é negado.

11.3.1 Como votar decisões de acesso

Parece bastante simples criar sua própria implementação de AccessDecisionManager. Mas por que fazer algo que você não precisa fazer? O Acegi vem com três implementações de AccessDecisionManager, que são satisfatórias para a maioria das circunstâncias:

- net.sf.acegisecurity.vote.AffirmativeBased
- net.sf.acegisecurity.vote.ConsensusBased
- net.sf.acegisecurity.vote.UnanimousBased

Estes três gerenciadores de decisão de acesso têm nomes bastante estranhos, mas terão sentido quando você considerar a estratégia de autorização do Acegi.

Os gerenciadores de decisão de acesso do Acegi são, no final das contas, responsáveis por determinar os direitos de acesso para um usuário autenticado. Entretanto, eles não chegam a essa decisão sozinhos. Ao contrário, eles convocam um ou mais objetos que votarão, se um usuário deve ou não ter acesso a um recurso seguro. Uma vez que todos os votantes estiverem presentes, o gerenciador de decisão calcula os votos e chega a sua decisão concludente.

O que diferencia cada um dos gerenciadores de decisão de acesso é como cada um considera sua decisão final. A tabela 11.2 descreve como cada um dos gerenciadores de decisão de acesso estabelece a concessão do acesso.

Tabela 11.2 Como os gerenciadores de decisão de acesso de Acegi calculam votos

Gerenciador de Decisão de Acesso	Como ele decide
AffirmativeBased	Só permite o acesso se pelo menos um eleitor votar pela concessão do acesso
ConsensusBased	Permite o acesso se um consenso de eleitores votarem pela concessão do acesso
UnanimousBased	Só permite o acesso se nenhum eleitor votar por negar o acesso

Todos os gerenciadores de decisão de acesso são configurados da mesma maneira no arquivo de configuração do Spring. Por exemplo, o código XML abaixo configura um gerenciador de decisão de acesso UnanimousBased:

```
<bean id="accessDecisionManager"
        class="net.sf.acegisecurity.vote.UnanimousBased">
   <property name="decisionVoters">
      <list>
         <ref bean="roleVoter"/>
      </list>
   </property>
</bean>
```

A propriedade decisionVoters é onde você fornece ao gerenciador de decisão de acesso sua lista de eleitores. Neste caso, só há um eleitor que é uma referência a um bean denominado roleVoter. Vejamos então, como roleVoter é configurado.

11.3.2 Como decidir como votar

Embora os eleitores de decisão de acesso não tenham a última palavra para o acesso ser ou não concedido a um recurso seguro, eles exercem um papel importante no processo de decisão de acesso. O trabalho de um eleitor de decisão de acesso é considerar os privilégios concedidos ao usuário, juntamente com os privilégios requeridos pelos atributos de configuração do recurso assegurado. Baseado nesta informação, o eleitor de decisão de acesso dá o seu voto para o gerenciador de decisão de acesso, para ser usado na tomada de decisão.

Um eleitor de decisão de acesso é qualquer objeto que implementa a interface net.sf.acegisecurity.vote.AccessDecisionVoter:

```
public interface AccessDecisionVoter {
   public static final int ACCESS_GRANTED = 1;
   public static final int ACCESS_ABSTAIN = 0;
```

```
public static final int ACCESS_DENIED = -1;
public boolean supports(ConfigAttribute attribute);
public boolean supports(Class clazz);
public int vote(Authentication authentication, Object object,
    ConfigAttributeDefinition config);
}
```

Como você pode notar, a interface AccessDecisionVoter é bem parecida com a interface AcessDecisionManager. A grande diferença é que, ao invés de um método decide() que retorne void, há um método vote() que retorna um int. Isso acontece, pois um eleitor de decisão de acesso não decide a permissão de acesso... só devolve seu voto concedendo ou não o acesso.

Quando é dada a oportunidade votar, um eleitor de decisão de acesso pode votar com um dos três seguintes modos:

- *ACCESS_GRANTED* — O eleitor vota por permitir o acesso ao recurso seguro.

- *ACCESS_DENIED* — O eleitor vota por negar o acesso ao recurso seguro.

- *ACCESS_ABSTAIN* — O eleitor é indiferente.

Como com a maioria dos componentes do Acegi, você é livre para escrever sua própria implementação de AccessDecisionVoter. Porém, o Acegi vem com RoleVoter, uma implementação muito útil, que vota quando os atributos de configuração de recursos seguros representam um papel. Mais especificamente, RoleVoter participa de uma votação quando o recurso seguro tem um atributo de configuração, cujo nome começa com ROLE_.

O modo como RoleVoter decide seu voto é comparando todos os atributos de configuração do recurso seguro (que é prefixado com ROLE_), com todos os privilégios concedidos ao usuário autenticado. Se RoleVoter encontrar um equivalente, então dará um voto de ACCESS_GRANTED. Caso contrário, lançará um voto ACCESS_DENIED.

O RoleVoter só se privará de votar quando os privilégios requeridos para o acesso não estiverem prefixados com ROLE_. Por exemplo, se o recurso seguro só requer privilégios, sem atuação (como CREATE_USER), então o RoleVoter se absterá de votar.

Você pode configurar um RoleVoter, com o seguinte código XML, no arquivo de configuração do Spring:

```
<bean id="roleVoter"
    class="net.sf.acegisecurity.vote.RoleVoter"/>
```

Como declarado, RoleVoter só votará quando o recurso seguro tiver atributos de configuração que forem prefixados com ROLE_. Entretanto, o prefixo ROLE_ é só um padrão. Se desejar, você poderá trocar o prefixo padrão setando a propriedade rolePrefix:

```
<bean id="roleVoter"
    class="net.sf.acegisecurity.vote.RoleVoter">
  <property name="rolePrefix">
    <value>GROUP_</value>
  </property>
</bean>
```

Aqui, o prefixo padrão foi substituído por GROUP_. Assim, o RoleVoter só irá dar votos de autorização em privilégios que começarem com GROUP_.

11.3.3 Como tratar votos de abstinência

Sabendo que qualquer eleitor pode votar para conceder e negar acesso, ou ainda se abster de votar, uma pergunta que deve se fazer agora, é o que acontecerá se todos os eleitores se abstiverem de votar? Será negado ou concedido o acesso ao usuário?

Por padrão, todos os gerenciadores de decisão de acesso negam acesso a um recurso, se todos os eleitores se abstiverem. Entretanto, você pode mudar este comportamento padrão atribuindo o valor true a propriedade allowIfAllAbstain, no gerenciador de decisão de acesso:

```
<bean id="accessDecisionManager"
      class="net.sf.acegisecurity.vote.UnanimousBased">
  <property name="decisionVoters">
    <list>
      <ref bean="roleVoter"/>
    </list>
  </property>
  <property name="allowIfAllAbstain">
    <value>true</value>
  </property>
</bean>
```

Atribuindo true a allowIfAllAbstain, você estará estabelecendo uma política de "quem cala consente". Em outras palavras, se todos os eleitores se abstiverem de votar, então o acesso será concedido, como se eles tivessem votado em concedê-lo.

Agora que você viu como funciona a autenticação e os gerenciadores de controle de acesso do Acegi, vamos colocá-los em funcionamento. Na próxima seção, você verá como usar a coleção de filtros servlet do Acegi, para assegurar uma aplicação web. Depois, na seção 11.5, vamos mergulhar fundo numa aplicação e ver como usar a AOP do Spring para aplicar segurança em nível de chamada de métodos.

11.4 Como assegurar aplicações web

O suporte do Acegi para segurança web é baseado em filtros servlet. Esses filtros interceptam as requisições e aplicam um processamento de segurança, antes das requisições serem tratadas pela sua aplicação.

O Acegi vem com um conjunto de filtros, que interceptam as requisições dos servlets e as passa para os gerenciadores de autenticação e de decisão de acesso para forçar a segurança. Dependendo de suas necessidades, você poderá usar até mais de seis filtros para deixar sua aplicação segura. A tabela 11.3 descreve cada um dos filtros do Acegi.

Tabela 11.3 Servlet Filters do Acegi

Filtro	Propósito
Channel-processing filter (Filtro de processamento de canal)	Assegura que uma requisição é transmitida em um canal seguro (como HTTPS).
Authentication-processing filter (Filtro de processamento de autenticação)	Aceita requisições de autenticação e os transporta ao gerenciador de autenticação para executar a autenticação.
CAS-processing filter (Filtro de processamento de CAS)	Aceita tickets de serviços CAS como evidência que o Yale CAS autenticou um usuário.
HTTP Basic authorization filter (Filtro de autorização de HTTP básico)	Processa autenticações executadas, utilizando a autenticação básica HTTP.
Integration filter (Filtro de integração)	Controla o armazenamento de autenticação entre requisições (na sessão de HTTP, por exemplo).
Security enforcement filter (Filtro de execução de segurança)	Assegura que um usuário foi autenticado e o autoriza a ter acesso a um recurso seguro.

Quando uma requisição é submetida a uma aplicação web, assegurada pelo Acegi, ela passa através de cada um dos filtros do Acegi na seguinte seqüência (refere-se à figura 11.6):

1 Se um filtro de processamento de canal for configurado, ele será o primeiro a controlar a requisição. O filtro de processamento de canal examinará o canal de entrega da requisição (tipicamente HTTP ou HTTPS) e decidirá se o canal tem as exigências de segurança. Caso contrário, a requisição é redirecionada para a mesma URL, alterando o canal para satisfazer as exigências de segurança.

2 Em seguida, um dos filtros do processamento de autenticação (que inclui o filtro CAS-processing e o filtro HTTP Basic Authorization), irão determinar se a requisição é uma requisição de autenticação ou não. Se for, as informações pertinentes do usuário (tipicamente nome de usuário e senha) são

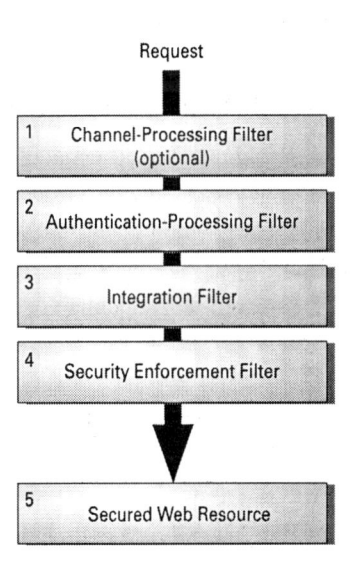

Figura 11.6 - O fluxo de uma requisição através de cada um dos filtros do Acegi

recuperadas a partir da requisição e passadas para o gerenciador de autenticação, para determinar a identidade do usuário. Se não for uma requisição de autenticação, a requisição descerá pela cadeia de filtros.

3   O filtro de integração tentará recuperar uma autenticação de usuário, a partir do local que esta é mantida entre a requisição (tipicamente um Session HTTP). Se a informação de autenticação do usuário for achada, ela é colocada em um objeto ContextHolder (que é basicamente um ThreadLocal), para o acesso conveniente de todos os componentes do Acegi.

4   Finalmente, o filtro de execução de segurança realiza a última decisão sobre a concessão ou não do acesso ao recurso assegurado para o usuário. Primeiro, o filtro de execução de segurança consultará o gerenciador de autenticação. Se o usuário não foi autenticado com sucesso, o filtro de execução de segurança enviará o usuário a um ponto de entrada de autenticação (ex., uma página de login). Em seguida, o filtro de execução de segurança consultará o gerenciador de decisão de acesso para determinar se o usuário tem privilégios para acessar o recurso assegurado. Caso contrário, uma mensagem HTTP 403 (Forbidden) retornará ao browser.

5   Se o usuário passar pelo filtro de execução de segurança, então ele conseguirá acesso ao recurso web assegurado.

Exploraremos cada um destes filtros, individualmente, em maiores detalhes. Mas antes de você começar a usá-los, precisa aprender como o Acegi posiciona um twist do tipo Spring (Spring-like twist), nos filtros servlet.

11.4.1 Como fazer proxy dos filtros do Acegi

Se alguma vez já usou filtros servlet, você sabe que para eles fazerem efeito, deve configurá-los no arquivo web.xml da aplicação web, usando os elementos <filter> e <filter-mapping>. Isto funciona, mas é incompatível com o modo que o Spring configura componentes, usando a injeção de dependência.

Por exemplo, suponha você tenha o seguinte filtro declarado em seu arquivo web.xml:

```
<filter>
  <filter-name>Foo</filter-name>
  <filter-class>FooFilter</filter-class>
</filter>
```

Agora, suponha que FooFilter precise de uma referência a um bean Bar para realizar seu trabalho. Como você poderia injetar uma instância de Bar em FooFilter?

A resposta é simples: você não pode. O arquivo web.xml não tem nenhuma noção de injeção de dependência e tampouco existe uma maneira direta de pegar beans, a partir do contexto de aplicação do Spring e associá-los em um filtro servlet.

A única opção que você tem é usar WebApplicationContextUtils do Spring para buscar o bean Bar, do contexto do Spring:

```
ApplicationContext ctx = WebApplicationContextUtils.
  getWebApplicationContext(servletContext);
Bar bar = (Bar) ctx.getBean("bar");
```

Mas o problema com esta abordagem é que você tem que escrever um código específico do Spring, em seu filtro servlet. Além disso, você fará uma referência ao nome do bean Bar, em forma hard-code.

Mas o Acegi oferece uma maneira melhor, através de FilterToBeanProxy. FilterToBeanProxy é um filtro servlet especial, que por si só não faz muito. Ao contrário, ele delega seu trabalho a um bean no contexto de aplicação do Spring. O bean delegado implementará a interface javax.servlet.Filter como qualquer outro filtro servlet, mas é configurado no arquivo de configuração do Spring, ao invés do web.xml.

Usando FilterToBeanProxy, você pode configurar o filtro atual no Spring, tirando proveito do suporte do Spring para injeção de dependência. Como ilustrado na figura 11.7, o arquivo web.xml só contém a declaração <filter> para FilterToBeanProxy. O FooFilter atual é configurado no arquivo de configuração do Spring e usa injeção por setter, para setar uma referência a um bean Bar a propriedade bar.

Para usar FilterToBeanProxy, você tem que configurar uma entrada <filter> no arquivo web.xml. Por exemplo, se estiver configurando um FooFilter usando FilterToBeanProxy, seria usado o seguinte código:

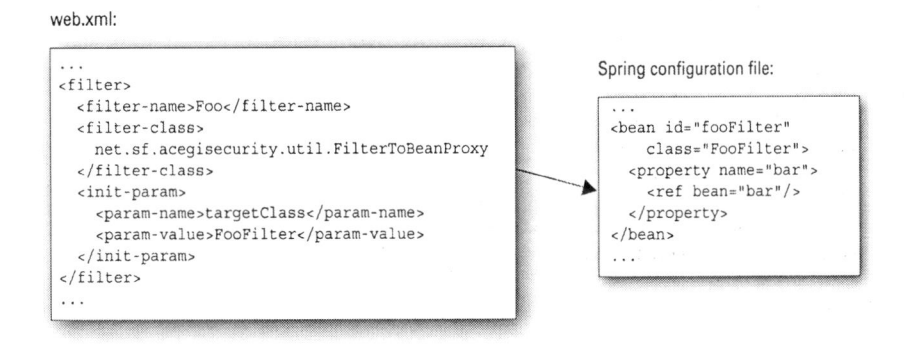

Figura 11.7 - *FilterToBeanProxy realiza proxy do controle de filtros a um bean de filtro delegado, no contexto de aplicação do Spring.*

```
<filter>
   <filter-name>Foo</filter-name>
   <filter-class>net.sf.acegisecurity.util.
       ↪ FilterToBeanProxy</filter-class>
   <init-param>
      <param-name>targetClass</param-name>
      <param-value>
         FooFilter
      </param-value>
   </init-param>
</filter>
```

Aqui, o parâmetro de inicialização targetClass é atribuído ao nome de classe, completamente qualificado, do bean de filtro delegado. Quando este FilterToBeanProxy é inicializado, ele irá procurar por um bean no contexto do Spring do tipo FooFilter. FilterToBeanProxy, que delegará sua filtragem ao bean FooFilter, encontrado no contexto do Spring:

```
<bean id="fooFilter"
        class="FooFilter">
   <property name="bar">
      <ref bean="bar"/>
   </property>
</bean>
```

Se um bean FooFilter não for achado, uma exceção será lançada. Se mais de um bean relacionado for achado, então, o primeiro que for encontrado, será usado.

Opcionalmente, você poderá setar o parâmetro de inicialização de targetBean, ao invés de targetClass, para escolher um bean específico do contexto do Spring. Por exemplo, você poderia escolher o bean fooFilter através do nome, setando targetBean, como segue:

```
<filter>
   <filter-name>Foo</filter-name>
   <filter-class>net.sf.acegisecurity.
       ↪ util.FilterToBeanProxy</filter-class>
   <init-param>
      <param-name>targetBean</param-name>
      <param-value>fooFilter</param-value>
   </init-param>
</filter>
```

O parâmetro de inicialização targetBean lhe permite ser mais específico sobre qual bean delegar a filtragem, mas requer que o nome seja exatamente o mesmo em web.xml e no arquivo de configuração do Spring. Isto criaria trabalho extra, caso você decidisse renomear o bean. Por isto, é melhor usar targetClass, ao invés de targetBean.

Independente de qual você escolher, targetClass ou targetBean, FilterToBeanProxy deve ter acesso ao contexto de aplicação do Spring.

Isto significa que o contexto do Spring tem que ser carregado, utilizando ContextLoaderListener ou ContextLoaderServlet do Spring (ver capítulo 8).

Finalmente, você precisará associar o filtro a um padrão URL. O seguinte <filter-mapping> agrupa o exemplo de autenticação do Acegi do FilterToBeanProxy a um padrão de URL / *, de forma que todas as requisições sejam processadas:

```
<filter-mapping>
    <filter-name>Acegi-Authentication</filter-name>
    <url-pattern>/*</url-pattern>
</filter-mapping>
```

/ * é o padrão de URL indicado para todos os filtros do Acegi. A idéia é que o Acegi deve interceptar todas as requisições e permitir que os gerenciadores de segurança subjacentes decidam, se devem fazer a segurança na requisição e como isso deve ser feito.

Nota Pode ser interessante saber que não há nada sobre FilterToBeanProxy, que seja específico ao Acegi ou que faça segurança da aplicação web. Você pode achar FilterToBeanProxy útil ao configurar seus próprios filtros servlet. Na realidade, por ser tão útil, existem algumas discussões na lista de correspondência dos desenvolvedores do Spring para sugerir que FilterToBeanProxy possa sair do Acegi e entrar no projeto do core do Spring, em algum release futuro.

Agora que você sabe como usar FilterToBeanProxy, está pronto para começar a utilizá-lo, para configurar os componentes web de segurança do Acegi. Comecemos com o filtro, que é central para a segurança do Acegi, o filtro de aplicação de segurança.

11.4.2 Como reforçar a segurança na web

Sempre que um usuário requisitar uma página dentro de sua aplicação web, esta página pode ou não, ser uma página que precise de segurança. No Acegi, um filtro de aplicação de segurança (security enforcement filter) controla a interceptação de requisições, determinando se uma requisição é segura e concedendo autenticação ao permitir que os gerenciadores de decisão de acesso, tenham uma chance para verificar os privilégios e identidade dos usuários. Ele é declarado no arquivo de configuração do Spring, como segue:

```
<bean id="securityEnforcementFilter" class="net.sf.acegisecurity.
    ↪ intercept.web.SecurityEnforcementFilter">
    <property name="securityInterceptor">
        <ref bean="securityInterceptor"/>
    </property>
    <property name="authenticationEntryPoint">
        <ref bean="authenticationEntryPoint"/>
```

```
        </property>
    </bean>
```

Aqui, o SecurityEnforcementFilter foi associado com referências a dois outros beans: authenticationEntryPoint e securityInterceptor. Falaremos mais sobre a propriedade authenticationEntryPoint, um pouco mais além. Por enquanto, foquemos na propriedade securityInterceptor.

COMO USAR UM INTERCEPTOR DE FILTRO DE SEGURANÇA

A propriedade securityInterceptor é associada a uma referência de um bean de mesmo nome. Se você se lembra da analogia sobre a fechadura de portas, neste capítulo, o interceptor de segurança é o trinco que deve ser liberado, para que a porta seja aberta. É o que coordena os esforços do gerenciador de autenticação, do gerenciador de decisão de acesso e o gerenciador run-as.

Para o propóstio de segurança web, a classe FilterSecurityInterceptor do Acegi executa o trabalho do interceptor de segurança. Ele é declarado no arquivo de configuração do Spring, como segue:

```
<bean id="securityInterceptor" class="net.sf.acegisecurity.
       ↪ intercept.web.FilterSecurityInterceptor">
    <property name="authenticationManager">
        <ref bean="authenticationManager"/>
    </property>
    <property name="accessDecisionManager">
        <ref bean="accessDecisionManager"/>
    </property>
    <property name="objectDefinitionSource">
        <value>
            CONVERT_URL_TO_LOWERCASE_BEFORE_COMPARISON
            \A/admin/.*\Z=ROLE_ADMIN
            \A/student/.*\Z=ROLE_STUDENT,ROLE_ALUMNI
            \A/instruct/.*\Z=ROLE_INSTRUCTOR
        </value>
    </property>
</bean>
```

As primeiras duas propriedades associadas aqui, são referências aos beans gerenciador de autenticação e gerenciador de decisão de acesso, definidos anteriormente neste capítulo. O interceptor de segurança usará o gerenciador de autenticação para determinar se um usuário está logado e para obter os privilégios concedidos ao usuário. Ele usará o gerenciador de decisão de acesso para determinar se o usuário tem os privilégios apropriados para acessar o recurso seguro.

A propriedade objectDefinitionSource informa ao interceptor de segurança, quais privilégios são requeridos para as várias requisições que são interceptadas. Esta propriedade tem um editor de propriedade que facilita configurá-la como um valor String.

A String é composta por diversas linhas e qualquer uma delas poderia ser uma diretiva ou uma URL, para o mapeamento de privilégios.

Como definido acima, a primeira linha do valor objectDefinitionSource é uma diretiva, que indica que a URL da requisição deve ser normalizada para minúscula, antes de ser comparada com quaisquer um dos padrões que seguem.

As linhas restantes desta propriedade mapeiam padrões de URL aos privilégios, que devem ser concedidos ao usuário, para que este tenha acesso a essas URLs. Como mostrado aqui, os padrões de URL estão na forma de expressões regulares. Portanto, como definido na propriedade objectDefinitionSource do bean securityInterceptor:

- /admin/reports.htm irá requerer que seja concedida ao usuário o privilégio ROLE_ADMIN.

- /student/manageSchedule.htm irá requerer que seja concedida ao usuário o privilégio ROLE_STUDENT ou ROLE_ALUMNI.

- /instruct/postCourseNotes.htm irá requerer que seja concedida ao usuário o privilégio ROLE_INSTUCTOR.

Se preferir, poderá usar padrões de URL no estilo Ant, ao invés de expressões regulares, ao acrescentar uma diretiva PATTERN_TYPE_APACHE_ANT ao código de definição do objeto. Por exemplo, a seguinte definição de objectDefinitionSource é equivalente para um dos mencionados acima:

```
<property name="objectDefinitionSource">
    <value>
        CONVERT_URL_TO_LOWERCASE_BEFORE_COMPARISON
        PATTERN_TYPE_APACHE_ANT
        /admin/**=ROLE_ADMIN
        /student/**=ROLE_STUDENT,ROLE_ALUMNI
        /instruct/**=ROLE_INSTRUCTOR
    </value>
</property>
```

Como todos os filtros do Acegi, o filtro de aplicação de segurança é um bean de filtro delegado, que é defrontado por FilterToBeanProxy. Isto significa que o primeiro passo na configuração de um filtro de aplicação de segurança é acrescentar os elementos <filter> e <filter-mapping> para FilterToBeanProxy, no arquivo web.xml da aplicação:

```
<filter>
    <filter-name>Acegi-Security</filter-name>
    <filter-class>net.sf.acegisecurity.util.
        ↪ FilterToBeanProxy</filter-class>
    <init-param>
        <param-name>targetBean</param-name>
```

```
    <param-value>securityEnforcementFilter</param-value>
  </init-param>
</filter>
...
<filter-mapping>
  <filter-name>Acegi-Security</filter-name>
  <url-pattern>/*</url-pattern>
</filter-mapping>
```

Note que o <url-pattern> do <filter-mapping> mapeia o filtro de aplicação de segurança para filtrar todas as requisições. Isto é típico dos filtros do Acegi. A idéia é filtrar todas as requisições e permitir que a fonte de definição do objeto interceptor de segurança, determine se o filtro tem algum trabalho a fazer.

Nota   Ao longo desta seção, você acrescentará diversos elementos <filter> e <filter-mapping> ao arquivo web.xml, todos eles utilizando FilterToBeanProxy. Só porque todos eles têm a mesma classe de filtro, não pense nesses filtros como sendo substituíveis, um pelo outro. Embora todos esses filtros utilizem a mesma classe FilterToBeanProxy, todos servem a propósitos diferentes e delegam para beans diferentes, no contexto do Spring. A menos que seja dito algo, todos são requeridos para o funcionamento de segurança web do Acegi.

Suponha que uma requisição seja submetida a uma página, que é designada para ser segura. Se o usuário já foi autenticado e foram concedidos os privilégios apropriados, então, o filtro de aplicação de segurança permitirá acesso à página. Mas e se o usuário ainda não foi autenticado?

11.4.3 Como processar um login

Como você lembrará, o filtro de aplicação de segurança foi associado a uma referência de authenticationEntryPoint. Quando o filtro de aplicação de segurança determina que um usuário não foi autenticado, ele passa o controle para um *ponto de entrada de autenticação* (authentication entry point).

O propósito inicial de um ponto de entrada de autenticação é pedir ao usuário para fazer login. O Acegi vem com três pontos de entrada de autenticação:

- BasicProcessingFilterEntryPoint — Solicita ao usuário com uma caixa de diálogo de login do browser, ao enviar uma mensagem HTTP 401 (Não autorizado) para o browser

- AuthenticationProcessingFilterEntryPoint — Redireciona o usuário para uma página de login baseada em um formulário HTML

- CasProcessingFilterEntryPoint — Redireciona o usuário para uma página de login Yale CAS

Independente de qual ponto de entrada de autenticação foi usado, o usuário será solicitado a identificar-se, fornecendo um nome de usuário e senha. Quando o usuário submete o nome de usuário e a senha, o Acegi precisará de uma maneira para dar a seu gerenciador de autenticação, uma chance para autenticar o usuário.

O trabalho de controlar a requisição de autenticação cairá para um filtro de processamento de autenticação (authentication-processing filter). O Acegi vem com três filtros de processamento de autenticação:

- BasicProcessingFilter — Controla pedidos de autenticação Básica
- AuthenticationProcessingFilter — Controla pedidos de autenticação baseados em formulários
- CasProcessingFilter — Autentica usuários baseado na presença e validade de um ticket de serviço CAS

Como você pode ver, o três filtros de processamento de autenticação espelham os três pontos de entrada de autenticação. Na realidade, cada ponto de entrada de autenticação é associado a um filtro de processamento de autenticação, para compor o quadro de login completo. Isto é ilustrado na figura 11.8.

Figura 11.8 - *Pontos de entrada de autenticação e filtros de processamento de autenticação trabalham juntos para autenticar um usuário web.*

Um ponto de entrada de autenticação dá inicio ao processo de login, solicitando ao usuário fazer login. Depois que o usuário submeter a informação solicitada, um filtro de processamento de autenticação tentará autenticar o usuário (com ajuda do gerenciador de autenticação).

Daremos uma olhada melhor, em como isto funciona, com cada um dos três tipos de autenticação disponível no Acegi, começando com a autenticação Básica.

Autenticação básica

A forma mais simples de autenticação baseada em web é conhecida como autenticação Básica. A autenticação Básica funciona quando o servidor envia uma resposta HTTP 401 (Não autorizado) para o browser. Quando o browser vê esta resposta, ele solicita ao usuário que faça o login. Assim, o browser mostra uma caixa de diálogo para que o usuário insira um nome de usuário e uma senha.

Quando o usuário submete o login, o browser manda as informações de volta ao servidor, para executar a autenticação. Se a autenticação tiver êxito, o usuário será enviado para a URL desejada. Caso contrário, o servidor pode mandar de volta outra resposta HTTP 401, e o browser solicitará o login novamente ao usuário.

O uso da Autenticação Básica com o Acegi começa com a configuração de um bean BasicProcessingFilterEntryPoint:

```
<bean id="authenticationEntryPoint" class="net.sf.acegisecurity.
    ➡ ui.basicauth.BasicProcessingFilterEntryPoint">
    <property name="realmName">
        <value>Spring Training</value>
    </property>
</bean>
```

BasicProcessingFilterEntryPoint tem somente uma propriedade. A propriedade realmName especifica uma String arbitrária, que é exibida no diálogo de login para dar aos usuários alguma indicação do que lhes está sendo pedido ao fazer login.

Depois do usuário clicar no botão OK no diálogo de login, o nome de usuário e a senha são submetidos através do cabeçalho HTTP, de volta ao servidor. Neste momento, BasicProcessingFilter apanha e processa essas informações.

```
<bean id="basicProcessingFilter" class="net.sf.acegisecurity.
        ➡ ui.basicauth.BasicProcessingFilter">
    <property name="authenticationManager">
        <ref bean="authenticationManager"/>
    </property>
    <property name="authenticationEntryPoint">
        <ref bean="authenticationEntryPoint"/>
    </property>
</bean>
```

BasicProcessingFilter busca o nome de usuário e a senha do cabeçalho de HTTP e os envia para o gerenciador de autenticação, no qual é associado através da propriedade authenticationManager. Se a autenticação obtiver êxito, um objeto Authentication é colocado na sessão para futura referência. Caso contrário, se a autenticação falhar, então o controle é passado para o ponto de entrada da autenticação (associado através da propriedade authenticationEntryPoint) para dar ao usuário uma outra chance.

Como todos os filtros do Acegi, BasicProcessingFilter precisa de um FilterToBeanProxy correspondente, configurado no web.xml da aplicação:

```
<filter>
    <filter-name>Acegi-Authentication</filter-name>
    <filter-class>net.sf.acegisecurity.
```

```
      ↪ util.FilterToBeanProxy</filter-class>
  <init-param>
    <param-name>targetBean</param-name>
    <param-value>
      net.sf.acegisecurity.ui.basicauth.BasicProcessingFilter
    </param-value>
  </init-param>
</filter>
...
<filter-mapping>
  <filter-name>Acegi-Authentication</filter-name>
  <url-pattern>/*</url-pattern>
</filter-mapping>
```

Autenticações baseadas em formulários

Embora a autenticação BÁSICA possa funcionar bem para aplicações simples, ela tem algumas limitações. Primeiramente, a caixa diálogo de login, que aparece no browser, não é amigável e tampouco esteticamente atraente. A autenticação baseada em formulários supera esta limitação e é mais apropriada para a maioria das aplicações. Ao invés de ser apresentada uma caixa de diálogo para fazer login, o usuário é incitado a fazer login, através de um formulário web.

O AuthenticationProcessingFilterEntryPoint do Acegi é um ponto de entrada de autenticação que solicita ao usuário o login, através de um formulário baseado em HTML. Você poderá configurá-lo no arquivo de configuração do Spring, como segue:

```
<bean id="authenticationEntryPoint" class="net.sf.acegisecurity.
    ↪ ui.webapp.AuthenticationProcessingFilterEntryPoint">
  <property name="loginFormUrl">
    <value>/jsp/login.jsp</value>
  </property>
  <property name="forceHttps"><value>true</value></property>
</bean>
```

A propriedade loginFormUrl é configurada com a URL de um formulário de login. AuthenticationProcessingFilterEntryPoint redirecionará o usuário a esta URL para o login. Neste caso, ele redireciona a um arquivo de JSP, que pode conter o seguinte formulário:

```
<form method="POST" action="j_acegi_security_check">
  <input type="text" name="j_username"><br>
  <input type="password" name="j_password"><br>
  <input type="submit">
</form>
```

O formulário de login tem que ter dois campos, denominados j_username e j_password, nos quais o usuário entrará com o nome de usuário e senha. O atributo action do formulário foi preenchido com j_acegi_security_check, que será interceptado por AuthenticationProcessingFilter.

AuthenticationProcessingFilter é um filtro que processa autenticações baseadas em formulários. Ele é configurado no arquivo de configuração do Spring, como segue:

```
<bean id="authenticationProcessingFilter"
        class="net.sf.acegisecurity.
    ui.webapp.AuthenticationProcessingFilter">
    <property name="filterProcessesUrl">
        <value>/j_acegi_security_check</value>
    </property>
    <property name="authenticationFailureUrl">
        <value>/jsp/login.jsp?failed=true</value>
    </property>
    <property name="defaultTargetUrl">
        <value>/</value>
    </property>
    <property name="authenticationManager">
        <ref bean="authenticationManager"/>
    </property>
</bean>
```

A propriedade filterProcessesUrl informa a AuthenticationProcessingFilter qual URL ele deve interceptar. Esta é a mesma URL que está no atributo action do formulário de login. Ela é padronizada como /j_acegi_security_check, mas a definimos explicitamente aqui, para ilustrar que você poderá mudá-la, se assim desejar.

A propriedade authenticationFailureUrl indica para onde os usuários serão enviados, caso a autenticação seja negada. Neste caso, nós os enviaremos de volta à página de login, passando a um parâmetro para indicar que a autenticação falhou (de forma que uma mensagem de erro possa ser exibida).

Em circunstâncias normais, quando a autenticação for bem sucedida, AuthenticationProcessingFilter, colocará um objeto de Authentication na sessão e irá redirecionar o usuário à página desejada. Ele saberá qual é a página desejada porque SecurityEnforcementFilter põe a URL original na sessão HTTP, antes de entregar o controle para o ponto de entrada de autenticação. Quando AuthenticationProcessingFilter autentica o usuário com sucesso, ele recupera a URL desejada da sessão e redireciona o usuário para ela.

A propriedade defaultTargetUrl define o que acontecerá na circunstância incomum da URL desejada, não estar na sessão. Isto poderia acontecer se o usuário chegou à tela de login, através de um bookmark ou outro meio, sem ter passado por SecurityEnforcementFilter.

Com o AuthenticationProcessingFilter definido no Spring, a última coisa a fazer é configurar um FilterToBeanProxy, que será delegada ao bean authenticationProcessingFilter:

```
<filter>
   <filter-name>Acegi-Authentication</filter-name>
   <filter-class>net.sf.acegisecurity.
                 ↪ util.FilterToBeanProxy</filter-class>
   <init-param>
      <param-name>targetClass</param-name>
      <param-value>
         net.sf.acegisecurity.ui.webapp.AuthenticationProcessingFilter
      </param-value>
   </init-param>
</filter>
...
<filter-mapping>
   <filter-name>Acegi-Authentication</filter-name>
   <url-pattern>/*</url-pattern>
</filter-mapping>
```

Autenticação CAS

Na seção 11.2.4, você viu como configurar CasAuthenticationManager para autenticar tickets de serviço CAS, num servidor CAS. Mas a grande pergunta deixada sem resposta naquela seção, é como o usuário é enviado à tela de login do CAS.

O CasProcessingFilterEntryPoint do Acegi é um ponto de entrada de autenticação que envia o usuário ao servidor CAS, para que ele faça o login. Você poderá declará-lo no arquivo de configuração do Spring, como segue:

```
<bean id="authenticationEntryPoint" class="net.sf.acegisecurity.
      ↪ ui.cas.CasProcessingFilterEntryPoint">
   <property name="loginUrl">
      <value>https://localhost:8443/cas/login</value>
   </property>
   <property name="serviceProperties">
      <ref bean="serviceProperties"/>
   </property>
</bean>
```

As duas propriedades de CasProcessingFitlerEntryPoint são bastante auto-explicativas. A propriedade loginUrl especifica a URL da página de login CAS, enquanto a propriedade serviceProperties é uma referência ao mesmo bean serviceProperties, declarado na seção 11.2.4.

Independente do usuário realizar o login no CAS com êxito ou não, você precisa ter certeza que CasAuthenticationManager consegue autenticar o ticket CAS, antes de permitir o acesso ao recurso seguro. CasProcessingFilter é um filtro de processamento que intercepta requisições do servidor CAS, que contenham o ticket para serem autenticados.

```
<bean id="authenticationProcessingFilter"
            class="net.sf.acegisecurity.ui.cas.CasProcessingFilter">
    <property name="filterProcessesUrl">
      <value>/j_acegi_cas_security_check</value>
    </property>
    <property name="authenticationManager">
      <ref bean="authenticationManager"/>
    </property>
    <property name="authenticationFailureUrl">
      <value>/authenticationfailed.jsp</value>
    </property>
    <property name="defaultTargetUrl">
      <value>/</value>
    </property>
</bean>
```

CasProcessingFilter tem as mesmas propriedades que AuthenticationProcessing-Filter. Mas ele coloca uma atenção particular na propriedade filterProcessesUrl. Aqui, ela é setada como /j_acegi_cas_security_check. Na seção 11.2.4, nós setamos a propriedade service do bean serviceProperties para uma URL, que termine com o mesmo padrão.

Depois de um login bem-sucedido no servidor CAS, o CAS irá redirecionar o usuário a uma URL de serviço. Numa aplicação não-Acegi, isso poderia ser qualquer URL arbitrária da aplicação assegurada. Mas quando asseguramos uma aplicação com o Acegi, você deve ter certeza que o CasAuthenticationManager é chamado para controlar o lado da autenticação do Acegi, como também cuidar dos privilégios de usuário.

No lado do servidor CAS, a propriedade service do bean serviceProperties informa ao CAS onde conseguir um login. No lado do cliente, a propriedade filterProcessesUrl certifica-se que CasProcessingFilter responda essa requisição e envie o ticket CAS no CasAuthenticationManager para autenticação.

11.4.4 Como configurar o contexto de segurança

Durante o caminho de uma requisição, a informação de autenticação de um usuário é carregada dentro um ContextHolder (que é efetivamente um ThreadLocal). Cada filtro na cadeia de filtros do Acegi acessa a autenticação do usuário, através de ContextHolder.

Mas um ThreadLocal não sobrevive entre as requisições. Portanto, o Acegi tem que achar algum lugar conveniente para armazenar a autenticação do usuário, de forma que ela fique disponível para a próxima requisição. É ai onde os filtros de integração do Acegi entram em jogo.

Um filtro de integração começa seu ciclo de vida procurando pelo objeto de autenticação do usuário, em um local bem conhecido — tipicamente a sessão HTTP. Ele constrói um novo objeto ContextHolder e coloca o objeto Authenticatio dentro deste.

Depois que a requisição estiver completa, o filtro de integração puxa o objeto de Authentication para fora de ContextHolder e o coloca de volta em um local bem conhecido, para que ele espere por outra requisição.

O Acegi vem com diversos filtros de integração, mas HttpSessionIntegrationFilter é o mais apropriado para a maioria dos casos. Ele mantém o objeto Authentication na sessão HTTP, entre as requisições. Você poderá configurá-lo no arquivo de configurações do Spring, desta forma:

```
<bean id="integrationFilter" class="net.sf.acegisecurity.
    ↳ ui.webapp.HttpSessionIntegrationFilter"/>
```

Finalmente, você precisará configurar um filtro FilterToBeanProxy no web.xml que será delegado para o bean integrationFilter:

```
<filter>
    <filter-name>Acegi-Integration</filter-name>
    <filter-class>net.sf.acegisecurity.util.FilterToBeanProxy
        ↳ </filter-class>
    <init-param>
        <param-name>targetClass</param-name>
        <param-value>net.sf.acegisecurity.ui.AutoIntegrationFilter
            ↳ </param-value>
    </init-param>
</filter>
...
<filter-mapping>
    <filter-name>Acegi-Integration</filter-name>
    <url-pattern>/*</url-pattern>
</filter-mapping>
```

É importante que a entrada <filter-mapping> seja colocada depois de todas as entradas <filter-mapping>, para os outros filtros do Acegi.

11.4.5 Como garantir um canal seguro

Existem certas páginas, dentro de uma aplicação web segura, que irão carregar informações restritas. Se estas informações forem entregues através de um canal inseguro (como o HTTP), existe o risco de que algum hacker intercepte os dados e os utilize para seus propósitos.

Exemplos comuns disto incluem uma página de login ou qualquer página onde informações de cartões de crédito de um usuário são inseridas ou exibidas. Caso a segurança destas informações seja comprometida, os dados pessoais de um indivíduo poderiam ser usados para a realização de compras ou até mesmo para alguém assumir a identidade do usuário. É muito importante que os usuários sintam que suas informações permanecem confidenciais, caso contrário, eles não utilizarão seu site. Ou pior, eles poderão recorrer a litígio, para assegurar que você os compensará por sua perda.

Os HTTPS ajudam a prevenir que criminosos high-tech interceptem dados restritos pela Internet, ao encriptar mensagens enviadas entre servidor e browser. Usar HTTPS é freqüentemente tão simples quanto usar "https://" em uma URL, ao invés de "http://." Porém, isto requer que você se lembre de acrescentar o "s", toda vez que você fizer um link a uma página, que exiba dados restritos. Pode parece fácil, mas por experiência própria, já perdemos a conta de quantas vezes já esquecemos o "s".

O Acegi oferece uma solução através de seu ChannelProcessingFilter. ChannelProcessingFilter assegura que as páginas da aplicação web são entregues, através de canais apropriados (HTTP ou HTTPS) — independente de você se lembrar ou não de colocar o "https://" no link da URL.

Para utilizar ChannelProcessingFilter, você deve acrescentar outra configuração FilterToBeanProxy no arquivo web.xml de sua aplicação web:

```
<filter>
   <filter-name>Acegi-Channel</filter-name>
   <filter-class>net.sf.acegisecurity.util.FilterToBeanProxy
          ➥ </filter-class>
   <init-param>
      <param-name>targetClass</param-name>
      <param-value>
           net.sf.acegisecurity.securechannel.ChannelProcessingFilter
      </param-value>
   </init-param>
</filter>
...
<filter-mapping>
   <filter-name>Acegi-Channel</filter-name>
   <url-pattern>/*</url-pattern>
</filter-mapping>
```

É muito importante que o <filter-mapping> para ChannelProcessingFilter apareça no web.xml, antes de qualquer outro <filter-mapping>. Isso se dá porque ChannelProcessingFilter precisa assegurar que a requisição está sendo enviada, através do canal apropriado, antes de permitir que qualquer um dos outros filtros realizem seu trabalho.

Uma vez que você configure FilterToBeanProxy no web.xml, precisará declarar o bean do filtro delegado, no arquivo de configuração do Spring:

```
<bean id="channelProcessingFilter" class="net.sf.acegisecurity.
          ➥ securechannel.ChannelProcessingFilter">
   <property name="filterInvocationDefinitionSource">
      <value>
          CONVERT_URL_TO_LOWERCASE_BEFORE_COMPARISON
          \A/secure/.*\Z=REQUIRES_SECURE_CHANNEL
          \A/login.jsp.*\Z=REQUIRES_SECURE_CHANNEL
          \A/j_acegi_security_check.*\Z=REQUIRES_SECURE_CHANNEL
          \A.*\Z=REQUIRES_INSECURE_CHANNEL
```

```
      </value>
    </property>
    <property name="channelDecisionManager">
      <ref bean="channelDecisionManager"/>
    </property>
</bean>
```

É na propriedade filterInvocationDefinitionSource que você define quais páginas devem ser seguras ou não. Da mesma maneira que com um FilterSecurityInterceptor (seção 11.4.2), um editor de propriedade interpretará esta propriedade. A primeira linha indica que a URL da requisição deve ser convertida em minúscula, antes de ser comparada com os padrões das linhas que seguem.

Cada linha, após a primeira, associa uma regra de canal com um padrão de URL. Neste caso, usaremos expressões regulares para definir os padrões de URL, mas da mesma maneira que com os interceptadores de segurança, você também pode usar padrões do tipo Ant, ao acrescentar a diretiva PATTERN_TYPE_APACHE_ANT. Existem duas regras de canal que podem ser aplicadas a um padrão de URL:

- REQUIRES_SECURE_CHANNEL — Indica que as URLs que combinem com o padrão *devem* ser entregues, através de um canal seguro (por exemplo, HTTPS)

- REQUIRES_INSECURE_CHANNEL — Indica que as URLs que combinem com o padrão devem ser entregues, através de um canal inseguro (por exemplo, HTTP)

Neste caso, declaramos que a página de login, o filtro de autenticação (/j_acegi_security_check) e qualquer página abaixo do caminho "/secure" devem ser entregues, através de um canal seguro. Qualquer outra URL deverá ser entregue, através de um canal inseguro.

ChannelProcessingFilter não trabalha sozinho quando reforça a segurança de um canal. Ele colabora com um ChannelDecisionManager, como referenciado pela propriedade channelDecisionManager, que em troca, delegará responsabilidade para um ou mais ChannelProcessors. Este relacionamento é reminiscente do relacionamento entre um AccessDecisionManager e seu AccessDecisionVoters. A figura 11.9 ilustra este relacionamento.

O gerenciador de decisão de canal deve ser responsável por decidir se o canal da URL da requisição adequa-se às regras de segurança do canal (definidas pela propriedade filterInvocationDefinitionSource de ChannelProcessingFilter). Entertanto, ChannelDecisionManagerImpl, que é a implementação (pré-embalada) do Acegi para o ChannelDecisionManager, deixa essa decisão a cargo dos processadores de canal.

ChannelDecisionManagerImpl itera sobre seus processadores de canal, dando-lhes uma oportunidade de sobrepor o canal da requisição.

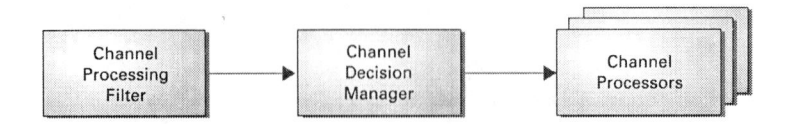

Figura 11.9 - Um filtro channel-processing confia num gerenciador de decisão de canal, para decidir quando trocar para um canal seguro. Se uma troca for necessária, um processador de canal realizará essa troca.

Um processador de canal examina a requisição e assegura as regras de segurança de canal. Se o processador de canal discordar do canal da requisição, então ele executará um redirecionamento para assegurar-se de que a requisição é suficientemente segura.

Agora que você já viu como todo ChannelProcessingFilter funciona, está na hora de juntar todas as partes do quebra-cabeça. Como você viu anteriormente, a propriedade channelDecisionManager do bean channelProcessingFilter está associada a uma referência de um channelDecisionManager. O bean channelDecisionManager é declarado, como segue:

```
<bean id="channelDecisionManager" class= "net.sf.acegisecurity.
    ➥ securechannel.ChannelDecisionManagerImpl">
  <property name="channelProcessors">
    <list>
      <ref bean="secureChannelProcessor"/>
      <ref bean="insecureChannelProcessor"/>
    </list>
  </property>
</bean>
```

Os processadores de canal ChannelDecisionManagerImpl são fornecidos por sua propriedade channelProcessors. Neste caso, nós fornecemos dois processadores de canal, os quais são declarados com o seguinte XML:

```
<bean id="secureChannelProcessor" class="net.sf.acegisecurity.
    ➥ securechannel.SecureChannelProcessor"/>
<bean id="insecureChannelProcessor" class=
    "net.sf.acegisecurity.securechannel.InsecureChannelProcessor"/>
```

SecureChannelProcessor irá considerar a regra de segurança de canal associada com a URL da requisição. Se a regra for REQUIRES_SECURE_CHANNEL e a requisição não for segura, então SecureChannelProcessor redirecionará para um formulário seguro da requisição. Por exemplo, baseado no valor de filterInvocationDefinitionSource dado ao bean channelProcessingFilter:

- http://www.springinaction.com/training/secure/editCourse.htm será redirecionada para https://www.springinaction.com/training/secure/editCourse.htm, pois ele combina com o padrão de URL que tem uma regra REQUIRES_SECURE_CHANNEL.

- http://www.springinaction.com/training/j_acegi_security_check será redirecionado para https://www.springinaction.com/training/j_acegi_security_check, porque ele combina com o padrão de URL que tem uma regra REQUIRES_SECURE_CHANNEL.

- http://www.springinaction.com/training/displayCourse.htm não será redirecionado, porque ele combina com um padrão de URL que não tem uma regra REQUIRES_SECURE_CHANNEL.

- https://www.springinaction.com/training/j_acegi_security_check não será redirecionado, porque já está seguro.

InsecureChannelProcessor é o oposto funcional de SecureChannelProcessor. Ao invés de assegurar que uma requisição seja entregue através de um canal seguro, ele assegura que uma requisição seja entregue através de um canal inseguro. Por exemplo:

- https://www.springinaction.com/training/displayCourse.htm será redirecionado para http://www.springinaction.com/training/displayCourse.htm, porque combina com padrão de URL que tem uma regra REQUIRES_INSECURE_CHANNEL.

- https://www.springinaction.com/training/j_acegi_security_check não será redirecionado, porque ele combina com um padrão de URL que não tem uma regra REQUIRES_INSECURE_CHANNEL.

- http://www.springinaction.com/training.displayCourse.htm não será redirecionado, porque combina com um padrão de URL que tem um REQUIRES_INSECURE_CHANNEL e já é inseguro.

Antes de encerrarmos o assunto sobre o suporte do Acegi para segurança baseada na web, vejamos como usar a tag library do Acegi, para reforçar as regras de segurança dentro de uma página na aplicação web.

11.4.6 Como usar a tag library do Acegi

Chamá-la de tag library é um pouco de exagero. Na realidade, o Acegi vem só com uma tag JSP: a tag <authz:authorize>.

Enquanto o filtro de execução de segurança do Acegi impede que os usuários naveguem através de uma página, que não tem permissão para ver, é freqüentemente melhor não oferecer um link para a página restrita, em primeiro lugar. A tag <authz:authorize> ajuda a mostrar ou esconder conteúdo web baseado na autorização ou não do usuário.

<authz:authorize> é um código de controle de fluxo que exibe seu conteúdo, quando são satisfeitas certas exigências de segurança. Ela tem três parâmetros mutuamente exclusivos:

- ifAllGranted — Uma lista de privilégios separados por vírgulas, na qual o usuário deve ter todos, para que o conteúdo da tag seja renderizado.

- ifAnyGranted — Uma lista de privilégios separados por vírgulas, na qual o usuário deve ter, pelo menos um, para que o conteúdo da tag seja renderizado.

- ifNotGranted — Uma lista de privilégios separados por vírgulas, na qual o usuário não deve ter nenhum, para que o conteúdo da tag seja renderizado.

Você pode imaginar facilmente como a tag <authz:authorize> pode ser usada num JSP, para limitar as ações dos usuários baseadas nos privilégios concedidos. Por exemplo, a aplicação Spring Treinamentos tem uma página de detalhes dos cursos que exibe informações sobre um determinado curso para o usuário. Seria conveniente para um administrador navegar diretamente, a partir da tela de detalhes de cursos, para uma lista de edição de cursos, para que pudesse atualizar as informações sobre tal curso. Mas você não gostaria que esse link aparecesse para qualquer pessoa, que não fossem os administradores.

Usando a tag <authz:authorize>, você pode impedir que o link da tela de edição de cursos seja exibido, a menos que o usuário tenha privilégios administrativos:

```
<authz:authorize ifAllGranted="ROLE_ADMINISTRATOR">
  <a href="admin/editCourse.htm?courseId=${course.id}">
    Edit Course
  </a>
</authz:authorize>
```

Aqui, utilizamos o parâmetro ifAllGranted, mas já que há somente um privilégio sendo conferido, ifAnyGranted funcionaria também. A segurança de uma aplicação Web é somente, um lado da funcionalidade do Acegi. Agora, examinemos o outro lado — as chamadas a métodos seguros.

11.5 COMO FAZER A SEGURANÇA NA CHAMADA DE MÉTODOS

Considerando que o Acegi utilizou filtros servlet para fazer a segurança das requisições, ele tira proveito do suporte a AOP do Spring, para fornecer uma segurança declarativa em nível de método. Isto significa que ao invés de configurar um SecurityEnforcementFilter para forçar a segurança, você irá configurar um proxy AOP do Spring, que intercepta chamadas de métodos e passa o controle a um interceptor de segurança.

11.5.1 Como criar um aspecto de segurança

Provavelmente, a maneira mais fácil de configurar um proxy AOP é usar BeanNameAutoProxyCreator do Spring e simplesmente listar os beans que você quer que sejam assegurados[3]. Por exemplo, suponha que quisesse assegurar os beans courseService e billingService:

---

[3] Esta é somente uma sugestão. Se preferir, um dos outros mecanismos para fazer proxy de beans (como discutido no capítulo 4), como ProxyFactorybean ou DefaultAdvisorAutoProxyCreator, sinta-se livre para usá-los.

```
<bean id="autoProxyCreator" class="org.springframework.
        ↩ aop.framework.autoproxy.BeanNameAutoProxyCreator">
  <property name="interceptorNames">
    <list>
      <value>securityInterceptor</value>
    </list>
  </property>
  <property name="beanNames">
    <list>
      <value>courseService</value>
      <value>billingService</value>
    </list>
  </property>
</bean>
```

Aqui, o criador de auto-proxy foi instruído para fazer proxy de seus beans, com um único interceptador, um bean denominado securityInterceptor. Esse bean é configurado como segue:

```
<bean id="securityInterceptor" class="net.sf.acegisecurity.
        ↩ intercept.method.MethodSecurityInterceptor">
  <property name="authenticationManager">
    <ref bean="authenticationManager"/>
  </property>
  <property name="accessDecisionManager">
    <ref bean="accessDecisionManager"/>
  </property>
  <property name="objectDefinitionSource">
    <value>
      com.springinaction.springtraining.service.
      ↩ CourseService.createCourse=ROLE_ADMIN
      com.springinaction.springtraining.service.
      ↩ CourseService.enroll*=ROLE_ADMIN,ROLE_REGISTRAR
    </value>
  </property>
</bean>
```

MethodSecurityInterceptor faz pelos chamados de método, o que FilterSecurityInterceptor faz pelas requisições de servlet. Isto é, ele intercepta o chamado e coordena os esforços do gerenciador de autenticação e do gerenciador de decisão de acesso, para assegurar que as exigências do método sejam satisfeitas.

Note que as propriedades authenticationManager e accessDecisionManager são iguais às do FilterSecurityInterceptor. Na realidade, você poderá associar os mesmos beans nestas propriedades, da mesma forma que você fez com FilterSecurityInterceptor.

MethodSecurityInterceptor também tem uma propriedade objectDefinitionSource, assim como FilterSecurityInterceptor. Mas, embora ela sirva para o mesmo propósito que com FilterSecurityInterceptor, ela é configurada de uma forma um pouco diferente.

Ao invés de associar padrões de URL com privilégios, esta propriedade associa padrões de métodos com privilégios que são requeridos para chamar o método.

Um padrão de método inclui o nome de classe completamente qualificado e o nome dos métodos a serem assegurados. Note que você pode usar wildcards tanto no começo quanto no fim de um padrão de método, a fim de associar múltiplos métodos.

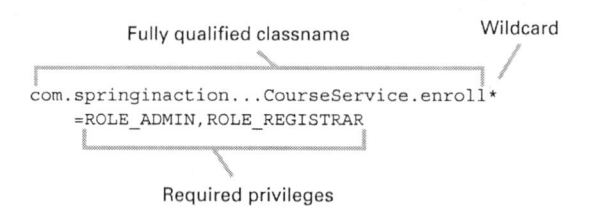

Quando um método assegurado é chamado, MethodSecurityInterceptor determinará se o usuário foi autenticado e se lhe foi concedido os privilégios apropriados para fazer a chamada ao método. Nesse caso, a chamada prosseguirá com o método alvo. Caso contrário, um AcegiSecurityException será lançado. Mais especificamente, um AuthenticationException será lançado se o usuário não puder ser autenticado. Ou, se o usuário não teve permissão concedida para realizar a chamada, um AccessDeniedException será lançado.

De acordo com a filosofia de exceção do Spring, AcegiSecurityException é uma exceção não-checada. O código que chama pode capturar ou ignorar a exceção.

A criação dos atributos de segurança de métodos no arquivo de configuração do Spring é apenas uma maneira de declarar segurança, em nível de método. Você já viu como usar o Jakarta Commons Attributes para declarar políticas de transação (capítulo 4) e mapeamentos de URL (capítulo 8). Agora, daremos uma olhada em como usar o Jakarta Commons Attributes, para declarar atributos de segurança.

11.5.2 Como assegurar métodos usando metadados

Bem como as transações e mapeamentos de controladores, a primeira coisa que você tem que fazer é declarar uma implementação de metadados, para informar ao Spring como carregar os metadados. Se você ainda não acrescentou um bean CommonsAttributes ao seu contexto de aplicação, você precisará acrescentá-lo agora:

```
<bean id="attributes"
    class="org.springframework.metadata.commons.CommonsAttributes"/>
```

Em seguida, precisará declarar uma fonte de definição de objeto. Na seção 11.5.1, você definiu uma fonte de definição de objeto ao setar a propriedade objectDefinitionSource, com uma String que mapeava atributos de segurança aos métodos.

Mas desta vez, você irá declarar atributos de segurança diretamente no código fonte do objeto assegurado. O MethodDefinitionAttributes do Acegi é uma fonte de definição de objeto, que recupera seus atributos de segurança, a partir dos metadados do objeto assegurados:

```
<bean id="objectDefinitionSource" class="net.sf.acegisecurity.
    intercept.method.MethodDefinitionAttributes">
    <property name="attributes"><ref bean="attributes"/></property>
</bean>
```

A propriedade attributes de MethodDefinitionAttributes é associada com uma referência ao bean attributes, de forma que ela saberá como colocar atributos de segurança, utilizando o Jakarta Commons Attributes[4].

Agora que objectDefinitionSource está configurado, associe-o na propriedade objectDefinitionSource de MethodSecurityInterceptor (substituindo a definição de String, da seção 11.5.1):

```
<bean id="securityInterceptor" class="net.sf.acegisecurity.
        intercept.method.MethodSecurityInterceptor">
...
    <property name="objectDefinitionSource">
        <ref bean="objectDefinitionSource"/>
    </property>
</bean>
```

Agora, você está pronto para inserir tags no seu código, com atributos de segurança. O único atributo de segurança que você precisa saber é SecurityConfig, que associa um privilégio com um método. Por exemplo, o seguinte código mostra como inserir o método enrollStudentInCourse() de CourseService, para requerer tanto privilégios ROLE_ADMIN quanto ROLE_REGISTRAR:

```
/**
* @@net.sf.acegisecurity.SecurityConfig("ROLE_ADMIN")
* @@net.sf.acegisecurity.SecurityConfig("ROLE_REGISTRAR")
*/
public void enrollStudentInCourse(Course course,
    Student student) throws CourseException;
```

Declarar estes atributos de segurança em enrollStudentInCourse() é equivalente a declaração de objectDefinitionSource, como definido na seção 11.5.1.

---

[4] Quando o Spring oferecer suporte a anotações JSR-175, você associará a propriedade attributes com uma implementação diferente de metadados.

11.6 RESUMO

A segurança é um aspecto muito importante, em muitas aplicações. O Sistema de segurança do Acegi oferece um mecanismo para fazer a segurança de suas aplicações, que é baseada na filosofia do Spring de baixo acoplamento, injeção de dependência e programação orientada a aspectos.

Você deve ter notado que este capítulo apresentou muito pouco código Java. Esperamos que não esteja desapontado. A falta de código Java ilustra uma força fundamental do Acegi — o baixo acoplamento entre uma aplicação e sua segurança. A Segurança é um aspecto que transcende as preocupações principais de uma aplicação. Usando o Acegi, você é capaz de fazer a segurança de suas aplicações, sem criar qualquer código de segurança, diretamente em seu código da aplicação.

Uma outra coisa que deve ter notado é que muito da configuração requerida para assegurar uma aplicação com o Acegi, é ignorante da aplicação que está sendo assegurada. O único componente do Acegi que realmente precisa saber qualquer especificação sobre a aplicação segura, é a fonte de definição de objeto, na qual você associa um recurso seguro com os privilégios exigidos para acessar o recurso. O baixo acoplamento executa ambas as maneiras.

Como configurar o Spring

Se você está lendo este livro, provavelmente, deseja desenvolver sua própria aplicação Spring. Estaríamos sendo omissos, se não lhe mostrássemos como tornar viável seu projeto. Então, neste apêndice, lhe mostraremos como construir sua própria aplicação Spring, começando pelo *downloading* do Spring.

A.1 Como fazer downloading do Spring

O Spring vem no formato de um arquivo JAR ou de um punhado de arquivos JAR, dependendo de como você escolhe fazer o seu *deployment*. Para começar a usar o Spring, em sua aplicação, deverá fazer o seguinte:

1   Baixe a última versão do Spring, a partir de http://www.springframework.org. Neste livro, partiremos da premissa de que estará utilizando a versão 1.1.3 do Spring, a menos que seja pedido uma outra versão. Você terá a escolha de dois arquivos zip: um com dependências e outro sem. Aquele com dependências é muito maior, mas inclui todas as dependência terceirizadas, nas quais baseia-se o Spring. Recomendamos a versão com dependências, simplesmente porque você não precisará procurar ou fazer download de qualquer outro JAR, para começar a trabalhar.

2   Abra o arquivo zip "baixado" no item 1, em um diretório de seu computador (por exemplo, o C :\ no Windows ou o /opt / no UNIX).

3   Escolha a distribuição de arquivo(s) JAR, que você usará a partir do diretório dist (por exemplo, o C:\spring-framework-1.1.3\dist no Windows ou o /opt/springframework-1.1.3/dist no Unix).

4   Acrescente o arquivo JAR do Spring e suas dependências, ao atalho da classe de sua construção e ao atalho da classe de sua aplicação.

A.2 Como escolher uma distribuição

As bibliotecas do Spring são distribuídas em oito arquivos JAR, como listados no item A.1.

Tabela A.1 Distribuições Spring JAR

Arquivo JAR	Objetivo	Depende de
spring-core.jar	O container core do Spring e utilidades.	Logging do Commons. *Opcional: o Log4J*
spring-aop.jar	AOP do Spring suporte a metadados.	spring-core.jar, aliança de AOP. *Opcional: CGLIB*, Commons Attributes

Tabela A.1 Distribuições Spring JAR

Arquivo JAR	Objetivo	Depende de
spring-context.jar	contexto de aplicação, validação de framework, suporte de templating (Velocity, FreeMarker), remoting (JAX-RPC, Hessian, Burlap), suporte de EJB e agendamento.	spring-core.jar. *Optional: Velocity, FreeMarker, JavaMail, EJB, JAX-RPC, Hessian, Burlap, Quartz*
spring-dao.jar	suporte de JDBC e DAO. Infra-estrutura de transação.	spring-core.jar. *Optional: spring-aop.jar, JTA*
spring-orm.jar	Suport para frameworks ORM, incluindo o Hibernate, o JDO e o iBatis.	spring-dao.jar. *Opcional: o Hibernate, o JDO ou o iBATIS*
spring-web.jar	Contexto e utilidades de aplicações web. Suporte ao upload de arquivos multipartes.	spring-context.jar, servlet. *Optional: o Commons FileUpload e o COS*
spring-webmvc.jar	MVC do Spring.	spring-web.jar. *Opcional: o JSP, o JSTL, o Tiles, o iText e o POI*
spring.jar	O framework do Spring inteiro, incluindo tudo dos outros arquivos JAR.	Todas as anteriores

As opções podem parecer um tanto complicadas mas, realmente, são bastante simples. Cada um dos primeiros sete arquivos JAR, do item A.1, correlaciona-se com um dos módulos do Spring, como foi discutido no capítulo 1. Ao perceber que nem toda aplicação habilitada pelo Spring vai, necessariamente, usar todas as partes do Spring, o time do Spring tomou a sábia decisão de dividir a distribuição em sete partes, e lhe permitir escolher as partes apropriadas a sua aplicação. Por exemplo, se sua aplicação só usar o contexto de aplicação e as caraterísticas da AOP do Spring, você só precisará do springcore.jar, do spring-context.jar e do spring-aop.jar.

No caso de precisar utilizar todo o framework do Spring em sua aplicação, ele também traz o framework inteiro, embalado em conveniente arquivo spring.jar. Você poderá escolher usar este arquivo JAR, enquanto estiver aprendendo Spring, a fim de evitar a inconveniência de acresecntar e remover arquivos JAR de módulos, do seu atalho de classe. As instruções restantes irão partir da premissa que você fez esta escolha.

A.3 COMO ESTABELECER SEU PROJETO

Uma vez que você tenha feito download do Spring, o próximo passo será estabelecer a estrutura de diretório para seu projeto. Se você for como a maioria dos desenvolvedores, provavelmente, possui uma estrutura de projeto com a qual você já está acostumado. Se for o caso, fique com ela a qualquer custo. Para este exemplo, construiremos uma aplicação web, com a seguinte estrutura de projeto:

- */src/java* — Todos os arquivos de código de fonte Java
- */src/webapp* — Todos os arquivos de aplicações web, incluindo os arquivos de configuração e as JSPs
- */lib* — Qualquer arquivo JAR terceirizado não incluído na distribuição Spring
- */target* — Nosso arquivo WAR, uma vez que foi criado
- */target/classes* — Nossos arquivos de classe, uma vez que forem compilados

Isso deverá servir. Agora, estamos prontos para estabelecer nossa construção.

A.4 COMO CONSTRUIR COM O ANT

A maioria das aplicações Java são construídas com o Ant apache. Se estiver usando o Ant para construir seu projeto Spring, você precisará carregar o Spring (como descrito na seção A.1) e certificar-se de acrescentar os arquivos de dependência JAR do Spring, nos lugares apropriados ao seu arquivo de construção Ant.

Recomendamos declarar um elemento Ant <path>, que conterá as dependências de sua aplicação, inclusive os arquivos JAR do Spring. A listagem item A.1 mostra uma pequena seção de um arquivo de construção Ant, que gerencia dependências Spring, desta maneira.

Listagem A.1 Como construir uma aplicação Spring com o Ant

```
<project name="training" default="init">
    <property name="spring.home"
        location="/opt/spring-framework-1.1.3"/>    ← Define a localização da
                                                       distribuição Spring
    <property name="target.dir" location="target"/>
    <property name="classes.dir" location="${target.dir}/classes"/>
    <property name="src.dir" location="src"/>
    <property name="java.src.dir" location="${src.dir}/java"/>
    <property name="webapp.dir" location="${src.dir}/webapp"/>
    <property name="app.lib.dir" location="lib"/>
    <property name="spring.lib.dir" location="${spring.home}/dist"/>
    <property name="spring.depends.dir"
        location="${spring.home}/lib"/>

    <path id="dependency.path">
        <fileset dir="${spring.lib.dir}" includes="*.jar"/>         | Inclui as
        <fileset dir="${spring.depends.dir}" includes="**/*.jar"/>  | dependências
        <fileset dir="${app.lib.dir}" includes="*.jar"/>           | do Spring
    </path>

    <target name="compile">
        <mkdir dir="${classes.dir}"/>
        <javac destdir="${classes.dir}"                ← Estabelece o atalho da
            classpathref="dependency.path">              classe para o javac
          <src path="${java.src.dir}"/>
        </javac>
```

```
</target>
<target name="war" depends="compile">
   <war destfile="${target.dir}/${ant.project.name}.war"
       webxml="${webapp.dir}/web.xml">
      <lib dir="${spring.lib.dir}"/> ←——— Inclui dependências Spring
      <lib dir="${app.lib.dir}"/>
      <classes dir="${classes.dir}"/>
   </war>
</target>

...

</project>
```

Os arquivos de construção do Ant, que acompanham o código do exemplo neste livro, seguirão este padrão para gerenciarem dependências do Spring.

Com seu arquivo de construção agora no lugar, há uma última coisa que você precisará fazer. Quando começar a usar o Spring, uma característica que achará útil é o logging. A maneira mais fácil de estabelecê-lo é incluir um simples arquivo de configuração log4j. Assumindo a estrutura de projeto descrita acima, você criaria um arquivo localizado em: /src/webapp/WEB-INF/classes/log4j.properties. A listagem A.2 mostra uma configuração simples, que faz log de todas as mensagens do Spring ao console.

Listagem A.2 Um simples arquivo log4j.properties

```
Log4j.appender.stdout=org.apache.log4j.ConsoleAppender
log4j.appender.stdout.layout=org.apache.log4j.PatternLayout
log4j.appender.stdout.layout.ConversionPattern=%d %p %c - %m%n
log4j.rootLogger=INFO, stdoutlog4j.logger.org.springframework=DEBUG
```

Agora, seu projeto está estabelecido e pronto para rodar. Tudo o que você tem que fazer é começar a codificá-lo, colocar o Ant para funcionar e terá uma aplicação Spring funcionando num instante.

Projetos relacionados ao Spring

Um tema comum no mundo do código aberto é que projetos de sucesso procriam mais projetos de sucesso. Isto é especialmente verdade para frameworks. Uma vez que um framework atinge a massa crítica e ganha ampla adoção, projetos de suporte surgem como complementos.

Com o Spring não é diferente. Durante os últimos anos foram desenvolvidos muitos projetos relacionados com o Spring. Este apêndice observará alguns destes projetos. O que não será, de forma alguma, uma exaustiva lista de projetos relacionados ao Spring, mas sim, um exame sobre os projetos que serão benéficos.

B.1 APPFUSE

Se você ainda não começou a desenvolver sua própria aplicação Spring, deve estar se mordendo para começá-la. Começar uma aplicação do nada não é fácil, especialmente o desenvolvimento de uma aplicação Java enterprise. Certamente, seria ótimo se houvesse uma maneira mais fácil de bootstrap uma aplicação.

Felizmente, Matt Raible estava pensando a mesma coisa quando criou o AppFuse. O AppFuse é uma ferramenta para dar o pontapé inicial em uma aplicação web. Como sugere seu nome, é o fusível. Você acende para iniciar seu projeto e lançá-lo "estrondosamente". Mas, ao invés do fusível ser preso a uma banana de dinamite, ele é um projeto completamente configurado, só esperando que lhe dê algum código.

Para usar o AppFuse, você precisará "baixá-lo", a partir de http://raibledesigns.com/wiki/Wiki.jsp?page=Downloads. Enquanto escrevíamos isso, o AppFuse 1.7 era a última versão lançada.

Uma vez que faça o download do AppFuse, você também precisará de algumas outras aplicações que são exigidas na construção e execução de sua aplicação Spring:

- J2SE 1.4+
- Ant 1.6.2+
- MySQL 3.23.x+
- Tomcat 4.1.x+
- JUnit 3.8.1
- Um servidor de correio eletrônico SMTP

Isto proverá a infra-estrutura que dará suporte à sua aplicação web. Tudo que resta será acrescentar seu código — e é aí que entra o AppFuse. Como mencionamos anteriormente, o AppFuse vem com uma estrutura de projeto, que conterá seus arquivos e um arquivo de construção Ant pronto para compilar suas classes, executar casos de teste e fazer o deployment de sua aplicação.

Para ajudar no seu desenvolvimento, o site do AppFuse (https://appfuse.dev.java.net /)

fornece tutoriais passo a passo, para a criação de classes para todas as camadas de sua aplicação.

Se você estiver usando o Hiberne ou o iBATIS, o Struts ou o Tapestry, o AppFuse irá guiá-lo desde a criação do código real até a criação de casos de testes, a edição de arquivos de configuração e a conexão de tudo isso, no Spring. Quando falamos da criação de aplicações enterprise, o AppFuse vem a ser, realmente, um rápido fusível.

B.2 Projeto do Cliente Rico

Como você deve ter percebido com este livro, uma boa parte do Spring é dedicada a simplificar o desenvolvimento do server-side. O Projeto do Cliente Rico (RCP) endereça o outro lado da equação, ao criar um framework para o desenvolvimento de aplicações para o lado do cliente.

A meta do RCP é oferecer um framework para os desenvolvedores seguirem melhores práticas e criarem aplicações Swing rapidamente. Especificamente, ele almeja:

- Oferecer um meio de configuração de ações Swing, numa localidade central e externa ao código Swing real.

- Oferecer pontos de integração com projetos de clientes ricos (bem parecido com o suporte do Spring para projetos existentes, como o Hibernate). Isso inclui a integração com dois gerenciadores de camada existentes: o jgoodies-forms e o TableLayout.

- Oferecer um conjunto de classes de suporte comum para requisições de clientes ricos, como: dialogs, wizards, progress bars e tables.

Na data da publicação deste livro, o RCP ainda estava no estágio alfa. Mas o desenvolvimento é contínuo e você poderá observar este projeto em http://sourceforge.net/projects/spring.

B.3 SPRING.NET

Acredite ou não, Java não é a única tecnologia existente. Outras linguagens surgem no espaço do desenvolvimento enterprise. Na verdade, também há uma empresa em Redmond, Washington, que se torna competitiva com uma plataforma própria. No caso de não ter percebido ainda nosso sarcasmo, estamos falando da Microsoft. Especificamente, estamos nos referindo a linguagem que reflete o JAVA: C #.NET.

Reconhecendo os benefícios de um framework leve como o Spring, alguns desenvolvedores enterprise criaram um framework semelhante para o Plataforma .NET, sabiamente denominada Spring.NET. O caminho das pedras para o Spring.NET é oferecer, primeiro, serviços do container core — denominados Inversão de controle. Isto será seguido pelo suporte e serviços enterprise da AOP.

Na data da publicação deste livro, o Spring.NET ainda não tinha um lançamento de produção. Porém, em agosto de 2004, foi publicado o primeiro candidato de lançamento: o Spring.NET 0.6. As características já disponíveis incluem:

- A injeção de construtor e de dependência de estabelecimento

- Suporte para singleton e protótipo de bean

- Autoconexão

- Suporte para arquivos de configuração da aplicação.NET

O Spring.NET ainda está em seu estágio mais rudimentar, mas tem sido desenvolvido ativamente. Você pode achar o último estado do Spring.NET em seu site, sabiamente denominado: http://www. springframework.net.

Índice

I

Impressão e acabamento
Gráfica da Editora Ciência Moderna Ltda.
Tel: (21) 2201-6662